Prof. Dr. Johannes Schildgen

Python für KI- und Daten-Projekte

Rheinwerk
Computing

Liebe Leserin, lieber Leser,

herzlich willkommen zu dieser praktischen Anleitung zur Python-Programmierung für KI- und Datenprojekte!

Wenn Sie bisher keine oder nur wenig Programmiererfahrung mit Python sammeln konnten, die Sprache aber gerne anhand praktischer Beispiele aus Ihrem (Arbeits-)Alltag lernen möchten, sind Sie hier an der richtigen Stelle. Python ist perfekt geeignet für den Umgang mit kleinen und großen Datenmengen und mithilfe vieler Tools, die Autor Johannes Schildgen Ihnen im Verlauf der Kapitel vorstellen wird, haben Sie alle Werkzeuge an der Hand, um bei Excel-Tabellen, Datenbanken und Dokumentensammlungen den Überblick zu behalten.

Dabei bekommen Sie immer genau den Input, den Sie gerade brauchen, um direkt an die Arbeit gehen zu können – ohne sich mit »Hallo Welt!« aufzuhalten. So können Sie Daten bereinigen und verwalten, sie effektiv visualisieren, Text- und Bildanalysen durchführen oder auch lästige Routineaufgaben automatisieren.

Bevor Sie jetzt in die Daten starten, noch ein Wort in eigener Sache: Wir möchten nicht nur gute Bücher machen, sondern immer bessere. Wir hoffen dazu beizutragen, dass Sie so lernen können, wie Sie es sich wünschen – effizient, mit Spaß, in einem angenehmen Tempo ... Was immer Ihnen wichtig ist. Und wer könnte besser sagen, ob uns das gelungen ist, als Sie? Deshalb freuen wir uns, wenn Sie Feedback für uns haben! Wie hat es Ihnen gefallen? Können wir noch etwas verbessern?

Überhaupt sind wir gern im Austausch: Gibt es ein Thema, zu dem Sie ein Buch am Markt vermissen? Etwa, weil es zu einer Veranstaltung an der Hochschule keine genau passende Literatur gibt, oder weil Sie sich in ein neues Framework einarbeiten möchten? Dann melden Sie sich gern!

Und nun wünsche ich Ihnen viel Spaß und Erfolg mit Python!

Ihre Lisa Helmus
Lektorat Rheinwerk Computing

lisa.helmus@rheinwerk-verlag.de
www.rheinwerk-verlag.de
Rheinwerk Verlag • Rheinwerkallee 4 • 53227 Bonn

Auf einen Blick

1 Einführung 13

2 Loslegen mit Python 23

3 Grundlagen der Sprache Python 33

4 Mit Dateien arbeiten 63

5 Datenanalysen 89

6 Visualisierungen mit Matplotlib 127

7 Machine Learning und künstliche Intelligenz 147

8 KI in Aktion: Text- und Bildanalysen 181

9 APIs verwenden 221

10 Python im Web einsetzen 243

11 Datenbanken 263

12 Routineaufgaben automatisieren 277

Wir hoffen, dass Sie Freude an diesem Buch haben und sich Ihre Erwartungen erfüllen.
Falls Sie Anregungen, Wünsche und Kommentare haben, lassen Sie es uns wissen:
service@rheinwerk-verlag.de.

Informationen zu unserem Verlag und Kontaktmöglichkeiten finden Sie auf unserer Verlagswebsite **www.rheinwerk-verlag.de**. Dort können Sie sich auch umfassend über unser aktuelles Programm informieren und unsere Bücher und E-Books bestellen.

Autor Prof. Dr. Johannes Schildgen
Lektorat Almut Poll, Lisa Helmus
Fachgutachten Torsten T. Will
Copy-Editing Petra Biedermann, Reken
Typografie & Layout Vera Brauner
Satz SatzPro, Krefeld
Herstellung Nadine Preyl
Covergestaltung Mai Loan Nguyen Duy
Druck Beltz Grafische Betriebe, Bad Langensalza

FSC
www.fsc.org
MIX
Papier | Fördert gute Waldnutzung
FSC® C089473

Dieses Buch wurde mit mineralölfreien Farben auf FSC®-zertifiziertem Papier aus nachhaltiger Waldwirtschaft gedruckt. Der Umwelt zuliebe verzichten wir zusätzlich auf die Einschweißfolie. Hergestellt in Deutschland.

Bibliografische Information der Deutschen Nationalbibliothek:
Die Deutsche Nationalbibliothek verzeichnet diese Publikation in der Deutschen Nationalbibliografie; detaillierte bibliografische Daten sind im Internet über *http://dnb.dnb.de* abrufbar.

ISBN 978-3-367-11151-0

1. Auflage 2026

Rheinwerk Verlag GmbH • Rheinwerkallee 4 • 53227 Bonn
service@rheinwerk-verlag.de

Inhalt

Materialien zum Buch 11

1 Einführung 13

1.1 Future Skill: Programmieren 13

1.2 Python 15

1.3 Künstliche Intelligenz 15

1.4 Machine Learning 17

1.5 Programmieren mit Hilfe von KI 18

1.6 Prompt Engineering 20

2 Loslegen mit Python 23

2.1 Installation von Python unter Windows 23

2.2 Installation von Python unter macOS und Linux 24

2.3 Python im interaktiven Modus verwenden 25

2.4 Python-Skripte 26

2.5 Visual Studio Code und IDEs 26

2.6 Jupyter Notebooks 27

2.6.1 Jupyter Notebooks in Visual Studio Code erstellen 28

2.6.2 Markdown-Zellen 29

2.6.3 Codezellen 29

3 Grundlagen der Sprache Python 33

3.1 Variablen und Datentypen 34

3.2 Kommentare 35

3.3 Funktionen 36

3.4 Überprüfungen mit »if«, »elif« und »else« 37

3.5 **Vergleichsoperatoren** 38
3.6 **Zahlen** 39
3.7 **Die »while«-Schleife** 40
3.8 **Die »for«-Schleife** 41
3.9 **Mehr zu »print«** 42
3.10 **Listen, Mengen, Tupel und Dictionarys** 43
3.11 **»for«-Schleife für Listen und Co.** 45
3.12 **Beispielprogramm: Wörter zählen** 47
3.13 **Eigene Funktionen schreiben** 50
3.14 **Pythonischer Code** 54
3.14.1 Aus einer Liste eine neue Liste erzeugen 54
3.14.2 Elemente aus einer Liste filtern 55
3.14.3 Strings aneinanderhängen ohne »+« 56
3.14.4 Einen Wert in einer Liste suchen 56
3.14.5 Tupelzerlegung 56
3.14.6 Zähler in Schleifen 57
3.14.7 Iteration über die Key-Value-Paare in einem Dictionary 57
3.14.8 Variablenwerte tauschen 57
3.14.9 Boolean direkt zuweisen 58
3.14.10 Fallunterscheidung 58
3.14.11 Standardwert aus einem Dictionary holen 58
3.14.12 Walrus-Operator 59
3.15 **Module importieren und Pakete installieren mit »pip«** 59
3.16 **»venv« – virtuelle Umgebungen** 61

4 Mit Dateien arbeiten 63

4.1 **Textdateien lesen und schreiben** 64
4.2 **CSV-Dateien** 67
4.3 **Dateien verwalten** 70
4.3.1 Datei anlegen 70
4.3.2 Dateien auf Existenz prüfen und löschen 71
4.3.3 Datei verschieben, umbenennen und kopieren 72
4.3.4 Dateien in einem Verzeichnis auflisten 72

4.4 Beispiel: Textanalyse 73

4.5 Excel-Dateien 75

4.6 Bilddateien 78

4.7 JSON-Dateien 81

4.8 XML-Dateien 84

4.9 Konfigurationsdateien 86

5 Datenanalysen 89

5.1 NumPy 90

5.2 Pandas 92

5.3 Daten aus Dateien in Pandas-DataFrames laden 96

5.4 Data-Cleaning mit Pandas 99

5.4.1 Daten filtern 99
5.4.2 Fehlende Werte erkennen und behandeln 100
5.4.3 Duplikate entfernen 101
5.4.4 Fehler und Ausreißer erkennen und korrigieren 104
5.4.5 Daten ins gewünschte Format transformieren 106
5.4.6 Kategorien (de)kodieren 108
5.4.7 Normalisieren – Werte vergleichbar machen 109

5.5 Berechnungen und Analysen mit Pandas 110

5.5.1 Zeilenweise Berechnungen 110
5.5.2 Differenzen zum vorherigen Wert 111
5.5.3 Werte aggregieren 112
5.5.4 Kumulative Summen 113
5.5.5 Daten gruppieren 113
5.5.6 Daten sortieren und ranken 115

5.6 Daten aus mehreren Quellen zusammenführen 116

6 Visualisierungen mit Matplotlib 127

6.1 Diagramme erstellen 128

6.2 Gestaltungsmöglichkeiten 129

6.3 Subplots – mehrere Diagramme in einer Abbildung 131

6.4 Liniendiagramme, Balkendiagramme und mehr 133

6.5 Diagramme aus DataFrames erzeugen 136

6.6 Interaktive Diagramme 140

6.7 Zoomen und Scrollen 140

7 Machine Learning und künstliche Intelligenz 147

7.1 Zahlen vorhersagen mittels linearer Regression 149

7.2 Lineare Regression mit mehreren Einflussfaktoren 151

7.3 Klassifikation mittels logistischer Regression 155

7.4 Entscheidungsbäume und Random Forests 158

7.5 KNN: k-Nearest Neighbors 161

7.6 Support Vector Machines (SVM) 165

7.7 Trainings- und Testdaten und Modellbewertung 170

7.8 Clustering (Unsupervised Learning) 177

8 KI in Aktion: Text- und Bildanalysen 181

8.1 KI für Texte und Sprache (NLP) 181

8.2 Textanalysen und Word-Clouds 182

8.3 Text-Vorverarbeitung (Preprocessing) 184

8.4 Sentiment-Analysen 189

8.5 Dinge in Texten erkennen: Named-Entity Recognition (NER) 195

8.6 Transfer Learning 199

8.7 KI für Bilder 202

8.8 Vorverarbeitung von Bildern: Graustufen-Konvertierung etc. 203

8.9 Kanten und Konturen in Bildern erkennen 206

8.10 Klassische Methoden des maschinellen Lernens für Bilder 211

8.11 Bildklassifikation mit Deep Learning 217

9 APIs verwenden ... 221
9.1 API-Abfragen mit »requests« ... 223
9.2 API-Zugriffe mit speziellen SDKs ... 228
9.3 Visualisieren und Analysieren von API-Daten ... 229
9.4 ChatGPT-API ... 236

10 Python im Web einsetzen ... 243
10.1 Die Sprache HTML ... 244
10.2 Flask - ein Python-Webserver ... 246
10.3 Interaktive Webtools mit Streamlit ... 249
10.4 Webseiten-Inhalte mit Beautiful Soup auslesen ... 251
10.5 Den Browser fernsteuern mit Selenium ... 255
10.6 E-Mails und Messenger-Nachrichten verschicken ... 259

11 Datenbanken ... 263
11.1 Die Sprache SQL und die SQLite-Konsole ... 265
11.2 Tabellen erstellen mit CREATE TABLE ... 266
11.3 Abfragen, Einfügen, Ändern und Löschen mit SELECT, INSERT, UPDATE und DELETE ... 268
11.4 Zugriff auf eine SQLite-Datenbank mit Python ... 271
11.5 Pandas-DataFrames aus Datenbanken auslesen und schreiben ... 273

12 Routineaufgaben automatisieren ... 277
12.1 Daten per API abrufen und in einer Datenbank speichern ... 277
12.2 Diagramme aus Datenbankdaten erstellen und als Bilddateien abspeichern ... 281
12.3 Eine E-Mail schicken, wenn es etwas Neues gibt ... 283
12.4 Screenshots von Webseiten per Messenger verschicken ... 287

12.5 Bilddateien verkleinern, Ort der Aufnahme herausfinden und aufräumen 290
12.6 PDF-Dateien auseinandernehmen, zusammenführen und zusammenfassen 293
12.7 Text auf Visitenkarten-Bildern mit OCR erkennen und im Handy-Adressbuch speichern 295
12.8 Rechnungen, Serienbriefe und andere Dokumente erzeugen 298
12.9 Python-Skripte zeitgesteuert ausführen 302
12.10 Fehlerbehandlung und Logging in Automationen 305

Index 309

Materialien zum Buch

Auf der Webseite zu diesem Buch stehen folgende Materialien für Sie zum Download bereit:

- **Datenmaterial und alle Beispielprojekte aus dem Buch**

Gehen Sie auf *www.rheinwerk-verlag.de/6203*. Klicken Sie auf den Reiter **Materialien**. Sie sehen die herunterladbaren Dateien samt einer Kurzbeschreibung des Dateiinhalts. Klicken Sie auf den Button **Herunterladen**, um den Download zu starten. Je nach Größe der Datei (und Ihrer Internetverbindung) kann es einige Zeit dauern, bis der Download abgeschlossen ist.

Kapitel 1
Einführung

Programmieren wird zur Schlüsselkompetenz – auch außerhalb der IT. Was früher Spezialwissen war, wird heute zum praktischen Werkzeug im Büroalltag. Um Daten zu analysieren oder Abläufe zu automatisieren, braucht es oft nur ein paar Zeilen Code. Und genau dafür ist Python besonders beliebt!

Wer in den 1990er- oder 2000er-Jahren anfing, Programmieren zu lernen, wurde als Nerd bezeichnet. Wenige Jahre später war es schon deutlich »cooler«, programmieren zu können, weil das Internet und die Arbeit mit dem Computer, später dann auch das Smartphone bei der Allgemeinheit angekommen waren. Und wenn man ja ohnehin jeden Tag im Internet unterwegs ist und Apps nutzt, dann wäre es doch großartig, wenn man auch selbst in der Lage wäre, Webseiten und Apps zu erstellen! Dennoch waren es zu der Zeit vor allem die Informatiker, die programmierten, zum Beispiel als ausgebildete Fachinformatiker für Anwendungsentwicklung oder Softwareentwickler mit Hochschulabschluss. Und genau das ist heute anders. Heute sind Programmierkenntnisse auch außerhalb des Informatikbereichs hilfreich. Und genau an diese Zielgruppe wendet sich dieses Buch.

1.1 Future Skill: Programmieren

Die Arbeitswelt wird digitaler, datengetriebener und vernetzter. Eine Vielzahl von Aufgaben lässt sich durch kleine Programme automatisieren, vereinfachen oder kreativ lösen. Wer auch nur ein bisschen programmieren kann, spart Zeit, versteht Daten besser, wird unabhängiger von IT-Abteilungen und kann eigene Ideen schneller umsetzen.

Schauen wir uns dazu ein paar Beispiele aus der Praxis an – aus ganz verschiedenen Fachbereichen:

- *Wissenschaftler*: Andrea promoviert in Biologie und hat mit großen Datenmengen zu tun. Sie untersucht, wie sich bestimmte Gene unter Stressbedingungen bei Pflanzen verhalten. Früher verwendete sie Excel, aber bei mehreren Tausend Genen und zig Messzeitpunkten wurde das schnell unübersichtlich und fehleranfällig. Nachdem sie sich Python beigebracht hat, ist sie in der Lage, zunächst einfache Skripte zu erstellen, um Daten effizient zu laden, zu filtern und automatisch Zeitreihenplots und andere Visualisierungen zu erstellen. Wenig später kann sie spezielle Bibliotheken aus der Bioinformatik nutzen, die es ihr ermöglichen, Sequenzdaten direkt aus den Ausgabedateien ihrer Labormessgeräte zu verarbeiten und gezielt nach Sequenzmustern zu suchen.

- *Datenanalyst*: Julian arbeitet als Business Analyst in einem mittelständischen Einzelhandelsunternehmen. Jeden Monat bekommt er große Dateien aus verschiedenen Abteilungen – oft mit widersprüchlichen oder unvollständigen Angaben. Früher bereinigte er die Daten manuell. Das dauerte nicht nur lange, es war auch fehleranfällig, und jeden Monat wiederholten sich dieselben Handgriffe und dieselben Probleme. Jetzt hat er gelernt, mit einfachen Skripten die Daten automatisch zu prüfen und zu bereinigen. Er kann fehlende Werte identifizieren, ungültige Einträge herausfiltern und Formate vereinheitlichen. Zusätzlich erzeugt er regelmäßig Diagramme für die Geschäftsführung und kann mittlerweile auch komplexere Warenkorbanalysen und Prognosen durchführen.
- *Event- und Kommunikationsmanagement*: Clara arbeitet in einer kleinen gemeinnützigen Organisation, die regelmäßig Veranstaltungen organisiert und mit vielen Ehrenamtlichen kommuniziert. Früher verschickte sie alle E-Mails per Hand. Sie ging die Teilnehmerlisten durch, kopierte Textbausteine und fügte Namen ein. Das war nicht nur zeitaufwendig, sondern auch fehleranfällig – manchmal landeten Mails beim falschen Empfänger oder enthielten noch den Namen vom letzten Rundschreiben. Also brachte sie sich einfache Programmiertechniken bei. Heute erstellt sie personalisierte Mails automatisch aus einer Liste – mit korrekter Anrede, Terminen, Ortsangaben. Auch Erinnerungen gehen jetzt automatisch am Vortag raus, mit individuellen Informationen zur jeweiligen Veranstaltung.

Alle drei Beispiele haben gemeinsam, dass weder Andrea noch Julian oder Clara ausgebildete Informatiker sind. Vielleicht hatte der ein oder die andere schon etwas Informatik in der Schule oder sogar eine Programmiervorlesung an der Uni. Aber im Großen und Ganzen haben sie sich das Programmieren selbst beigebracht. Und das ist in der heutigen Zeit mit Hilfe von Beispielen aus dem Internet und auch durch die Nutzung von ChatGPT und Co. einfacher als je zuvor. Und dieses Buch soll ein weiterer Beschleuniger sein, der dir den Einstieg noch mehr vereinfacht.

Egal, ob du aus dem Bereich Wissenschaft, Wirtschaft oder Ingenieurwesen kommst, in der Landwirtschaft, im Finanzwesen oder in den Naturwissenschaften tätig bist, etwas mit Bildung, Medien, Forschung oder Verkehr oder etwas ganz anderes machst. Du hast dich mit dem Kauf dieses Buches dazu entschieden, programmieren zu lernen und dadurch deine Tätigkeit auf ein nächstes Level zu bringen – du wirst Dinge erledigen können, die vorher nur mit spezieller Software möglich waren – sofern eine solche Software für deinen Anwendungszweck überhaupt existiert. Wenn du programmieren kannst, gibt es keine Limits mehr. Du kannst alles so entwickeln, skripten und automatisieren, wie du willst!

1.2 Python

Je nach Fokus und Einsatzgebiet hat man die Wahl aus vielerlei modernen *Programmiersprachen*. Wer komplexe Unternehmensanwendungen oder mobile Apps entwickelt, ist mit Java möglicherweise am besten bedient. Wer hardwarenah programmiert, z. B. Gerätesoftware, aber auch Spiele, wählt vielleicht besser C oder C++. Sowohl Java als auch C++ sind jedoch nicht gerade einfach zu lernen. Da ist Python schon besser. Python eignet sich für kleine und große Programme, für Datenanalysen und Automatisierungen. Wenn du später dann doch mal etwas mit einer anderen Programmiersprache machen willst, z. B. um interaktive Internetseiten mit JavaScript zu entwickeln, lassen sich die meisten Konzepte aus diesem Buch von Python auf andere Programmiersprachen übertragen. Vieles ist nämlich am Ende sehr ähnlich.

In diesem Buch lernst du Python, weil es einfach ist, sich gut lesen und verstehen lässt und weil hinter Python eine riesige Community steht. Für alles, was du vorhast, gibt es im Internet schon jede Menge Beispiele und Tutorials, und für jeden noch so speziellen Fall existieren für Python umfangreiche Bibliotheken. Unter einer *Bibliothek* versteht man in der Programmierung ein Paket mit Funktionalitäten, die du einfach nutzen kannst, weil jemand anderes sie schon entwickelt und für die Allgemeinheit bereitgestellt hat. Wenn du mit Python zum Beispiel auf Daten aus dem Internet zugreifen willst, kannst du dazu die Bibliothek `requests` verwenden. Dazu importierst du das Modul `requests`, sagst `requests.get("http://api.openweathermap.org/…")` und schon hast du dir aktuelle Wetterdaten heruntergeladen. So etwas machen wir aber natürlich alles später noch in diesem Buch. Andere Bibliotheken helfen dir bei mathematischen Berechnungen oder Datenanalysen. Und vor allem für den Bereich KI gibt es sehr vieles, was dir da zur Verfügung gestellt wird und du einfach nutzen kannst.

1.3 Künstliche Intelligenz

Die Disziplin der künstlichen Intelligenz ist zwar schon weit über fünfzig Jahre alt, jedoch hat sie erst in den letzten Jahren mit dem Aufstieg großer Sprachmodelle wie GPT-3 für Bekanntheit in der breiten Öffentlichkeit gesorgt. In diesem Buch schauen wir uns KI aus zwei unterschiedlichen Richtungen an: Zum einen lernst du, wie du KI-Algorithmen in Python nutzen kannst, beispielsweise um Muster in Daten zu erkennen oder Vorhersagen zu machen. Zum anderen darfst du die KI aber als auch als einen Helfer beim Programmieren verwenden: Nutze gerne KI-Tools wie ChatGPT, um dir Konzepte erklären zu lassen oder um schneller zu verstehen, warum dein Programm einen Fehler ausgespuckt hat und wie du ihn lösen kannst. Und darüber hinaus sind KI-Tools sehr gut darin, dir vollständigen und funktionierenden Programmcode zu erzeugen. Um genau dieses Thema, wie du ChatGPT als

Hilfe beim Programmieren einsetzt, geht es gleich. Zunächst schauen wir uns an, was du mit KI alles machen kannst.

Große Sprachmodelle (Large Language Models; LLM) wie ChatGPT gehören zur Kategorie der *datengetriebenen KI*. Sie basieren auf statistischen Methoden, die Muster in riesigen Mengen von Beispieldaten erkennen und auswerten, ohne dass explizite Regeln vorgegeben werden. Das unterscheidet sie von der *symbolischen KI*, die früher lange Zeit im Zentrum der Forschung stand. Symbolische KI versucht, Wissen in Form von Wenn-dann-Regeln abzubilden. Solche Systeme funktionieren gut, solange die Welt klar strukturiert ist, z. B. bei Schachprogrammen oder Expertensystemen in der Medizin. KI-Tools, die Texte generieren und Objekte in Bildern erkennen, würden mit symbolischen Ansätzen schnell an ihre Grenzen stoßen.

Egal ob Chatbot, Schachcomputer oder eine KI, die Hautkrebs in Bildern erkennen kann, all das nennen wir eine *schwache KI*. Denn damit sind Algorithmen und Programme gemeint, die dafür gemacht sind, *eine* bestimmte Aufgabe automatisiert zu lösen oder uns Entscheidungen abzunehmen. Eine *starke KI* (Artificial General Intelligence; AGI) auf der anderen Seite wäre in der Lage, wie ein Mensch zu denken und auf beliebige noch unbekannte und neue Probleme angewendet zu werden. Eine starke KI gibt es noch gar nicht. Man ist sich auch nicht einig darüber, ob es sie überhaupt jemals geben wird. Auch wenn es so aussieht, als ob ChatGPT heute schon nahezu alles kann und weiß, sind wir von einer starken KI noch weit entfernt. ChatGPT hat einfach nur aus gigantischen Mengen Text gelernt, welche Wörter am wahrscheinlichsten hintereinanderstehen. Und mit diesem Wissen ist ChatGPT in der Lage, neue Texte zu generieren – und das sehr gut.

Einer der ersten KI-Chatbots war 1966 ELIZA von Joseph Weizenbaum. Das Programm formulierte im Wesentlichen nur Sätze des Nutzers um und reagierte auf bestimmte Stichwörter in der Frage mit bestimmten Antworten. Auch wenn das lange nicht so gut funktionierte wie heutzutage ChatGPT und Co., wirkte es dennoch schon einigermaßen menschlich und sorgte für Staunen. In den 1970er-Jahren wurden einige KI-Algorithmen entwickelt, die menschliches Fachwissen abbildeten und daraus zum Beispiel medizinische Diagnosen geben konnten. Oft »lernten« diese Systeme aber nicht, sondern es waren symbolische KIs, welche mittels einer Folge von Wenn-dann-Regeln programmiert wurden. Es wurde einfach hart in den Programmcode geschrieben, unter welchen Bedingungen welche Ausgabe erfolgen sollte.

Ein Meilenstein in der Geschichte der KI war IBMs Supercomputer Deep Blue, der 1997 den damaligen Schachweltmeister Garri Kasparow besiegte. Das schaffte Deep Blue schlichtweg dadurch, dass ihm eine für die damalige Zeit enorme Rechenleistung zur Verfügung stand, die es ihm ermöglichte, Hunderte Millionen von Zügen durchzurechnen. Und dann wurde sich einfach immer für denjenigen Zug mit der höchsten Gewinnwahrscheinlichkeit entschieden. Von Intelligenz kann da nicht die Rede sein. Ganz anders bei AlphaGo: Dieser KI gelang es 2016, den Profispieler Lee Sedol im Brettspiel Go zu besiegen. Bei Go wäre es aufgrund der hohen Komplexität des Spiels nicht möglich gewesen, alle Züge zu berechnen. Hier war die Strategie der KI, zunächst unzählige Spiele gegen sich selbst zu spielen und daraus zu lernen. Faszinierend war, dass AlphaGo im Spiel gegen den damals weltbesten Go-Spieler Züge machte, die für den Menschen zunächst keinen Sinn ergaben, dennoch die KI schließlich aber zum Sieg führten.

1.4 Machine Learning

An AlphaGo, ChatGPT und vielen modernen KI-Anwendungen erkennen wir ein Muster: Die KI wurde nicht regelbasiert programmiert. Stattdessen braucht sie Trainingsdaten und Beispiele, aus denen sie lernen kann. Diesen Bereich der KI nennt man auch *Machine Learning*. Stichwörter wie Deep Learning, neuronale Netze und Reinforcement Learning gehen genau in ebendiese Richtung, wobei es an dieser Stelle aber nicht wichtig ist, die Details zu erklären.

Lass uns ein Empfehlungssystem konzipieren! Stell dir dazu vor, du arbeitest bei einem Unternehmen, das Gartenartikel verkauft. Und nun willst du deinen Kunden in einem Newsletter die drei neu erschienenen Produkte präsentieren: eine Heckenschere, klappbare Balkonmöbel und eine Profi-Bodenfräse. Da Erstere und Letztere für Kunden, die nur einen Balkon besitzen, wenig interessant ist und für Profigärtner die Balkonmöbel nicht von Interesse sind, soll jedem Kunden nur das am besten passende Produkt empfohlen werden. Du könntest das jetzt regelbasiert implementieren: Wenn der Kunde in einer Großstadt wohnt oder wenn er in der Vergangenheit dies und das gekauft hat, dann empfehle die Balkonmöbel, ansonsten eher nicht. Das ist nicht nur sehr aufwendig zu programmieren, es werden auch solchen Kunden Balkonmöbel empfohlen, die sich überhaupt nicht dafür interessieren (*False Positive*), und es werden Kunden Balkonmöbel nicht empfohlen, die sie aber gekauft hätten (*False Negative*). Und wenn es nicht wie in unserem Beispiel um drei Produkte geht, sondern wie bei Amazon um Hunderte von Millionen von Produkten, führt ein regelbasierter Ansatz ohnehin nicht zum Ziel.

Hier kommt *Machine Learning* zum Einsatz. Später in diesem Buch wirst du lernen, wie du Daten mit KI-Algorithmen für Klassifizierungs- und für Vorhersagezwecke analysieren kannst. Das Prinzip ist immer das gleiche: Gib der KI genügend Daten, aus denen sie lernen kann, z. B. den Wohnort der Kunden und deren Bestellhistorie. Und dann kannst du den Algorithmus auf neue unbekannte Daten anwenden und Empfehlungen und Vorhersagen berechnen. In unserem Falle wäre die KI nun in der Lage, jedem Kunden das Produkt mit der höchsten Kaufwahrscheinlichkeit vorzuschlagen. Warum der Kundin Ute letztendlich aber die Heckenschere vorgeschlagen wird, lässt sich meist nicht mehr nachvollziehen. Das ist oft ein typischer Effekt, wenn statt klarer Regeln Machine Learning im Einsatz kommt.

Das Produktempfehlungsbeispiel lässt sich auf vielerlei Anwendungen übertragen:

- *Musik- und Filmempfehlung bei Streaming-Diensten*: Nutzern werden basierend auf ihrem Verhalten aus der Vergangenheit Vorschläge gemacht und intelligente Playlisten erzeugt.
- *Klassifikation von E-Mails*: Die KI lernt, wann etwas Spam ist, und sortiert mit diesem Wissen neue E-Mails automatisch in den Spam-Ordner.
- *Predictive Maintenance*: In der Industrie erkennt die KI Muster, die anzeigen, wann eine Maschine gewartet werden sollte.
- *Lagerhaltung und Logistik*: Wie viele Exemplare von einem Artikel sollen auf Lager gehalten werden? Wie lange dauert die Lieferung voraussichtlich?
- *Medizin*: Die KI gibt personalisierte Medikamentenempfehlungen und Dosierungen auf Basis von Körperdaten und Vorerkrankungen.
- *Diagnose*: Die KI erhält Bilder mit und ohne Tumore und lernt daraus, um in neuen Aufnahmen ebendiese zu erkennen.

Wahrscheinlich willst du mit dem Wissen aus diesem Buch keine Krebsdiagnosen durchführen (oder doch?), aber vielleicht hast auch du schon Ideen, wie dir die KI helfen kann, aus deinen Daten zu lernen und danach basierend auf dem Gelernten etwas automatisiert zu entscheiden.

1.5 Programmieren mit Hilfe von KI

KI-Tools wie ChatGPT sind eine große Hilfe beim Programmieren, vor allem, wenn du noch ganz am Anfang stehst. Du musst eigentlich nur eingeben, was du haben willst, und ChatGPT gibt dir ein vollständiges Python-Programm samt Erklärungen zurück.

Jetzt könntest du dich fragen, warum du dann überhaupt noch Programmieren lernen musst. Hättest du dir dieses Buch nicht einfach sparen können? Es hätte dir Zeit und Geld gespart? Geld vielleicht, Zeit auf gar keinen Fall! Wenn du nicht programmieren kannst und die grundlegenden Konzepte nicht verstehst, wirst du zum einen Probleme damit haben, ChatGPT und Co. überhaupt zu erklären, was genau du vorhast und was dein Programm können soll. Zum anderen ist es eine sehr schlechte Idee, Programmcode, der von der KI generiert wurde, einfach so ungeprüft zu übernehmen und auszuführen. Denn nur, weil auf den ersten Blick alles gut aussieht, heißt es nicht, dass der Code unter allen Umständen auch das Richtige tut. Also: Lasse dir gerne von der KI Programmcode erzeugen und deinen eigenen Programmcode analysieren und verbessern. Aber schaue dir den daraus resultierenden Code immer genau an, versuche ihn zu verstehen und hake im Zweifel nach. In den seltensten Fällen ist der erste Programmcode, den dir die KI gibt, das, was du wirklich brauchst. Oft musst du deinen Prompt – das ist das, was du in das KI-Tool als Frage eingibst – noch einmal überarbeiten, und oft ist noch die ein oder andere Folgefrage nötig, um zum Ziel zu kommen. Und natürlich kannst du auch einfach selbst manuelle Anpassungen am Code vornehmen. Denn am Ende programmierst immer noch du! Die KI hilft dir nur.

Die KI kann am besten Dinge für dich erledigen, die du auch ohne KI hättest lösen können. Nur beschleunigt es dein Vorhaben enorm. Du musst seltener googeln, seltener in Dokumentationen die richtigen Befehle nachschlagen, und du bekommst schneller Hinweise darüber, wie du ein bestimmtes Problem oder einen Fehler löst. Eine Strategie wäre es jetzt also, dass du dir selbst zunächst verbietest, ChatGPT zu benutzen. Und wenn du dann alles verstanden hast, darf dir die KI helfen und dich unterstützen. So ähnlich funktioniert es vielleicht im Informatikstudium an der Hochschule. Da ist es sinnvoll, erst einmal selbst alles hinzubekommen, weil in der schriftlichen Klausur ja auch kein ChatGPT erlaubt ist.

Aber du hast dir ja dieses Buch gekauft, um schnell deine Probleme zu lösen. Und da ist es absolut in Ordnung, wenn du dir dabei von Anfang an von der KI helfen lässt. Das kann Frust vermeiden und deinen Fortschritt stark beschleunigen. In diesem Buch werden wir die Konzepte der Programmierung auch nicht einfach wie in einem klassischen Lehrbuch präsentiert, indem du eine Definition nach der anderen lesen musst, sondern wir schauen uns Beispiele an, die uns die KI generiert hat. Dadurch lernst du zum einen anwendungsnah anhand konkreter Beispiele die Konzepte und Sprachelemente der Programmiersprache Python, zum anderen siehst du dadurch, wie du selbst KI einsetzen kannst, um dir Programmcode zu erzeugen, und wie du den erzeugten Programmcode kritisch hinterfragst, um ihn letztendlich zu verstehen. Immer wenn in diesem Buch die KI gefragt wird, siehst du den Prompt und die Antwort der KI in solchen Kästen:

Warum heißt Python eigentlich Python?

> Python heißt so, weil der Erfinder Guido van Rossum ein Fan der Comedy-Gruppe Monty Python war.

Beachte, dass die KI bei gleichen Fragen oft unterschiedliche Antworten ausgibt. Es kann also sein, dass ChatGPT bei dir aufgrund neuer GPT-Versionen oder einfach nur aufgrund des Zufalls etwas leicht anderes liefert. Auch wird hier im Buch aus didaktischen Gründen und aufgrund der besseren Lesbarkeit öfter etwas geschummelt oder gekürzt. Am obigen Prompt wurde zum Beispiel noch die Aufforderung »Antworte ganz kurz.« angefügt, damit ChatGPT keine lange und ausführliche Antwort gibt.

1.6 Prompt Engineering

Im nächsten Kapitel wirst du lernen, wie du Python auf deinem Computer installierst. Fragen wir doch hier direkt einmal ChatGPT:

Wie installiere ich Python?

Aber stopp! Bevor du diesen Prompt in ein KI-Tool eingibst, lernen wir erst einmal, wie man richtig promptet! Das wird vor allem später bei der Erzeugung von Programmcode und bei der Fehlersuche noch hilfreich. Außerdem kannst du die Erkenntnisse aus der Disziplin des sogenannten Prompt Engineerings auch auf andere Vorhaben mit ChatGPT und Co. übertragen. Und dazu gehören ein paar Grundregeln[1]:

1. Klar definieren, was du vorhast
2. Alle relevanten Informationen in den Prompt hineinschreiben
3. Beispiele im Prompt angeben
4. Widersprüchliche Informationen vermeiden
5. Tüfteln, den Prompt noch einmal überarbeiten und Folgefragen stellen, bis du mit dem Ergebnis zufrieden bist
6. Evaluieren und überprüfen, ob die KI-Antwort richtig ist und dein Problem wirklich löst

Der Experte für Bildungsinnovation Tom Barret nannte diese Strategien zum Prompt Engineering *CREATE*. Diese sechs Buchstaben steht für *Clarity*, *Relevant Information*, *Examples*, *Avoid Ambiguity*, *Tinker* und *Evaluate*.

Wenn wir später Programmcode erzeugen, werden »E - Examples«, also die Beispiele, eine wichtige Rolle spielen. Es hilft ChatGPT nämlich enorm, wenn du Programmcode, den du schon hast, in die Eingabe mit reinpackst. Dann kann sich ChatGPT daran orientieren und weiß einfach viel mehr, was du insgesamt in deinem Programm vorhast. Und in unserem Prompt von eben (»Wie installiere ich Python?«) ist vor allem das »R«, die relevanten Informationen, hilfreich. Denn nur wenn du ChatGPT sagst, welches Betriebssystem du überhaupt hast, ist die Antwort für dich brauchbar. Wenn nämlich Beispiele und relevante Informationen fehlen, muss ChatGPT raten. Und das liefert in den meisten Fällen Ergebnisse, die nicht optimal sind.

Wenn du ChatGPT nicht sagst, welches Betriebssystem du verwendest, liefert es dir bei der Frage »Wie installiere ich Python?« in der Regel gleich drei Installationsanleitungen auf einmal: eine für Windows, eine für Mac und eine für Linux. Und anders als noch vor ein paar

1 Tom Barrett: Uplevel your prompt craft in ChatGPT with the CREATE framework. 2023. URL: *https://edte.ch/blog/create-framework/*

Jahren ist ChatGPT mittlerweile in Lage, sich an einige Details deiner Prompts aus der Vergangenheit zu »erinnern«. Wenn die KI also schon weiß, dass du Windows nutzt, musst du es theoretisch gar nicht mehr angeben. Trotzdem solltest du diese Strategien des Prompts-Engineerings kennen und auch anwenden, damit du auf der sicheren Seite bist.

Und noch ein *Super-Prompt-Hack* zum Schluss: Oft ist es gar nicht so einfach, alle relevanten Informationen in den Prompt zu packen, weil man selbst gerne übersieht, was noch relevant sein könnte. Da kannst du ChatGPT einfach bitten, dir Rückfragen zu stellen. Ein Beispiel:

> *Welchen Editor oder welche IDE sollte ich für Python verwenden? Stelle mir vorab 10 Rückfragen, damit du meine Frage bestmöglich beantworten kannst.*

Danach zeigt dir ChatGPT die zehn Fragen. Du musst auch nicht alle davon beantworten. Aber wenn du fertig bist, bekommst du eine Antwort von der KI, die in der Regel deutlich besser ist als ohne diesen Super-Prompt-Hack, weil du mit den Antworten auf die zehn Fragen letztendlich mehr relevante Informationen beigesteuert hast.

Kapitel 2

Loslegen mit Python

In diesem Kapitel installieren wir Python und Visual Studio Code. Danach probieren wir erste Befehle im interaktiven Modus aus und machen die ersten Schritte mit echtem Python-Code.

Python ist nicht nur eine Programmiersprache, sondern so heißt auch das Programm, das du benötigst, um Python-Programme auszuführen. Wir werden später unseren Programmcode in Dateien mit der Dateiendung *.py* schreiben, zum Beispiel *meinprogramm.py*. Und Python führt dann die Kommandos aus, die in dieser Datei stehen. Man sagt auch, dass es den Programmcode *interpretiert*. Bei anderen Programmiersprachen, wie Java oder C, funktioniert das ganz anders. Da übersetzt ein sogenannter *Compiler* den Programmcode zunächst einmal in Maschinensprache. Und das, was dann herauskommt, kannst du schließlich ausführen. Bei Python ist das simpler: `python meinprogramm.py`, und schon läuft das Programm. Das Programm `python` – unter Windows kann man auch `python.exe` sagen – öffnet deine *meinprogramm.py*, es schaut sich Zeile für Zeile deinen Programmcode an und tut eben das, was du da reingeschrieben hast. Hast du dich irgendwo vertippt, dann kommt bei der Ausführung ein Fehler. Und wenn das Programm tut, was es soll, siehst du die entsprechende Ausgabe auf dem Bildschirm. Bevor wir richtig loslegen können, müssen wir uns aber erst einmal anschauen, wie wir Python auf deinen PC bekommen und wo du die Kommandos, um die es geht, überhaupt eingibst.

2.1 Installation von Python unter Windows

Python kannst du unter Windows über den *Microsoft Store* installieren. Dort findest du von der *Python Software Foundation* das Programm *Python* in verschiedenen Versionen und kannst es direkt mit einem Klick installieren. Wähle einfach die neuste Version von Python 3.

Alternativ dazu gibt es auch noch den klassischen Weg über ein Installationsprogramm. Wenn wir ChatGPT fragen, erhalten wir die entsprechende Anleitung:

Wie installiere ich Python unter Windows?

1. Gehe auf die offizielle Python-Website: *https://www.python.org/downloads/*.
2. Lade den Windows Installer herunter (z. B. `python-3.x.x.exe`).
3. Führe die Datei aus. Wichtig: Aktiviere unbedingt die Option **Add Python to PATH** am Anfang des Installationsfensters.
4. Klicke auf **Install Now**.
5. Warte, bis die Installation abgeschlossen ist.

Egal, ob du Python über den Microsoft Store oder über das Installationsprogramm installierst, die Programme landen schließlich auf deinem Computer in einem bestimmten Verzeichnis, z. B. *C:\Python3.9*. Und damit du später auf der Konsole einfach `python` oder `python.exe` eingeben kannst, ohne den genauen Pfad davorschreiben zu müssen, ist die oben empfohlene Option sinnvoll, Python zum `PATH` hinzuzufügen. Dann weiß dein Computer direkt, wo er nach dem Programm suchen soll. Wenn du Python über den Microsoft Store installierst, wird der `PATH` automatisch richtig gesetzt.

2.2 Installation von Python unter macOS und Linux

Nutzern von macOS empfiehlt ChatGPT die Installation mittels einer Installationsdatei, die es auf der Python-Webseite zum Download gibt:

Wie installiere ich Python unter macOS?

1. Gehe auf: *https://www.python.org/downloads/mac-osx/*.
2. Lade den Installer herunter, indem du die aktuelle Version auswählst (z. B. **Python 3.12.x**) und auf **macOS 64-bit universal2 installer** klickst.
3. Doppelklicke auf die *.pkg*-Datei, um den Installer auszuführen.
4. Folge den Anweisungen im Installationsassistenten.

Wenn du Linux-Nutzer bist, ist die Installation von Python besonders leicht. Verwende in dem Falle einfach den Paketmanager deiner Linux-Distribution. Unter Ubuntu gibst du z. B. einfach auf der Konsole ein:

```
sudo apt install python3 python3-pip
```

2.3 Python im interaktiven Modus verwenden

Um nach der Installation Python direkt einmal interaktiv auszuprobieren, kannst du eine Konsole öffnen. Unter Windows hast du die Wahl zwischen zwei Konsolen: zum einen die *Eingabeaufforderung* und zum anderen das Programm *PowerShell*. Beide sind Teil von Windows, und du findest sie im Start-Menü. Du kannst auch einfach die [⊞]-Taste drücken und `cmd` oder `powershell` eingeben. Unter macOS oder Linux öffnest du ein *Terminal*. Und in ebendiesem Terminal bzw. in der Eingabeaufforderung oder PowerShell kannst du nun Folgendes eingeben und danach Enter drücken: `python`.

Wenn du nun die Python-Versionsnummer siehst und eine Zeile, die mit >>> beginnt, hat die Installation funktioniert, und du bist im interaktiven Modus von Python.

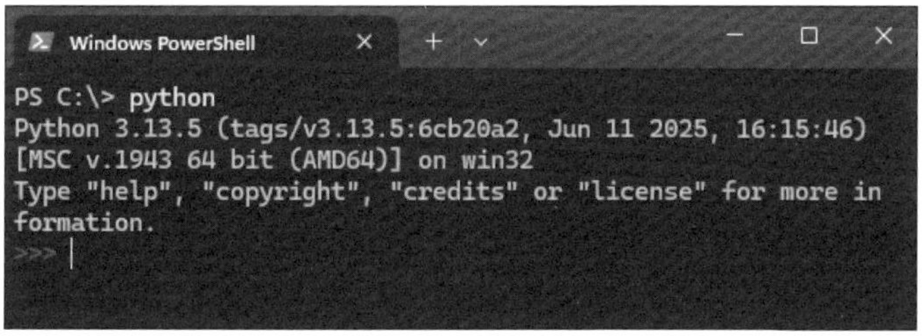

Abbildung 2.1: Die Python Shell: der interaktive Modus von Python

Unter »interaktiv« versteht man, dass Python nicht den Programmcode ausführt, der sich in einer *.py*-Datei befindet. Stattdessen macht Python erst einmal gar nichts; es wartet stattdessen auf deine Befehle. Du kannst die Python-Shell nun wie einen Taschenrechner benutzen. Schreibe einfach mal `5+3`, und drücke [↵]. Dann siehst du direkt das Ergebnis: `8`. Oder probiere Folgendes aus: `x = 5+3` Wenn du dann [↵] drückst, passiert zwar gefühlt überhaupt nichts, aber im Hintergrund hat Python jetzt eine Variable mit dem Namen `x` angelegt und ihr den Wert `8` zugewiesen. Gibst du nun `x` ein und drückst erneut [↵], siehst du, dass die Zahl `8` ausgegeben wird.

Der interaktive Modus ist total praktisch, um schnell mal etwas auszuprobieren. Wie berechnet man in Python Potenzen? Also was ist zum Beispiel 2 hoch 5? Wenn du Google oder ChatGPT fragst, erfährst du, dass das mit ** funktioniert. Dann probiere das doch erst einmal in der interaktiven Python-Shell aus, bevor du es in dein Programm einbaust:

```
>>> 2**5
32
```

Funktioniert! 2 hoch 5 ist 32, weil 2 mal 2 mal 2 mal 2 mal 2 eben 32 ist. Um den interaktiven Modus von Python zu verlassen, drücke [Strg] + [D] bzw. [control] + [D] auf dem Mac. Alternativ kannst du aber auch `exit()` oder `quit()` eingeben und [↵] drücken.

2.4 Python-Skripte

Wenn du im Texteditor eine neue Datei anlegst, dort `print(2**5)` hineinschreibst und diese Datei dann unter dem Namen *meinprogramm.py* abspeicherst, kannst du sie ausführen, indem du in der Konsole `python meinprogramm.py` eingibst und [↵] drückst. Hier siehst du direkt das Ergebnis, also die 32. Danach bist du aber nicht im interaktiven Modus, du kannst also keine weiteren Python-Befehle eingeben. Python hat dein Programm ausgeführt und sich danach beendet.

Achtung!

Beachte, dass du in Python-Skripten immer `print` verwenden musst, wenn du dir etwas ausgeben lassen willst, z. B. `print(x)`. Im interaktiven Modus reicht es, einfach nur `x` zu schreiben.

2.5 Visual Studio Code und IDEs

Wenn du nicht darin geübt bist, auf der Konsole, in der Eingabeaufforderung oder in der PowerShell zu arbeiten, kann es sein, dass du dich schwertun wirst, in den richtigen Ordner zu navigieren, wo deine *.py*-Datei liegt, und diese dann auszuführen. Die gute Nachricht ist: Du brauchst diese Konsolen-Skills gar nicht unbedingt! Wir werden ab jetzt in Visual Studio Code programmieren. Da musst du (fast) keine Befehle auf der Konsole eingeben. Stattdessen kannst du einfach drauflosprogrammieren und den Play-Button drücken, um dein Programm zu starten.

Unter einer *IDE* (*Integrated Development Environment*) versteht man ein Programm, das du zum Entwickeln von Software verwenden kannst. IDEs gibt es für jede moderne Programmiersprache, die bekanntesten für Python sind *PyCharm*, *Thonny* und *Spyder*. Diese Programme sind quasi Komplettlösungen, bei denen alles dabei ist, was man zum Entwickeln von Python-Programmen braucht, und oft sogar noch viel mehr. Eine IDE ist ein Code-Editor mit eingebautem Python-Interpreter, einem Debugger, mit dem du schrittweise Fehler in deinem Programm findest, es bietet eine Projektverwaltung und Integrationen mit anderer Software. Für viele Zwecke ist eine IDE gar nicht notwendig.

Wir verwenden in diesem Buch das Programm *Visual Studio Code*. Es ist keine vollwertige IDE, sondern ein leichter und erweiterbarer Code-Editor von Microsoft, den es kostenlos für Windows, macOS und Linux gibt. Den Programmcode, den du in Visual Studio Code schreibst, kannst du direkt ausführen, indem du den Play-Button drückst.

Um Visual Studio Code zu installieren, lädst du dir den Installer für dein Betriebssystem unter *https://code.visualstudio.com* herunterladen und führst ihn aus. Alternativ findest du Visual

Studio Code für Windows aber auch im Microsoft Store. Nach dem Start des Programms kannst du dir direkt im Bereich **Extensions** die Python-Erweiterung installieren. Visual Studio Code schlägt dir aber auch automatisch die Installation dieser Erweiterung vor, wenn du zum ersten Mal eine Datei mit der Endung *.py* öffnest oder erstellst.

Am besten legst du auf deinem Computer einen Ordner an, in den du deine Python-Skripte speichern willst. In Visual Studio Code wählst du mit dem Knopf **Open Folder** dann ebendiesen Ordner aus, und du bekommst auf der linken Seite des Programms dann alle Dateien in dem Ordner angezeigt. Mit **File - New File...** kannst du eine neue Datei anlegen. Ganz wichtig: Gib ihr die Endung *.py*, also z. B. *meinprogramm.py* Dann nimmt Visual Studio Code auch gleich ein schönes Syntax-Highlighting vor - verschiedene Sprachelemente haben dann also verschiedene Farben -, und du hast oben rechts direkt einen Play-Button, um das Programm auszuführen.

Abbildung 2.2: Visual Studio Code

Wenn du zwischendurch den interaktiven Modus von Python verwenden willst, kannst du das in Visual Studio Code eingebaute Terminal verwenden. Nach der Ausführung eines Python-Skripts sollte es unten rechts erscheinen. Du kannst es aber auch mit **View - Terminal** einblenden lassen. Und dann gibst du wie gewohnt `python` ein und drückst [↵]. Um den interaktiven Modus wieder zu beenden, drücke [Strg] + [D] bzw. auf dem Mac [ctrl] + [D].

2.6 Jupyter Notebooks

Statt Python-Programme auf der Konsole auszuführen oder den Play-Button in Visual Studio Code zu drücken, kannst du auch Jupyter Notebooks einsetzen. Die kannst du dir - wie der

Name schon sagt – wie ein Notizbuch vorstellen; also eine Art Notizdokument mit Überschriften, Text, Listen und eben auch Python-Programmcode. Es gibt verschiedene Arten, Jupyter Notebooks zu erstellen, zu bearbeiten und auszuführen. Eine der bekanntesten ist die Nutzung einer lokalen Entwicklungsumgebung, z. B. *JupyterLab* oder *Jupyter Notebook (Classic)*. Lokal bedeutet in diesem Zusammenhang, dass alles lokal auf deinem Rechner läuft und die auf ebendiesem Rechner befindliche Python-Version nutzt.

Als Alternative dazu lassen sich Jupyter Notebooks aber auch in der Cloud verwenden, z. B. über Google Colab, Databricks Notebooks, Kaggle Notebooks oder Microsoft Azure Notebooks. Das ist vor allem dann sinnvoll, wenn du mit mehreren Personen gemeinsam an den Jupyter Notebooks arbeiten willst. Auf dem eigenen PC musst du in dem Falle dann gar nichts installieren, du greifst auf alles im Browser zu.

2.6.1 Jupyter Notebooks in Visual Studio Code erstellen

Wir werden in diesem Buch viel mit Jupyter Notebooks arbeiten. Dazu müssen wir aber kein zusätzliches Programm installieren, sondern können einfach Visual Studio Code verwenden. Dazu legen wir eine Datei mit der Endung *.ipynb* an, indem wir in Visual Studio Code auf **File • New File...** klicken und sie zum Beispiel *beispiel.ipynb* nennen. Wenn du das erste Mal eine *.ipynb*-Datei in Visual Studio Code öffnest oder anlegst, wirst du gefragt, ob du die Jupyter-Notebooks-Erweiterung installieren willst. Mach das, und du kannst direkt loslegen.

Der folgende Screenshot zeigt ein Jupyter Notebook *beispiel.ipynb* in Visual Studio Code:

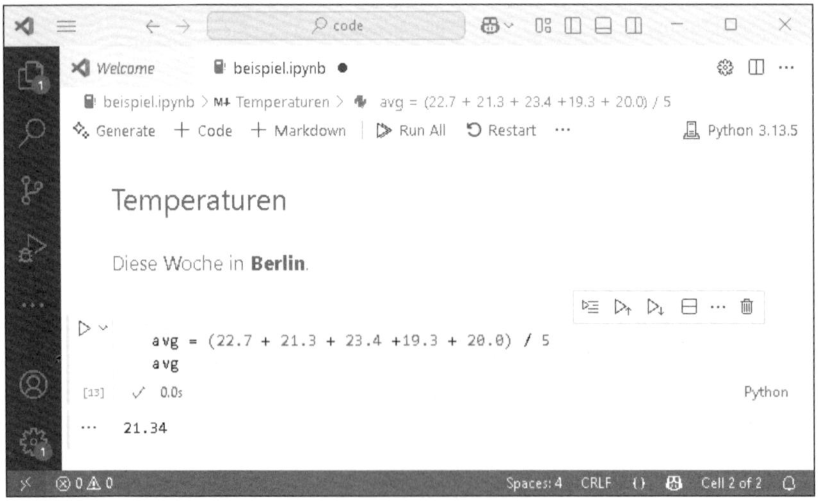

Abbildung 2.3: Ein Jupyter Notebook in Visual Studio Code

2.6.2 Markdown-Zellen

Jupyter Notebooks bestehen aus sogenannten *Zellen*. Zellen sind entweder vom Typ *Markdown* oder vom Typ *Code*. In Codezellen kannst du Python-Code schreiben, dazu später mehr. Und mit der Sprache Markdown kannst du Text schön in deinem Jupyter Notebook so formatieren, wie du es aus Microsoft Word und Co. kennst. Hier ist eine kleine Übersicht, was du in Markdown-Zellen eingeben kannst:

```
# Überschrift 1 (am größten)
## Überschrift 2 (etwas kleiner)
### Überschrift 3 (noch kleiner)

Mit zwei Sternchen schreibt man **fett**, mit einem Sternchen *kursiv*.

* Aufzählungslisten mit Bullet-Points:
* Man macht sie mit Sternchen.

1. Aus erstens, zweitens, drittens
2. wird eine nummerierte Aufzählung.
3. Man könnte sogar auch einfach immer 1. schreiben bei jedem Punkt.

Ein ausführlicheres Cheat-Sheet findest du auf der Webseite [Markdown
Guide](https://www.markdownguide.org/cheat-sheet/). Dort stehen sogar
noch mehr Kommandos, mit denen du zum Beispiel Tabellen und mehr anlegst.

![Man kann auch Bilder einblenden:](Bilddatei.png)
```

Wenn du eine Jupyter-Notebook-Datei in Visual Studio Code geöffnet hast, kannst du mit dem Knopf **+ Markdown** eine neue Zelle vom Typ Markdown anlegen. Schreibe dort hinein den Markdown-Text und drücke `Strg` + `↵` (Mac: `ctrl` + `↵`). Danach siehst du den schön formatierten Text. Um ihn zu überarbeiten, doppelklicke auf die Zelle, und du siehst wieder den Markdown-Code.

2.6.3 Codezellen

Interessanter wird es jetzt mit Codezellen. Erstelle sie mit dem Knopf **+ Code**. In solche Zellen kommt dein Python-Code hinein. Und wenn du in einer Codezelle `Strg` + `↵` (Mac: `ctrl` + `↵`) drückst, wird der Code ausgeführt und das Resultat (oder die Fehlermeldung) unter der Codezelle angezeigt.

Abbildung 2.4: Codezelle in einem Jupyter Notebook

Bei der ersten Ausführung von Python-Code in einer Codezelle wirst du von Visual Studio Code möglicherweise gefragt, welchen *Kernel* du zur Ausführung verwenden willst. Unter dem Kernel versteht man das Python-Programm, das letztendlich deinen Code ausführt. Ganz oft sind auf einem Computer mehrere Python-Versionen installiert. Wähle dann am besten etwas, was sich nach Python 3 anhört. Und wenn es nicht funktionieren sollte, probiere es mit einem anderen Kernel.

Wenn du ein Python-Skript programmierst, musst du immer `print` verwenden, wenn etwas ausgegeben werden soll, zum Beispiel `print(x)`. Im interaktiven Modus und in Jupyter Notebooks reicht es dagegen, wenn du einfach nur `x` schreibst. Das liegt daran, dass der interaktive Modus die Resultate, die deine Befehle zurückliefern, automatisch ausgibt, und auch bei Jupyter Notebooks wird immer das Ergebnis der letzten Berechnung, die in einer Codezelle steht, unter der Codezelle dargestellt. Für viele Zwecke ist es in Jupyter Notebooks sogar empfehlenswert, `x` statt `print(x)` zu schreiben, weil das oftmals eine besser lesbare Ausgabe erzeugt. Wenn wir später komplexere Datenanalysen mittels Jupyter Notebooks machen, stellt dir Jupyter Notebooks zum Beispiel einen Pandas-DataFrame als schön formatierte Tabellen dar, wobei dir mit `print` lediglich die Daten in Textform wie auf der Konsole ausgeben werden. Für simple Dinge, wie Texte oder Zahlen, kannst du aber natürlich auch `print` verwenden. Und wenn du mal mehrere Dinge hintereinander ausgeben willst, musst du ohnehin `print` verwenden:

```
x = 5
print(x)
y = 3
print(y)
print(x+y)
```

Hättest du hier jeweils das `print` weggelassen, würdest du nur die 8 als Ergebnis sehen, weil Jupyter Notebooks immer nur das Resultat des letzten Befehls ausgibt!

Jupyter Notebooks werden vor allem dann praktisch, wenn dein Notebook aus mehreren Codezellen besteht. Das macht es übersichtlicher, und du kannst dir nach jeder Zelle etwas ausgeben lassen, um zu schauen, was dein Code bis dahin tut. Aber Achtung: [Strg] + [↵] führt immer nur die eine Zelle aus, in der du gerade bist. Es gibt aber auch die Knöpfe mit den Play- und Pfeilsymbolen, mit denen du alle Zellen oberhalb bis zur aktuellen Zelle bzw. alle Zellen ab der aktuellen Zeile ausführen kannst. Dafür braucht es etwas Übung, und es passieren schnell Fehler, zum Beispiel, wenn du in einer Zelle auf Variablen zugreifst, die zwar in einer vorherigen Zelle angelegt wurden, aber du diese andere Zelle noch gar nicht ausgeführt hast. Oder aber dir wird ein veralteter Wert ausgegeben, weil sich zwar inzwischen deine Daten geändert haben, aber vorher noch einmal eine bestimmte andere Zelle ausgeführt werden muss. Auch musst du beachten, dass ein wiederholtes Ausführen einer Zelle alles darin nochmal macht, aber das, was du in anderen Zellen gemacht hast, natürlich nicht erneut ausführt. Daher musst du in Jupyter Notebooks immer sorgfältig arbeiten. Wenn du einmal den Überblick verlieren solltest, klicke im Zweifel einfach einmal auf den **Restart**-Button, das setzt alle Ausgaben unter allen Zellen zurück, und du kannst von oben nach unten Zelle für Zelle noch einmal erneut ausführen.

Jupyter Notebooks haben aber auch noch einen Performancevorteil. Du musst nicht immer den kompletten Programmcode ganz von oben ausführen lassen, wenn du gerade etwas an einer Codezeile herumexperimentierst. Wenn in vorherigen Zellen komplexe Berechnungen durchgeführt oder auf das Internet zugegriffen wurde, wurde das ja bereits ausgeführt, und es ist ausreichend, einfach nur die aktuelle Zelle auszuführen.

Jetzt weißt du, wie der interaktive Modus von Python funktioniert, wie du eine *.py*-Datei auf der Konsole ausführst, wie du ein Python-Skript mit Visual-Studio-Code editierst und ausführst und wie du das alles auch mit einem Jupyter Notebook tun kannst. Nun kannst du selbst entscheiden, welche dieser Arten du für deine Vorhaben verwendest. Dabei gibt es nicht die eine richtige Art. Experimentiere am besten einfach mal mit allem herum, und finde das für dich am besten Passende. Der interaktive Modus eignet sich vor allem dafür, schnell etwas auszuprobieren. Jupyter Notebooks sind toll, um deinen Code in übersichtliche Teile zu zerlegen und zu beobachten, was jeder Teil macht. Und für alles andere sind ganz klassische Python-Skripte oft das Beste.

Kapitel 3

Grundlagen der Sprache Python

Variablen, Datentypen, »if«-Bedingungen, Schleifen, Kommentare und mehr. Ohne diese Sprachkonstrukte geht beim Programmieren leider gar nichts. Daher schauen wir uns genau das in diesem Kapitel kurz an.

Lassen wir uns einfach mal ein kleines Programm von ChatGPT generieren, und danach schauen wir uns an, was die einzelnen Codezeilen bedeuten:

Erstelle ein Python-Programm, das eine Anrede für eine E-Mail erzeugt. Im Programm sollen ein Vor-, ein Nachname sowie eine Anrede (»Herr« oder »Frau«) stehen und ob die Anrede formell (»Sehr geehrte ...«) oder informell (»Hallo«) sein soll.

Hier ist ein einfaches Python-Programm, das genau das macht:

```
anrede = "Frau"
vorname = "Anna"
nachname = "Müller"
formell = True
if formell:
    print("Sehr geehrte", anrede, nachname)
else:
    print("Hallo", vorname)
```

In diesem Programm tauchen vier *Variablen* auf: `anrede`, `vorname`, `nachname` und `formell`. Außerdem wird eine *if-else-Überprüfung* gemacht, zweimal die *Funktion* `print` aufgerufen, und wir haben drei sogenannte *Strings* (`"Frau"`, `"Anna"`, `"Müller"`) und einen *Boolean*-Wert (`True`) in unserem Programm. Was das alles genau bedeutet, schauen wir uns später an. Vermutlich ahnst du aber auch so schon, was das Programm ausgibt: »Sehr geehrte Frau Müller«. Wenn `formell = False` wäre, sähen wir stattdessen »Hallo Anna« als Konsolenausgabe.

In den ersten vier Codezeilen werden die vier Variablen mit einem Wert versehen. Danach wird mit `if` überprüft, ob `formell` `True` ist. Falls ja, wird »Sehr geehrte ...« ausgegeben, falls nein, »Hallo ...«. Jetzt kannst du, wenn du das Programm ausprobierst, die Werte der Variablen verändern und dir anschauen, wie sich die Ausgabe verändert. Und entdeckst du dabei auch den kleinen Bug? Die Ausgabe kann auch »Sehr geehrt**e** Herr ...« sein, was natürlich unschön ist. Darum kümmern wir uns später, wenn wir uns `if` und `else` genauer anschauen. Fürs Erste lassen wir das so stehen.

Die Funktion `print` kann man mit beliebig vielen *Parametern* aufrufen. Parameter sind das, was in den Klammern steht und mit Kommas getrennt wird. Bei `print("Hallo", vorname)` übergeben wir der Funktion `print` zwei Parameter: den String `"Hallo"` und das, was in der Variablen `vorname` steht. `print` gibt in dem Fall beides hintereinander aus, standardmäßig getrennt mit einem Leerzeichen, also zum Beispiel `Hallo Anna`.

Wenn du dir das Programm noch einmal anschaust, wirst du feststellen, dass die beiden `print`-Zeilen jeweils mit vier Leerzeichen am Anfang eingerückt sind. Diese *Codeeinrückung* hat nicht nur optische Gründe. In Python *muss* man das sogar machen! Immer wenn eine Zeile mit einem Doppelpunkt endet - bei uns sind das `if formell:` und `else:` -, muss die Codezeile danach eingerückt werden. Mit `if` stellt man ja eine Wenn-dann-Bedingung: *Wenn* dies der Fall ist, *dann* mach das. Und was genau alles gemacht werden soll, steht in unserem eingerückten Code. Erst wenn der Code später nicht mehr eingerückt ist, weiß Python, dass der Codeblock dort zu Ende ist.

3.1 Variablen und Datentypen

Variablen heißen Variablen, weil ihr Zustand variabel ist. Sie haben einen Namen und einen Wert. Der Variablenname kann so etwas sein wie `x` oder `y`, meist ist es aber sinnvoller, ihnen verständlichere Namen zu geben, wie in unserem Beispiel `vorname`. In Python kann jede Variable einen beliebigen Wert annehmen. `vorname` ist in unserem Fall eine *Zeichenkette*, man sagt auch *String* dazu. Du erkennst Strings im Programmcode immer an Anführungszeichen, also zum Beispiel `"Anna"`. Man darf in Python aber auch `'Anna'` oder sogar `"""Anna"""` oder `'''Anna'''` schreiben. In den letzten zwei Schreibweisen mit den drei `"` bzw. `'` dürfen sogar Zeilenumbrüche im String vorkommen. Wenn du jedoch die Anführungszeichen komplett weglassen würdest, hätte das eine andere Bedeutung: `Anna` wäre nämlich kein String mit dem Inhalt `"Anna"`, sondern eine andere Variable mit dem Namen `Anna`. Auch wenn man so tatsächlich eine Variable nennen dürfte, gewöhnen wir uns doch bitte an, dass Variablen immer mit einem Kleinbuchstaben beginnen, also zum Beispiel `x`, `vorname` oder `kfz_kennzeichen`. Und bitte verwende auch keine Umlaute oder Sonderzeichen in Variablennamen. Der Unterstrich _ ist aber okay.

Hier ist eine kleine Übersicht über fünf wichtige Datentypen in Python; später schauen wir uns noch mehr an. Zwei dieser Typen kamen ja schon in dem Programm oben vor, und Zahlen habe ich kurz schon im vorherigen Kapitel erwähnt.

Datentyp	Beschreibung	Beispiel
`int`	ganze Zahlen	5 oder `-77`
`float`	Fließkommazahlen	`8.3` oder `-22.5`
`str`	Strings (Zeichenketten)	`"Hallo"`
`bool`	Boolean (Wahrheitswert)	`True` oder `False`
`None`	nicht existierender Wert	`None`

Tabelle 3.1: Fünf wichtige Datentypen in Python

In anderen Programmiersprachen muss man Variablen immer erst deklarieren, also anlegen, und dabei sagen, welchen Datentyp die Variable annehmen darf. In Python kann man einfach einer neuen Variable einen beliebigen Wert geben, und schon ist sie angelegt. Man darf ihren Wert jederzeit ändern, ja man könnte einer Variablen sogar später einmal einen Wert eines komplett anderen Datentyps geben; Python ist da sehr flexibel:

```
vorname = None      # Der Vorname ist unbekannt.
vorname = 5
vorname = "Anna"
```

3.2 Kommentare

Das # im vorherigen Beispiel kennzeichnet einen sogenannten *Kommentar*. Alles in einer Codezeile, was hinter einer Raute steht, wird vom Python-Interpreter ignoriert, so als ob es gar nicht im Programmcode stünde. Du kannst Kommentare dafür verwenden, den Code verständlicher zu machen oder um komplette Codezeilen vorrübergehend auszukommentieren:

```
# Das Programm macht nichts, weil die print-Zeile auskommentiert ist.
vorname = None    # Der Vorname ist unbekannt.
anrede = "Frau"
# print(anrede)
```

3.3 Funktionen

Eine Funktion erkennt man immer an ihren runden Klammern, z. B. `print("Hallo")`, `print(vorname)`, `print("Hallo", vorname)` oder aber einfach nur `print()`. Letzteres erzeugt nur eine neue leere Zeile auf der Konsole und gibt darüber hinaus nichts aus.

Später in diesem Kapitel, in Abschnitt 3.13, »Eigene Funktionen schreiben«, schauen wir uns an, wie du selbst Funktionen anlegst. Nun bedienen wir uns aber einfach erst einmal Funktionen, die die Sprache Python schon mitbringt.

Es gibt Funktionen, die etwas *tun*, und es gibt Funktionen, die einen *Wert zurückgeben* – und es gibt die Kombination aus beidem. Die Funktion `print` tut etwas: Sie gibt das, was du ihr übergibst, auf der Konsole aus. Übergibst du ihr mehrere Parameter, die du mit Kommas trennst, wird der Wert des ersten Parameters ausgegeben, dann ein Leerzeichen produziert, dann der Wert des zweiten Parameters, dann wieder ein Leerzeichen usw. `print("das", "ist", "ein", "Test")` gibt also das Gleiche aus wie `print("Das ist ein Test")`. Nachdem `print` die Ausgabe erzeugt hat, erfolgt anschließend ein Zeilenumbruch. Das sorgt dafür, dass du die Ausgabe jedes `print`-Aufrufs in einer separaten Zeile siehst.

`len` ist eine Funktion, bei deren Aufruf erst einmal nichts passiert. Stattdessen liefert sie einen Wert zurück. `len` steht für Länge. Wir übergeben ihr einen String, und sie gibt uns eine Zahl zurück, und zwar die Länge des Strings. Diese Zahl können wir dann beispielsweise in eine Variable speichern oder sie direkt auf der Konsole ausgeben lassen:

```
x = len("Hallo")
print(len("Hallo"))
```

Unsere neue Variable `x` hat nun den Wert `5`, und es wird auch `5` auf der Konsole ausgegeben, weil `Hallo` aus fünf Zeichen besteht.

Eine weitere nützliche Funktion heißt `input`. Genau wie `print` tut sie etwas, und genau wie `len` liefert sie uns auch einen Wert zurück. Was sie macht: Sie fragt die Benutzerin oder den Benutzer das, was wir ihr als Parameter übergeben:

```
name = input("Wie ist dein Name? ")
```

Der Benutzer oder die Benutzerin kann dann etwas eingeben und ↵ drücken. Das Leerzeichen hinter dem Fragezeichen sorgt dafür, dass die Eingabe nicht unmittelbar hinter dem Fragezeichen beginnt, sondern ein Zeichen dahinter. Schließlich liefert die Funktion `input` den String zurück, den er oder sie eingegeben hat. Den speichern wir anschließend in einer Variablen `name`.

```
name = input("Wie ist dein Name? ")
print("Hallo", name)
print("Dein Name besteht aus", len(name), "Zeichen")
```

Gäbe man nun gar nichts ein, dann würde in der Variablen `name` der leere String stecken, also `""`. Die Länge davon wäre 0 Zeichen.

Hier unsere drei praktischen Funktionen im Überblick:

- `print(x)`: Gibt den Wert von `x` auf der Konsole aus und macht danach eine neue Zeile.
- `len(s)`: Liefert die Länge des übergebenen Strings `s` zurück.
- `input(s)`: Gibt `s` auf der Konsole aus und wartet auf eine Benutzereingabe, die daraufhin zurückgegeben wird.

Bei `len` und `input` steht `s`, weil man ihnen üblicherweise einen String übergibt. Mit `print` kannst du dir so gut wie alles ausgeben lassen: Strings, Zahlen, Boolean-Werte und noch vieles mehr.

3.4 Überprüfungen mit »if«, »elif« und »else«

Mit `if` legst du fest, dass etwas nur dann gemacht wird, wenn eine Bedingung erfüllt ist. Das kann so etwas sein wie `if formell:` (weil `formell` ja eine boolesche Variable ist und damit entweder `True` oder `False` ist) oder etwas, was einen *Vergleichsoperator* enthält. Das folgende Beispiel-Listing verwendet den Vergleichsoperator `==`, der überprüft, ob zwei Werte gleich sind:

```
anrede = input("Anrede:")
nachname = input("Nachname")
if anrede == "Frau":
    print("Sehr geehrte Frau", nachname)
```

Hier fragen wir die Benutzerin oder den Benutzer nach einer Anrede und nach dem Nachnamen. Gibt man etwas anderes als »Frau« ein, passiert gar nichts. Die `if`-Bedingung ist ja nicht erfüllt. Der nach der `if`-Zeile kommende eingerückte Programmcode mit dem `print` wird also nicht ausgeführt. Erweitern wir nun unser Programm um einen `else`-Teil. Der nach einem `else:` stehende eingerückte Programmcode wird nämlich genau dann ausgeführt, wenn die `if`-Bedingung nicht erfüllt ist:

```
if anrede == "Frau":
    print("Sehr geehrte Frau", nachname)
else:
    print("Sehr geehrter Herr", nachname)
```

Das Programm macht nun sinnvolle Ausgaben, vorausgesetzt, als Anrede wurde »Frau« oder »Herr« eingegeben. Gibt man etwas ganz anderes ein, z. B. »Familie«, wird trotzdem der `else`-Teil ausgeführt, und wir sehen: »Sehr geehrter Herr ...«. Mit einem `elif` können wir das Problem lösen. Das steht für »ansonsten ... wenn«. Es prüft also – für den Fall, dass die vorherigen `if`- und `elif`-Überprüfungen alle `False` waren – noch etwas weiteres. Der `else`-Teil wird dann also nur ausgeführt, wenn keine der Bedingungen erfüllt ist:

```
if anrede == "Frau":
    print("Sehr geehrte Frau", nachname)
elif anrede == "Herr":
    print("Sehr geehrter Herr", nachname)
else:
    print("Sehr geehrte Damen und Herren")
```

Möchtest du prüfen, ob mehrere Bedingungen erfüllt sind, kannst du sie innerhalb einer `if`- oder `elif`-Anweisung mit `and` verknüpfen:

```
if formell and anrede == "Frau":
    print("Sehr geehrte Frau", nachname)
elif formell and anrede == "Herr":
    print("Sehr geehrter Herr", nachname)
else:
    print("Hallo", vorname)
```

Neben `and` gibt es auch noch `or` und `not`. Bei `or` muss nur eine von zwei Bedingungen erfüllt sein, und `not` negiert eine Bedingung. Sie wird also `True`, wenn sie `False` ist, und umgekehrt:

```
if not (anrede == "Frau" or anrede == "Herr"):
    print("Es wurde eine ungültige Anrede eingegeben.")
```

3.5 Vergleichsoperatoren

In den vorherigen Beispielen haben wir immer mittels `==` überprüft, ob in einer Variablen ein ganz bestimmter Wert steckt: `if anrede == "Frau"`. Wichtig ist, dass man wirklich zwei Gleichheitszeichen verwendet. Ein einzelnes Gleichheitszeichen hat in Python eine andere Bedeutung. Es ist dazu da, einer Variablen einen Wert zuzuweisen: `anrede = "Frau"` schreibt den String-Wert `"Frau"` in die Variable `anrede`. Mit `anrede == "Frau"` überprüft Python, ob in der Variablen `anrede` der String-Wert `"Frau"` steckt. Es liefert `True` zurück, wenn das der Fall ist, ansonsten `False`.

Hier ist eine kleine Übersicht von Vergleichsoperatoren: Bis auf die ersten beiden sind die anderen vor allem dann sinnvoll, wenn man es mit Zahlen zu tun hat:

Operator	Bedeutung	Beispiel
==	gleich	`anrede == "Frau"`
!=	ungleich (etwas anderes als)	`anrede != "Frau"`
>	größer als	`alter > 17`
<	kleiner als	`alter < 18`
>=	größer als oder gleich	`alter >= 18`
<=	kleiner als oder gleich	`alter <= 17`

Tabelle 3.2: Vergleichsoperatoren

3.6 Zahlen

In Python können wir mit ganzen Zahlen und Fließkommazahlen rechnen. *Ganze Zahlen* werden `int` genannt – das steht für *Integer* –, und *Fließkommazahlen* heißen `float`.

```
fahrenheit = 100                       # 100 °F
celsius = (fahrenheit - 32) * 5/9      # ca. 37.8 °C
print(celsius, "°C")
if celsius >= 20:
    print("Es ist warm")
else:
    print("Es ist kalt")
```

Wenn wir mit `input` den Benutzer bitten, eine Zahl einzugeben, liegt uns im Python-Programm zunächst einmal gar keine Zahl vor, sondern ein String, also nicht `100`, sondern `"100"`. Ein String mit drei Zeichen: `1`, `0` und `0`. Und mit Strings kann Python natürlich nicht rechnen. Das ist der Grund, warum wir den String zunächst in eine Zahl umwandeln müssen. Und das geht mit Hilfe der Funktionen `int` oder `float`.

```
alter = input("Alter: ")
if int(alter) < 18:
    print("Hallo du!")
else:
    print("Hallo Sie!")
```

Wird nun beispielsweise 55 eingegeben, steckt in der Variablen `alter` der String `"55"`. Der Aufruf von `int(alter)` wandelt die `"55"` in die Integer-Zahl 55. Damit können wir nun mit `+`, `-` usw. rechnen, und wir können Überprüfungen machen:

```
fahrenheit = input("Temperatur in °F: ")
celsius = (float(fahrenheit) - 32) * 5/9
print(fahrenheit, "°F sind", celsius, "°C")
```

Die Funktion `int(alter)` wandelt die vom Benutzer eingegebene Zahl `alter` in eine ganze Zahl um. Das funktioniert aber nur, wenn die Eingabe auch wirklich eine ganze Zahl ist, z. B. `33`, `0` oder `-5`. `float(fahrenheit)` hingegen erlaubt auch die Eingabe von Fließkommazahlen, in denen ein Dezimalpunkt vorkommt, z. B. `7.5` oder `-22.125`. Würde man beim Aufruf von `int` eine Zahl übergeben, in der ein Punkt vorkommt, oder würde man den Funktionen `int` oder `float` etwas komplett anderes als eine Zahl übergeben (z. B. `"Hallo"`), kommt ein Fehler.

3.7 Die »while«-Schleife

Ich brauche 20 Tischkarten für eine Geburtstagsfeier. Erstelle ein Python-Programm, das »Tisch 1«, »Tisch 2« usw. ausgibt.

Klar! Hier ein simples Python-Skript, das »Tisch 1« bis »Tisch 20« ausgibt:

```
anzahl_tische = 20

# Startwert
tisch_nummer = 1

while tisch_nummer <= anzahl_tische:
    print("Tisch", tisch_nummer)
    tisch_nummer += 1
```

Stände in unserem Programm statt des Wörtchens `while` ein `if`, wäre die Bedingung `if tisch_nummer <= anzahl_tische:` wahr, weil ja 1 kleiner als 20 ist. Es würde `"Tisch 1"` also ausgegeben, und die Variable `tisch_nummer` würde um 1 erhöht, sodass sie nun den Wert 2 hätte. Mit `+= 1` erhöht man nämlich den Wert einer Variablen um `1`. Es macht das Gleiche wie `tisch_nummer = tisch_nummer + 1`.

`while` sorgt nun aber dafür, dass die Bedingung immer und immer wieder überprüft wird. Und solange sie wahr ist, erfolgen immer wieder das `print` und die Erhöhung der Tischnummer. Erst wenn `tisch_nummer` irgendwann den Wert 21 erreicht, ist die Bedingung nicht mehr wahr. Dann wird die `while`-Schleife verlassen und ist beendet.

Achtung!

Wenn man bei `while`-Schleifen nicht aufpasst, hat man eine Bedingung, die stets erfüllt ist, und dann läuft das Programm ewig weiter. Aber es gibt auch noch den Befehl `break`, mit dem du eine Schleife jederzeit mittendrin verlassen kannst.

Ein Python-Programm, das die Benutzerin so lange nach einem Benutzernamen fragt, bis ein Benutzername eingegeben wurde, der mindestens 5 Zeichen lang ist.

```
while True:
    benutzername = input("Dein Benutzername: ")
    if len(benutzername) >= 5:
         break
    else:
        print("Der Benutzername ist zu kurz!")
print("Hallo", benutzername)
```

`while True` ist immer wahr. Die Schleife wird also immer und immer wieder durchlaufen. Und jedes Mal, nachdem ein Benutzername eingegeben wurde, wird überprüft, ob er aus fünf oder mehr Zeichen besteht. Falls ja, springen wir mit `break` auf der Schleife heraus und begrüßen die Benutzerin oder den Benutzer. Falls nein, wird eine Meldung ausgegeben, und im nächsten Schleifendurchlauf wird erneut nach dem Benutzernamen gefragt.

Genau genommen bräuchten wir hier gar kein `else`. Wir könnten die Meldung, dass der Benutzername zu kurz ist, in jedem Fall ausgeben lassen. Ist der Benutzername nämlich lang genug, wären wir ja ohnehin schon vorher mit `break` aus der Schleife gesprungen. Aber das `else` schadet auch nicht.

3.8 Die »for«-Schleife

Neben der `while`-Schleife gibt es in Python auch eine `for`-Schleife. Diese iteriert über eine sogenannte *Sequenz* und bietet uns in einer Variablen in jedem Schleifendurchlauf Zugriff auf ein Element in dieser Sequenz. Sequenzen können Listen sein – die behandeln wir aber erst später in Abschnitt 3.10, »Listen, Mengen, Tupel und Dictionarys« – oder aber einen Bereich von Zahlen. Damit können wir nun auch wieder unsere Tischkarten generieren:

```
for i in range(1, 21):
    print("Tisch", i)
```

Mit `range(1, 21)` bilden wir eine Sequenz der Zahlen von 1 bis 20. Ja, obwohl da 21 steht, geht es nur bis 20, weil in Python der Von-Wert (`1`) inklusive und der Bis-Wert (`21`) exklusive ist. In der Variablen `i` steht nun in jedem Schleifendurchlauf eine andere Zahl, zuerst die `1`, dann die `2` und so weiter, bis `i` im letzten Durchlauf schließlich `20` ist.

3.9 Mehr zu »print«

Die Funktion `print` ist ja eigentlich ganz simpel: Du sagst `print("Hallo")`, und es wird »Hallo« ausgegeben. Oder du sagst `print(vorname)`, und es wird der Vorname, der in der Variablen steht, ausgegeben. Das ist aber noch lange nicht alles, was `print` kann:

- `print()` ohne Parameter: Rufst du einfach nur `print()` auf, beginnt eine neue Zeile.
- `print` mit mehreren Parametern: `print(a, b)` gibt den Wert von `a` aus, es folgt ein Leerzeichen und dann der Wert von `b`. Das geht mit beliebig vielen Parametern. Ganz am Ende erfolgt ein Zeilenumbruch.
- Selbst Zeilenumbrüche durchführen mit `"\n"`: Wenn du in einem String `\n` schreibst, erzeugst du an der Stelle einen Zeilenumbruch, z. B. `print("Gruß,\nJohannes")`.
- Anderen Trenner als ein Leerzeichen verwenden: `print("Hallo", "Welt", sep="")` gibt `HalloWelt` aus ohne ein Leerzeichen zwischen den Wörtern. Mit dem Parameter `sep` kannst du nämlich den Separator, der die Werte trennt, selbst festlegen. (Standardverhalten: `sep=" "`)
- Anderes Ende der Ausgabe: Mit `print("Hallo", end="")` verhinderst du, dass am Ende der Ausgabe ein Zeilenumbruch durchgeführt wird. `end=""` heißt: Am Ende mache nichts. (Standardverhalten: `end="\n"`)
- Formatierte Strings ausgeben: Schreibst du vor dem ersten Anführungszeichen ein `f`, also beispielsweise `print(f"Tisch {i}")`, darfst du Variablennamen in geschweifte Klammern setzen. Ihr Wert wird dann an der Stelle eingefügt.

Vor allem der letzte Punkt, also das Formatieren von Strings, ist sehr hilfreich. Es verhindert Fehler, weil man ansonsten gerne mal Anführungszeichen vergisst, und es ist schön leserlich. Später in diesem Buch werden wir daher oft die Schreibweise `print(f"x ist {x}")` verwenden. Auch ChatGPT erzeugt oft Code, in dem formatierte Strings vorkommen.

Da wir gerade so viel über Strings sprechen, ist auch noch der Operator + erwähnenswert. Mit + kannst du nämlich nicht nur Zahlen addieren, sondern auch zwei Strings aneinanderhängen:

```
name = vorname + " " + nachname
```

Steckt in `vorname` der String `"Anna"` und ist der `nachname` `"Schneider"`, so ist der Wert der Variablen `name` nun `"Anna Schneider"`. Das kannst du natürlich auch direkt im `print` verwenden:

```
print("Hallo " + vorname + " " + nachname)
```

Auf die folgenden Arten wäre das ebenfalls gegangen:

```
print("Hallo", vorname, nachname)
print(f"Hallo {vorname} {nachname}")   # coolste Variante 😎
```

3.10 Listen, Mengen, Tupel und Dictionarys

Die Datentypen für Zahlen und Strings sind dafür da, *eine* Zahl bzw. *eine* Zeichenkette zu speichern. Früher oder später wirst du aber auch sogenannte *komplexe Datentypen* brauchen. Das sind Datentypen, die es dir ermöglichen, ganz viele Werte innerhalb einer einzigen Variablen zu speichern. Hier sind vier Beispiele:

```
tage = ["Mo", "Di", "Mi", "Do", "Fr"]       # Liste
tage = ("Mo", "Di", "Mi", "Do", "Fr")       # Tupel
tage = {"Mo", "Di", "Mi", "Do", "Fr"}       # Menge
tage = {"Mo": "Montag", "Di": "Dienstag"}   # Dictionary
```

Auch wenn das auf den ersten Blick alles sehr ähnlich aussieht und sich vor allem durch die Art der Klammern unterscheidet, hier sind die Unterschiede:

Datentyp	**Beispiel**	**Zugriff**	**Reihenfolge**	**Duplikate**	**Veränderbar**
Liste	`x=[1,2]`	`x[0]`	fest	ja	ja
Tupel	`x=(1,2)`	`x[0]`	fest	ja	nein
Menge	`x={1,2}`	-	keine	nein	ja
Dictionary	`x={"a":1, "b":5}`	`x["a"]`	fest (Keys)	Keys: nein	ja

Der wohl wichtigste dieser vier Typen ist die *Liste*. Um eine Liste anzulegen, schreiben wir mit Kommas getrennt die einzelnen Werte hin, die in der Liste gespeichert werden sollen, z. B. `tage = ["Mo", "Di", "Mi"]`. Das ist eine Liste mit drei Einträgen. Mit `len(tage)` kommen wir an die Anzahl der Einträge, also `3`. Und mit `tage[0]` erhalten wir das erste Element, das wäre bei uns der String `"Mo"`. In Python fängt man immer bei 0 an zu zählen. Der `"Mi"` befindet sich also an der Stelle `tage[2]`. Wir könnten auch schreiben: `tage[len(tage)-1]` oder einfach `tage[-1]`, weil wir so an das letzte Element in der Liste herankommen. Um existierende Einträge in einer Liste zu ändern, überschreiben wir sie einfach: `tage[2] = "Mittwoch"`. Und das Hinzufügen eines neuen Elements geht mit `tage.append("Do")`.

Wenn wir uns nun die gesamte Liste ausgeben wollen, können wir `print(tage)` verwenden, oder wir wandeln die Liste in einen String in Form einer kommagetrennten Liste um und geben diesen aus:

```
print(tage)              # gibt aus: ["Mo", "Di", "Mittwoch", "Do"]
print(", ".join(tage))   # gibt aus: Mo, Di, Mittwoch, Do
```

Der Methodenaufruf `", ".join(tage)` nimmt den ersten Eintrag aus der Liste, dann den Trenner, der vor dem `.join` steht, also ein Komma und ein Leerzeichen, dann der zweite Eintrag und so weiter.

Tupel braucht man nicht so oft, daher gehe ich an dieser Stelle nicht so sehr darauf ein. Wenn ein Tupel nämlich einmal angelegt ist, kann man die Werte darin nämlich nicht mehr verändern. Ansonsten verhalten sich Tupel fast genau wie Listen. Später in Abschnitt 3.14, »Pythonischer Code«, wird es noch einmal kurz um Tupel gehen.

Mengen schreibt man mit geschweiften Klammern; `x = {8,2,5}` zum Beispiel ist eine Menge mit drei Zahlen. Hier ist es egal, in welcher Reihenfolge du die Einträge auflistest, es gibt nämlich anders als bei Listen und Tupeln nicht das erste und zweite Element, sondern einfach nur Elemente, die in der Menge enthalten sind. Außerdem ist kein Element doppelt vorhanden. Bei `x = {8,2,8}` wäre die Anzahl der Elemente `len(x)` lediglich 2, weil Duplikate nicht mitzählen. Du kannst neue Elemente mit `x.add(4)` zur Menge hinzufügen und mit `x.remove(1)` entfernen. Mit `in` überprüfst du, ob ein Element in der Menge ist oder nicht: `if 4 in x:`.

Dictionarys sind eine ganz spezielle Art von Mengen, und zwar hat hier jeder Eintrag einen sogenannten *Key* (Schlüssel) und einen *Value* (Wert), wobei es jeden Key nur einmal gibt. Du kannst di ein Dictionary – wie der Name schon sagt – wie ein Wörterbuch vorstellen: »Montag« heißt »Monday«, »Dienstag« heißt »Tuesday« usw. In Python würde man das so schreiben:

```
tage = {"Montag": "Monday", "Dienstag": "Tuesday" }
```

Wenn du jetzt wissen willst, was Montag auf Englisch heißt, kommst du an den Wert wie folgt: `tage["Montag"]`. Das liefert den Wert `"Monday"`. Umgekehrt geht das nicht. Auf Dictionarys muss man immer über den Schlüssel zugreifen und erhält den Wert. Auch hier ist es möglich, existierende Einträge zu verändern, z. B. `tage["Montag"] = "Mo"`, oder neue Einträge hinzuzufügen: `tage["Mittwoch"] = "Wednesday"`.

Wenn du einmal eine leere Liste, eine leere Menge usw. brauchst, z. B. weil du später etwas einfügen willst, schreibst du `[]` (Liste), `()` (Tupel), `set()` (Menge) bzw. `{}` (Dictionary). Später einfügen funktioniert natürlich nicht bei einem Tupel, weil es unveränderbar ist. Auch interessant ist die Schreibweise `(7,)`, mit der du ein Tupel mit nur einem Element anlegst. Ohne das Komma vor der schließenden Klammer erkennt Python nicht, dass es sich um ein Tupel handelt.

Das soll nur ein ganz schneller Überblick über komplexe Datentypen sein. Mehr dazu erläutere ich später bei den Programmen, in denen wir diese Datentypen brauchen. Vor allem Listen werden wir noch ganz oft nutzen.

3.11 »for«-Schleife für Listen und Co.

Die `for`-Schleife kennst du ja bereits:

```
for i in range(1, 21):
    print(i)
```

Das gibt »1«, »2«, »3« usw. bis »20« aus. Rechts vom Wort `in` dürfen wir statt einer `range` aber auch eine Liste, ein Tupel, eine Menge oder ein Dictionary hinschreiben. Dann wird für jeden Eintrag, den es darin gibt, ein Schleifendurchlauf gemacht. Und der Eintrag selbst steht in der Variablen, die wir vor das Wort `in` schreiben, z. B. `for e in meine_liste:`.

Fragen wir ChatGPT nach einem kleinen Programm:

Schreibe ein Python-Programm, das Tischkarten für Achim, Berta, Carla, Dora, Emil, Frank und Gerda erzeugt. Es soll einfach immer nur der Name ausgegeben werden.

Klar, hier ein einfaches Python-Programm dafür:

```
namen = ["Achim", "Berta", "Carla", "Dora", "Emil", "Frank", "Gerda"]
for name in namen:
    print(name)
```

Ich will das so: »Platz-Nr. 1: Achim« usw.

Dann kannst du `range()` zusammen mit der Namensliste verwenden, um die Nummern automatisch zu erzeugen:

```
namen = ["Achim", "Berta", "Carla", "Dora", "Emil", "Frank", "Gerda"]
for i in range(len(namen)):
    print(f"Platz-Nr. {i + 1}: {namen[i]}")
```

In der ersten Variante des Programms steckt in der Variablen `name` im ersten Schleifendurchlauf `"Achim"`, in der zweiten Iteration `"Berta"` usw. Beim zweiten Programm haben wir wieder eine `for`-Schleife, die über eine `range` iteriert. Dort heißt die Schleifenvariable `i`, und sie läuft von 0 bis 6. Warum 0 bis 6? Zum einen, weil `len(namen)` die Zahl `7` ergibt; unsere Liste besteht ja aus 7 Strings. Zum anderen haben wir ja keinen Von- und keinen Bis-Wert in `range` geschrieben, sondern nur einen Bis-Wert. Python macht in einem solchen Fall aus einem `range(7)` ein `range(0, 7)`, die Schleife geht also von 0 bis 6. Vielleicht erinnerst du dich: Der Von-Wert (0) ist inklusive, der Bis-Wert (7) exklusive. Mit `for i in range(len(namen))` können wir also über die sieben Elemente unserer Liste iterieren und bekommen in jeder Iteration Zugriff auf den Listenindex `i`. Und mit `namen[i]` kommen wir dann an den Name an der jeweiligen Stelle: `namen[0]` ist `"Achim"` usw. Die andere Variante `for name in namen` ist viel simpler zu benutzen, daher solltest du bevorzugt diese Schreibweise verwenden. Und wenn du dann doch mal die Listenposition brauchst, was in unserer Liste die Platznummer ist, können wir ja auch manuell eine Variable hochzählen. Das machen wir mit `platznr += 1`, was für `platznr = platznr + 1` steht:

```
platznr = 1
for name in namen:
    print(f"Platz-Nr. {platznr}: {name}")
    platznr += 1
```

In dem Fall brauchen wir auch nicht das unschöne `i+1` im `print`. Das lag im vorherigen Beispiel daran, dass ja `i` im ersten Schleifendurchlauf 0 ist, wir aber Platz Nr. 1 ausgeben wollen. Später in Abschnitt 3.14, »Pythonischer Code«, wirst du noch eine weitere Variante sehen, in der wir das Gleiche mit `for platznr, name in enumerate(namen, start=1):` machen werden.

Diese `for`-Schleife funktioniert nicht nur für Listen, sondern auch bei Tupeln, Mengen und Dictionarys. Bei Dictionarys wird über die Menge der Schlüssel iteriert. Aber über diese Schlüssel kommen wir ja dann auch an den entsprechenden Wert:

Ein Python-Programm, das Folgendes ausgibt: »Montag heißt Monday« … für alle 7 Wochentage.

Klar, hier ein einfaches Python-Programm dafür:

```
wochentage = {
    "Montag": "Monday",
    "Dienstag": "Tuesday",
    "Mittwoch": "Wednesday",
    "Donnerstag": "Thursday",
```

```
    "Freitag": "Friday",
    "Samstag": "Saturday",
    "Sonntag": "Sunday"
}
for tag in wochentage:  # hier bekommen wir nur die Schlüssel
    print(f"{tag} heißt {wochentage[tag]}")
```

Wir bekommen bei einer `for`-Schleife, bei der hinter dem Wörtchen `in` ein Dictionary steht, in jedem Schleifendurchlauf den Schlüssel des aktuellen Eintrags. Dieser steht dann bei uns in der Variablen `tag`. Und über `wochentage[tag]` kommen wir ja dann auch an den Wert.

3.12 Beispielprogramm: Wörter zählen

Wir werden uns nun von ChatGPT ein erstes größeres Programm schrittweise generieren lassen, von dem wir fast alles mit dem Wissen aus diesem Kapitel verstehen können. Natürlich werden in dem Programm auch neue Kommandos vorkommen, aber lass dich davon nicht abschrecken. Ich werde auf die Feinheiten genauer eingehen, aber vieles wird auch selbsterklärend sein.

Schreibe ein Python-Programm, das die Anzahl der Wörter in einem Text zählt.

Hier ein einfaches Python-Programm, das die Anzahl der Wörter in einem Text zählt:

```
text = input("Bitte einen Text eingeben: ")
# Zerlege den Text in Wörter anhand von Leerzeichen
woerter = text.split()
# Anzahl ermitteln
anzahl = len(woerter)
print(f"Der Text enthält {anzahl} Wörter.")
```

Das Einzige, was in diesem Programm neu ist, ist die Methode `split()`. Sie macht das Umgekehrte wie die Methode `join`. Mit `join` lassen sich die Einträge einer Liste zu einem String zusammensetzen, wobei immer zwischen zwei Einträgen ein Trennzeichen eingefügt wird. `split` hingegen splittet einen String anhand eines Trennzeichens – standardmäßig bei Leerzeichen, Zeilenumbrüchen und Co. Es liefert eine Liste von Wörtern zurück. Methoden sind wie Funktionen, aber man ruft sie *auf* etwas auf, in unserem Fall auf einem String. In `print(text.upper())` wird die `upper`-Methode auf dem String aufgerufen, der in der Variablen `text` steht. Dieser Text wird in Großbuchstaben umwandelt und dann ausgegeben.

`text.upper()` liefert also einen neuen String mit dem gleichen Text, nur in Großbuchstaben. In unserem Programm wird aber nicht `upper`, sondern `text.split()` gemacht. Das splittet den Text in mehrere Teile, und zwar überall dort, wo Leerzeichen, Zeilenumbrüche etc. sind. `text.split()` liefert uns letztendlich eine Liste mit den einzelnen Wörtern im Text. Gibt die Benutzerin als Text ein: »Wie ist das Wetter?«, so steht in der Variablen `woerter` die Liste `["Wie", "ist", "das", "Wetter?"]`. Da diese Liste die Länge 4 hat, gibt das Programm aus, dass der Text 4 Wörter enthält.

Erweitere das Programm so, dass Wörter wie »der«, »die«, »das« nicht mitgezählt werden.

Klar! Wir können eine Liste von Stoppwörtern definieren und dann beim Zählen diese Wörter ignorieren. Hier ein Beispiel:

```
text = input("Bitte einen Text eingeben: ")
# Wörter, die nicht gezählt werden sollen
stoppwoerter = ["der", "die", "das", "ein", "eine", "und", "oder",
                "von", "zu", "mit"]
# Text in Wörter aufteilen
woerter = text.split()
# Wörter zählen, die nicht in der Stoppwortliste sind
anzahl = 0
for wort in woerter:
    # Vergleich in Kleinbuchst., um Groß-/
Kleinschreibung zu ignorieren
    if wort.lower() not in stoppwoerter:
        anzahl += 1

print(f"Der Text enthält {anzahl} Wörter (ohne Stoppwörter).")
```

In diesem Programm kümmert sich also nicht mehr die Funktion `len` darum, die Wörter zu zählen, stattdessen wird das manuell gemacht. Wir iterieren mit einer `for`-Schleife über die einzelnen Wörter im Text, und immer dann, wenn es ein Wort ist, das nicht in der Liste der Stoppwörter ist, zählen wir eine Variable `anzahl` um eins hoch. In diesem Programm wurde mit `wort.lower()` jedes Wort zuerst in Kleinbuchstaben umgewandelt, bevor in der Liste der Stoppwörter gesucht wird. Das sorgt dafür, dass nicht nur »der«, »die«, »das« usw. ignoriert werden, sondern auch »Der«, »Die« und »Das« etc. mit Großbuchstaben.

Nun will ich ein Programm, das das Wort ausgibt, das am häufigsten im Text vorkommt.

Hier ist ein einfaches Python-Programm, das das häufigste Wort in einem Text ermittelt und ausgibt:

```
text = input("Bitte einen Text eingeben: ")

# Text in Wörter aufteilen
woerter = text.split()

# Wörter zählen
haeufigkeit = {}
for wort in woerter:
    wort = wort.lower()  # Groß-/Kleinschreibung ignorieren
    if wort in haeufigkeit:
        haeufigkeit[wort] += 1
    else:
        haeufigkeit[wort] = 1

# Wort mit höchster Häufigkeit finden
max_wort = max(haeufigkeit, key=haeufigkeit.get)
max_anzahl = haeufigkeit[max_wort]

print(f"Häufigstes Wort: '{max_wort}' ({max_anzahl} mal)")
```

Um für jedes einzelne Wort die Häufigkeit seines Vorkommens zu zählen, wird ein Dictionary verwendet. `haeufigkeit = {}` legt ein leeres Dictionary an. Man könnte auch meinen, dass `{}` eine leere Menge ist. Nein, in Python ist `{}` ein Dictionary ohne Einträge. Eine leere Menge definiert man mit `set()`.

Das Dictionary, das `haeufigkeit` heißt, verwendet als Key immer ein Wort und als Wert die Häufigkeit ebendieses Wortes. Mit `if wort in haeufigkeit` wird für ein Wort geprüft, ob es bereits im Dictionary ist oder nicht. Ist es schon enthalten, erhöhen wir die Häufigkeit im Dictionary um eins; falls das Wort neu ist, wird ein neuer Eintrag im Dictionary angelegt: `haeufigkeit[wort] = 1`.

Ein Beispiel: Der Benutzer gibt diesen Text ein: »Sein oder nicht sein«. Der Text wird gesplittet, sodass die Liste `woerter` die vier Wörter enthält: `["Sein", "oder", "nicht", "sein"]`. In der `for`-Schleife wird sich nun jedes dieser vier Wörter angeschaut und in Kleinbuchstaben gewandelt. Aus dem ersten `"Sein"` wird also `"sein"`. Und da das Dictionary zu dem Zeitpunkt noch leer ist, es den Key `"sein"` also noch nicht enthält, wird `haeufigkeit ["sein"] = 1` gesetzt. Auf die gleiche Art geht es für die Wörter `"oder"` und `"nicht"` weiter. Beim letzten Wort, `"sein"`, ist jedoch die Überprüfung `if wort in haeufigkeit` dieses Mal

`True`, weil der Key `"sein"` im Dictionary bereits vorhanden ist. Seine Häufigkeit wird also von `1` auf `2` erhöht.

Und was in den letzten Zeilen des Programms passiert, darauf kann man nicht kommen, wenn man es nicht weiß. `max(haeufigkeit, key=haeufigkeit.get)` liefert denjenigen Key im Dictionary, für den der größte Wert vorliegt. ChatGPT hat uns also diese eine magische Zeile ausgespuckt, die genau das macht, was wir brauchen. Früher hätte man Python-Experte sein müssen, oder man hätte aufwendig recherchieren müssen. Oder man hätte es als unerfahrener Python-Entwickler einfach viel umständlicher mit viel mehr Codezeilen machen müssen. Nun kannst du diese Codezeile so übernehmen.

Falls dich dennoch interessiert, was da genau passiert, hier eine kurze Erklärung: Die Funktion `max` liefert normalerweise das größte Element aus einer Liste, Menge oder einem Tupel oder den größten Key eines Dictionarys. `max([3,5,2])` liefert zum Beispiel die Zahl 5. Gäben wir im Programm von eben `"Sein oder nicht sein"` ein und würden dann `max (haeufigkeit)` berechnen, würde es zwar zufälligerweise tatsächlich `"sein"` als Rückgabewert zurückliefern, aber nicht, weil dieses Wort die höchste Häufigkeit hat, sondern weil `"sein"` das Wort ist, das alphabetisch am größten ist: Der Buchstabe S kommt im Alphabet hinter N und O. Für andere Texte käme also vermutlich das falsche Wort heraus. Und um Python zu sagen, dass es nicht den größten Key ausliefern soll, sondern stattdessen den Key `k`, für den `haeufigkeit.get(k)` am größten ist, müssen wir ebendiesen Parameter `key=haeufigkeit.get` setzen. `haeufigkeit.get(k)` ist übrigens eine andere Schreibweise für das, was wir immer mit `haeufigkeit[k]` gemacht haben – mit dem Unterschied, dass Letzteres einen Fehler liefern würde, wenn der Key `k` im Dictionary nicht vorhanden ist, `get(k)` aber in dem Fall `None` zurückliefert. Hoffentlich verwirrt dich das alles nicht zu sehr. Du musst nicht alles direkt wissen. Das kommt alles nach und nach, je mehr du machst.

3.13 Eigene Funktionen schreiben

Du hast schon einige Funktionen kennengelernt, die die Sprache Python mitbringt, zum Beispiel `print`, `len` und `input`. Sie bieten dir eine Funktionalität, die jemand anderes schon für dich programmiert hat. Früher oder später wird es aber auch hilfreich sein, eigene Funktionen zu programmieren. Und genau das schauen wir uns jetzt an. Funktionen haben einen Namen, z. B. `len`, und hinter diesem Funktionsnamen stehen die Parameter in Klammern. Es gibt aber auch Funktionen ohne Parameter. `len()` wäre zwar ein ungültiger Aufruf, aber bei `print()` passiert etwas: Es wird eine neue Zeile erstellt. Viele Funktion nehmen aber einen oder sogar mehrere Parameter entgegen. Bei `len("Hallo")` übergeben wir den String-Wert `"Hallo"` als Parameter, und dann berechnet die Funktion `len` die Anzahl der Zeichen. Zurück kommt die Zahl 5, die wir zum Beispiel mit `print(len("Hallo"))` direkt ausgeben können, oder wir schreiben sie mit `x = len("Hallo")` in eine Variable.

Nun wollen wir das Beispiel aus dem vorherigen Kapitel weiterentwickeln und die Funktionalität des Wörterzählens in eine Funktion packen, damit wir sie von überall aus aufrufen können.

Erstelle eine Python-Funktion, die einen Text entgegennimmt und die Anzahl der Wörter im Text zählt.

Hier ein einfaches Beispiel für eine Python-Funktion, die die Anzahl der Wörter in einem gegebenen Text zählt:

```
def wortanzahl(text):
    woerter = text.split()
    return len(woerter)


# Beispiel
satz = "Das ist ein kurzer Beispielsatz."
print(wortanzahl(satz))  # Ausgabe: 5
```

Wenn man ChatGPT bittet, eine Funktion zu erstellen, wird meistens direkt ein Beispiel mitgeliefert, das zeigt, wie man die Funktion aufrufen kann. Die eigentliche Definition der Funktion erfolgt mit `def`, dann wird der Funktion ein Name gegeben (hier: `wortanzahl`), und dahinter kommen in Klammern die Parameter, die die Funktion entgegennimmt. Im Wesentlichen sind das Variablen, auf die wir innerhalb der Funktion Zugriff haben. `def wortanzahl(text)` heißt also, dass wir später die Funktion `wortanzahl` mit genau einem Parameter aufrufen müssen, z. B. so: `x = wortanzahl("Hey du")`. Innerhalb der Funktion können wir dann über die Variable `text` auf den Wert dieses Parameters zugreifen, hier: `"Hey du"`.

Nach der Zeile, die mit `def` beginnt, bildet der eingerückte Code das, was schließlich gemacht wird, wenn die Funktion aufgerufen wird. In unserem Fall wird der ihr übergebene Text mit `text.split()` in seine Wörter aufgesplittet. Das liefert uns eine Liste mit Wörtern. `len(woerter)` berechnet die Anzahl dieser Wörter in der Liste, und der Befehl `return` gibt sie zurück. Wenn nun jemand `x = wortanzahl("Hey du")` aufruft, liefert unsere Funktion den Wert 2 zurück, weil der übergebene Text ja aus zwei Wörtern besteht. `x` ist dann also `2`.

Viel später in diesem Buch wirst du hin und wieder auch sogenannte *Lambda-Funktionen* sehen. Vor allem ChatGPT erzeugt sie gerne, weil sie so schön kompakt sind. Im Wesentlichen sind Lambda-Funktionen eine Schreibweise für Funktionen, die keine mehrzeilige Programmlogik, also auch keine Schleifen und kein `if` enthalten, sondern lediglich einen einzigen Ausdruck, der beschreibt, wie eine Berechnung durchgeführt wird. Die oben stehende `wortanzahl`-Funktion könnten wir wie folgt als Lambda-Funktion schreiben und sie danach wie gehabt mit `wortanzahl("Hey du")` aufrufen:

```
wortanzahl = lambda text: len(text.split())
```

Hinter dem Wort `lambda` steht der Funktionsparameter, dann folgt ein Doppelpunkt und danach das, was ansonsten hinter dem Wort `return` in der Funktion stünde. Wir bleiben nun aber vorerst wieder bei ganz normalen Funktionen, die wir mit `def` definieren.

Funktionen sind immer dann sinnvoll, wenn der Programmcode ansonsten zu unübersichtlich wird. Dann kannst du zum Beispiel komplexere Berechnungen und Vorhaben in eine Funktion packen. In deinem eigentlichen Programmcode rufst du die Funktionen dann nur noch auf. Vor allem, wenn du ein und dieselbe Funktion an mehreren Stellen aufrufen musst, ist es deutlich sinnvoller, den entsprechenden Code in eine Funktion zu packen, anstatt mit Copy and Paste den gleichen Code mehrfach zu wiederholen. Auch ist es sinnvoll, Funktionen wiederzuverwenden, die du in anderen Programmen schon einmal programmiert hast. Funktionen sind schön abgeschlossene Codebausteine, die für sich stehen. Variablen, die du in einer Funktion verwendest, kollidieren weder mit gleich heißenden Variablen aus deinem Hauptprogramm noch mit Variablen aus anderen Funktionen. Sie haben ihren Gültigkeitsbereich nur innerhalb der Funktion. Alles, worauf du in der Funktion zugreifen willst, übergibst du ihr als Parameter. Und alles, was die Funktion liefern soll, wird mit `return` zurückgegeben.

```
def addieren(x, y):
    ergebnis = x + y
    return ergebnis
z = addieren(5, 3)
print(z)             # Hier wird 8 ausgegeben.
print(ergebnis)      # Fehler!
```

Die Variable `ergebnis` existiert im Hauptteil des Programms gar nicht, nur in der Funktion! Daher kommt ein Fehler. Die Variable wurde in der Funktion angelegt, und wenn Python aus der Funktion herausspringt, existiert sie nicht mehr.

Vielleicht erinnerst du dich noch daran, dass man beim Aufruf der Funktion `print` die Parameter `sep` und `end` übergeben kann: `print(nachname, vorname, sep=", ", end="")` gibt den Nachnamen und Vornamen aus, setzt dazwischen statt lediglich eines Leerzeichens ein Komma und ein Leerzeichen, und am Ende wird kein Zeilenumbruch gemacht. Solche *Named Parameter* kannst du beim Aufruf deiner Funktionen auch verwenden.

```
print(addieren(y=3, x=5))
```

Weder ist dieses Beispiel sinnvoll, noch macht die Reihenfolge der zu addierenden Zahlen irgendeinen Unterschied. Aber es soll zeigen, dass du statt `addieren(5, 3)` auch auf diese Art die Funktion aufrufen kannst, wenn du weißt, wie die Parameter heißen. Das ermöglicht es, die Parameter in einer anderen Reihenfolge anzugeben, als sie definiert wurden.

Optionale Parameter sind vielleicht sogar noch etwas praktischer: Du kannst beim Erstellen einer Funktion Parametern einen Standardwert geben. Dann sind diese Parameter optional, und du musst sie beim Funktionsaufruf nicht angeben. Lässt man optionale Parameter nämlich weg, wird ihnen ihr Standardwert zugewiesen:

```
def addieren(x, y=1):       # y ist ein optionaler Parameter.
   return x + y
print(addieren(5, 3))       # 5+3 = 8
print(addieren(5))          # 5+1 = 6
```

Erweitere die Funktion `wortanzahl` *um einen optionalen Parameter* `min_len`*, der bestimmt, dass nur Wörter gezählt werden sollen, die mindestens ebendiese Länge haben.*

So kannst du die Funktion erweitern:

```
def wortanzahl(text, min_len=1):
    woerter = text.split()
    gefiltert = [wort for wort in woerter if len(wort) >= min_len]
    return len(gefiltert)
satz = "Das ist ein kurzer Satz."
print(wortanzahl(satz))              # Ausgabe: 5
print(wortanzahl(satz, min_len=4))   # Ausgabe: 2 ("kurzer", "Satz.")
```

Hier wurde beim Aufruf der Name des zweiten Parameters, `min_len=4`, angegeben, weil `wortanzahl(satz, min_len=4)` einfach viel verständlicher ist als `wortanzahl(satz, 4)`. Letzteres würde aber ebenfalls funktionieren und das Gleiche tun. Lässt man den zweiten Parameter weg, wird jedes Wort unabhängig von seiner Wortlänge gezählt, weil der Standardwert für `min_len=1` ist.

Du wunderst dich vielleicht über die verrückte Zeile mit den eckigen Klammern, dem `for` und dem `if`. Das ist eine *List-Comprehension*. Sie erlaubt das Schreiben von kompakten Ausdrücken, die mit etwas Übung schneller zu erfassen und zu lesen sind und somit zu pythonischem Code beitragen. Mehr dazu folgt im nächsten Absatz. Die Codezeile macht Folgendes: Basierend auf den Einträgen der `woerter`-Liste wird eine neue Liste `gefiltert` erstellt, die all diejenigen Wörter enthält, die eine gewisse Mindestlänge haben. Die Codezeile filtert also die Einträge in der Liste gemäß eines Filterkriteriums.

3.14 Pythonischer Code

Häufig gibt es verschiedene Arten, ein und dieselbe Sache zu programmieren. Einmal erfordert es viele Codezeilen, mit einer anderen Variante geht es kompakter, und vieles kannst du in Python sogar in einer einzigen Codezeile machen, wenn du weißt, wie. So etwas nennt man *pythonischen Code*. Darunter versteht man eine Geisteshaltung, die dafür steht, dass Code nicht nur funktionieren, sondern auch schön, klar und verständlich sein soll. Schau dir mal die folgenden Codezeilen an:

```
gefiltert = []
for wort in woerter:
    if len(wort) >= min_len:
        gefiltert.append(wort)
```

Es wird sich für jedes Wort in der Liste angeschaut, ob es aus mindestens `min_len` Zeichen besteht. Falls ja, wird es zur Liste `gefiltert` hinzugefügt. Diese vier Codezeilen machen das Gleiche wie die eine pythonische Zeile Code, die du schon aus dem vorherigen Abschnitt kennst:

```
gefiltert = [wort for wort in woerter if len(wort) >= min_len]
```

Hier wird eine *List-Comprehension* verwendet. Man erzeugt damit aus einer Liste eine neue Liste. Am einfachsten ist der Ausdruck zu verstehen, wenn wir beim Wort `for` beginnen zu lesen: Mit `for wort in woerter` wird über jedes Element in der Liste `woerter` iteriert, wie wir es aus einer `for`-Schleife kennen. In der Variablen `wort` liegt uns also jeweils ein Wort vor. Mit `if len(wort) >= min_len` filtern wir diejenigen Wörter aus, die das gegebene Längenkriterium nicht erfüllen. Und nun zu dem `wort`, das vor `for` steht: Das ist das Wort, das letztendlich in unserer neuen Liste gespeichert werden soll – nämlich die Werte, die jeweils in der Variablen `wort` stecken.

Wichtig für den Anfang ist nicht, dass du alle diese Skills beherrschst, um deinen Code so pythonisch wie möglich zu schreiben. Klar wäre das toll, aber es geht ja auch ohne. Nur sind dann eben mehr Codezeilen nötig, möglicherweise ist es umständlicher oder schwieriger lesbar und eventuell auch langsamer. Wichtig für den Anfang ist aber, dass du solche Codezeilen verstehst, wenn du sie siehst, z. B. wenn dir ChatGPT pythonischen Code ausgibt. Hier kommen noch einige Beispiele, was die Sprache Python alles ermöglicht:

3.14.1 Aus einer Liste eine neue Liste erzeugen

```
zahlen = [1, 3, 4]
quadrate = []                    # unpythonisch
```

```
for x in zahlen:
    quadrate.append(x * x)

quadrate = [x * x for x in zahlen]  # pythonisch 😎
```

Hier wird mittels List-Comprehension eine neue Liste namens `quadrate` erzeugt, in der für jede Zahl aus der ursprünglichen Liste das Quadrat gespeichert wird. Die neue Liste ist also `[1, 9, 16]`.

Wenn du komplexere Dinge mit den Elementen aus der Liste tun willst, kannst du die Funktionalität auch in eine Funktion auslagern und diese dann im List-Comprehension-Ausdruck für jedes Element aufrufen lassen:

```
def wortanzahl(text):
    woerter = text.split()
    return len(woerter)

texte = ["Hey du", "wie geht es dir?", "Mit freundlichen Grüßen"]
zahlen = [wortanzahl(t) for t in texte]
```

Das Resultat ist eine Liste mit den drei Zahlen `[2, 4, 3]`, weil dies jeweils die Anzahl der Wörter in den entsprechenden Texten ist.

3.14.2 Elemente aus einer Liste filtern

```
gerade_zahlen = []                              # unpythonisch
for n in zahlen:
    if n % 2 == 0:
        gerade_zahlen.append(n)

gerade_zahlen = [n for n in zahlen if n % 2 == 0]  # pythonisch 😎
```

Auch hier erzeugen wir mittels List-Comprehension eine neue Liste, die auf den Einträgen einer ursprünglichen Liste basiert. Das `if` sorgt dafür, dass nur Werte, die ein bestimmtes Filterkriterium erfüllen, in die neue Liste kommen. In unserem Beispiel ist das Kriterium `n % 2 == 0`. Der Operator `%` heißt *Modulo* und gibt uns den Rest, der beim Dividieren übrig bleibt. Ein Beispiel: 27 % 2 (lies: 27 Modulo 2) liefert 1, weil 27 geteilt durch 2 die Zahl 13 ergibt und als Divisionsrest 1 übrig bleibt. Mit `n % 2 == 0` können wir also überprüfen, ob eine Zahl gerade ist, weil bei geraden Zahlen der Rest 0 übrig bleibt, wenn man sie durch 2 teilt.

3.14.3 Strings aneinanderhängen ohne »+«

```
name = vorname + " " + nachname       # unpythonisch
name = f"{vorname} {nachname}"        # pythonisch 😎
```

Die Schreibweise mit dem formatierten String `f"` haben wir schon im vorherigen Kapitel in der `print`-Funktion verwendet. Zwar spart man sich dadurch keine Codezeilen, allerdings macht man mit dieser Schreibweise weniger Fehler, weil man in der `+`-Schreibweise gerne mal ein Anführungszeichen oder ein Leerzeichen vergisst.

3.14.4 Einen Wert in einer Liste suchen

```
gefunden = False                    # unpythonisch
for zahl in zahlen:
    if zahl == 3:
        gefunden = True
        break

gefunden = 3 in zahlen              # pythonisch 😎
```

Der `in`-Operator prüft, ob ein Wert in einer Liste, Menge, einem Tupel oder als Key in einem Dictionary vorhanden ist. Falls ja, kommt `True` zurück, falls nein, `False`. Oft verwendet man es als `if`-Bedingung, z. B. `if x in zahlen:` (»Ist das, was in der Variablen `x` steht, in der Liste der Zahlen drin?«).

3.14.5 Tupelzerlegung

```
person = ("Anna", 23)

name = person[0]                                # unpythonisch
alter = person[1]

name, alter = person                            # pythonisch 😎
```

Python ist in der Lage, Tupel automatisch auszupacken, sodass wir die darin befindlichen Werte in separate Variablen schreiben können, ohne über den Index (0, 1 ...) darauf zugreifen zu müssen. Das funktioniert auch bei Listen und Mengen von Tupeln:

```
personen = [("Anna", 23), ("Peter", 37)]

for person in personen:                             # unpythonisch
    print(f"{person[0]} ist {person[1]} Jahre alt")
```

```
for name, alter in personen:                  # pythonisch 😎
    print(f"{name} ist {alter} Jahre alt")
```

3.14.6 Zähler in Schleifen

```
platznr = 1                                   # unpythonisch
for name in namen:
    print(f"Platz-Nr. {platznr}: {name}")
    platznr += 1

for platznr, name in enumerate(namen, start=1):  # pythonisch 😎
    print(f"Platz-Nr. {platznr}: {name}")
```

Die Funktion `enumerate` erzeugt aus unserer Namensliste ein sogenanntes *Iterable*, das uns in jedem Schleifendurchlauf Zugriff auf zwei Werte gibt: eine laufende Nummer, die hier bei 1 startet, und den eigentlichen Wert aus der Liste.

3.14.7 Iteration über die Key-Value-Paare in einem Dictionary

```
for tag in wochentage:                        # unpythonisch
    print(f"{tag} heißt {wochentage[tag]}")

for tag_de, tag_en in wochentage.items():     # pythonisch 😎
    print(f"{tag_de} heißt {tag_en}")
```

Auch die `items`-Methode erzeugt ein Iterable, das uns zwei Werte in jedem Schleifendurchlauf gibt: jeweils einen Key und den dazu passenden Value aus dem Dictionary.

3.14.8 Variablenwerte tauschen

```
temp = vorname                                # unpythonisch
vorname = nachname
nachname = temp

vorname, nachname = nachname, vorname         # pythonisch 😎
```

Ist der Vorname `"Müller"` und der Nachname `"Anna"` und möchten wir das tauschen, müssen wir auf die herkömmliche Art erst einen der beiden Strings in eine temporäre Variable speichern, weil sonst beide Werte `"Anna"` oder beide Werte `"Müller"` wären. Die pythonische Schreibweise definiert genau genommen zwei Tupel, `(vorname, nachname)` und `(nachname, vorname)`, und Python erlaubt es, die runden Klammern bei Tupeln wegzulassen. Wir führen hier also eine Tupelzerlegung durch, um die Werte der beiden Variablen auf einen Schlag zu vertauschen, ohne einen davon irgendwo zwischenspeichern zu müssen.

3.14.9 Boolean direkt zuweisen

```
if alter >= 18:             # unpythonisch
    formell = True
else:
    formell = False

formell = alter >= 18       # pythonisch 😎
```

Der Vergleichsoperator `>=` liefert einen Boolean zurück, daher können wir diesen auch direkt in die Variable speichern. Wenn beispielsweise `alter` 20 ist, würde `alter >= 18` den Wert `True` zurückliefern.

3.14.10 Fallunterscheidung

```
if alter >= 18:                                  # unpythonisch
     anrede = "Sehr geehrte Damen und Herren"
else:
     anrede = "Hallo"
                                                 # pythonisch 😎
anrede = "Sehr geehrte Damen und Herren" if alter >= 18 else "Hallo"
```

Für genau solche Fälle, wo ein Wert entweder das eine oder das andere ist, je nachdem, ob eine Bedingung erfüllt ist oder nicht, können wir den Operator `wert1 if bedingung else wert2` verwenden.

3.14.11 Standardwert aus einem Dictionary holen

```
tage = {"Montag": "Monday", "Dienstag": "Tuesday"}
tag_de = input("Gib einen Tag ein: ")
if tag_de in tage:                             # unpythonisch
    tag_en = tage[tag_de]
else:
    tag_en = "unknown"

tage_en = tage.get(tag_de, "unknown")          # pythonisch 😎
```

Der Aufruf `tage.get(tag_de)` macht fast das Gleiche wie `tage[tag_de]` (siehe 3.12), jedoch lässt sich hier ein Standardwert übergeben. Sollte der übergebene Key im Dictionary nicht vorhanden sein, kommt ebendieser Standardwert (hier: der String `"unknown"`) zurück. Ohne Angabe eines Standardwerts kommt bei `tage.get(tag_de)` der Wert `None` zurück, wenn es den Key nicht gibt; bei `tage[tag_de]` käme in einem solchen Fall ein Fehler.

3.14.12 Walrus-Operator

```
if anrede.upper() == "HERR":
    print(f"HALLO {anrede.upper()} {nachname}")  # unpythonisch

if (anrede2 := anrede.upper()) == "HERR":
    print(f"HALLO {anrede2} {nachname}")         # pythonisch 😎
```

Der Methodenaufruf `anrede.upper()` wandelt die Anrede in Großbuchstaben um, und der Walrus-Operator `:=` speichert das Ergebnis in die Variable `anrede2`. Gleichzeitig wird geprüft, ob es `"HERR"` ist. Das erspart uns in der nächsten Codezeile den erneuten Aufruf von `anrede.upper()`. Mit dem Walrus-Operator lässt sich also einer Variablen ein Wert zuweisen und gleichzeitig diese Variable direkt verwenden, z. B. wie hier in einem `if`.

3.15 Module importieren und Pakete installieren mit »pip«

Bevor wir das Kapitel über die Grundlagen der Sprache Python abschließen, müssen wir uns noch eine Sache anschauen, die in den folgenden Kapiteln relevant sein wird, und zwar die Installation von zusätzlichen Python-Paketen.

Bisher haben wir in diesem Buch nur Funktionen verwendet, die entweder schon Teil der Sprache Python sind oder die wir selbst mit `def` programmiert haben. Beispielsweise können wir die Funktionen `len`, `print` oder `input` einfach so aufrufen, weil sie fest in Python eingebaut sind. Bei anderen Funktionen ist es nötig, vorher ein entsprechendes Modul zu importieren.

Ein *Modul* in Python ist ein Paket, das Funktionen und mehr enthält, die du nutzen kannst, nachdem du das Modul importiert hast:

```
import math

print(math.sqrt(16))    # 4 (Wurzel aus 16)
print(math.pi)          # 3.141592653589793
```

Das Modul `math` ist Teil der Python-Standardbibliothek. Das heißt, du musst es nicht erst installieren. Nachdem du das Modul mittels `import math` eingebunden hast, kannst du die darin enthaltenen Funktionen mit `math.funktionsname(...)` aufrufen. Da gibt es so einige Funktionen, die mit Mathematik zu tun haben, zum Beispiel zum Runden von Zahlen, zum Wurzelziehen, für Logarithmen, Sinus, Cosinus etc. Wie die Funktionen genau heißen, findest du leicht mit einer Suchmaschine oder einer Chat-KI heraus.

```
print(math.sqrt(16))
NameError: name 'math' is not defined.
```

Wenn du diesen Fehler siehst, heißt das, dass du vorher noch `import math` schreiben musst, bevor du die Funktion `math.sqrt` aufrufen kannst. `sqrt` steht übrigens für *Squareroot*, wir berechnen hier nämlich die Quadratwurzel aus 16, was 4 ergibt.

In den nun folgenden Kapiteln verwenden wir Module, die nicht automatisch mit Python mitgeliefert werden. Wir müssen sie erst installieren, bevor wir sie importieren und dann verwenden können. Glücklicherweise ist die Installation von Paketen in Python sehr einfach, da es genau dafür den *Paketmanager pip* gibt. `pip` steht nämlich für »pip installs packages« und lässt sich auf der Konsole aufrufen: `pip install paketname`.

Unter Windows kannst du `pip` über die Eingabeaufforderung oder PowerShell starten, bei macOS und Linux über ein Terminal. Wenn Visual Studio Code geöffnet ist, kannst du über den Menüpunkt **Terminal • New Terminal** ein Terminal öffnen und dort den Befehl eingeben und [↵] drücken:

```
pip install openpyxl
pip install numpy
pip install pandas
```

Über diese Befehle werden die Pakete openpyxl, NumPy und Pandas installiert, die wir in den nächsten Kapiteln brauchen werden. Mit openpyxl werden wir Excel-Dateien lesen und schreiben, NumPy und Pandas werden für Datenanalysen benötigt. Ohne die Installation dieser Pakete würdest du später, wenn du zum Beispiel `import numpy` schreibst, diesen Fehler sehen: `No module named 'numpy'`. Ein solcher Fehler deutet also darauf hin, dass du entweder den Modulnamen falsch geschrieben hast oder das entsprechende Paket erst noch installiert werden muss.

Das Programm `pip` bezieht seine Pakete aus der Onlinequelle *PyPI* (Python Package Index). Dort sind Hunderttausende Pakete gelistet für alle möglichen Zwecke, sei es für Datenanalysen und KI, die Arbeit mit Bild- und Musikdaten oder für die Entwicklung von Spielen. PyPI ist also eine Art App-Store für Python-Module, und über das Programm `pip` kannst du die Pakete installieren.

Wenn du Python installierst, wird `pip` üblicherweise gleich mitinstalliert. Manchmal muss man aber statt `pip` auch `pip3` schreiben, und unter Linux ist es manchmal nötig, zusätzlich zu Python `pip` erst nachzuinstallieren, z. B. unter Ubuntu und Co. mittels `sudo apt install python3-pip`. Unter Linux gibt es aber auch die Alternative, Python-Pakete systemweit über den Paketmanager des Betriebssystems zu installieren, z. B. mittels `sudo apt install python3-numpy` anstatt über `pip`.

Wenn du ein Paket irrtümlich installiert hast und wieder löschen möchtest, geht das mit `pip uninstall paketname`. Der Befehl `pip list` zeigt alle installierten Pakete zusammen mit ihrer Versionsnummer, und mit `pip install --upgrade paketname` aktualisierst du ein Paket auf die aktuelle Version. Auch `pip` selbst lässt sich über diesen Befehl auf den aktuellen Stand bringen: `pip install --upgrade pip`.

Beachte bitte, dass die Befehle `pip` ... keine Kommandos aus der Programmiersprache Python sind. Du schreibst sie nicht in deinen Python-Code, sondern gibst sie direkt auf der Konsole ein, also in die Windows-Eingabeaufforderung, die PowerShell oder ins Terminal.

3.16 »venv« – virtuelle Umgebungen

Wenn du mit `pip install` ... ein Paket installierst, kannst du es in deinen Python-Programmen verwenden. Vorausgesetzt, du führst deine Python-Programme mit genau dem Python-Interpreter aus, der sich auch um die Installation des Pakets gekümmert hat. Wenn du mehrere Python-Installationen hast, kann das schnell unübersichtlich werden. Noch problematischer wird es, wenn du Python-Programme weitergeben willst. Dann braucht der andere PC ebenfalls die passenden Module, bestenfalls sogar in der gleichen Version. Und auch das kann problematisch werden, wenn andere Python-Programme dasselbe Modul in einer anderen Version verlangen. Hier kann es sinnvoll sein, eine sogenannte *virtuelle Umgebung* (englisch: »virtual environment«, kurz: `venv`) zu erstellen. Sie erlauben dir, pro Projekt eine saubere, abgeschottete Python-Umgebung zu haben, in der du Pakete installieren kannst, ohne dass sie andere Projekte beeinflussen.

Mit dem folgenden Befehl legst du eine neue virtuelle Umgebung im aktuellen Ordner an. Das sollte der Ordner sein, in dem sich auch deine Python-Skripte befinden.

```
python3 -m venv .venv
```

Diesen Befehl kannst du beispielsweise im Terminal eingeben, das du in Visual Studio Code öffnen kannst. Er erstellt dir einen Ordner mit dem Namen *.venv*, in den ab sofort alles reingepackt wird, was für die abgeschlossene Umgebung gebraucht wird.

Sobald Visual Studio Code einen *.venv*-Ordner entdeckt, fragt dich das Programm auch, ob es nun die darin befindliche Python-Installation verwenden soll.

Wichtig ist aber noch, dass du die virtuelle Umgebung auch für die Konsole aktivierst. Denn genau damit gibst du an, dass `pip` und Co. ab sofort nicht mehr die globale Installation von Python verwenden sollen, sondern deine `venv`.

Linux/macOS:

```
source .venv/bin/activate
```

Windows:

```
Set-ExecutionPolicy RemoteSigned -Scope CurrentUser
.venv\Scripts\Activate.ps1
```

Der Befehl `Set-ExecutionPolicy`-Befehl wird unter Windows benötigt, da die Windows PowerShell ansonsten die Ausführung des Aktivierungsskripts blockieren kann.

Nach erfolgreicher Aktivierung siehst du, dass sich die Konsole ein wenig verändert hat: Dort steht nun ganz links die Information `(.venv)`. Installierst du nun ein Paket, z. B. mittels `pip install numpy`, wird es nicht global auf deinem Computer installiert, sondern nur in deiner virtuellen Umgebung für das aktuelle Projekt.

Mit dem folgenden Konsolenbefehl lässt du dir eine Liste mit allen bisher installierten Paketen in eine Datei schreiben:

```
pip freeze > requirements.txt
```

In jeder Zeile dieser *requirements.txt*-Datei stehen nun ein Paket sowie die von dir verwendete Version, z. B. `numpy==2.3.5`. Und wenn du diese Datei nun auf einen anderen Computer überträgst, kannst du dort die gleichen Pakete auf einen Schlag wieder installieren:

```
pip install -r requirements.txt
```

Kapitel 4
Mit Dateien arbeiten

Dateien, in denen Texte, Bilder, Excel-Tabellen oder andere Daten gespeichert sind, lassen sich mit Python auf eine einfache Art einlesen und schreiben. Wir schauen uns in diesem Kapitel an, wie dies für die einzelnen Dateitypen funktioniert und wie du Automationen auf ganzen Ordnern erstellst.

In unseren bisherigen Programmen standen alle zu verarbeitenden Daten entweder direkt im Programmcode, z. B. `vorname = "Anna"`, oder wurden während der Laufzeit des Programms vom Benutzer eingegeben: `vorname = input("Vorname: ")`.

In der Praxis hat man Daten jedoch häufig in auf dem Computer gespeicherten Dateien vorliegen. Diese können aus dem Internet stammen, jemand hat sie einem zugesendet, eine Maschine hat die Datei erzeugt, oder eine andere Anwendung hat uns die Datei als Ausgabe geliefert. Wir schauen uns nun an, wie man Dateien, die teilweise auch sehr groß sein können, mit Python einlesen kann und wie sich mit Python Daten in Dateien schreiben lassen.

Eine Datei hat stets einen Dateinamen, einen Dateityp und einen Pfad, der besagt, wo genau – also in welchem Ordner – die Datei gespeichert ist:

C:\Users\Kai\Documents\Verkaufszahlen.xlsx

Der Dateiname ist hier *Verkaufszahlen.xlsx*, der Dateityp ist eine Excel-Datei, was du an der Dateiendung `.xlsx` erkennst, und der Pfad ist die komplette Angabe vom Laufwerksbuchstaben *C:* über die Ordner und Unterordner bis zum Dateinamen selbst. Je nachdem, ob du Windows, macOS oder Linux nutzt, werden Dateipfade etwas anders dargestellt. Bei Windows hat man Laufwerke, also *C:*, *D:* usw. Bei macOS sieht ein Pfad so aus: */Users/kai/Documents/Verkaufszahlen.xlsx*, und unter Linux wie folgt: */home/kai/Documents/Verkaufszahlen.xlsx*. Einen wichtigen Unterschied erkennst du bei den Schrägstrichen (engl. »Slash«): Während Windows Backslashes \ verwendet, werden die einzelnen Pfadabschnitte in macOS und Linux mit / getrennt.

Wenn du dir über Pfade lieber keine Gedanken machen willst, kannst du in deinen Programmen auch einfach relative Pfadangaben verwenden, z. B. *Verkaufszahlen.xlsx*. Das bedeutet, dass die Datei in genau dem gleichen Verzeichnis liegt, »wo du gerade bist«, also dort, wo auch dein *.py*-Python-Skript gespeichert ist. Hier eine kleine Übersicht über Dateipfade:

- *D:\daten\datei.txt* - absolute Pfadangabe unter Windows (beginnt immer mit einem Laufwerksbuchstaben)
- */tmp/datei.txt* - absolute Pfadangabe unter macOS und Linux (beginnt immer mit einem /, dem sogenannten Wurzelverzeichnis)
- *datei.txt* oder *.\datei.txt* bzw. *./datei.txt* - relative Pfadangabe: Datei liegt im gleichen Verzeichnis.
- *daten\datei.txt* bzw. *daten/datei.txt* - relative Pfadangabe: Datei liegt im Unterordner *daten*.
- *..\datei.txt* bzw. *../datei.txt* - relative Pfadangabe: Datei liegt ein Ordner obendrüber.

Hier ist noch eine kurze Übersicht über wichtige Dateiformate. Danach legen wir los und schauen uns an, wie man mit diesen Dateien in Python arbeitet.

Endung	Dateityp	Beschreibung
.txt	Textdatei	reiner Text aus Zeichen
.csv	Comma-Separated Values	Tabellarische Daten. In jeder Zeile sind die Werte z. B. mit Kommas getrennt.
.xlsx, .xls	Tabellenkalkulationsdatei	aus Microsoft Excel
.png, .jpg, .gif	Bild	Grafiken, Fotos ...
.pdf	Portable Document Format	Dokumente
.json	JavaScript Object Notation	Strukturierte Daten im Textformat. Unterstützung für Listen, verschachtelte Strukturen und mehr
.xml	Extensible Markup Language	textbasiertes Austauschformat mit hierarchischer Struktur

Tabelle 4.1: Dateiformate

4.1 Textdateien lesen und schreiben

Textdateien haben üblicherweise die Dateiendung *.txt*, sie bestehen aus beliebig vielen Zeilen Text, und du kannst sie in einem Texteditor öffnen, z. B. unter Windows mit dem Editor (englisch: Notepad) oder Notepad++, unter macOS mit TextEdit und unter Linux mit gedit, kate, nano oder vim. Mit Visual Studio Code geht das unter allen Betriebssystemen allerdings auch.

Was muss ich in meinem Jupyter Notebook in die Codezelle schreiben, um den Inhalt aus der Datei gedichte.txt zu lesen?

Kein Problem! In Python (und damit auch in einem Jupyter Notebook) kannst du den Inhalt einer Datei sehr einfach lesen. Angenommen, deine Datei heißt *gedichte.txt* und liegt im gleichen Verzeichnis wie dein Notebook, kannst du Folgendes in eine Codezelle schreiben:

```
# Datei öffnen und Inhalt lesen
with open("gedichte.txt", "r", encoding="utf-8") as datei:
    inhalt = datei.read()

# Inhalt anzeigen
print(inhalt)
```

Hier wird der komplette Inhalt der Datei *gedichte.txt* als String in die Variable `inhalt` geschrieben und danach ausgegeben.

Zwei Dinge sind an diesem Code vielleicht etwas schwierig zu verstehen: Zum einen das `with`, das behandele ich gleich, und zum anderen der Aufruf `open("gedichte.txt", "r", encoding="utf-8")`. Die Funktion `open` öffnet die Datei, sodass du sie mit Python lesen oder schreiben kannst. Was du genau machen möchtest, gibst du mit dem zweiten Parameter an. `"r"` steht für den Lese-Modus (*read*); wir wollen die Datei ja lesen. Die Angabe des Encodings ist oftmals sinnvoll, weil ansonsten Umlaute eventuell nicht korrekt gelesen werden. Je nachdem, mit welchem Programm die Datei nämlich erstellt wurde, können Umlaute und Sonderzeichen intern auf unterschiedliche Arten gespeichert werden. Ärgerlich ist, dass unter Windows das Standard-Encoding meist `"cp1252"` ist und unter Linux und macOS UTF-8. Wenn du auf Nummer sicher gehen willst, solltest du am besten beim Schreiben und Lesen von Dateien immer das passende Encoding angeben, z. B. `encoding="utf-8"`.

Den gleichen Programmcode wie eben kannst du auch ohne das `with … as …:` wie folgt schreiben:

```
datei = open("gedichte.txt", "r", encoding="utf-8")
inhalt = datei.read()
datei.close()
print(inhalt)
```

Das sieht vielleicht auf den ersten Blick simpler und besser verständlich aus, aber dennoch solltest du lieber die `with`-Schreibweise verwenden. Es gibt nämlich das Prinzip: Was man öffnet, sollte man auch wieder schließen. Wenn wir eine Datei öffnen, belegt das Ressourcen, und möglicherweise wird die Datei dadurch auch gesperrt, sodass eine andere Anwendung sie währenddessen nicht mehr öffnen kann. Wenn wir die Datei am Ende mittels `datei.close()` schließen, ist das wunderbar. Aber dieses Schließen vergisst man leider oft, und dann können Probleme auftreten. Außerdem würde unsere Datei nicht geschlossen, wenn beim Lesen ein Fehler auftritt, da wir dann gar nicht erst bis zur `close`-Zeile kämen. Mit der `with`-Schreibweise sind wir immer auf der sicheren Seite. Dabei kümmert sich Python darum, die Datei automatisch zu schließen, sobald der Block abgearbeitet wurde; auch dann, wenn ein Fehler auftrat.

```
with open("gedichte.txt", "r", encoding="utf-8") as datei:
    inhalt = datei.read()
print(inhalt)
```

Die Variable `datei` existiert nur in dem eingerückten Codeblock, der nach der `with`-Zeile kommt. In diesem Codeblock arbeiten wir mit der Datei. In unserem Fall wird mit `datei.read()` ihr kompletter Inhalt ausgelesen und als String in die Variable `inhalt` geschrieben. Damit können wir auch nach dem Codeblock weiterarbeiten.

Nun hast du gesehen, wie du etwas aus einer Datei liest. Als Nächstes wollen wir etwas in eine Textdatei schreiben:

Ein Python-Programm, das die Zahlen von 1 bis 100 in eine Datei zahlen.txt schreibt.

> Klar! Hier ist ein einfaches Python-Programm, das die Zahlen von 1 bis 100 in eine Datei *zahlen.txt* schreibt, jeweils eine Zahl pro Zeile:

```
# Datei öffnen (w = write) oder erstellen
with open("zahlen.txt", "w") as datei:
    # Zahlen von 1 bis 100 durchlaufen
    for zahl in range(1, 101):
        datei.write(f"{zahl}\n")  # Zahl in die Datei schreiben
                                  # und Zeilenumbruch hinzufügen
```

Dieses Mal wird der Modus `"w"` (*write*) verwendet. Wir wollen ja in die Datei *zahlen.txt* schreiben. Wenn sie noch nicht existiert, wird sie angelegt. Existiert sie bereits, wird ihr kompletter Inhalt gelöscht und durch den neuen Inhalt überschrieben. Als wir vorhin aus einer Textdatei gelesen haben, stand innerhalb des `with`-Blocks `datei.read()`. Der Aufruf liefert uns den Inhalt als String. Nun beim Schreiben verwenden wir `datei.write(…)` und übergeben der `write`-Methode einen String – in unserem Fall die Zahl, aber formatiert als String, und einen Zeilenumbruch, damit jede Zahl in einer separaten Zeile steht. Wir dürfen `datei.write` so oft aufrufen, wie wir wollen. Alles zusammen landet dann letztendlich in der Datei.

In der folgenden Liste siehst du eine Übersicht über die Dateimodi, die du beim Öffnen einer Datei verwenden kannst:

- `"r"` (*read*): Die Datei wird zum Lesen geöffnet; sie muss existieren.
- `"w"` (*write*): Die Datei wird zum Schreiben geöffnet; sie wird überschrieben oder neu angelegt.
- `"a"` (*append*): Die Datei wird geöffnet, um neue Inhalte an vorhandene Inhalte hinten anzuhängen.
- `"r+"`: Die Datei wird zum Lesen und Schreiben geöffnet; sie muss existieren.

4.2 CSV-Dateien

Der folgende Inhalt ist in einer CSV-Datei *schuelernoten.csv* gespeichert:

```
Name,Klasse,Fach,Note
Anna Müller,10a,Mathematik,1
Ben Schmidt,10a,Mathematik,2
Clara Meier,8b,Mathematik,3
David Klein,8b,Mathematik,2
Eva Wagner,9a,Englisch,2
Felix Braun,9b,Englisch,1
Ivan Becker,9a,Biologie,3
```

Die erste Zeile ist in vielen CSV-Dateien der sogenannte *Header*. Darin stehen noch keine wirklichen Daten, sondern die Namen der Spalten. Erst ab der zweiten Zeile geht es mit den einzelnen Datensätzen los. Innerhalb einer Zeile sind die Spaltenwerte mit Kommas getrennt. Bei unserer Datei sind es immer vier Werte pro Zeile, da wir vier Spalten haben. CSV steht zwar für *Comma-Separated Values*, oft wird aber auch ein Tabulator, ein senkrechter Strich, ein Semikolon oder etwas anderes als Spaltentrenner verwendet.

Es gibt in Python eine Vielzahl von Modulen für die Arbeit mit CSV-Dateien, zwei davon sind `csv` und `pandas`. Um `pandas` wird es im nächsten Kapitel gehen. Wenn du mit großen Dateien zu tun hast, umfangreiche Analysen und Berechnungen durchführen möchtest oder die Daten graphisch visualisieren willst, schaue dir unbedingt `pandas` an. Für simple Dinge, wie wir sie in diesem Kapitel vorhaben, reicht aber auch das Modul `csv`. Anders als `pandas` musst du das `csv`-Modul auch nicht separat installieren, weil es in Python eingebaut ist.

schuelernoten.csv sieht so aus:

```
Name,Klasse,Fach,Note
Anna Müller,10a,Mathematik,1
...
```

Ich brauche ein Python-Programm, das einfach nur die Namen der Schüler und Schülerinnen ausgibt.

Du kannst die CSV-Datei in Python sehr einfach einlesen und nur die Namen ausgeben. Hier ist ein kurzes Beispiel:

```
import csv

# Pfad zu deiner CSV-Datei
datei = 'schuelernoten.csv'

with open(datei, newline='', encoding='utf-8') as csvfile:
    reader = csv.DictReader(csvfile)
    for row in reader:
        print(row['Name'])
```

Zuerst wird das Modul `csv` mittels `import csv` importiert. Danach rufen wir `csv.DictReader(csvfile)` auf, um die Inhalte aus der CSV-Datei zu lesen. Mit diesem `reader` können wir dann so arbeiten, wie wir es von Listen in Python kennen: `for row in reader:` liefert eine Zeile aus der CSV-Datei nach der anderen. Innerhalb dieser `for`-Schleife lässt sich mittels `row['Spaltenname']` auf die Werte in den einzelnen Spalten zugreifen. In unserem Fall liefert in jedem Schleifendurchlauf `row['Name']` jeweils einen Namen einer Schülerin oder eines Schülers.

Welche Schulklassen gibt es? Jede nur einmal auflisten, bitte.

Alles klar! Du willst also die einzigartigen Klassen aus deiner CSV-Datei herausfiltern. Hier ist ein kurzes Python-Beispiel:

```
import csv
datei = 'schuelernoten.csv'
klassen = set()  # ein Set speichert nur einzigartige Werte
with open(datei, newline='', encoding='utf-8') as csvfile:
    reader = csv.DictReader(csvfile)
```

```
    for row in reader:
        klassen.add(row['Klasse'])

# Einmalig auflisten
for klasse in sorted(klassen):
    print(klasse)
```

Auch hier wird wieder über die Zeilen der CSV-Datei iteriert und in jedem Schleifendurchlauf auf den Wert der Spalte `'Klasse'` zugegriffen. Da aber jede Schulklasse (10a, 8b ...) nur einmal ausgegeben werden soll, erfolgt in diesem Programm die Ausgabe der Klasse nicht sofort. Stattdessen werden die Schulklassen in eine Menge (Englisch: *set*) eingefügt. Da Mengen keine Duplikate speichern, ist am Ende der Schleife jede Schulklasse nur einmal enthalten. Am Ende iterieren wir aber nicht mittels `for klasse in klassen:` über die Einträge in der Menge - das würde sie in einer willkürlichen Reihenfolge ausgeben -, sondern über `sorted(klassen)`. Die Funktion `sorted` wandelt unsere Menge in eine sortierte Liste um, über die wir dann iterieren können.

Wir haben Mengen im vorherigen Kapitel immer in geschweifte Klammern geschrieben, z. B. `{5, 3}`. In unserem Programm liegen uns aber zu Beginn noch gar keine Einträge vor, daher benötigen wir die leere Menge. Diese schreibt man in Python aber nicht mit `{}` (das wäre ein leeres Dictionary), sondern mit `set()`. Und in diese Menge werden dann nach und nach die einzelnen Strings aus der CSV-Datei eingefügt, in der die Schulklassenbezeichnungen stehen.

Frage mit `input(...)` *nach Name, Klasse, Fach und Note und füge dies zur CSV-Datei hinzu.*

Hier ist ein kleines Python-Skript, das einen neuen Eintrag per `input()` abfragt und ihn direkt an die CSV-Datei anhängt:

```
import csv
datei = 'schuelernoten.csv'

# Eingaben vom Benutzer
name = input("Name des Schülers: ")
klasse = input("Klasse: ")
fach = input("Fach: ")
note = input("Note: ")
```

```
# Öffne die Datei im Anhängemodus 'a' (append)
with open(datei, mode='a', newline='', encoding='utf-8') as csvfile:
    writer = csv.writer(csvfile)
    # Schreibe die neue Zeile
    writer.writerow([name, klasse, fach, note])

print(f"Eintrag für {name} wurde hinzugefügt.")
```

Um in eine CSV-Datei zu schreiben, holen wir uns mittels `csv.writer(csvfile)` einen sogenannten *Writer*. Damit lässt sich eine Zeile in die Datei schreiben. `writer.writerow` (lies: *write row*) nimmt eine Liste mit den Spaltenwerten entgegen und schreibt sie in die CSV-Datei. Da der Dateimodus `"a"` und nicht `"w"` verwendet wurde, bleiben die Daten, die aktuell in der Datei gespeichert sind, unberührt. Die neue Zeile wird einfach unten angehängt.

Wir haben uns nun angeschaut, wie man Daten aus einer CSV-Datei liest, wie man sie in eine Datei schreibt und wie man sie unten an eine Datei anhängt. Wenn du wissen willst, wie du etwas innerhalb einer Datei änderst, frage einfach ChatGPT, beispielsweise so:

> *Ein Python-Programm, das die Note eines bestimmten Schülers ändert.*

Den resultierenden Programmcode schauen wir uns jetzt aber nicht an. Das ist nicht so spektakulär, aber leider auch nicht besonders schön. Du musst nämlich tatsächlich die Datei öffnen und zunächst alle Daten in einer Liste speichern. Als Nächstes änderst du innerhalb dieser Liste den entsprechenden Eintrag, und wenn du damit fertig bist, iterierst du in einer Schleife über alle Einträge in der Liste und schreibst sie Zeile für Zeile zurück in die Datei. Das ist der Standardweg in Python. Man ändert also nicht *in place* die eine Stelle, die geändert werden soll, sondern du musst tatsächlich die komplette Datei mit neuen Inhalten neu schreiben. Der Grund dafür ist folgender: Ändert sich eine Note von `2` in `1.7`, was ja zwei Zeichen länger ist, müsste alles ab dort in der CSV-Datei um zwei Zeichen (zwei Byte) nach rechts verschoben werden. Das Ganze ist aber nur so komplex, wenn du etwas mitten in einer Datei ändern willst. Willst du einfach bei einer existierenden CSV-Datei eine Zeile am Ende hinzufügen, geht das einfach, indem du die Datei, wie im obigen Beispiel gezeigt, im Append-Modus öffnest und mit `writer.writerow` die neue Zeile unten dranhängst.

4.3 Dateien verwalten

4.3.1 Datei anlegen

Wenn du den Modus `"w"` eine Datei schreibst, die es nicht gibt, wird sie neu angelegt:

```
with open('leere_datei.txt', 'w', encoding='utf-8'):
    pass
```

Der Python-Befehl `pass` steht dafür, dass in diesem Codeblock nichts gemacht wird. Mit dem `open`-Befehl öffnen wir die Datei zum Schreiben. Da sie nicht existiert, wird sie angelegt. Und da ansonsten nichts weiter gemacht wird, schließt Python die Datei direkt wieder. So legst du also eine neue Datei mit leerem Inhalt an. Im Modul `pathlib` gibt es aber auch noch etwas, womit du eine leere Datei auch so anlegen kannst:

```
from pathlib import Path

pfad = Path('leere_datei.txt')
pfad.touch()
```

Hier wird nicht das komplette Modul `pathlib` importiert, sondern nur die darin enthaltene Klasse `Path`. Das macht auch die Verwendung einfacher. Du darfst nun einfach `Path` schreiben statt `pathlib.Path`. Eine Klasse ist so etwas wie ein spezieller Datentyp. Genau wie du mit `set()`eine Menge erzeugst, legst du mit `Path('leere_datei.txt')` ein Objekt an, das die Datei repräsentieren soll. Und mit `touch()` wird die Datei angelegt, falls sie noch nicht existiert.

Sollte die Datei nicht im aktuellen Ordner liegen, kannst du immer auch einen relativen oder absoluten Pfad angeben. Obwohl Windows bei Pfaden eigentlich den Backslash (\) verwendet, empfiehlt es sich trotzdem, Ordner immer mit / zu trennen, z. B. `"ein_ordner/leere_datei.txt"`. Python unterstützt diese Schreibweise unter allen Betriebssystemen, dann ist es überall einheitlich, und wir haben nicht die Probleme, die bei Strings auftreten, in denen \ vorkommen. Willst du unter Windows unbedingt den Backslash vermeiden, schreibe Pfade bitte in einen sogenannten Raw-String: `r'ein_ordner\leere_datei.txt'`. Dann bleibt der String so, wie er ist, und Python denkt nicht, `\l` sei ein spezielles Steuerzeichen, so wie `\n`.

4.3.2 Dateien auf Existenz prüfen und löschen

Im Modul `os` (*operating system*) sind viele Funktionen, die mit Betriebssystemfunktionalitäten zu tun haben. Dazu zählt auch die Arbeit mit Dateien.

```
import os
datei = 'meine_datei.txt'

if os.path.exists(datei):
    os.remove(datei)
    print(f"Datei '{datei}' wurde gelöscht.")
```

```
else:
    print(f"Datei '{datei}' existiert nicht.")
```

Die Funktion `os.path.exists` nimmt einen Dateipfad entgegen und liefert `True` oder `False`, je nachdem, ob die Datei existiert oder nicht. `os.remove` sorgt dafür, dass die Datei gelöscht wird.

4.3.3 Datei verschieben, umbenennen und kopieren

Mit den Funktionen `move` und `copy` aus dem Modul `shutil` (Shell Utilities) lassen sich Dateien an einen anderen Ort verschieben, umbenennen und kopieren:

```
import shutil

shutil.move('datei.txt', 'ein_ordner/datei.txt')  # verschieben
shutil.move('datei.txt', 'neuer_name.txt')        # umbenennen
shutil.copy('datei.txt', 'backup_datei.txt')      # nur Inhalt
shutil.copy2('datei.txt', 'backup_datei.txt')     # inkl. Metadaten
```

Mit Metadaten sind Erstelldatum, Zeitpunkt der letzten Änderung, Zugriffsrechte etc. gemeint. Die Funktion `copy2` übernimmt auch diese Metadaten beim Kopieren; bei `copy` wird eine Datei angelegt mit dem jetzigen Zeitpunkt als Erstell- und Änderungsdatum.

4.3.4 Dateien in einem Verzeichnis auflisten

Wenn du einen Ordner hast, in dem mehrere Dateien sind, hast du in Python verschiedene Möglichkeiten, mit einer Schleife über alle Dateien zu iterieren, um dir zum Beispiel die Dateinamen ausgeben zu lassen oder etwas für jede einzelne Datei zu tun:

```
import os
for dateiname in os.listdir("dateien"):
    if dateiname.endswith(".txt"):
        print(dateiname) # der Dateiname als String, z. B. "datei1.txt"

import glob
for dateiname in glob.glob("dateien/*.txt"):
    print(dateiname)  # der Pfad als String, z. B. "dateien/datei1.txt"

from pathlib import Path
ordner = Path("dateien")
for datei in ordner.glob("*.txt"):
    print(datei)   # Path-Objekt
```

Die drei Beispiele zeigen, dass die Variablen `dateiname` bzw. `datei` jedes Mal etwas leicht anderes enthalten. In den ersten beiden Varianten ist es der Dateiname bzw. der Pfad zur Datei als String. Die dritte Variante liefert uns ein `Path`-Objekt, mit dem wir direkt weiterarbeiten können. `datei.read_text()` würde uns zum Beispiel direkt den Textinhalt aus der Datei als String liefern, `datei.stat().st_size` gibt uns die Größe der Datei in Bytes.

4.4 Beispiel: Textanalyse

Ich habe einen Ordner dateien, in dem mehrere Textdateien sind. Erstelle ein Python-Programm, das mir folgende Statistiken ausgibt:

- *Anzahl Zeichen und Wörter je Datei*
- *Anzahl Zeichen und Wörter insgesamt*

Außerdem soll eine Datei woerter.csv erstellt werden, die die 100 häufigsten Wörter (in allen Dateien zusammen) zusammen mit deren Anzahl speichert, z. B. `der,421`.

Klar! Ich erstelle ein Python-Skript, das genau das macht. Ich gehe davon aus, dass sich alle Textdateien in einem Ordner namens *dateien* befinden. Das Skript sammelt die Statistiken pro Datei und insgesamt und erstellt die *woerter.csv* mit den 100 häufigsten Wörtern.

Hier ist ein komplettes Beispiel:

```
import os
import csv

folder = "dateien"
all_words = {}
total_chars = 0
total_words = 0

for filename in os.listdir(folder):
    if filename.endswith(".txt"):
        path = os.path.join(folder, filename)
        with open(path, "r", encoding="utf-8") as f:
            text = f.read()
            chars = len(text)
            words = text.split()

            print(f"{filename}: {chars} Zeichen, {len(words)} Wörter"
```

```
)

            total_chars += chars
            total_words += len(words)

            for w in words:
                w = w.lower()
                all_words[w] = all_words.get(w, 0) + 1

print(f"Gesamt: {total_chars} Zeichen, {total_words} Wörter")

# 100 häufigste Wörter
top_words = sorted(all_words.items(), key=lambda x: x[1],
                   reverse=True)[:100]

with open("woerter.csv", "w", newline="", encoding="utf-8") as f:
    writer = csv.writer(f)
    for word, count in top_words:
        writer.writerow([word, count])
```

Die Variablen `total_chars` und `total_words` werden zu Beginn des Programms auf `0` gesetzt. Die Zahlen in diesen Variablen werden später für jede Datei um deren Zeichenanzahl und Wortanzahl erhöht, sodass sie am Ende die Gesamtanzahlen enthalten.

In der Schleife `for filename in os.listdir(folder):` wird jede einzelne Datei im Ordner angeschaut und zunächst überprüft, ob sie die Endung *.txt* hat. Falls ja, wird die Datei zum Lesen geöffnet. Dazu setzt `os.path.join` den Dateipfad aus dem Ordner- und dem Dateinamen zusammen.

Nun kann der Text aus der Datei gelesen und die Anzahl der Zeichen und Wörter gezählt werden. Außerdem wird jedes Wort im Text als Key zu einem Dictionary namens `all_words` hinzugefügt. Der entsprechende Value ist die Anzahl der Vorkommen dieses Wortes. Um am Ende die 100 häufigsten Wörter zu finden, wird dieser leider etwas schwierig zu verstehende Ausdruck verwendet:

```
top_words = sorted(all_words.items(), key=lambda x: x[1],
                   reverse=True)[:100]
```

`all_words.items()` erzeugt aus unserem Dictionary eine Liste von Tupeln mit jeweils zwei Einträgen: einem Wort und der Anzahl seines Vorkommens, z. B. `("der", 421)`. In dem Ausdruck repräsentiert die Variable `x` ein solches Tupel. `x[0]` wäre in unserem Fall das Wort `"der"` und `x[1]` dessen Anzahl `421`. Die Funktion `sorted` erzeugt daraus nun eine neue

Liste von Tupeln, jedoch so, dass sie nach `x[1]`, also der Anzahl, sortiert ist. Mit dem Operator `[:100]` wird schließlich die Liste so abgeschnitten, dass nur noch die ersten 100 Elemente in der Variablen `top_words` stehen.

Der Rest des Programms ist wieder besser verständlich: Wir öffnen die CSV-Datei im Write-Modus und schreiben für jeden Eintrag in der `top_words`-Liste eine Zeile in die CSV-Datei.

Wenn ChatGPT Python-Code erzeugt, sind darin häufig komplexe und teilweise schwierig zu verstehende pythonische Codezeilen zu finden. Es ist absolut nicht notwendig, dass du selbst eine Zeile wie die oben stehende formulieren kannst. Aber du solltest grob verstehen, was dort passiert. Im Zweifel kannst du ChatGPT ja auch Rückfragen stellen:

Was macht `[:100]`*?*

> Das `[:100]` ist Python-Slicing und bedeutet: »Nimm nur die ersten 100 Elemente der Liste«.

4.5 Excel-Dateien

CSV-Dateien und Excel-Dateien sind auf den ersten Blick relativ ähnlich. Sie speichern beide tabellarische Daten, also Daten, die in Zeilen und Spalten angeordnet sind. Die Arbeit mit CSV-Dateien ist aber deutlich einfacher, weil sie im Grunde genommen einfach nur Textdateien sind. Du kannst sie im Texteditor betrachten, aber auch mit Excel, LibreOffice und Co. öffnen. Daher solltest du, wenn du nicht unbedingt auf Excel-Dateien angewiesen bist, im Zweifel lieber mit CSV-Dateien arbeiten.

Excel-Dateien lassen sich nicht einfach im Texteditor öffnen. `.xlsx` und `.xls` sind Dateiendungen für sogenannte Binärformate. Man braucht Microsoft Excel oder ein anderes Programm, das mit diesen Dateitypen umgehen kann. Das liegt daran, dass Excel-Tabellen mehr sind als einfach nur Zeilen und Spalten, in denen irgendwelche Werte stehen. Excel-Tabellen unterstützen Formeln und formatierte Zellen (farbig, fett, kursiv ...), und es ist möglich, in einer sogenannten Excel-Arbeitsmappe mehrere Tabellenblätter anzulegen.

Wenn du mit Python eine Excel-Datei lesen oder schreiben willst, ist der eleganteste Weg, das Modul `pandas` zu verwenden. Für CSV-Dateien gilt das aber ebenfalls. Dieses Modul werde ich im nächsten Kapitel vorstellen. Dennoch gibt es aber auch andere Module, mit denen Du auf Excel-Dateien zugreifen kannst. Das folgende Beispiel verwendet das Modul `openpyxl`. Beachte, dass du dieses Modul vor der ersten Verwendung erst installieren musst, indem du `pip install openpyxl` im Terminal eingibst (siehe Abschnitt 3.15, »Module importieren und Pakete installieren mit ›pip‹«).

Ich habe eine Excel-Tabelle ausgaben.xlsx mit den Spalten **Datum**, **Bezeichnung**, **Betrag**. *Erstelle ein Python-Programm und verwende* **openpyxl**, *um alle Ausgaben und den Gesamtbetrag auszugeben.*

```
from openpyxl import load_workbook

# Excel-Datei laden
wb = load_workbook("ausgaben.xlsx")
sheet = wb.active  # aktives Arbeitsblatt auswählen

gesamtbetrag = 0

print("Alle Ausgaben:")
print("-" * 40)

# Zeilen durchlaufen, erste Zeile ist die Überschrift
for row in sheet.iter_rows(min_row=2, values_only=True):
    datum, bezeichnung, betrag = row
    print(f"Datum: {datum}, Bezeichnung: {bezeichnung},
          Betrag: {betrag}")
    gesamtbetrag += betrag

print("-" * 40)
print(f"Gesamtbetrag: {gesamtbetrag}")
```

Die Variable `wb` repräsentiert die komplette Excel-Arbeitsmappe. Mit `wb.worksheets[0]` könnten wir auf das erste Arbeitsblatt zugreifen, mit `wb["Januar 2026"]` geht das über den Blattnamen. In unserem Programm greifen wir mit `wb.active` auf dasjenige Blatt zu, das beim Speichern der Datei aktiv war.

Wundere dich nicht über den Ausdruck `"-" * 40` – er erzeugt schlicht einen String mit 40 Bindestrichen. Es soll also eine solche Trennlinie ausgegeben werden: --.

Die Hauptaufgabe in unserem Programm erledigt die Schleife `for row in sheet.iter_rows(min_row=2, values_only=True):` Das liefert uns Zeile für Zeile die Daten aus der Excel-Tabelle. Mit `min_row=2` wird die erste Zeile übersprungen, denn anders als in Python beginnen Zeilennummern in Excel bei 1. In dieser ersten Zeile stehen üblicherweise die Spaltenüberschriften. Und `values_only=True` sorgt dafür, dass `row` ein Tupel ist, in dem für jede Spalte ihr jeweiliger Wert steht, z. B. `("2026-01-01", "Stromrechnung", 85.70)` In `row[2]` steht auch selbst dann der Wert `85.70`, wenn er gar nicht so direkt in der Excel-Tabelle steht, sondern erst durch einen Formelausdruck berechnet wird.

Schauen wir uns an, wie wir etwas in eine Excel-Tabelle schreiben:

Frage den Benutzer nach Datum, Bezeichnung und Betrag und schreibe das ans Ende der Excel-Tabelle.

```
from openpyxl import load_workbook

# Excel-Datei laden
wb = load_workbook("ausgaben.xlsx")
sheet = wb.active  # aktives Arbeitsblatt auswählen

# Benutzereingaben
datum = input("Datum (z. B. 2025-08-29): ")
bezeichnung = input("Bezeichnung: ")
while True:
    try:
        betrag = float(input("Betrag: "))
        break
    except ValueError:
        print("Bitte eine gültige Zahl eingeben!")

# Neue Zeile ans Ende anhängen
sheet.append([datum, bezeichnung, betrag])

# Excel-Datei speichern
wb.save("ausgaben.xlsx")
print("Eintrag wurde hinzugefügt!")
```

Nachdem das Excel-Arbeitsblatt geöffnet wurde, wird mit `sheet.append` eine Zeile ans Ende der Tabelle angefügt und anschließend die Datei mit `wb.save` gespeichert.

Exception-Handling

In dem gerade gezeigten Programm gibt es einen `try-except`-Block. Ein solcher wird in Python verwendet, damit bei bestimmten Fehlern das Programm nicht abstürzt. Gäbe nämlich ein Benutzer einen Beitrag ein, der gar keine Zahl ist (z. B. `"Hallo"`), würde das Programm einen `ValueError` zeigen und sich sofort beenden. Da die Umwandlung der Benutzereingabe in eine Zahl mit der `float`-Funktion aber innerhalb eines `try`-Blocks erfolgt, sagt man Python: Versuch es doch einfach mal! Und wenn es nicht klappt, wird statt eines Fehlers das gemacht, was im `except`-Block steht. Der Benutzer wird dann aufgefordert, erneut eine Zahl einzugeben. Ist diese dann gültig, wird die `while True`-Schleife mit dem `break` beendet, und das Programm geht weiter.

4.6 Bilddateien

Genau wie Excel-Dateien sind Bilder sogenannte *Binärdateien*. Man kann sie nicht in einem Texteditor betrachten, sondern braucht dafür ein spezielles Programm. Für Python gibt es einige Module, die Bilder öffnen und deren Daten und Metadaten auslesen und auch Bilder modifizieren. Mit den Daten eines Bildes sind die einzelnen Bildpunkte gemeint, also wo im Bild welche Farbe ist. In den Metadaten sind die Abmessungen (Breite und Höhe in Pixeln) gespeichert sowie der Aufnahmezeitpunkt, GPS-Koordinaten, Kameramodell und mehr. In den folgenden Beispielen wird das Modul `PIL` (Python Imaging Library), verwendet. Die neuste Version davon heißt Pillow und kann mittels `pip install pillow` installiert werden.

Ein Python-Programm, das bild.jpg auf 1024 Pixel Breite verkleinert.

Klar! Hier ist ein einfaches Python-Programm, das ein Bild *bild.jpg* auf eine Breite von 1024 Pixeln verkleinert und die Proportionen beibehält. Wir verwenden dafür die Pillow-Bibliothek:

```
from PIL import Image

# Bild öffnen
bild = Image.open("bild.jpg")

# Neue Breite
neue_breite = 1024

# Berechne das Verhältnis, um die Höhe proportional anzupassen
breite, hoehe = bild.size
neue_hoehe = int((neue_breite / breite) * hoehe)

# Bild verkleinern
bild_verkleinert = bild.resize((neue_breite, neue_hoehe),
                                Image.LANCZOS)
```

```
# Speichern
bild_verkleinert.save("bild_verkleinert.jpg")

print(f"Bild verkleinert auf {neue_breite}x{neue_hoehe} Pixel.")
```

Die Methode `bild.resize` erzeugt ein neues Bild, das die übergebene Breite und Höhe hat. Während die Breite in unserem Beispiel immer 1.024 Pixel sein soll, müssen wir die Höhe des neuen Bildes vorher erst berechnen, damit die Proportionen erhalten bleiben: `int((neue_breite / breite) * hoehe)`. Die Höhe des Originalbildes wird also mit dem Skalierungsfaktor `neue_breite / breite` multipliziert. Die Funktion `int` rundet das Ergebnis auf eine ganze Zahl. Außerdem benötigt `bild.resize` die Info, welches Verfahren für das Ändern der Größe gewählt werden soll. `Image.LANCZOS` ist ein Algorithmus, der eine gute Bildqualität beim Verkleinern von Fotos liefert.

Sowohl `Image.open` als auch die Methode `save` erkennen anhand der angegebenen Dateiendung, um welche Art von Bild es sich handelt. In unserem Fall haben wir es mit einem JPEG-Bild zu tun. Das Format wird oft für Fotos verwendet und speichert die Bilddaten in einer komprimierten Form. Würden wir der `save`-Methode `"bild_verkleinert.png"` übergeben, würde das Bild in eine PNG-Datei umgewandelt. Diese Datei wäre vermutlich größer, da PNG ein verlustfreies Format ist.

Ich habe einen Ordner bilder. *Ein Python-Programm soll darin Unterordner für jedes Jahr erstellen (2020, 2021 usw.) und die Bilder anhand ihres Aufnahmedatums in diese Unterordner verschieben.*

Alles klar! Wir können das in Python mit den Modulen `os`, `shutil` und Pillow (`PIL`) machen. Pillow wird gebraucht, um das Aufnahmedatum aus den EXIF-Daten der Bilder zu lesen. Hier ist ein komplettes Beispielprogramm:

```
import os
import shutil
from PIL import Image
from PIL.ExifTags import TAGS

# Ordner mit den Bildern
source_folder = "bilder"

# Funktion, um das Aufnahmedatum aus EXIF auszulesen
def get_image_year(image_path):
```

```
    try:
        image = Image.open(image_path)
        exif_data = image._getexif()
        if exif_data:
            for tag_id, value in exif_data.items():
                tag = TAGS.get(tag_id, tag_id)
                if tag == "DateTimeOriginal":
                    year = value.split(":")[0]
                    return year
    except Exception as e:
        print(f"Fehler bei {image_path}: {e}")
    return None

# Alle Dateien im Ordner durchgehen
for filename in os.listdir(source_folder):
    file_path = os.path.join(source_folder, filename)
    if os.path.isfile(file_path):
        year = get_image_year(file_path)
        if year:
            # Zielordner erstellen, falls nicht vorhanden
            target_folder = os.path.join(source_folder, year)
            os.makedirs(target_folder, exist_ok=True)
            # Bild verschieben
            shutil.move(file_path,
                        os.path.join(target_folder, filename))
        else:
            print(f"Kein Aufnahmedatum gefunden für {filename}")
```

Da es etwas umständlich ist, an das Jahr heranzukommen, in dem das Bild aufgenommen wurde, wurde in unserem Programm für genau diesen Zweck eine Funktion `get_image_year` erstellt. Sie nimmt einen Pfad zu einer Bilddatei entgegen und liefert das Aufnahmejahr zurück. Dazu werden die einzelnen im Bild gespeicherten Metadaten betrachtet, bis das Datum gefunden wurde. Dieses liegt in einem solchen Format vor: `2025:12:24 19:32:07`. Das Jahr ist also vor dem ersten Doppelpunkt.

Die Hauptarbeit des Programms wird in der Schleife `for filename in os.listdir(source_folder):` gemacht. Zunächst wird Datei für Datei durchgegangen und mit `if os.path.isfile(file_path):` überprüft, ob es wirklich eine Datei und kein Ordner ist. Falls ja, extrahieren wir das Jahr, legen, falls noch nicht vorhanden, einen Ordner für dieses Jahr an und verschieben die Datei in diesen Ordner.

4.7 JSON-Dateien

JSON steht für *JavaScript Object Notation*. In eine JSON-Datei schreibt man also Daten so hinein, wie man ein Objekt in der Programmiersprache JavaScript schreiben würde. Und das ist ziemlich ähnlich wie die Schreibweise von Dictionarys und Listen in Python:

```
{
 "titel": "Ein Buch",
 "isbn": "978-123456789X",
 "autoren": ["Anita A.", "Bob B."],
 "verlag": { "name": "Rheinwerk Verlag", "ort": "Bonn" }
}
```

Oft wird JSON als Rückgabe von APIs verwendet. Wenn du also Daten über deine Schnittstelle aus dem Internet abrufst (das machen wir in Kapitel »APIs verwenden«), kommt oft ein String im JSON-Format zurück. Da es in diesem Kapitel aber um die Arbeit mit Dateien geht, schauen wir uns an, wie man Daten aus einer JSON-Datei liest.

Die Datei buecher.json sieht wie folgt aus:

```
[
 {"titel": "Ein Buch", "isbn": "978-123456789X", "autoren": ["Anita
A.", "Bob B."], "verlag": { "name": "Rheinwerk Verlag", "ort": "Bonn"
}},
 ...
]
```

Schreibe ein Python-Programm, das die Titel aller Bücher auflistet.

Du kannst die Datei ganz einfach mit Python einlesen und dann alle Titel ausgeben.

Hier ein Beispielprogramm:

```
import json

# Datei einlesen
with open("buecher.json", "r", encoding="utf-8") as f:
    buecher = json.load(f)

# Titel aller Bücher ausgeben
for buch in buecher:
    print(buch["titel"])
```

Zunächst wird die *buecher.json* genauso geöffnet, wie wir es schon von normalen Text- und CSV-Dateien kennen. Anschließend wandelt die Funktion `json.load` den kompletten Inhalt der Datei in eine Python-Liste um. Alles, was in den JSON-Daten enthalten ist, ist danach von einem dazu passenden Python-Datentyp:

- `buecher` - eine Liste mit allen Büchern
- `len(buecher)` - Anzahl der Bücher
- `buecher[0]` - das erste Buch als Dictionary
- `buecher[0]["titel"]` - Titel des ersten Buchs als String
- `buecher[0]["autoren"]` - Autoren des ersten Buchs als Liste von Strings
- `buecher[0]["autoren"][0]` - erster Autor des ersten Buchs als String
- `buecher[0]["verlag"]` - Verlagsinformationen des ersten Buchs als Dictionary
- `buecher[0]["verlag"]["ort"]` - Verlagsort des ersten Buchs als String

Wie kann ich mit Python ein neues Buch in die Datei einfügen?

Du kannst die JSON-Datei erst einlesen, dann ein neues Buch (Dictionary) zur Liste hinzufügen und anschließend wieder abspeichern.

Hier ein Beispiel:

```
import json

# Datei einlesen
with open("buecher.json", "r", encoding="utf-8") as f:
    buecher = json.load(f)

# Neues Buch definieren
neues_buch = {
    "titel": "Einführung in Python",
    "isbn": "978-1111111111",
    "autoren": ["Eva Beispiel"],
    "verlag": {
        "name": "Rheinwerk Verlag",
        "ort": "Bonn"
    }
}

# Neues Buch hinzufügen
buecher.append(neues_buch)
```

```
# Datei wieder abspeichern
with open("buecher.json", "w", encoding="utf-8") as f:
    json.dump(buecher, f, ensure_ascii=False, indent=4)

print("Neues Buch hinzugefügt!")
```

Die Variable `buecher` enthält nach dem Lesen der JSON-Datei die Liste aller Bücher. Mit `buecher.append` fügen wir unser neues Buch, das in der Variablen `neues_buch` steht, in diese Liste ein. Dabei ist `neues_buch` ein ganz normales Python-Dictionary, auch wenn es im Programmcode wie JSON aussieht. Erst beim Schreiben in die Datei werden dieses Dictionary und die darin befindlichen Daten mit der Funktion `json.dump` in einen JSON-String umgewandelt und in die Datei geschrieben. Die Option `ensure_ascii=False` sorgt dafür, dass Sonderzeichen unverändert in die Datei geschrieben werden. Ohne diese Angabe würde in unserem Beispiel der Titel des Buchs als `"Einf\u00fchrung in Python"` gespeichert. Die andere Option, `indent=4`, formatiert das JSON innerhalb der Datei, sodass es besser lesbar ist. In jeder Ebene werden die Daten mit vier Leerzeichen eingerückt. Ohne die `indent`-Option würden alle Daten in eine einzige lange Zeile geschrieben.

Wenn JSON-Strings in Python-Datenstrukturen umgewandelt werden, nennt man dies *Parsing* oder *Deserialisieren*. Die oben stehende Funktion `json.load` parst den Text aus der Datei und speichert die darin enthalten Daten in die Python-Liste `buecher`. Der umgekehrte Weg, Python-Daten als JSON zu formatieren, wird *Serialisieren* genannt. Dies übernimmt in unserem Programm die Funktion `json.dump`. Das Parsen funktioniert bei uns aber nur, wenn die ganze Datei in gültiger JSON-Syntax ist. Dazu muss – da wir ja mehrere Bücher in der Datei speichern – ganz am Anfang eine öffnende eckige Klammer stehen, dann kommen die einzelnen Bücher { ... } mit Kommas getrennt, und am Ende steht eine schließende Klammer. Häufig hat man jedoch auch JSON-Dateien vorliegen, die etwas anders formatiert sind, wie wir im folgenden Beispiel sehen:

Bei meiner JSON-Datei steht kein [am Anfang und] am Ende. In jeder Zeile ist ein Buch.

Dann hast du keine klassische JSON-Liste ([...]), sondern eine JSONL-Datei (JSON Lines). Jeder Datensatz steht als eigenes JSON-Objekt in einer neuen Zeile.

```
# Titel aller Bücher ausgeben
import json
with open("buecher.json", "r", encoding="utf-8") as f:
    for line in f:
        buch = json.loads(line)
        print(buch["titel"])
```

```
# Neues Buch hinzufügen
neues_buch = {
    "titel": "Python Tricks",
    "isbn": "978-1111111111",
    "autoren": ["Eva Beispiel"],
    "verlag": {
        "name": "Rheinwerk Verlag",
        "ort": "Bonn"
    }
}

with open("buecher.json", "a", encoding="utf-8") as f:
    f.write(json.dumps(neues_buch, ensure_ascii=False) + "\n")
```

Nach dem Öffnen der Datei iterieren wir, wie du es vom Lesen von Textdateien kennst, mittels `for line in f:` über die einzelnen Zeilen. `line` ist ein String, in dem die JSON-Daten *eines einzigen* Buches stehen. Die Funktion `json.loads` – das steht für *load String* – parst die Zeile. Heraus kommt in unserem Fall ein Dictionary, weil die Zeile ja mit { beginnt und mit } endet.

Der Programmcode zum Hinzufügen eines neuen Buchs ist etwas simpler geworden als vorhin, da hier nicht zuerst der komplette Inhalt der Datei eingelesen werden muss. Wir können die Datei einfach im Append-Modus öffnen und eine Zeile unten anfügen. `json.dumps` – auch hier steht das s für String – serialisiert unser Dictionary, in dem das neue Buch steht, in einen JSON-String. Danach lässt sich dieser mit `f.write` in die Datei schreiben.

4.8 XML-Dateien

XML (Extensible Markup Language) ist genau wie JSON ein textbasiertes Format, das häufig zur Speicherung und zum Austausch von Daten verwendet wird. Beide Formate eignen sich für die Speicherung semistrukturierter Daten. Darunter versteht man Daten, bei denen das Schema in den Daten selbst steckt, was es sehr flexibel macht. Sie sind nicht unstrukturiert, anders als z. B. dieser Text. Und sie sind auch nicht strukturiert wie z. B. Tabellen in relationalen Datenbanken, bei denen zuvor ein festes Tabellenschema definiert werden muss. Ein JSON-Dokument und auch ein XML-Dokument kann also prinzipiell beliebig strukturierte Inhalte haben. Dennoch folgen bei XML die Dokumente in der Praxis oft doch einem Schema, damit man sich bei der Programmierung besser darauf einstellen kann. Dazu gibt es *XSD* (XML Schema Definition), ein Format, das beschreibt, wie ein XML-Dokument aufgebaut werden darf. Zusätzlich existieren für XML Anfrage- und Transformationssprachen, wie XPath, XQuery und XSLT. Damit können simple und komplexe Anfragen auf XML-Daten gestellt werden, um Daten, die im Dokument stecken, abzufragen oder um ein XML-Dokument in eine andere Struktur umzuwandeln.

Ein bekanntes Anwendungsbeispiel für XML sind RSS-Feeds (Rich Site Summary). Diese werden von News-Webseiten und Podcasts zur Verfügung gestellt und enthalten beispielsweise Informationen über die neusten Artikel oder Folgen, damit andere Dienste, wie zum Beispiel News-Suchmaschinen, Benachrichtigungsservices oder Podcast-Apps, darauf zugreifen können. Ein Auszug aus dem RSS-Feed der Tagesschau:

```
<rss xmlns:content="…" xmlns:dc="…" version="2.0">
 <channel>
  <title>tagesschau.de - …</title>
  …
  <item>
   <title>Studien zur Energiewende: Erneuerbare billiger als Gas</title>
   <link>https://www.tagesschau.de/...</link>
   <description>Wirtschaftsministerin Reiche setzt in der …</description>
   <pubDate>Mon, 15 Sep 2025 12:29:40 +0200</pubDate>
   …
  </item>
  …
 </channel>
</rss>
```

Die wichtigsten Bestandteile aus XML-Dokumenten sind:

- *Elemente* starten mit einem öffnenden Tag und enden mit einem schließenden Tag. Sie können Text oder andere Elemente (Kindelemente) enthalten, z. B. `<title>Studien zur Energiewende</title>`.
- *Attribute* beschreiben Elemente genauer, im Dokument oben z. B. das `content`-Attribut `<rss xmlns:content="...">`.
- *Namespace*: Namensräume, die aus unterschiedlichen Standards stammen, um Element- und Attributnamen zu standardisieren, z. B. `xmlns:` für Allgemeines in XML-Dokumenten oder `dc:` für Dublin Core, einem Standard zur Beschreibung von Metadaten für digitale Inhalte.

Um XML-Dateien mit Python einzulesen, können wir das Modul `xml.etree.ElementTree` verwenden. Es ist Teil von Python, muss also nicht separat installiert werden. Das Modul erlaubt es, XML-Dokumente aus einer Datei oder aus anderen Quellen zu öffnen und den Inhalt zu parsen, damit wir danach auf die Texte, die in Elementen oder Attributen stehen, zugreifen können oder um über eine Liste von Elementen zu iterieren. Das folgende Programm öffnet die Datei *tagesschau.xml*, die wie oben dargestellt aufgebaut ist, und iteriert über alle

`<item>`-Elemente, die jeweils Kindelemente des `<channel>`-Elements sind. `<channel>` wiederum ist ein Kindelement des Wurzelelements (Root) `<rss>`. So bezeichnet man das oberste Element des ganzen Dokuments.

```
import xml.etree.ElementTree as ET

tree = ET.parse("tagesschau.xml")
root = tree.getroot()

print("== Neueste Meldungen ==")
for item in root.findall("./channel/item"):
    title = item.find("title").text
    print(title)
```

Die `findall`-Methode nimmt als Argument eine Anfrage in der Sprache *XPath* entgegen. XPath-Anfragen sehen so ähnlich aus wie Dateipfade, ermöglichen aber auch den Einsatz von Filterprädikaten und vielem mehr. Im gezeigten Beispiel werden alle `<item>`-Elemente durchlaufen, dann wird innerhalb der Schleife jeweils auf ihr Kindelement `<titel>` zugriffen und der darin enthaltene Text entnommen. Die Titel von News-Beiträgen, die wir auf diese Art aus der XML-Datei auslesen, werden daraufhin auf der Konsole ausgegeben.

In der Praxis bietet es sich an, das XML nicht erst lokal herunterzuladen und dann mittels `ET.parse` diese XML-Datei zu öffnen, sondern stattdessen den XML-Inhalt direkt aus dem Internet in eine String-Variable zu laden und ihn dann mittels `ET.fromstring` zu parsen. Das geht mit dem `requests`-Modul und wird in Kapitel 9, »APIs verwenden«, behandelt.

4.9 Konfigurationsdateien

Bisher war in unseren Python-Programmen immer ziemlich viel hart gecodet. Wir haben z. B. den Dateinamen der zu öffnenden Datei einfach direkt in den Programmcode geschrieben. Wenn später noch mehr Dinge dazukommen – wie zum Beispiel ein Passwort, um sich irgendwo zu verbinden, ein API-Token oder eine URL –, kann das schnell unübersichtlich werden. Das sind nämlich alles Dinge, die man eventuell in der Zukunft einmal anpassen muss. Ein erster sinnvoller Ansatz ist, solche Konfigurationen am besten ganz oben in das Python-Programm zu schreiben, damit man nicht lange danach suchen muss:

```
SPRACHE = "DE"
# ...
print("Hallo" if SPRACHE == "DE" else "Hello")
```

Häufig schreibt man solche Variablen komplett in Großbuchstaben (`SPRACHE`), um zu zeigen, dass es eigentlich nichts Variables ist, sondern eine Art Konstante, also etwas, was man einmal festlegt und danach nur noch ausliest.

Noch eleganter kann es aber vor allem bei komplexen Programmen sein, solche Konfigurationen nicht in den Programmcode selbst, sondern in eine separate Datei zu speichern, beispielsweise in eine *config.json*:

```
{ "sprache": "DE", "ordner": "C:/Users/Kai/Documents/" }
```

Im eigentlichen Python-Programm wird diese Konfigurationsdatei zunächst eingelesen, danach lässt sich auf die entsprechenden Werte zugreifen:

```
import json
with open("config.json", "r") as f:
    config = json.load(f)
print("Hallo" if config["sprache"] == "DE" else "Hello")
```

Ein anderer Grund, wieso Konfigurationsdateien sinnvoll sein können: Wir können auch in die Datei hineinschreiben und uns somit etwas für die nächste Programmausführung merken. Es wäre doch komfortabel, wenn unser Programm beim nächsten Mal direkt in dem gleichen Ordner nach Dateien sucht, in dem wir zuletzt gearbeitet haben. Für solche Fälle können wir einfach den aktuell ausgewählten Ordner in die Konfigurationsdatei zurückschreiben:

```
print(f"Aktueller Ordner: {config["ordner"]}")
ordner = input("Anderen Ordnerpfad eingeben oder Enter drücken: ")
if ordner == "":
    ordner == config["ordner"]
else:
    config["ordner"] == ordner
    with open("config.json", "w") as f:
        json.dump(config, f, indent=4)
```

Gibt man nichts ein und drückt einfach [↵], steht in der Variablen `ordner` der Wert, der aus der Konfigurationsdatei gelesen wird. Gibt man stattdessen aber etwas ein, wird dieser Wert in die Datei geschrieben, sodass man den eingegebenen Ordnerpfad beim nächsten Programmaufruf auslesen kann.

Die gängigsten Dateiformate für Konfigurationsdateien sind neben JSON auch INI und YAML. Für all diese Formate gibt es entsprechende Python-Module, z. B. das `configparser`-Modul für INI-Dateien. Die Verwendung dieser Module ist sehr ähnlich wie bei JSON.

In Abschnitt 9.1, »API-Abfragen mit ›requests‹«, werden wir das `configparser`-Modul verwenden. In Abschnitt 9.4, »ChatGPT-API«, folgt ein Beispiel, in dem wir Konfigurationen in einer Datei mit Umgebungsvariablen speichern.

Kapitel 5
Datenanalysen

Die beiden Python-Module NumPy und Pandas ermöglichen es, Daten aus Dateien und anderen Quellen zu laden, zu filtern, zu transformieren und Analysen auf diesen Daten durchzuführen.

Eine der häufigsten Anwendungsbereiche der Programmiersprache Python, vor allem auch bei Nichtinformatikern, sind Datenanalysen. Dazu werden die Daten meist aus Dateien eingelesen, oder aber man greift über das Internet auf sie zu. Bevor du aber mit den eigentlichen Datenanalysen beginnen kannst, musst du zunächst Vorverarbeitungsschritte durchführen, die man auch *Data-Cleaning* nennt. Denn Daten liegen selten genau so vor, wie man sie braucht. Typische Vorverarbeitungsschritte sind:

- Daten filtern: nur relevante Daten behalten; den Rest ausschließen
- fehlende Werte erkennen und löschen oder auffüllen
- Duplikate entfernen: mehrfache Einträge mit dem gleichen Inhalt löschen oder zusammenfügen
- Fehler und Ausreißer in den Daten erkennen und korrigieren: Tippfehler, falsches Datumformat, Extremwerte ...
- Daten ins gewünschte Datenformat transformieren
- Kategorien (de)kodieren: z. B. eine `0` in den Wert `"iPhone"`, eine `1` in `"Android"` umwandeln
- normalisieren/Werte vergleichbar machen: gleiche Einheiten; auf den Bereich `[0, 1]` strecken

Diese Schritte sind notwendig, um die Rohdaten in eine saubere, konsistente und analysierbare Form zu bringen. Data-Cleaning ist oft der aufwendigste Teil, wenn man Datenanalysen durchführen möchte. Ist es erledigt, kann die eigentliche Arbeit beginnen: Danach kannst du Statistiken (Mittelwerte, Median ...) berechnen, Diagramme zur Visualisierung erstellen oder die Daten für weitere Analyseschritte oder Machine Learning aufbereiten. Die Ergebnisse und Erkenntnisse aus den Daten können zum Schluss bewertet und interpretiert werden, um Rückschlüsse zu ziehen und Empfehlungen abzuleiten.

In diesem Kapitel schauen wir uns die beiden Module NumPy und Pandas an. Diese beiden Werkzeuge bilden die Grundlage für simple und komplexe Datenanalysen in Python. Mit ihnen lassen sich Daten laden und speichern sowie Data-Cleaning und Berechnungen durchführen, und das auch auf sehr großen Datenmengen.

5.1 NumPy

Das Modul `numpy` bringt einen wichtigen Datentyp mit, der sich *NumPy-Array* nennt. Er wird verwendet, um Vektoren und Matrizen von Zahlen zu speichern. Das werden wir in späteren Kapiteln noch brauchen, z. B. um Diagramme zu erstellen.

```
import numpy as np
a = np.array([7, 8, 9])
b = np.array([[1, 2, 3], [4, 5, 6]])
```

Beim Import des Moduls `numpy` hat man sich darauf geeinigt, `import numpy as np` zu schreiben, um dem Modul den kürzeren Alias `np` zu geben. Danach kann man einfach `np.array` schreiben.

In unserer Variablen `a` liegt nun ein eindimensionaler NumPy-Array, ein Vektor mit drei Zahlen:

$$a = \begin{pmatrix} 7 \\ 8 \\ 9 \end{pmatrix}$$

Auf die einzelnen Komponenten des Vektors lässt sich genauso zugreifen wie auf Listenelemente: `a[0]` liefert die erste Zahl, also die `7`. Mit `a[0:2]` erhalten wir einen NumPy-Array, der nur aus den ersten beiden Einträgen besteht. Die von-Position (`0`) ist inklusive, die bis-Position (`2`) nicht mehr. Es liefert also die Einträge an den Positionen 0 und 1, also `[7, 8]`.

Die Variable `b` ist ein zweidimensionaler NumPy-Array. Er wird initialisiert über eine Liste mit Listen. Wir übergeben zeilenweise die Werte in den einzelnen Spalten und definieren somit unsere Matrix:

$$b = \begin{pmatrix} 1 & 2 & 3 \\ 4 & 5 & 6 \end{pmatrix}$$

Hier können wir mittels `b[zeilennr, spaltennr]` auf einen Wert zugreifen. `b[0, 0]` ist der Wert ganz oben links, bei uns also die Zahl 1. `b[0]` gibt uns die komplette erste Zeile, `b[:, 0]` die komplette erste Spalte, jeweils als NumPy-Array.

Ein extrem praktisches Feature ist es, Einträge in NumPy-Arrays zu filtern. In die eckigen Klammern dürfen wir nämlich nicht nur eine direkte Position `[0]` oder einen Bereich `[0:2]` schreiben, sondern auch ein Filterprädikat. Das liefert uns einen NumPy-Array, der nur die

Einträge enthält, die ebendieses Prädikat erfüllen. Im folgenden Prompting-Beispiel enthält unser NumPy-Array die tägliche Anzahl der Schritte, die innerhalb einer Woche gegangen wurden.

```
schritte = np.array([8234, 11789, 3120, 10054, 7422, 4821, 15337])
```

Ich will nur die Einträge, bei denen mein Schrittziel (7500 Schritte am Tag) erfüllt ist.

Du kannst mit NumPy ganz einfach eine Bedingung formulieren und das Array filtern.

```
import numpy as np
schritte = np.array([8234, 11789, 3120, 10054, 7422, 4821, 15337])
ziel = 7500
erfuellt = schritte[schritte >= ziel]
print(erfuellt)
```

Das Programm gibt den NumPy-Array `[ 8234 11789 10054 15337]` aus. Mit `len(erfuellt)` erhalten wir die Anzahl der Tage, an denen das Schrittziel erreicht wurde, also 4.

In NumPy, und auch später in Pandas, ist es fast nie nötig, mit einer Schleife über die gesamte Datenmenge zu iterieren und Element für Element eine Überprüfung oder Berechnung durchzuführen. NumPy ermöglicht es nämlich, Berechnungen auf dem kompletten Array auf einmal zu machen. Würden wir beispielsweise `schritte += 1` schreiben (das steht für: `schritte = schritte + 1`), käme ein neuer NumPy-Array heraus, bei dem jede einzelne Zahl um eins größer ist als in dem ursprünglichen Array. Sowohl bei dieser Transformation als auch beim Filtern von Einträgen erzeugt NumPy eine Kopie des Arrays mit den neuen Zahlen. Zerlegen wir jedoch mittels `[0:2]` den Array in einen kleineren Array, ist dieser nur eine virtuelle Kopie. Ändern sich danach die Einträge im ursprünglichen Array, sind sie auch in dieser virtuellen Kopie verändert:

```
a = np.array([7, 8, 9])
b = a[0:2]                # array([7, 8])
a[0] = 0
print(b)                  # array([0, 8])
```

Zwei NumPy-Arrays lassen sich auch addieren, und wir können Matrixmultiplikationen durchführen, Determinanten berechnen und vieles mehr. Das machen wir nun aber nicht. Wenn du so etwas brauchst, schaue im Internet nach oder frage eine Chat-KI. Mit unserem Wissen sind wir nun aber in einem späteren Kapitel in der Lage, Diagramme mittels Matplotlib erzeugen.

5.2 Pandas

Der Name *Pandas* hat nichts mit Pandabären zu tun, er kommt vom Begriff *Panel-Data*. Darunter versteht man zweidimensionale Daten. Das ist nämlich das, womit wir es hauptsächlich zu tun haben, wenn wir mit Pandas Datenanalysen machen. Die zwei wichtigsten Datenstrukturen, die wir benötigen, heißen Series und DataFrames.

Eine Pandas-*Series* ist eine eindimensionale Datenstruktur, also so etwas wie eine Liste oder ein NumPy-Array. Am besten kann man sich eine Series aber vorstellen als eine Spalte einer Tabelle. Wenn wir beispielsweise eine Tabelle mit Ländern der Erde haben, ist jede Spalte eine separate Series: eine mit lauter Landesnamen, eine mit Bevölkerungszahlen und so weiter. Anders als bei einem NumPy-Array haben wir es hier also nicht zwangsweise mit Zahlen zu tun, in einer Series können auch Strings, Datumswerte und mehr stehen. Die Arbeit mit einer Series ist aber dennoch sehr ähnlich dem, was wir von NumPy-Arrays kennen:

```
import pandas as pd

schritte = pd.Series([8234, 11789, 3120, 10054, 7422, 4821, 15337])

print(schritte[0])                # erster Eintrag (8234)
print(schritte[0:2])              # Series mit den ersten
                                  # zwei Einträgen [(8234, 11789])
print(schritte[schritte>7500])    # Series mit den Einträgen,
                                  # die größer als 7500 sind
```

Bei einer Series hat jeder Eintrag einen Index. Standardmäßig startet dieser bei der Zahl 0 und ist aufsteigend durchnummeriert. Es ist aber auch möglich, Einträgen andere Indizes zu geben, sogar einen String. Damit ähneln Series plötzlich einem Dictionary und nicht mehr einer Liste:

```
data = {"Mo": 8234, "Di": 11789, "Mi": 3120, "Do": 10054,
        "Fr": 7422, "Sa": 4821, "So": 15337}
schritte = pd.Series(data)
print(schritte["Mi"])
```

Die noch viel wichtigere Datenstruktur in Pandas sind aber *DataFrames*. Einen DataFrame können wir uns wie eine Tabelle vorstellen. Eine Tabelle hat feste Spalten, die Spalten haben einen Namen, und in den einzelnen Zeilen des DataFrames steht in jeder Spalte ein Wert eines bestimmten Datentyps.

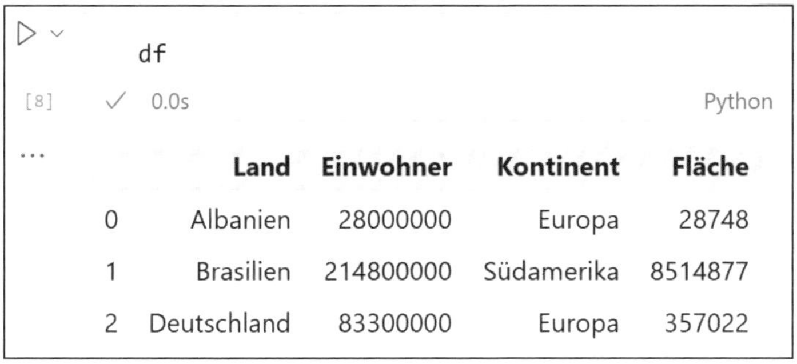

	Land	Einwohner	Kontinent	Fläche
0	Albanien	28000000	Europa	28748
1	Brasilien	214800000	Südamerika	8514877
2	Deutschland	83300000	Europa	357022

Abbildung 5.1: Pandas-DataFrame in Jupyter Notebooks

Wie bei Series hat auch jede Zeile in einem DataFrame einen Index, der die Zeile identifiziert, standardmäßig ist dieser 0, 1, 2 usw. Genau genommen ist ein DataFrame eine Aneinanderreihung mehrerer Series mit gleichem Index.

```
import pandas as pd
df = pd.DataFrame([["Albanien", 28000000, "Europa", 28748],
                   ["Brasilien", 214800000, "Südamerika", 8514877],
                   ["Deutschland", 83300000, "Europa", 357022]],
                  columns=["Land", "Einwohner", "Kontinent","Fläche"])
```

Nachdem der DataFrame, den wir `df` genannt haben, angelegt ist, können wir auf die darin gespeicherten Daten wie folgt zugreifen:

- `df` – DataFrame (in Jupyter Notebooks wird er als Tabelle dargestellt)
- `df.head()` oder `df.head(5)` – nur die ersten fünf Zeilen
- `df.tail()` oder `df.tail(5)` – nur die letzten fünf Zeilen
- `df["Land"]` – die Spalte `Land` als Series: (`0: "Albanien"` ...)
- `df[["Land", "Einwohner"]]` – DataFrame mit nur diesen beiden Spalten
- `df[0:1]` – DataFrame, der nur die erste Zeile enthält
- `df[df["Einwohner"]>100000000]` – DataFrame aus Ländern mit mehr als 100 Millionen Einwohnern
- `df.loc[0]` – erste Zeile des DataFrames als Series
- `df.loc[0, "Land"]` – String-Wert in der `Land`-Spalte in der ersten Zeile
- `df.loc[df["Einwohner"]>100000000, "Land"]` – Werte der `Land`-Spalte großer Länder als Series

`df.loc[0]` liefert genau genommen nicht wirklich die erste Zeile (das ginge mit `df.iloc[0]`; das `i` steht für integer-basiert), sondern diejenige Zeile, die den Indexwert 0 hat. Da wir in unseren Beispielen die Indizes aber automatisch genieren lassen – sie starten immer bei 0 und sind kontinuierlich durchnummeriert –, sind `df.loc[0]` und `df.iloc[0]` in unserem Fall dasselbe.

Will man einen DataFrame verändern, z. B. Spalten umbenennen, gibt es dafür entsprechende Methoden, die wieder einen DataFrame zurückliefern. Diesen können wir dann wieder in die ursprüngliche Variable zurückspeichern, um den DataFrame zu überschreiben:

```
df = df.rename(columns={"Einwohner": "Einwohnerzahl"})
```

In späteren Beispielen wirst du noch sehen, dass man gerne auch mehrere Methoden hintereinander verkettet aufruft, z. B. `df.rename(…).sort_values(…).drop(…)`. Das ist deshalb möglich, weil nach jeder Operation wieder ein DataFrame herauskommt, mit dem sich weiterarbeiten lässt. In den meisten Fällen ist dieser DataFrame dann eine veränderte Kopie des Originals. Solltest du also nachträglich etwas am Original-DataFrame ändern, hat das auf den neuen DataFrame, bei dem Spalten umbenannt und entfernt sowie Werte sortiert wurden, keinen Einfluss.

Eine typische Eigenschaft von DataFrames ist, dass man selten mit einer Schleife über die Einträge iterieren muss. Für fast alles gibt es Kommandos, die es ermöglichen, Aufgaben auf einen Schlag auf dem ganzen DataFrame durchzuführen.

Ich habe einen Pandas-DataFrame mit den Spalten `Land`*,* `Einwohner`*,* `Kontinent` *und* `Fläche`*. Die Fläche ist in* km^2 *angegeben. Füge zwei neue Spalten hinzu:*

- `Einwohner_pro_km2`
- `Kategorie` *(*`"klein"` *bei weniger als 10 Millionen Einwohnern,* `"groß"` *ab 100 Millionen Einwohnern)*

Du kannst die neuen Spalten in deinem DataFrame sehr einfach mit Pandas berechnen und hinzufügen. Beispiel:

```
import pandas as pd

# Beispiel-DatenFrame
df = pd.DataFrame({
    "Land": ["Deutschland", "USA", "China", "Schweiz"],
    "Einwohner": [84_000_000, 331_000_000, 1_400_000_000, 8_700_000],
    "Kontinent": ["Europa", "Nordamerika", "Asien", "Europa"],
    "Fläche": [357_000, 9_834_000, 9_597_000, 41_000]  # in km²
})
```

```
# Neue Spalte: Einwohner pro km²
df["Einwohner_pro_km2"] = df["Einwohner"] / df["Fläche"]

# Neue Spalte: Kategorie nach Einwohnerzahl
def kategorie(einwohner):
    if einwohner < 10_000_000:
        return "klein"
    elif einwohner >= 100_000_000:
        return "groß"
    else:
        return "mittel"

df["Kategorie"] = df["Einwohner"].apply(kategorie)

print(df)
```

Als Erstes fällt auf, dass in diesem Programm der DataFrame spaltenweise angelegt wurde: erst alle Ländernamen, dann alle Einwohnerzahlen usw. In unserem Beispiel vorhin haben wir das zeilenweise gemacht. Beides ist möglich. Außerdem haben wir nun andere Länder vorliegen, weil wir im ChatGPT-Prompt keine Daten übergeben haben. Zusätzlich ist dir vielleicht noch die Zahlen-Schreibweise `10_000_000` aufgefallen. Unterstriche darf man bei Zahlen in Python beliebig setzen, um deren Lesbarkeit zu verbessern. Sie werden intern einfach ignoriert und haben keine wirkliche Bedeutung.

Eine neue Spalte fügen wir ganz einfach hinzu, indem wir dieser noch nicht existierenden Spalte einen Wert zuweisen: `df["Einwohner_pro_km2"] = df["Einwohner"] / df["Fläche"]`. Wir dividieren also eine komplette Series durch eine andere Series. Heraus kommt eine neue Series, in der elementweise ein Wert durch den anderen Wert geteilt wurde. So ist Pandas in der Lage, auf einen Schlag die Einwohner pro Quadratkilometer zu berechnen und diese Zahlen in die neue Spalte zu speichern.

Bei der anderen Spalte, der `Kategorie`, ist das etwas komplizierter. Da der Wert dieser Spalte nicht einfach mit einer mathematischen Formel berechnet werden kann, sondern mit `if`, `elif` und `else` ermittelt wird, wird zunächst eine Funktion `kategorie` erstellt, die genau diese Aufgabe übernimmt. Sie nimmt eine Einwohnerzahl entgegen, z. B. `84000000`, und liefert uns in dem Fall den String `"mittel"`. Pandas erlaubt es mit der `apply`-Methode, eine Funktion auf alle Werte einer Series anzuwenden. Man übergibt ihr die Funktion, in unserem Fall also `apply(kategorie)`, und die dann zurückgegebene Series bildet unsere neue Spalte `Kategorie`. Darin ist für jedes Land die entsprechende Kategorie gespeichert, also `"klein"`, `"mittel"` oder `"groß"`.

5.3 Daten aus Dateien in Pandas-DataFrames laden

Pandas kann Daten aus verschiedenartigen Dateien laden und daraus direkt einen DataFrame erzeugen: CSV, Excel, SQL, JSON, HTML, Pickle, Parquet, Feather, ORC, Stata, SAS, SPSS, ODS und mehr. Wir schauen uns hier an, wie der Import aus CSV- und Excel-Dateien funktioniert, für alles andere kannst du einfach online nachschauen oder eine Chat-KI fragen. Das Prinzip ist aber immer das gleiche: Du rufst eine Funktion `pd.read_xxx` auf (z. B. `pd.read_csv`) und übergibst den Pfad zur Datei sowie optional noch weitere Optionen. Bei einer CSV-Datei sind diese Optionen beispielweise die Angabe des Spaltentrennzeichens (Komma, Semikolon, Tab ...) oder ob die Datei oben eine Header-Zeile mit Spaltenbeschriftungen hat oder nicht. Danach erhältst du einen DataFrame zurück, der alle Daten aus deiner Datei enthält. Auch die Namen der Spalten und Datentypen werden in der Regel aus der Datei übernommen.

Um einen DataFrame wieder in eine Datei zu speichern, bietet Pandas Methoden an, die mit `to_` beginnen. Rufst du beispielsweise `df.to_excel("tabelle.xslx")` auf, erzeugt dir Pandas eine Excel-Datei und schreibt in diese die Daten aus dem DataFrame.

In der Datei klimadaten.tsv sind folgende Daten:

```
    Datum        Ort      Temperatur_C      Niederschlag_mm
2026-01-01    Berlin         2.5               0.0
2026-01-01    München        1.8               0.52
2026-01-02    Berlin         1.0               0.2
```

Liefere mir allgemeine Statistiken mit Pandas.

Alles klar! Ich zeige dir, wie du mit Pandas allgemeine Statistiken aus deiner *klimadaten.tsv*-Datei erzeugen kannst.

Hier ein Beispielcode:

```
import pandas as pd

# TSV-Datei einlesen
df = pd.read_csv("klimadaten.tsv", sep="\t")

# Allgemeine Informationen über den DataFrame
print("Allgemeine Info:")
print(df.info())
print("\n")
```

```
# Grundlegende Statistiken für numerische Spalten
print("Deskriptive Statistik:")
print(df.describe())
print("\n")
```

TSV steht übrigens für *Tab-Separated Values*. So bezeichnet man häufig CSV-Dateien, bei denen die Werte mittels Tabulatorzeichen getrennt sind. Der Funktion `pd.read_csv` übergibt man den Spaltentrenner über den Parameter `sep`, z. B. `sep=";"` oder wie hier `sep="\t"`, was für *tab* steht. Lässt man den Parameter `sep` weg, geht Pandas davon aus, dass die Werte in der Datei mit Kommas getrennt sind.

Außerdem geht Pandas davon aus, dass in der ersten Zeile einer CSV- bzw. TSV-Datei die Spaltenbezeichnungen stehen. Die Beispielzeilen, die im Prompt übergeben wurden, zeigen dies ja auch. In der ersten Zeile stehen noch keine Daten, sondern `Datum`, `Ort`, `Temperatur_C` und `Niederschlag_mm`. Pandas setzt automatisch die Spaltennamen für den DataFrame auf ebendiese Bezeichnungen und beginnt dann bei der zweiten Zeile mit dem Einlesen der eigentlichen Daten. Hätte unsere Datei keine Header-Zeile, müssten wir das Pandas mitteilen und die Spaltennamen manuell setzen:

```
df = pd.read_csv("klimadaten.tsv", sep="\t", header=None)
df.columns = ["Datum", "Ort", "Temperatur_C", "Niederschlag_mm"]
```

In unserem Programm oben wurden `df.info()` und `df.describe()` aufgerufen. Ersteres liefert uns Metadaten über den DataFrame (Spaltennamen, Datentypen ...) und ein paar allgemeine Informationen, wie die Anzahl der Einträge. `df.describe()` berechnet für die numerischen Spalten jeweils Durchschnittswerte, den kleinsten und den größten Wert, die Standardabweichung und mehr.

```
import pandas as pd
df = pd.read_csv("klimadaten.tsv", sep="\t")
df.info()
[4]  ✓ 0.0s                                   Python

... <class 'pandas.core.frame.DataFrame'>
    RangeIndex: 3 entries, 0 to 2
    Data columns (total 4 columns):
     #   Column           Non-Null Count  Dtype
    ---  ------           --------------  -----
     0   Datum            3 non-null      object
     1   Ort              3 non-null      object
     2   Temperatur_C     3 non-null      float64
     3   Niederschlag_mm  3 non-null      float64
    dtypes: float64(2), object(2)
    memory usage: 228.0+ bytes
```

Abbildung 5.2: Allgemeine Informationen über den DataFrame im Jupyter Notebook mittels »df.info()«

```
df.describe()
```

[3] ✓ 0.0s Python

	Temperatur_C	Niederschlag_mm
count	3.000000	3.000000
mean	1.766667	0.240000
std	0.750555	0.262298
min	1.000000	0.000000
25%	1.400000	0.100000
50%	1.800000	0.200000
75%	2.150000	0.360000
max	2.500000	0.520000

Abbildung 5.3: Statistiken über die Spalten im DataFrame in einem Jupyter Notebook mittels »df.describe()«

Die Info `3 non-null` bzw. `count 3.000000` besagt, dass es im DataFrame in der Temperatur- und Niederschlags-Spalte jeweils drei Werte gibt. Es hätte ja auch sein können, dass für manche Tage oder Städte die Temperatur fehlt, weil sie in der Datei leer gelassen oder im DataFrame auf `None` bzw. `NaN` (*Not a Number*) gesetzt wurde. Die Zeilen **`25%`**, **`50%`**, **`75%`** zeigen die Quartile der Werte an. Dass beim 25 %-Quartil in unserem Beispiel in der Temperaturspalte **`1.4`** steht, bedeutet, dass in 25 % der Zeilen Temperaturen unter 1,4 °C stehen. Das 50 %-Quartil wird auch *Median* genannt. Die Hälfte der gemessenen Temperaturen ist unter 1,8 °C, die andere Hälfte darüber.

Während `df.info()` und `df.describe()` dafür gedacht sind, schnell einen Überblick über den DataFrame zu bekommen, gibt es auch spezielle Methoden, die die gezeigten Statistiken, aber auch noch vieles Weitere berechnen:

```
durchschnittstemperatur = df["Temperatur_C"].mean()
```

In unserem Fall waren die Daten in einer CSV-Datei (bzw. TSV-Datei) gespeichert. Hätten wir stattdessen eine Excel-Datei vorliegen, bietet Pandas auch dafür eine Funktion an:

```
df = pd.read_excel("klimadaten.xlsx")
```

Hier könnten wir über die Option `sheet_name` angeben, dass nicht das erste Tabellenblatt, sondern ein anderes Blatt geöffnet werden soll: `sheet_name=1` wäre das zweite Blatt (wir zählen ja ab 0), mit `sheet_name="Klima 2026"` geht das über den Blattnamen. Auch ganz praktisch ist die Option `usecols`, um Spalten auszuwählen. Mit der Option kannst du direkt beim Einlesen der Excel-Tabelle sagen, dass du nur bestimmte Spalten brauchst. Die irrelevanten Spalten werden dann einfach übersprungen und kommen nicht in den DataFrame:

```
df = pd.read_excel("klimadaten.xlsx",
                   usecols=["Datum", "Ort", "Temperatur_C"])
```

Wenn wir den DataFrame nun verändern, können wir ihn abschließend auch wieder in eine Datei schreiben. Dazu verwenden wir je nach gewünschtem Dateityp die entsprechende `to_`-Methode:

```
df.to_csv("klimadaten.csv")
df.to_csv("klimadaten.tsv", sep="\t")
df.to_excel("klimadaten.xlsx")
df.to_excel("klimadaten.xlsx", index=False)
```

Wenn wir die Option `index=False` weglassen, gibt es ganz links in der Datei eine Spalte, in der der Zeilenindex steht, also `0`, `1`, `2`, `3` usw. Dieser ist Teil des DataFrames, er wird daher standardmäßig mit exportiert. Benötigst du diese Spalte nicht, setze einfach `index=False`.

5.4 Data-Cleaning mit Pandas

Nachdem wir die Daten aus einer Datei in einen Pandas-DataFrame eingelesen haben, ist der nächste Schritt, Data-Cleaning durchzuführen. Darunter versteht man, die Daten so zu filtern, aufzubereiten und zu transformieren, dass sie sich danach gut analysieren, visualisieren und weiterverarbeiten lassen. Das kann zwar manchmal etwas aufwendig sein, weil dazu meist viele Schritte notwendig sind, aber für alles bringt Pandas praktische Möglichkeiten mit, die wir uns jetzt anschauen.

5.4.1 Daten filtern

Ich habe einen Pandas-DataFrame mit `Datum`, `Ort`, `Temperatur_C` *und* `Niederschlag_mm`*. Ich brauche nur die Daten aus München.*

> Du kannst den DataFrame ganz einfach nach München filtern. Angenommen, dein DataFrame heißt `df` und die Spalte mit dem Ort heißt `Ort`, dann so:
>
> ```
> df_muenchen = df[df["Ort"] == "München"]
> ```

Filtern ist mit Pandas sehr einfach, da du dazu die Schreibweise mit einem Filterprädikat in eckigen Klammern verwenden kannst. Damit lassen sich sogar auch mehrere Bedingungen mit `&` (Und) und `|` (Oder) verknüpfen. Wichtig ist bei solch komplexen Prädikaten, dass sie stets in runden Klammern stehen:

```
df = df.loc[(df["Ort"] == "München") & ((df["Temperatur_C"] < 10)
                                       | (df["Temperatur_C"] > 30)) ]
```

Vorhin haben wir den DataFrame in eine neue Variable `df_muenchen` geschrieben, in diesem Beispiel haben wir einfach den ursprünglichen DataFrame `df` überschrieben.

Da wir ja nach der Filterung nur noch Klimadaten aus München vorliegen haben, brauchen wir eigentlich die Spalte `Ort` nicht mehr. Wir könnten die `Ort`-Spalte mit `df.drop(columns="Ort")` nun löschen; alternativ können wir auch direkt beim Filtern sagen, welche Spalten wir beibehalten möchten:

```
df = df.loc[df["Ort"] == "München",
            ["Datum", "Temperatur_C", "Niederschlag_mm"]]
```

5.4.2 Fehlende Werte erkennen und behandeln

Als wir uns vorhin mit `df.info()` und `df.describe()` allgemeine Informationen und Statistiken über den DataFrame angeschaut haben, war bereits zu erkennen, bei wie vielen Datensätzen eine Spalte überhaupt einen Wert hat.

Für die nun folgenden Beispiele setzen wir einfach mal die Temperatur in der ersten Zeile auf »unbekannt« (`None`):

```
df.loc[0, "Temperatur_C"] = None
```

Betrachten wir den DataFrame mittels `df` oder `print(df)`, sehen wir nun dort in der ersten Zeile in der Spalte `Temperatur` den Wert `NaN` (*Not a Number*). Solche fehlenden Daten kommen in der Praxis ganz oft vor. Daher geht es nun darum, sie zu erkennen und uns dann zu überlegen, wie wir damit umgehen.

Die Methode `isna()` lässt sich auf einer Series, also auf einer einzigen Spalte, aufrufen, aber auch auf einem ganzen DataFrame. Es liefert eine Series bzw. einen DataFrame zurück, wo überall dort ein `True` steht, wo vorher ein Wert gefehlt hat, an den anderen Stellen steht nun `False`. Mit der Methode `sum` zählen wir dann die Anzahl der `True`-Werte, also der fehlenden Werte:

```
print(df.isna().sum())                  # Anzahl fehlender Werte je Spalte
print(df["Temperatur_C"].isna().sum())  # … bzw. nur in dieser Spalte
```

Eine mögliche Lösung, mit fehlenden Werten umzugehen, ist es, die entsprechenden Zeilen, in denen Lücken sind, einfach komplett zu löschen:

```
df = df.dropna()
```

Danach ist jede Zeile weg, bei der in irgendeiner Spalte ein Wert fehlt. Mit `df.dropna(subset=["Temperatur_C"])` lässt sich aber auch angeben, dass nur in bestimmte Spalten geschaut werden soll.

Statt die Zeilen zu löschen, können wir aber auch an den Stellen, wo Werte fehlen, diese einfach auffüllen:

```
df = df.fillna({
    "Temperatur_C": df["Temperatur_C"].mean(),
    "Niederschlag_mm": 0,
    "Datum": "2026-01-01"
})
```

Da in unserem Beispieldatensatz die Temperatur fehlt, wird sie dort auf den Durchschnittswert der ganzen Spalte gesetzt. Würde irgendwo ein Niederschlagswert fehlen, setzen wir ihn auf `0`. Und bei fehlenden Werten in der Datumsspalte wird einfach der 1. Januar 2026 gewählt. Ob das sinnvoll ist oder nicht, sei mal dahingestellt. In jedem Falle haben wir nun sowohl nach dem Löschen der entsprechenden Zeilen als auch nach dem Auffüllen der fehlenden Werte lückenlose Daten vorliegen.

5.4.3 Duplikate entfernen

Duplikate sind doppelte Einträge in einem DataFrame, die das gleiche Objekt aus der realen Welt oder die gleiche Beobachtung beschreiben. Für unsere Klimadaten heißt das beispielsweise, dass wir für jeden Tag in jeder Stadt nur eine Zeile haben wollen. Im ersten Schritt geht es nun wieder darum, Duplikate überhaupt erst zu erkennen. Und danach müssen wir uns überlegen, was wir damit machen:

```
duplikate = df.duplicated(["Datum", "Ort"])
print("Anzahl Duplikate:", duplikate.sum())
```

Die Methode `duplicated` prüft für jede Zeile, ob sie ein Duplikat ist oder nicht. Mit `duplikate.sum()` kommen wir dann an die Anzahl solcher Zeilen. Liefert dies `0`, heißt das, dass es keine Duplikate gibt. Die Kombination aus Datum und Ort ist dann also in jeder Zeile eindeutig.

Für die nun folgenden Experimente fügen wir eine neue Zeile zum DataFrame hinzu, in der das Datum der 2. Januar 2026 und der Ort Berlin ist. Nun haben wir also zwei Zeilen mit ebendieser Datum-Ort-Kombination. Zum Hinzufügen einer Zeile erzeugen wir zuerst einen neuen DataFrame, der aus dieser einen neuen Zeile besteht, und hängen ihn mit der Funktion `pd.concat` hinten an unseren ursprünglichen DataFrame an:

```
df = pd.concat([df, pd.DataFrame({"Datum": ["2026-01-02"], "Ort":
 ["Berlin"], "Temperatur_C": [0.5], "Niederschlag_mm": [1.2]})],
 ignore_index=True)
```

Führen wir nun `df.duplicated(["Datum", "Ort"])` aus, wird unsere neue Zeile als Duplikat erkannt werden. Die Methode `sum()` liefert uns die Anzahl der Duplikate: `1`. Der folgende Befehl würde solche Duplikate nun löschen:

```
df = df.drop_duplicates(["Datum", "Ort"])
```

Der Befehl löscht nicht alle Zeilen, in denen Datum und Ort übereinstimmen, sondern behält jeweils das erste Vorkommen und entfernt die weiteren Duplikate. Nach dieser Deduplikation gibt es also jede Datum-Ort-Kombination nur noch einmal – genau so, wie es sein soll!

Manchmal möchte man etwas mehr Kontrolle darüber haben, welche der doppelten Zeilen behalten und welche gelöscht werden. In unserem Fall behalten wir immer die erste. Das liegt daran, dass `drop_duplikates` eine Option `keep` besitzt, mit dem Standardverhalten `keep="first"`. Das kann man auch auf `keep="last"` oder `keep=False` setzen. Dann wird die letzte Duplikatzeile bzw. gar keine davon behalten.

Sortieren wir den DataFrame, bevor wir die Duplikate entfernen. So können wir nämlich nach gezielten Regeln vorgehen und genauer bestimmen, welche Zeilen wir behalten wollen, zum Beispiel immer die Zeile mit der höchsten Temperatur:

```
df = (df.sort_values("Temperatur_C")
        .drop_duplicates(["Datum", "Ort"], keep="last"))
```

Wenn wir noch mehr Kontrolle über den Deduplikationsprozess haben möchten, können wir ihn auch manuell durchführen. Das ist natürlich nur dann sinnvoll, wenn es sich um eine kleine Anzahl von Duplikaten handelt. Zuerst markieren wir diese Duplikate, indem wir eine neue Spalte zum DataFrame hinzufügen, die für alle Duplikate den Wert `True` enthält:

```
df["ist_duplikat"] = df.duplicated(["Datum", "Ort"], keep=False)
df[df["ist_duplikat"]]
```

Hier sorgt das `keep=False` dafür, dass jede Zeile, in der die Kombination von Datum und Ort mehrfach im DataFrame auftaucht, mit `True` markiert wird, auch der erste Fund. Das zweite Kommando `df[df["ist_duplikat"]]` gibt uns diejenigen Zeilen aus, die als Duplikat markiert wurden:

```
df["ist_duplikat"] = df.duplicated(["Datum", "Ort"], keep=False)
df[df["ist_duplikat"]]
```

[14] ✓ 0.0s Python

	Datum	Ort	Temperatur_C	Niederschlag_mm	ist_duplikat
2	2026-01-02	Berlin	1.0	0.2	True
3	2026-01-02	Berlin	0.5	1.2	True

Abbildung 5.4: Duplikate markieren und ausgeben lassen.

Da in dieser Ausgabe auch der Original-Index zu sehen ist (Duplikate sind z. B. in den Zeilen 2 und 3 vorhanden), könnten wir an diesen Zeilen nun manuell Änderungen vornehmen und sie löschen:

```
df.loc[2, "Temperatur_C"] = 0.5
df = df.drop(index=3)
```

Praktisch ist auch die Methode `combine_first`, die zwei Zeilen in einem DataFrame zu einer kombiniert. Führen wir diese Methode auf einer Zeile aus unserem DataFrame `df.loc[2]` aus und übergeben ihr eine zweite Zeile, kommt so etwas wie die erste Zeile wieder heraus, allerdings wurden an denjenigen Stellen, wo `NaN` steht, die Werte aus der anderen Zeile genommen. Hätten wir beispielsweise einmal eine fehlende Temperatur und einmal einen fehlenden Niederschlagswert, kombiniert `combine_first` diese beiden Zeilen zu einer, in der Niederschlagswert der einen und Temperaturwert der anderen Zeile übernommen wurden:

```
df.loc[2] = df.loc[2].combine_first(df.loc[3])
df = df.drop(index=3)
```

Auch hier löschen wir nach dem Kombiniervorgang die Zeile mit dem Index 3, da sie ja das Duplikat ist und nicht mehr benötigt wird.

Du hast nun gesehen, wie du bei Duplikaten einfach irgendeine dieser doppelten Zeilen löschst, wie du sie bei fehlenden Werten zu einer Zeile fusionierst und wie du durch Sortieren und Deduplizieren diejenigen Zeilen mit dem größten oder kleinsten Wert in einer bestimmten Spalte behältst. Natürlich können wir uns jetzt auch noch komplexere Regeln überlegen, z. B. bei NaN-Werten mischen, den Temperaturwert aus der Zeile nehmen, wo er am höchsten ist, beim Niederschlag den niedrigsten Wert nehmen und bei einem Freitag den Dreizehnten in Schaltjahren immer den Niederschlagswert, wo es am wärmsten war. Der Fantasie sind da natürlich keine Grenzen gesetzt, aber wenn du so etwas wirklich brauchst, frage am besten eine Chat-KI. Nur ein kurzes abschließendes Beispiel – mehr zur Methode `groupby` folgt später, wenn es um Datenanalysen geht:

```
df = df.groupby(["Datum", "Ort"], as_index=False).agg({
    "Temperatur_C": "mean",
    "Niederschlag_mm": "sum"
})
```

Hier werden diejenigen Zeilen aus unserem DataFrame, bei denen es um das gleiche Datum und den gleichen Ort geht, zu einer Zeile zusammengefasst. Aus den einzelnen Temperaturwerten wird der Durchschnitt gebildet, und die Niederschlagswerte werden summiert.

5.4.4 Fehler und Ausreißer erkennen und korrigieren

Zwei Arten von Fehlern in den Daten haben wir uns schon angeschaut: fehlende Werte in den Daten und Duplikate. Es gibt jedoch noch viele andere Arten von Fehlern, die sich in den Daten verstecken. Bevor wir mit der Fehlersuche und -korrektur beginnen können, müssen wir aber überhaupt einmal wissen, welche Fehler in unseren Daten überhaupt auftreten können. Es gibt nämlich leider keinen magischen Befehl, der uns fehlerhafte Zeilen liefert, wenn gar nicht erst klar ist, was »fehlerhaft« überhaupt alles bedeutet. Bei einer E-Mail-Adresse wäre es ein Fehler, wenn ein @-Symbol fehlt, Temperaturwerte sollen immer in einem bestimmten Intervall liegen, und das Datum, wann eine Person geheiratet hat, soll immer größer sein als ihr Geburtsdatum. Erst nachdem wir solche Fehlerfälle festgelegt haben, können wir gezielt nach Zeilen suchen, die ebendiese Fehler enthalten, und uns dann anschauen, wie man sie behebt.

Für die jetzt kommenden Beispiele erzeugen wir erst einmal einen DataFrame, der ein paar Fehler enthält:

```
df = pd.DataFrame({
    'Datum': ['2026-01-01', '2026-01-01', '2026-02-30'],
    'Ort': ['Berlin', 'München ', 'berlin'],
    'Temperatur_C': [2.5, 1.8, 274.15],
    'Niederschlag_mm': [0.0, 0.52, 0.2]
})
```

Ich habe einen DataFrame `df` *mit u. a. einer Spalte* `Ort`*. Finde die Zeilen, wo der Ort kleingeschrieben ist, und korrigiere den Fehler so, dass der erste Buchstabe großgeschrieben wird, z. B. »berlin« → »Berlin«.*

> Du kannst das in Pandas recht einfach machen. Hier ist ein Beispiel, wie du die Zeilen findest, bei denen der Ort kleingeschrieben ist, und sie korrigierst:

```
import pandas as pd

df = pd.DataFrame({
    'Datum': ['2026-01-01', '2026-01-01', '2026-02-30'],
    'Ort': ['Berlin', 'München ', 'berlin'],
    'Temperatur_C': [2.5, 1.8, 274.15],
    'Niederschlag_mm': [0.0, 0.52, 0.2]
})

# Zeilen finden, wo der Ort klein geschrieben ist
mask = df['Ort'].str[0].str.islower()
print("Zeilen mit kleingeschriebenem Ort:")
print(df[mask])

# Korrigiere die kleingeschriebenen Orte (erstes Zeichen groß)
df.loc[mask, 'Ort'] = df.loc[mask, 'Ort'].str.capitalize()

print("\nDataFrame nach Korrektur:")
print(df)
```

Das Filterprädikat, das wir in vorherigen Beispielen immer direkt in eckige Klammern geschrieben haben, wird hier in eine Variable `mask` gespeichert. Man hätte auch schreiben können:

```
df[df['Ort'].str[0].str.islower()]
```

Das findet Zeilen, bei denen der Ort kleingeschrieben ist. `df['Ort']` ist die komplette Orts-Spalte. `str` gibt uns Zugriff auf String-Methoden, in unserem Fall auf `[0]`, was uns den ersten Buchstaben gibt, und auf `islower()`, womit wir überprüfen, ob dieser kleingeschrieben ist. Mit der Methode `capitalize` wird ein String so umgewandelt, dass der erste Buchstabe nun großgeschrieben ist; aus `"berlin"` wird also `"Berlin"`.

Ist dir eigentlich aufgefallen, dass in unseren Daten hinter München ein Leerzeichen steht (`"München "`)? So etwas übersieht man nämlich auch in der Praxis leider sehr oft. Vor allem dann, wenn Daten aus TSV-, Excel- oder ähnlichen Dateien geladen werden. Man wundert sich dann in späteren Schritten, warum ein Duplikat nicht erkannt wurde und es weiterhin zwei Zeilen mit dem Ort München am gleichen Tag gibt. Nach langer Fehlersuche fällt einem dann irgendwann auf, dass einmal der Ort `"München"` ist und einmal `"München "` mit einem unsichtbaren Leerzeichen. So etwas beheben wir am besten direkt am Anfang schon mit der `strip()`-Methode. `strip()` entfernt Leerzeichen am Anfang und am Ende eines Strings:

```
df["Ort"] = df["Ort"].str.strip()
```

Nun kümmern wir uns noch um Ausreißer in numerischen Spalten. Wir wollen, dass Temperaturen immer in einem bestimmten Intervall liegen und Niederschlagswerte nie negativ sind. Finden wir dennoch solche Werte, ersetzen wir sie durch `NaN`, damit sie bei späteren Datenanalysen unsere Berechnungen nicht verfälschen:

```
df.loc[(df["Temperatur_C"] < -50) | (df["Temperatur_C"] > 60),
          "Temperatur_C"] = np.nan
df.loc[df["Niederschlag_mm"] < 0, "Niederschlag_mm"] = np.nan
```

Der Wert `np.nan` stammt aus dem NumPy-Paket. Zu Beginn des Python-Programms bzw. oben im Jupyter Notebook müssen wir dieses also erst mit `import numpy as np` importieren.

Ein letzter Fehler, der sich in unseren Beispieldatensatz eingeschlichen hat, ist der ungültige Datumswert `"2026-02-30"`. Datumswerte und Uhrzeiten sollte man ohnehin im DataFrame nicht als Strings speichern, sondern dafür besser den sogenannten `datetime`-Datentyp verwenden. Dieser erlaubt es uns dann auch, Berechnungen auf Datumswerten auszuführen, z. B. um eine Woche auf ein Datum zu addieren oder um abzufragen, ob ein Datum in einem gewissen Bereich liegt. Und ganz nebenbei fällt bei der Umwandlung von Strings, in denen ein Datum steht, auch auf, ob dieses Datum ungültig ist oder nicht:

```
df["Datum"] = pd.to_datetime(df["Datum"], errors="coerce")
```

Danach haben die Werte in der Datumsspalte nicht mehr den Datentyp String, sondern den Datentyp `datetime`. Die Option `errors="coerce"` (zwingen) sorgt dafür, dass ungültige Datumswerte in *NaT* (Not a Timestamp) umgewandelt werden. Ohne diese Option würde ein Fehler geworfen, wenn es ungültige Datumswerte im DataFrame gibt, und das Programm bräche ab.

5.4.5 Daten ins gewünschte Format transformieren

Wir haben uns bis jetzt darum gekümmert, Fehler, die sich den Daten befinden, zu entfernen. Ab nun können wir also sagen, dass uns fehlerfreie Daten vorliegen. Dennoch sind sie noch nicht in dem Format, wie wir es gerne hätten, um adäquat und komfortabel Datenanalysen darauf durchzuführen. Beispielsweise ist eine Temperatur in Grad Fahrenheit kein Fehler, trotzdem würden wir sie viel lieber in Celsius umrechnen:

```
df = pd.DataFrame({
    'Datum': ['2026-01-01', '2026-01-01', '2026-01-02'],
    'Ort': ['Berlin', 'München', 'Berlin'],
    'Temperatur_F': [36.5, 35.24, 33.8],
    'Niederschlag_mm': [0.0, 0.52, 0.2]
})

df["Temperatur_C"] = (df["Temperatur_F"] - 32) * 5/9
```

Nach dieser Transformation hat unser DataFrame sowohl die alte Spalte `Temperatur_F` mit den Temperaturwerten in Grad Fahrenheit als auch die berechneten Celsius-Werte in der Spalte `Temperatur_C`. Erstere Spalte können wir behalten oder mittels `df = df.drop(columns=["Temperatur_F"])` aus dem DataFrame entfernen.

Nicht nur Berechnungen mit `+`, `-`, `*` usw. lassen sich auf ganzen Spalten ausführen, sondern auch mathematische Funktionen, z. B. zum Runden von Zahlen. Mit der Methode `round` können wir die Werte in der Spalte `Niederschlag_mm` auf eine Nachkommastelle runden:

```
df["Niederschlag_mm"] = df["Niederschlag_mm"].round(1)
```

Damit wird aus der `0.52` eine `0.5`. Solche datentypspezifischen Methoden stehen für Zahlen (z. B. `round`) und Strings (z. B. `strip()`, das Leerzeichen am Anfang und Ende entfernt) zur Verfügung, aber auch für Spalten, in denen sich Datums- oder Zeitstempelwerte befinden. Das folgende Kommando berechnet aus dem Datum den entsprechenden Wochentag und schreibt ihn in eine neue Spalte:

```
df["Wochentag"] = pd.to_datetime(df["Datum"]).dt.day_name()
```

Die Methode `day_name()` liefert englische Wochentagsnamen, also `"Monday"` usw. Möchtest du stattdessen deutsche Wochentage haben, setzt du beim Formatieren des Wochentags die sogenannte *Locale* auf Deutsch:

```
df["Wochentag"] = pd.to_datetime(df["Datum"]).dt.day_name(locale="de_DE")
```

Komplexere Transformationen lassen sich durchführen, indem wir eine Funktion erstellen, in der wir programmieren, wie Werte genau umgewandelt werden sollen. Das haben wir weiter oben in Abschnitt 5.2 bereits gemacht, um Ländern je nach ihrer Einwohnerzahl eine Kategorie `"klein"`, `"mittel"` oder `"groß"` zuzuweisen. Für simplere Fälle reicht es aber aus, einfach ein Dictionary zu erstellen, das angibt, welche Werte auf welchen neuen Wert abgebildet werden sollen:

```
bundesland_map = {
    "Berlin": "Berlin",
    "München": "Bayern",
```

```
    "Hamburg": "Hamburg",
    "Köln": "Nordrhein-Westfalen",
    "Frankfurt": "Hessen"
}
df["Bundesland"] = df["Ort"].map(bundesland_map)
```

Käme in unseren Daten ein Ortsname vor, der in der `bundesland_map` nicht vorhanden ist, so stünde bei diesen Zeilen in der `Bundesland`-Spalte ein `NaN`.

Die gezeigten Transformationen sollen nur Beispiele sein und lediglich als Inspiration dienen. Es sind natürlich noch viele weitere Transformationen denkbar, auch deutliche komplexere. Hier sind Chat-KIs eine große Hilfe. Am besten lieferst du im Prompt die Spaltennamen oder gleich die ganze Ausgabe von `df.info()` mit und beschreibst genau, was wie transformiert werden soll. Beispiele im Prompt sind auch hier immer gut, z. B. »Für Köln soll das Bundesland NRW sein.« Dann weiß die KI, wie typische Werte in den Daten aussehen und dass Bundesländer abgekürzt werden sollen.

5.4.6 Kategorien (de)kodieren

Dekodieren bedeutet: Wir haben in den Daten eine Art Chiffre oder ein Kürzel stehen und wollen es in das umwandeln, wofür dieses Kürzel steht. In folgendem DataFrame steht der Ort `0` für Berlin und `1` für München:

```
df = pd.DataFrame({
    'Datum': ['2026-01-01', '2026-01-01', '2026-01-02'],
    'Ort': [0, 1, 0],
    'Temperatur_C': [2.5, 1.8, 1.0],
    'Niederschlag_mm': [0.0, 0.52, 0.2]
})
```

Möchten wir nun die ausgeschriebenen Ortsnamen im DataFrame stehen haben, können wir das mit der `map`-Methode machen, indem wir ihr ein Dictionary übergeben. In diesem Dictionary steht, welches Kürzel für welchen Ort steht:

```
ort_map = {0: "Berlin", 1: "München"}
df["Ort"] = df["Ort"].map(ort_map)
```

Der umgekehrte Fall nennt sich *Kodierung*. Wir haben also Ortsnamen in der `Ort`-Spalte stehen, möchten uns aber stattdessen Nummern generieren lassen, also auch hier z. B. wieder `0` für Berlin und `1` für München. Für diesen Fall müssen wir keine Map übergeben, sondern können uns die Codes auch automatisch erzeugen lassen. Der erste Wert, der im DataFrame auftaucht, bekommt dann den Code `0`. Bei uns wäre das wie gehabt Berlin. Auch alle weiteren Vorkommen von Berlin werden dann natürlich zu einer `0`.

```
df["Ort"] = df["Ort"].astype("category").cat.codes
```

Jetzt könntest du dich natürlich fragen, warum du das überhaupt machen solltest. Ziel des Data-Cleanings und von Datentransformationen ist ja, Daten in ein Format zu überführen, sodass du optimal damit weiterarbeiten kannst. Und es gibt einige Anwendungsfälle, bei denen man mit Kategorienummern oder Zahlencodes besser arbeiten kann als mit ausgeschriebenen Werten. Vor allem bei Machine-Learning-Algorithmen ist das sinnvoll. Diesen ist es nämlich oftmals egal, ob jemand in Berlin wohnt oder in Ort `0`. Viele Algorithmen verlangen sogar, dass die Daten numerisch vorliegen. Und dann muss man eben vorher solche Kodierungen durchführen. Und wenn dann später der Algorithmus ein Ergebnis liefert, kann es notwendig sein, dieses wieder zu dekodieren. Ein Beispiel: Wenn ein KI-Algorithmus voraussagt, dass ein Kunde mit einer hohen Wahrscheinlichkeit in Ort `0` wohnt, musst du diesen Wert wieder in den Ortsnamen Berlin umwandeln, um mit der Aussage etwas anfangen zu können. Außerdem sparen Zahlen Speicherplatz im Vergleich zu Strings. So lassen sich komplexere Analysen mit weniger Speicherbedarf und damit potenziell schneller ausführen. Ein weiterer Anwendungszweck ist die Anonymisierung von Daten. Ohne Weiteres ist es nämlich nach der Kodierung nicht mehr möglich, die Zahlencodes wieder in ihre ursprünglichen Werte umzuwandeln.

5.4.7 Normalisieren – Werte vergleichbar machen

Damit wir nicht Äpfel mit Birnen vergleichen, müssen wir Werte so transformieren, dass sie sich überhaupt miteinander vergleichen lassen und damit Berechnungen sinnvoll durchgeführt werden können. Wenn wir beispielsweise zwei DataFrames aus unterschiedlichen Quellen zusammenführen und bei einem die Temperaturen in °C sind, bei dem anderen in °F, dann müssen wir uns vor der Zusammenführung für ein einheitliches Format entscheiden. Wir überwinden also die Heterogenität, die in unseren Daten herrscht, und machen die Daten homogen.

Normalisierung ist ähnlich. Wir bringen die Daten in eine Normalform, also in eine Form, die auf eine gewisse Art standardisiert ist, damit sie vergleichbar werden, ohne dass die tatsächliche Bedeutung der Werte geändert wird. Ein berühmtes Beispiel ist die Min-Max-Normalisierung. Dahinter steckt ein Algorithmus, der sich den kleinsten und den größten Wert einer Spalte heraussucht, dann überall dort, wo ebendieser kleinste Wert steht, ihn in eine `0` ändert und den größten Wert in eine `1`. Und alle Werte dazwischen erhalten entsprechend einen Wert zwischen 0 und 1. Die Formel dahinter sieht vielleicht etwas verrückt aus, aber im Endeffekt macht sie genau das:

```
df["Temp_minmax"] = (df["Temperatur_C"] - df["Temperatur_C"].min()) /
 (df["Temperatur_C"].max() - df["Temperatur_C"].min())
```

Wäre die kleinste Temperatur in unserem Datensatz 1 °C und die größte 41 °C, würde aus 1 °C der Wert `0`, aus 21 °C der Wert `0.5` (weil (21 - 1) / (41 - 1) = 0,5) und aus 41 °C der Wert `1`.

Solche Normalisierungen werden auch häufig durchführt, wenn KI-Algorithmen zum Einsatz kommen. Viele Algorithmen aus dem Bereich Machine Learning verlangen es, dass die Daten vorher normalisiert werden. Außerdem sind Werte zwischen 0 und 1 oft besser verständlich. Ein Beispiel: Ist 31 °C viel? Das kommt drauf an, worum es geht. Ist 0,98 viel (auf einer Skala von 0 bis 1)? Ja, auf jeden Fall! Ausreißer nach unten und oben lassen sich auf normalisierten Werten besser erkennen, und wenn man Diagramme und Visualisierungen erzeugen will, hat man bei normalisierten Werten direkt eine brauchbare und einheitliche Skala.

Neben der Min-Max-Normalisierung gibt es noch weitere Normalformen, zum Beispiel der Z-Score, die L2-Norm, die Log-Normalisierung, die Berechnung des Anteils an der gesamten Summe und viele mehr. Jede hat ihre Vor- und Nachteile. Bei der Log-Normalisierung fallen zum Beispiel Ausreißer mehr auf. Ins Detail muss ich hier aber nicht gehen - wenn du so etwas machen willst, weißt du bestimmt schon, was du tust.

5.5 Berechnungen und Analysen mit Pandas

In diesem Abschnitt geht es darum, die Daten, die wir in einen DataFrame geladen und mittels Data-Cleaning in eine schöne Form gebracht haben, zu analysieren, um neue Informationen aus den Daten zu gewinnen. Wir fangen mit simplen Berechnungen von statistischen Kennzahlen auf dem gesamten Datensatz an und schauen uns dann an, wie wir die Daten in Gruppen einteilen und auf den einzelnen Gruppen Berechnungen durchführen.

5.5.1 Zeilenweise Berechnungen

Viele Datenanalysen kannst du mit den Methoden durchführen, die du in den vorherigen Unterkapiteln kennengelernt hast:

> *Ich habe einen Pandas-DataFrame mit den Spalten* `Datum`, `Ort`, `Temperatur_C` *und* `Niederschlag_mm`. *Ich will für jede Zeile einen Score berechnen. Je höher die Temperatur und je weniger Niederschlag, desto höher soll der Score sein. Ein höherer Score steht also für schöneres Wetter.*

Du kannst das direkt mit Pandas und Normalisierung berechnen, z. B.:

```
import pandas as pd
df = pd.DataFrame({
    'Datum': ['2026-01-01', '2026-01-01', '2026-01-02'],
    'Ort': ['Berlin', 'München', 'Berlin'],
    'Temperatur_C': [2.5, 1.8, 1.0],
    'Niederschlag_mm': [0.0, 0.52, 0.2]
})

# Normalisieren zwischen 0 und 1
df['Temp_norm'] = ((df['Temperatur_C'] - df['Temperatur_C'].min()) /
                   (df['Temperatur_C'].max() -
                    df['Temperatur_C'].min()))
df['Regen_norm'] = 1 - ((df['Niederschlag_mm'] -
                         df['Niederschlag_mm'].min()) /
                        (df['Niederschlag_mm'].max() -
                         df['Niederschlag_mm'].min()))

# Score berechnen (einfacher Mittelwert)
df['Score'] = (df['Temp_norm'] + df['Regen_norm']) / 2

print(df[['Datum','Ort','Score']])
```

Hier werden also sowohl die Temperaturwerte als auch die Niederschlagswerte jeweils auf einen Bereich zwischen 0 und 1 normalisiert. Beim Niederschlag fängt die Formel mit `1 -` an, damit der niedrigste Niederschlagswert den Wert `1` erhält. Wenig Niederschlag soll ja besser sein. Und je höher der Wert, desto besser das Wetter. Der finale Score, in den Temperatur und Niederschlag einfließen, wird hier einfach durch den Mittelwert der beiden Zahlen berechnet. Wir könnten stattdessen auch einen gewichteten Mittelwert nehmen, wenn beispielsweise die Temperatur mehr Einfluss auf den Score haben soll:

```
df['Score'] = df['Temp_norm'] * 0.7 + df['Regen_norm'] * 0.3
```

Da die Summe der Gewichte 0,7 + 0,3 = 1 ist, liegt auch der Score wieder im Intervall zwischen 0 und 1.

5.5.2 Differenzen zum vorherigen Wert

Die Methode `diff()` berechnet die Differenz zwischen den Werten aufeinanderfolgender Zeilen innerhalb einer Spalte. Wenn wir uns beispielsweise die Differenz zwischen Temperaturwerten in eine neue Spalte schreiben lassen, können wir anhand dieser erkennen, ob die Temperatur im Vergleich zum Vortag gestiegen oder gefallen ist. Ist sie positiv, ist sie gestiegen. Ist sie negativ, war die Temperatur am Vortag höher. Damit wir sinnvolle Werte erhalten, filtern wir zuerst die Daten, sodass wir uns nur die Temperaturwerte der Stadt Berlin anschauen, und sortieren sie aufsteigend nach dem Datum:

```
df_berlin = df[df['Ort'] == 'Berlin'].sort_values('Datum')
df_berlin['Temp_diff'] = df_berlin['Temperatur_C'].diff()
```

Bei der ersten Zeile steht in der neuen `Temp_diff`-Spalte der Wert `NaN`, weil es hier noch keinen Vergleichswert gibt.

```
df_berlin = df[df['Ort'] == 'Berlin'].sort_values('Datum')
df_berlin['Temp_diff'] = df_berlin['Temperatur_C'].diff()
df_berlin
```

[21] ✓ 0.0s Python

	Datum	Ort	Temperatur_C	Niederschlag_mm	Temp_diff
0	2026-01-01	Berlin	2.5	0.0	NaN
2	2026-01-02	Berlin	1.0	0.2	-1.5

Abbildung 5.5: Berechnung der Differenz zum Wert aus der vorherigen Zeile

5.5.3 Werte aggregieren

Eine Aggregation bedeutet, dass aus vielen Werten ein einziger Wert berechnet wird. Ein Beispiel wäre, aus allen Werten einer Spalte den Durchschnitt oder die Summe zu berechnen wie folgt:

```
durchschnittstemperatur = df['Temperatur_C'].mean()
gesamtniederschlag = df['Niederschlag_mm'].sum()
```

Die Berechnungen `mean()` und `sum()` werden auf der kompletten Spalte durchgeführt. Heraus kommt jeweils eine einzige Zahl, z. B. die Durchschnittstemperatur `12.7` und der Gesamtniederschlag `9372.27`. Letztere Zahl ist wohl ziemlich unaussagekräftig, da einfach viele Werte von vielen Tagen und Orten summiert werden. Hätten wir aber beispielsweise vorher nach einer bestimmten Stadt gefiltert und den Zeitraum eingegrenzt, ergibt der Gesamtniederschlag wieder Sinn:

```
df_jan2026_berlin = df[(df['Ort'] == 'Berlin') &
                       (df['Datum'].dt.year == 2026) &
                       (df['Datum'].dt.month == 1)]
gesamtniederschlag = df_jan2026_berlin['Niederschlag_mm'].sum()
```

Damit aus der Datumsspalte das Jahr und der Monat extrahiert werden können, muss das Datum, wie in Abschnitt 5.4 beschrieben, erst mittels `pd.to_datetime` von String-Werten in Werte des `datetime`-Datentyps umgewandelt werden.

5.5.4 Kumulative Summen

Statt einmalig die komplette Summe aller Niederschlagswerte zu berechnen, können wir dies auch für jede einzelne Zeile schrittweise durchführen lassen. Man nennt das, was herauskommt, eine *kumulative Summe*, und man kann sie als den Gesamtniederschlag bis zu dem Tag interpretieren, um den es gerade geht. Für die erste Zeile ist die kumulative Summe einfach der Niederschlagswert dieses Tages selbst, für die zweite Zeile ist es der Wert der ersten plus der Wert in dieser zweiten Zeile. Bei der dritten Zeile kommt deren Wert noch obendrauf, und so weiter. In Pandas gibt es genau für diesen Zweck die Methode `cumsum`. Sie erzeugt eine neue Spalte mit ebendiesen kumulativen Summen:

```
df_berlin['Niederschlag_kum'] = df_berlin['Niederschlag_mm'].cumsum()
```

```
df_berlin = df[df['Ort'] == "Berlin"].sort_values('Datum')
df_berlin['Niederschlag_kum'] = df_berlin['Niederschlag_mm'].cumsum()
df_berlin
```

[38] ✓ 0.0s Python

	Datum	Ort	Temperatur_C	Niederschlag_mm	Niederschlag_kum
0	2026-01-01	Berlin	2.5	0.0	0.0
2	2026-01-02	Berlin	1.0	0.2	0.2
3	2026-01-03	Berlin	2.8	3.7	3.9

Abbildung 5.6: Die kumulative Summe ist die Summe aller Werte in der Spalte »Niederschlag_mm« bis einschließlich zur jeweiligen Zeile.

5.5.5 Daten gruppieren

> *Ich habe einen Pandas-DataFrame mit den Spalten* `Datum`, `Ort`, `Temperatur_C` *und* `Niederschlag_mm`*. Berechne die Durchschnittstemperatur für jeden einzelnen Ort.*

Perfekt! Um die Durchschnittstemperatur pro Ort in einem Pandas-DataFrame zu berechnen, kannst du die `groupby`-Funktion zusammen mit `mean()` verwenden. Hier ist ein Beispiel:

```
import pandas as pd

df = pd.DataFrame({
    'Datum': ['2026-01-01', '2026-01-01', '2026-01-02'],
    'Ort': ['Berlin', 'München', 'Berlin'],
    'Temperatur_C': [2.5, 1.8, 1.0],
    'Niederschlag_mm': [0.0, 0.52, 0.2]
})

# Durchschnittstemperatur pro Ort berechnen
durchschnitt_temp = df.groupby("Ort")["Temperatur_C"].mean()

print(durchschnitt_temp)
```

Die Methode **groupby** liefert keinen DataFrame zurück, sondern eine Series, bei der der Index die Werte aus der Spalte sind, nach der gruppiert wurde (also Städtenamen), und die entsprechenden Werte sind die Durchschnittstemperaturen in ebendiesen Städten:

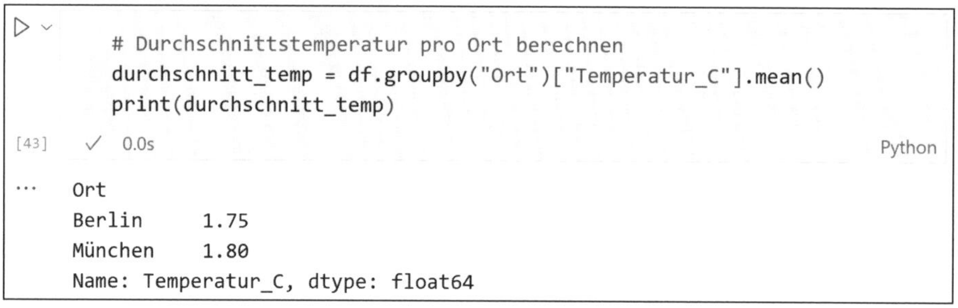

Abbildung 5.7: Mit »groupby« wird der DataFrame in Gruppen eingeteilt, und Berechnungen werden für jede einzelne Gruppe durchgeführt.

Wie wandle ich diese Series wieder in einen DataFrame mit den beiden Spalten `Ort` *und* `Durchschnittstemperatur` *um?*

Das geht ganz einfach mit `reset_index()` und ggf. einem `rename`:

```
# In einen DataFrame umwandeln
df_durchschnitt = durchschnitt_temp.reset_index()
# Spalte umbenennen (optional)
df_durchschnitt = df_durchschnitt.rename(columns={"Temperatur_C":
                                        "Durchschnittstemperatur"})
print(df_durchschnitt)
```

Die Methode `reset_index()` macht aus dem Index wieder eine normale Spalte mit dem Namen `Ort`. Der daraus neu erzeugte DataFrame hat also die beiden Spalten `Ort` und `Temperatur_C`. Letztere können wir mit `rename` umbenennen.

Bei unserer Gruppierung haben wir `mean()` aufgerufen, um Durchschnittstemperaturen zu berechnen. Andere Aggregatfunktionen sind beispielsweise `sum`, `min`, `max` oder `count`. Die letztgenannte Funktion zählt die nicht-leeren Werte, die es innerhalb der Spalte in der entsprechenden Gruppe gibt.

Es ist auch möglich, mehrere Aggregatfunktionen auf einmal zu berechnen, z. B. die höchste und die niedrigste Temperatur pro Stadt. Auch lässt sich nach mehreren Spalten gruppieren. Das machen wir nun aber alles nicht; suche im Internet danach oder frage eine Chat-KI, wenn du das brauchst.

5.5.6 Daten sortieren und ranken

Ein einfaches Sortieren der Daten, die sich in einem DataFrame befinden, lässt sich mit der Methode `sort_values` durchführen:

```
df = df.sort_values('Temperatur_C')
```

Standardmäßig wird aufsteigend sortiert. Die erste Zeile im DataFrame ist nun also die mit der kleinsten Temperatur. Über die Option `ascending=False` lassen wir stattdessen den Datensatz absteigend sortieren. Und übergeben wir den Spaltennamen nicht als String, sondern als Liste von Strings, lässt sich auch nach mehreren Spalten sortieren:

```
df = df.sort_values(['Datum', 'Temperatur_C'],
                    ascending=[True, False])
```

Zuerst wird also alles nach Datum aufsteigend sortiert. Wenn in mehreren Zeilen das gleiche Datum steht, steht diejenige Zeile weiter oben, die die höhere Temperatur hat.

Sortieren funktioniert nicht nur auf numerischen Spalten, sondern auch auf String-Spalten, wie dem Ortsnamen, oder auf Spalten mit Datums- oder Zeitdaten.

Die Methode `rank()` berechnet für jede Zeile einen sogenannten *Rang*. Ein Rang von `1` bedeutet, dass in dieser Zeile der Wert in der angegebenen Spalte der kleinste aller Werte ist. Rang `2` steht beim zweitkleinsten Wert usw.

```
df['Temp_Rank'] = df['Temperatur_C'].rank()
```

Auch hier lässt sich mit der Option `ascending=False` die Rangfolge umkehren, sodass der Rang `1` beim größten Wert steht. Führt man das Ranking nach einer Gruppierung aus, wird für jede einzelne Gruppe ein separater Rang berechnet. Dann steht eine `1` nicht mehr für die niedrigste Temperatur, sondern für die höchste Temperatur in Berlin bzw. die niedrigste Temperatur in München:

```
df['Rank_Ort'] = df.groupby('Ort')['Temperatur_C'].rank()
```

Durch einen Aufruf der `rank`-Methode werden die Daten jedoch nur gerankt, nicht aber sortiert. Daher ist es meistens sinnvoll, vorher oder nachher nach der Spalte zu sortieren, nach der auch der Rang berechnet wird. Alternativ kannst du natürlich auch nach dem Rang selbst sortieren:

```
df['Rank_Ort'] = (df.groupby('Ort')['Temperatur_C'].rank())
df = df.sort_values(['Ort', 'Rank_Ort'])
df
```

[57] ✓ 0.0s Python

	Datum	Ort	Temperatur_C	Niederschlag_mm	Rank_Ort
2	2026-01-02	Berlin	1.0	0.20	1.0
0	2026-01-01	Berlin	2.5	0.00	2.0
1	2026-01-01	München	1.8	0.52	1.0

Abbildung 5.8: Ein Ranking mit Sortierung. Rang 1 steht für den Tag mit der niedrigsten Temperatur im jeweiligen Ort.

5.6 Daten aus mehreren Quellen zusammenführen

Selten liegen Daten fehlerfrei in genau dem Format vor, wie man sie braucht. Deshalb machen wir Data-Cleaning. Ebenfalls selten ist es der Fall, dass in einer Datei wirklich alle Daten drinstecken, die benötigt werden. Oft muss man die Inhalte mehrerer Dateien oder aus verschiedenen anderen Datenquellen miteinander kombinieren, vereinen oder verbinden. Hier drei Beispiele:

- *Beispiel 1*: Wir möchten Wetterdaten über mehrere Jahre analysieren. Dazu liegen uns für jedes Jahr einzelne Dateien vor. Das Format ist aber jedes Mal das Gleiche: gleiche Spalten, gleiche Datentypen, gleiche Einheiten.
- *Beispiel 2*: Wir möchten Wetterdaten unterschiedlicher Städte untereinander vergleichen. Die Daten stammen aus verschiedenen Quellen, daher heißen Attribute anders, andere Einheiten und Datentypen für dieselbe Art von Messgröße werden verwendet. Außerdem nutzen die Dateien andere Formate, z. B. einmal Excel, einmal im CSV. Dennoch geht es in beiden Datenquellen um das gleiche Etwas: Nämlich darum, dass in einer bestimmten Stadt an einem bestimmten Tag eine gewisse Temperatur gemessen wurde.

- *Beispiel* 3: In der einen Datei sind Wetterdaten, allerdings steht darin nicht der Ort, in dem die jeweiligen Werte gemessen wurden. Stattdessen enthalten die Daten nur IDs von Wetterstationen, z. B. `13667`. In einer zweiten Datei stehen die Details zu jeder Wetterstation, z. B. dass die Station mit ID `13667` in Freiburg ist.

Für alle diese Fälle hätten wir am Ende gerne einen einzigen Pandas-DataFrame, in dem alle Daten aus den verschiedenen Quellen integriert wurden. Und das machen wir nun.

Das Vorgehen für Beispiel 1 und Beispiel 2 ist im Wesentlichen gleich, außer dass es beim ersten Beispiel in Schritt 2 nicht viel zu tun gibt:

1. Die Daten werden in separate DataFrames (z. B. `df1` und `df2`) geladen.
2. Wir führen das Data-Cleaning so durch, dass `df1` und `df2` danach homogen sind.
3. Wir führen die DataFrames zu einem zusammen: `df = pd.concat([df1, df2], ignore_index=True)`.

Die Funktion `pd.concat` erzeugt einen neuen DataFrame mit `len(df1)+len(df2)` Zeilen. Wichtig ist, dass die beiden zu konkatenierenden DataFrames die gleichen Spalten besitzen, ansonsten haben wir im Resultat alle Spalten von beiden DataFrames, und an vielen Stellen stehen `NaN`-Werte. Die Option `ignore_index=True` ist beim Zusammenführen wichtig, damit die Zeilennummerierung verworfen wird. Geschähe dies nicht, hätten wir mehrfach Zeile 0 usw. Mit dieser Option werden die Zeilen nach dem Zusammenführen wieder neu durchnummeriert.

Um das dritte Beispiel kümmern wir uns erst später. Dort enthalten nämlich die DataFrames komplett andere Arten von Daten. Die können wir nicht vereinen, sondern müssen Daten auf eine passende Art verbinden. Zuerst bleiben wir aber bei dem Fall, dass wir Daten aus unterschiedlichen Quellen oder aus verschiedenen Daten vereinen.

Ich habe im Ordner dwd zwölf Dateien vom Deutschen Wetterdienst[1]: regional_averages_tm_01.txt etc., jeweils für einen Monat eine Datei. Ich brauche einen Pandas-DataFrame, der alle Daten enthält.

Die ersten Zeilen der Dateien sehen jeweils so aus:

```
Zeitreihen fuer Gebietsmittel fuer Bundeslaender und Kombinationen
von Bundeslaender, erstellt am: 20250904
Jahr;Monat;Brandenburg/Berlin;Brandenburg;Baden-Wuerttemberg;Bayern;
Hessen;Mecklenburg-Vorpommern;Niedersachsen;Niedersachsen/Hamburg/
Bremen;Nordrhein-Westfalen;Rheinland-Pfalz;Schleswig-Holstein;
```

1 Die Dateien stammen von der Seite des Deutschen Wetterdienstes und sind frei verfügbar: *https://opendata.dwd.de/climate_environment/CDC/regional_averages_DE/monthly/air_temperature_mean/*.

```
Saarland;Sachsen;Sachsen-Anhalt;Thueringen/Sachsen-Anhalt;Thueringen;
Deutschland;
1881;01;    -5.54;    -5.56;    -4.89;    -6.51;    -5.68;    -5.07;
-4.55;    -4.55;    -4.21;    -4.49;    -4.06;    -4.15;    -6.22;
-5.89;    -6.28;    -6.76;    -5.36;
```

Alles klar! Wir können die zwölf Monatsdateien des DWD in einen Pandas-DataFrame einlesen, indem wir jede Datei einlesen, die Header-Zeilen überspringen und anschließend alle DataFrames zusammenführen.

Hier ist ein Beispiel, wie du das machen kannst:

```
import pandas as pd
from pathlib import Path

# Ordner mit den DWD-Dateien
folder = Path("dwd")

# Alle relevanten Dateien auswählen (sortiert nach Monat)
files = sorted(folder.glob("regional_averages_tm_*.txt"))

# Alle Dateien einlesen und zu einer Liste von DataFrames sammeln
dfs = []
for f in files:
    df = pd.read_csv(f, sep=";", skiprows=1, na_values=["-"])
    # letzte Spalte ist leer wegen abschließendem Semikolon -> löschen
    df = df.drop(columns=df.columns[-1])
    dfs.append(df)

# Alles zu einem DataFrame zusammenfügen
df = pd.concat(dfs, ignore_index=True)

# Datentypen anpassen
df["Jahr"] = df["Jahr"].astype(int)
df["Monat"] = df["Monat"].astype(int)

print(df.head())
print(df.shape)
```

In einer Schleife wird jede der CSV-Dateien mittels `pd.read_csv` eingelesen. Da wir ChatGPT innerhalb des Prompts Beispielzeilen mitgeschickt haben, setzt die KI das Spaltentrennzeichen korrekt auf das Semikolon, überspringt die erste Zeile, weil darin noch keine Spaltenbezeichnungen und keine Daten stehen, und wandelt Werte, die nur aus dem Zeichen - bestehen, in ein `NaN` um. Wobei Letzteres geraten wurde, da es im angegebenen Beispiel gar keinen solchen Wert `"-"` gab. Eine Sache ist ChatGPT jedoch aufgefallen: Am Ende jeder Zeile steht ein Semikolon, obwohl danach gar kein Wert mehr kommt. Das würde in einer komplett leeren Spalte im DataFrame resultieren. Daher entfernen wir sie. Das Zusammenführen der einzelnen DataFrames, die in einer Liste gesammelt werden, erfolgt wieder mit `pd.concat`.

```
df
```

✓ 0.1s Python

	Jahr	Monat	Brandenburg/Berlin	Brandenburg	Baden-Wuerttemberg
0	1881	1	-5.54	-5.56	-4.89
1	1882	1	1.43	1.42	-0.65
2	1883	1	-0.41	-0.42	-0.09
3	1884	1	3.35	3.34	2.34
4	1885	1	-2.15	-2.16	-3.88
...	...	...	...	...	...

Abbildung 5.9: Der neue DataFrame enthält alle Daten aus den zwölf Dateien.

Der DataFrame, der bei unserem Programmcode letztendlich herauskommt, hat die Spalten `Jahr` (z. B. `"1881"`), `Monat` (z. B. `"1"`) und dann für jedes Bundesland eine Spalte, in der jeweils die Temperatur in diesem Bundesland steht. Für Analysen wäre es aber deutlich besser, wenn zum einen Jahr und Monat nicht in zwei separaten Spalten ständen, sondern in einer Datumsspalte (z. B. `"1881-01-01"`), und zum anderen die Bundesländer keine einzelnen Spalten sind, sondern es für jedes Bundesland eine separate Zeile gäbe. Eine solche Umwandlung ist nicht einfach, aber wir können ja ChatGPT die Arbeit machen lassen:

Der DataFrame soll so sein: `Datum`, `Bundesland`, `Temperatur`.
Zeige mir nur die Codezeilen, die ich hinzufügen soll.

Alles klar. Du möchtest also die Daten in ein »long«-Format bringen. Dann musst du den DataFrame noch umformen (`melt`) und ein Datumsfeld erzeugen.

Füge nach dem bisherigen Code einfach diese Zeilen hinzu:

```
# Wide → Long: pro Datum und Bundesland eine Zeile
df_long = df.melt(
    id_vars=["Jahr", "Monat"],
    var_name="Bundesland",
    value_name="Temperatur"
)

# Datumsspalte aus Jahr + Monat erzeugen
df_long["Datum"] = pd.to_datetime({"year": df_long["Jahr"],
                                   "month": df_long["Monat"],
                                   "day": 1})

# Nur gewünschte Spalten behalten
df_long = df_long[["Datum", "Bundesland", "Temperatur"]]
```

Okay, wenn man weiß, wie es geht, ist es doch nicht so schwer, das Ganze so umzuwandeln, dass die Bundesländer nun in den Zeilen stehen: mit der Methode `melt`. Die Spalten `id_vars=["Jahr", "Monat"]` sind die, die im DataFrame bleiben sollen. Die beiden Spalten `var_name="Bundesland"` und `value_name="Temperatur"` sind die, die neu hinzugefügt werden sollen. In der `Bundesland`-Spalte steht dann das, was im ursprünglichen DataFrame der Spaltenname war, z. B. `Bayern`. Und in der neuen `Temperatur`-Spalte steht der Wert, der in ebendieser Spalte stand.

```
df_long
```

✓ 0.0s Python

	Datum	Bundesland	Temperatur
0	1881-01-01	Brandenburg/Berlin	-5.54
1	1882-01-01	Brandenburg/Berlin	1.43
2	1883-01-01	Brandenburg/Berlin	-0.41
3	1884-01-01	Brandenburg/Berlin	3.35
4	1885-01-01	Brandenburg/Berlin	-2.15
...	...	...	...

Abbildung 5.10: Nach dem »melt«-Vorgang stehen die Bundesländer und Temperaturen nun in den zwei dafür vorgesehenen Spalten.

Hätten wir nun noch weitere Dateien mit Wetterdaten aus anderen Quellen mit anderen Zeiträumen, Bundesländern oder Städten, die wir mit unserem DataFrame vereinen wollen, müssten wir sie mit entsprechenden Datentransformationsschritten (Spalten umbenennen, Einheiten umrechnen ...) zuerst in das gleiche Format bringen. Und danach könnten wir die separaten DataFrames wieder mit `pd.concat` zu einem DataFrame kombinieren.

Jetzt schauen wir uns den Fall aus dem dritten oben beschriebenen Beispiel an. Dazu verwenden wir die folgenden beiden Dateien, die ebenfalls wieder vom Deutschen Wetterdienst stammen[2]:

```
Stations_id;Bezugszeitraum;Datenquelle;Jan.;Feb.;März;...
1;          1981-2010;     46;          -.4; .7;  4.7;...
...
```

Listing 5.1: Datei Temperatur_1981-2010.txt

```
Stations_id;Stationsname;geogr. Breite;geogr. Laenge;Hoehe;Bundesland;
1;          Aach;        47.841299;    8.849299;     478;  Baden-Württemberg;
```

Listing 5.2: Datei Temperatur_1981-2010_Stationsliste.txt

Zuerst wird beides wieder in zwei separate DataFrames eingelesen. Das Praktische an der Verwendung von Jupyter Notebooks ist, dass wir uns zwischen den einzelnen Schritten immer wieder ausgeben lassen können, wie der DataFrame bis dahin aussieht. Wir lesen also zum Beispiel den ersten DataFrame ein, geben mit `head()` die ersten Zeilen aus und machen dann das Gleiche mit dem zweiten DataFrame. Dann sehen wir auch direkt, ob alles so funktioniert, wie wir es uns vorstellen. Außerdem können wir Transformationen vornehmen, z. B. nicht benötigte Spalten direkt entfernen und Spalten umbenennen.

```
import pandas as pd
df_temperatur = pd.read_csv("dwd/Temperatur_1981-2010.txt", sep=";",
                            skipinitialspace=True, encoding="latin1")
df_temperatur = df_temperatur[["Stations_id", 'Jan.', 'Feb.', 'März',
'Apr.', 'Mai', 'Jun.', 'Jul.', 'Aug.', 'Sept.', 'Okt.', 'Nov.', 'Dez.']]
df_temperatur.head()
```

2 Die Temperatur- und Stationsdaten sind zu finden unter: *https://opendata.dwd.de/climate_environment/CDC/observations_germany/climate/multi_annual/mean_81-10/*.

	Stations_id	Jan.	Feb.	März	Apr.	Mai	Jun.	Jul.	Aug.	Sept.	Okt.	Nov.	Dez.
0	1	-0.4	0.7	4.7	8.7	13.3	16.5	18.5	17.9	13.8	9.2	3.7	0.7
1	3	3.0	3.2	6.4	9.5	13.6	16.2	18.4	18.0	14.6	11.0	6.6	3.7
2	44	1.7	1.9	4.9	8.7	12.9	15.3	17.6	17.2	13.6	9.6	5.4	2.3
3	52	1.2	1.5	4.2	8.1	12.5	15.1	17.6	17.1	13.4	9.3	5.0	1.9
4	61	-1.4	-0.3	4.3	8.8	13.9	16.5	18.5	18.0	13.6	8.7	3.4	-0.2

Abbildung 5.11: Die Temperaturdaten wurden von der Datei in den DataFrame »df_temperatur« eingelesen.

Da die Daten wieder so unschön vorliegen, dass es für jeden Monat eine eigene Spalte gibt, überführen wir sie mittels `melt` wieder in separate Zeilen:

```
df_temperatur = df_temperatur.melt(id_vars=["Stations_id"],
                var_name="Monat", value_name="Temperatur")
df_temperatur.head()
```

	Stations_id	Monat	Temperatur
0	1	Jan.	-0.4
1	3	Jan.	3.0
2	44	Jan.	1.7
3	52	Jan.	1.2
4	61	Jan.	-1.4

Abbildung 5.12: Nach dem »melt«-Schritt gibt es separate Zeilen pro Monat.

Eine letzte Transformation machen wir noch auf diesem Temperatur-DataFrame. Und zwar lassen sich Monatsnamen (`"Jan."` ...) nicht gut handhaben und nur schwierig sortieren. Daher wandeln wir sie in Monatsnummern um:

```
df_temperatur["Monat"] = df_temperatur["Monat"].map({'Jan.': 1,
 'Feb.': 2, 'März': 3, 'Apr.': 4, 'Mai': 5, 'Jun.': 6, 'Jul.': 7,
 'Aug.': 8, 'Sept.': 9, 'Okt.': 10, 'Nov.': 11, 'Dez.': 12})
df_temperatur.head()
```

	Stations_id	Monat	Temperatur
0	1	1	-0.4
1	3	1	3.0
2	44	1	1.7
3	52	1	1.2
4	61	1	-1.4

Abbildung 5.13: »map« hat die Monatsnamen in Nummern umgewandelt.

Jetzt ist die Stationen-Datei dran. Bei diesem DataFrame sind deutlich weniger Transformationsschritte nötig. Wir entfernen lediglich Spalten, die nicht benötigt werden, benennen eine Spalte um und entfernen Leerzeichen.

```
df_stationen = pd.read_csv("dwd/Temperatur_1981-2010_Stationsliste.txt",
                           sep=";", skipinitialspace=True,
                           encoding="latin1")
df_stationen = df_stationen[["Stations_id", "Stationsname",
                             "Bundesland"]]
df_stationen = df_stationen.rename(columns={"Stationsname": "Ort"})
df_stationen["Ort"] = df_stationen["Ort"].astype(str).str.strip()
df_stationen.head()
```

	Stations_id	Ort	Bundesland
0	1	Aach	Baden-Württemberg
1	3	Aachen	Nordrhein-Westfalen
2	44	Großenkneten	Niedersachsen
3	52	Ahrensburg-Wulfsdorf	Schleswig-Holstein
4	61	Aiterhofen	Bayern

Abbildung 5.14: Der DataFrame »df_stationen« enthält Wetterstationsdaten.

Nun folgt der eigentliche Verbund der beiden DataFrames. Diesen macht man in Pandas mittels `pd.merge`. Der Funktion übergibt man zwei DataFrames und den Namen der Spalte, über die die passenden Zeilen im anderen DataFrame gesucht werden; bei uns ist das `Stations_id`:

```
df = pd.merge(df_temperatur, df_stationen, on="Stations_id", how="left")
df.head()
```

	Stations_id	Monat	Temperatur	Ort	Bundesland
0	1	1	-0.4	Aach	Baden-Württemberg
1	3	1	3.0	Aachen	Nordrhein-Westfalen
2	44	1	1.7	Großenkneten	Niedersachsen
3	52	1	1.2	Ahrensburg-Wulfsdorf	Schleswig-Holstein
4	61	1	-1.4	Aiterhofen	Bayern

Abbildung 5.15: Mit »merge« werden die beiden DataFrames verbunden.

Am einfachsten ist die Verwendung von `merge`, wenn es nur eine einzige Spalte gibt, über die der Verbund ausgeführt wird, und wenn diese auch noch in beiden DataFrames gleich heißt. Dann können wir einfach schreiben `on="Stations_id"`. Die Option `how="left"` beschreibt, dass der linke DataFrame (`df_temperatur`) die Haupttabelle bildet. darin wird geschaut, was in der Spalte `Stations_id` steht, und dann in der rechten Tabelle (`df_stationen`) die Zeile gesucht, in der ebendieser Wert in der dortigen `Stations_id`-Spalte steht. Schließlich wird aus diesen beiden Zeilen die resultierende Zeile zusammengebaut. Gäbe es im rechten DataFrame die Station mit der gefundenen `Stations_id` nicht, würden die Spalten `Ort` und `Bundesland` einfach mit `NaN` aufgefüllt.

Nun haben wir also in unserem finalen DataFrame in jeder Zeile den Monat, den Ortsnamen und die gemessene Temperatur. Damit können wir wunderbar arbeiten. Wir werden diesen DataFrame im nächsten Kapitel verwenden, um uns Diagramme mittels Matplotlib zu erzeugen. Vorher erweitern wir unseren DataFrame noch um eine Spalte mit Niederschlagswerten, die ebenfalls aus einer Datei vom Deutschen Wetterdienst stammen. Die Transformationsschritte sind die gleichen wie bei den Temperaturdaten. Zum Schluss speichern wir unseren DataFrame in die Datei *wetter.csv*:

```
# Datei auslesen
df_niederschlag = pd.read_csv("dwd/Niederschlag_1981-2010.txt",
                  sep=";", skipinitialspace=True, encoding="latin1")

# Nicht benötigte Spalten entfernen
df_niederschlag = df_niederschlag[["Stations_id", 'Jan.', 'Feb.', 'März',
  'Apr.', 'Mai', 'Jun.', 'Jul.', 'Aug.', 'Sept.', 'Okt.', 'Nov.', 'Dez.']]

# Vorher: Spalten für jeden Monat; nun Spalten Monat und Niederschlag
df_niederschlag = df_niederschlag.melt(id_vars=["Stations_id"],
                  var_name="Monat", value_name="Niederschlag")
```

```
# Monatsnamen in Nummern umwandeln
df_niederschlag["Monat"] = df_niederschlag["Monat"].map({'Jan.': 1,
 'Feb.': 2, 'März': 3, 'Apr.': 4, 'Mai': 5, 'Jun.': 6, 'Jul.': 7,
 'Aug.': 8, 'Sept.': 9, 'Okt.': 10, 'Nov.': 11, 'Dez.': 12})

# Niederschlagsdaten an unseren DataFrame anhängen
df = pd.merge(df, df_niederschlag, on=["Stations_id", "Monat"],
              how="left")

# In Datei speichern
df.to_csv("wetter.csv", index=False)
```

Kapitel 6

Visualisierungen mit Matplotlib

Daten sind oft schwierig zu verstehen. Ein Diagramm dagegen zeigt sofort, worauf es ankommt. In diesem Kapitel schauen wir uns an, wie sich Daten mit Matplotlib anschaulich visualisieren lassen.

Wenn wir Daten mit Python aus dem Internet, aus Dateien oder aus anderen Quellen laden, dann Data-Cleaning durchführen, um sie aufzubereiten, können wir schließlich darauf Analysen durchführen, um neue Informationen aus den Daten zu gewinnen. Ein DataFrame, also eine Tabelle, aus dem wir diese Informationen ablesen können, ist doch nicht immer schnell und einfach verständlich. Ein Diagramm ist da oft besser. Es gibt innerhalb von Sekunden einen Überblick über die Daten, über Trends und Ausreißer. Die Zahlen gehen bergauf, wenn die Linie in einem Liniendiagramm tendenziell nach oben geht. Außerdem fallen einem in einem Diagramm Fehler auf, die sich noch in den Daten befinden und die ohne Visualisierung untergegangen wären. Diagramme eignen sich auch hervorragend zur Kommunikation – Bilder sagen mehr als tausend Worte oder hunderttausend Zahlen. Sie erleichtern Präsentationen und Berichte, steigern die Glaubwürdigkeit und sorgen für Professionalität in der Wissenschaft, Wirtschaft und in den Medien.

Vermutlich hast du bereits ein Diagramm mit Microsoft Excel oder einem anderen Tabellenkalkulationsprogramm erzeugt. Dazu wählst du die Bereiche in der Tabelle aus, in der sich die Daten befinden, klickst einen Knopf, und schon generiert dir Excel eine ansprechende bunte Grafik. In diesem Kapitel lernst du eine Alternative zu diesem Vorgehen mit Python kennen. Aber natürlich kannst du auch weiterhin Excel verwenden. Du hast ja gelernt, wie du mit Python einen Pandas-DataFrame in eine Excel-Datei exportierst: `df.to_excel("tabelle.xslx")`. Danach kannst du die Datei in Excel öffnen und dein Diagramm dort wie gehabt erstellen.

Nun erstellen wir aber Diagramme vollständig mit Python selbst. Und dieser Weg ist oftmals deutlich eleganter als mit Excel. Am einfachsten geht das in einem Jupyter Notebook, weil dort Diagramme direkt unter den Codezellen eingeblendet werden. Du kannst aber auch Visualisierungen in Python-Skripten erstellen. Startest du diese, öffnet sich ein Popup und zeigt das Diagramm an. Außerdem wirst du später noch lernen, wie du Diagramme als Bilddatei exportieren kannst, um sie danach in anderen Programmen weiterzuverwenden.

6.1 Diagramme erstellen

Wir verwenden in diesem Kapitel die Python-Bibliothek `matplotlib`. Diese musst du zuerst mittels `pip install matplotlib` installieren und kannst sie dann in deinem Python-Programm bzw. deinem Jupyter Notebook importieren:

```
import matplotlib.pyplot as plt
```

Matplotlib ist eine extrem umfangreiche Sammlung von Software, die sich rund um Visualisierungen dreht. Darin enthalten sind etliche Diagrammtypen, grafische Grundbausteine wie Linien, Flächen und Texte, Achsen, Farben, Bilddarstellungen, ja sogar animierte und interaktive Diagramme sind damit möglich. Der Einstieg zu alledem bietet immer das Modul `matplotlib.pyplot`. Wenn wir es importieren, geben wir ihm den Alias `plt`, sodass wir auf alles mittels `plt.funktionsname()` zugreifen können.

Erstelle mit Matplotlib den Programmcode für ein Kuchendiagramm, das die Zutaten für einen Waffelteig darstellt: 180 g Mehl, 4 g Backpulver, 250 g Milch, 110 g Eier, 40 g Zucker.

> Hier ist ein Beispielcode in Python mit Matplotlib, der ein Kuchendiagramm (Pie Chart) für die Zutaten eines Waffelteigs darstellt:

```
import matplotlib.pyplot as plt

zutaten = ["Mehl", "Backpulver", "Milch", "Eier", "Zucker"]
mengen = [180, 4, 250, 110, 40]

plt.pie(mengen, labels=zutaten)
plt.title("Zutaten für Waffelteig")
plt.show()
```

Das Vorgehen, um mit Matplotlib ein Diagramm zu erstellen, ist immer gleich: Zuerst rufst du Funktionen auf, die die einzelnen Elemente des Diagramms konfigurieren und die Daten übergeben, die dargestellt werden sollen. Im Hintergrund wird dann das Diagramm erstellt und schrittweise angepasst. Und am Schluss sorgt ein `plt.show()` dafür, dass das Diagramm schließlich angezeigt wird.

```
plt.pie(mengen, labels=zutaten)
plt.title("Zutaten für Waffelteig")
plt.show()
```

✓ 0.1s Python

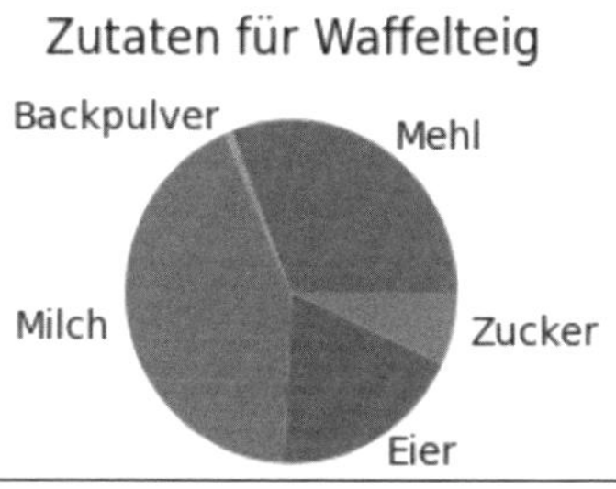

Abbildung 6.1: In einem Jupyter Notebook werden mit Matplotlib erzeugte Diagramme direkt unter der Codezelle dargestellt.

Im gezeigten Programmcode stehen die Daten, die im Diagramm dargestellt werden sollen, in zwei Listen: `zutaten` sind die sogenannten *Labels*, also das, was jeweils ein Segment im Kuchendiagramm sein soll. Die Größe dieser Segmente steht in der Liste `mengen`. Beide Listen übergeben wir der `plt.pie`-Funktion. Der Aufruf von `plt.title` konfiguriert den Titel, der über dem Diagramm stehen soll. `plt.show()` steht stets am Ende und zeigt das Diagramm an.

Mit einem Aufruf der Funktion `savefig` können wir das Diagramm als Bilddatei abspeichern. Dies ist praktisch, um es z. B. in Präsentationen oder Dokumenten zu verwenden. Man darf auch `savefig` und danach `show` aufrufen, um die Grafik abzuspeichern und zusätzlich anzuzeigen. Wichtig ist jedoch, dass du es genau diese Reihenfolge einhältst, da `show` die Figur leert und du danach nichts mehr mit ihr machen kannst.

```
plt.savefig("waffelteig_kuchendiagramm.png")
```

6.2 Gestaltungsmöglichkeiten

ChatGPT und Co. sind eine große Hilfe dabei, Diagramme, nachdem man eine erste Version von ihnen erstellt hat, so anzupassen, wie man es gerne hätte. Denn selten erfüllt ein Diagramm mit den Standardeinstellungen direkt alle Anforderungen.

> *Nimm folgende Änderungen am Diagramm vor:*
>
> - *Verwende diese Farben: Mehl braun, Backpulver blau, Milch weiß, Eier gelb, Zucker rot*

- *Die erste Zutat (Mehl) soll ganz oben beginnen.*
- *Zeige die Prozentwerte an.*
- *Hebe Zucker optisch hervor.*
- *Das Kuchendiagramm soll einen Schatten haben.*
- *Der Titel soll rot sein.*

Alles klar! Du möchtest das Kuchendiagramm deutlich ansprechender gestalten und bestimmte Zutaten hervorheben. Ich passe deinen Code entsprechend an:

```
import matplotlib.pyplot as plt

# Zutaten und Mengen
zutaten = ["Mehl", "Backpulver", "Milch", "Eier", "Zucker"]
mengen = [180, 4, 250, 110, 40]

# Farben definieren (optisch harmonisch)
farben = ["#D2B48C",  "#1E90FF", "#FFFFFF", "#FFD700", "#FF6347"]

# Zucker hervorheben
explode = [0, 0, 0, 0, 0.1]  # nur Zucker leicht herausziehen

# Kuchendiagramm erstellen
plt.pie(mengen, labels=zutaten, colors=farben, startangle=90,
        autopct="%1.1f%%", explode=explode, shadow=True)

# Titel mit roter Farbe
plt.title("Zutaten für Waffelteig", color="red")

plt.show()
```

Alles, was die einzelnen Segmente – also unsere Zutaten – konfiguriert, wird wieder als Liste übergeben. In der `farben`-Liste steht für jedes Segment die gewünschte Farbe; in der `explode`-Liste steht, welche Segmente wie stark herausgezogen werden sollen, um sie hervorzuheben. Die Farben wurden hier als HTML-Farbcode angegeben, für Standardfarben kannst du aber auch einfach `"yellow"` usw. schreiben.

Die generellen Anpassungen, die das ganze Diagramm betreffen, werden als Optionen der `plt.pie`-Methode übergeben. `startangle=90` lässt die erste Zutat ganz oben starten statt standardmäßig ganz rechts. Die Option `autopct="%1.1f%%"` erzeugt automatische Prozentangaben. Das angegebene Format bestimmt, wie die Prozentzahlen angezeigt werden sollen. Es steht dafür, dass auf eine Nachkommastelle gerundet wird und am Ende ein Prozentzeichen steht, also z. B. so: `6.8%`.

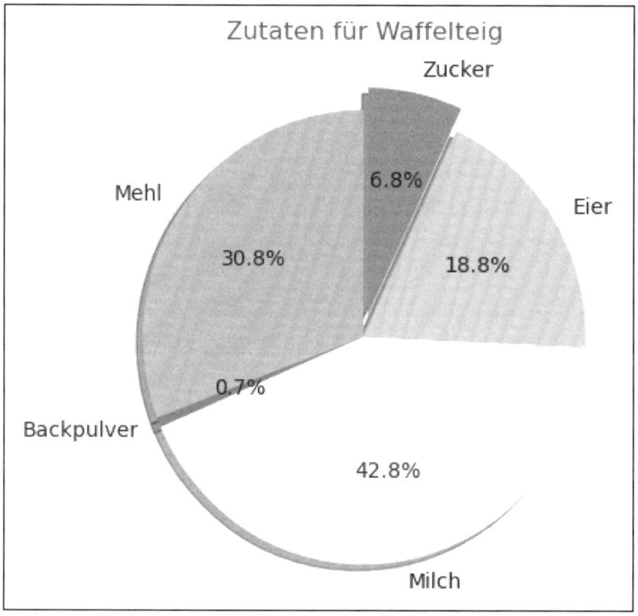

Abbildung 6.2: Das optisch angepasste Kuchendiagramm

Wenn wir uns später andere Diagrammtypen anschauen, wird es dort auch wieder viele Anpassungsmöglichkeiten geben, z. B. um Achsen zu formatieren oder um Legenden einzublenden.

6.3 Subplots - mehrere Diagramme in einer Abbildung

In Matplotlib werden Teile einer größeren Grafik, die jeweils ein eigenes Diagramm sind, *Subplots* genannt. Auf diese Art lassen sich mehrere Diagramme, auch verschiedener Art, nebeneinander und untereinander darstellen. Die Grundlage dazu bildet die Funktion `plt.subplots(nrows, ncols)`, der man die Anzahl der Zeilen und Spalten übergibt, die die Figur haben soll. Heraus kommt ein Tupel `(fig, axes)`. Allgemeine Konfigurationen erledigt man danach auf der Variablen `fig`, und `axes` ist eine Liste mit mehreren Elementen, eins für jeden Subplot. Auf den einzelnen `axes[i]` lässt sich danach im Wesentlichen so arbeiten, wie wir es vom Erstellen von Diagrammen gewohnt sind. Im folgenden Beispiel erzeugen wir mittels `plt.subplots(1, 2)`, `axes[0].pie` und `axes[1].pie` eine Figur, in der zwei Kuchendiagramme nebeneinander dargestellt werden:

```
import matplotlib.pyplot as plt

# Zutaten und Mengen für normale Waffeln
zutaten_normal = ["Mehl", "Backpulver", "Milch", "Eier", "Zucker"]
mengen_normal = [180, 4, 250, 110, 40]

# Zutaten und Mengen für Kokoswaffeln
zutaten_kokos = ["Dinkelmehl", "Backpulver", "Eier", "Kokosmilch",
                 "Kokosöl", "Kokosblütenzucker"]
mengen_kokos = [220, 8, 110, 400, 80, 30]

# Subplots erstellen: 1 Reihe, 2 Spalten
fig, axes = plt.subplots(1, 2, figsize=(12, 6))

# Erstes Kuchendiagramm: normale Waffeln
axes[0].pie(mengen_normal, labels=zutaten_normal, autopct='%1.1f%%')
axes[0].set_title("Waffeln")

# Zweites Kuchendiagramm: Kokoswaffeln
axes[1].pie(mengen_kokos, labels=zutaten_kokos, autopct='%1.1f%%')
axes[1].set_title("Kokoswaffeln")

# Layout anpassen und anzeigen
plt.show()
```

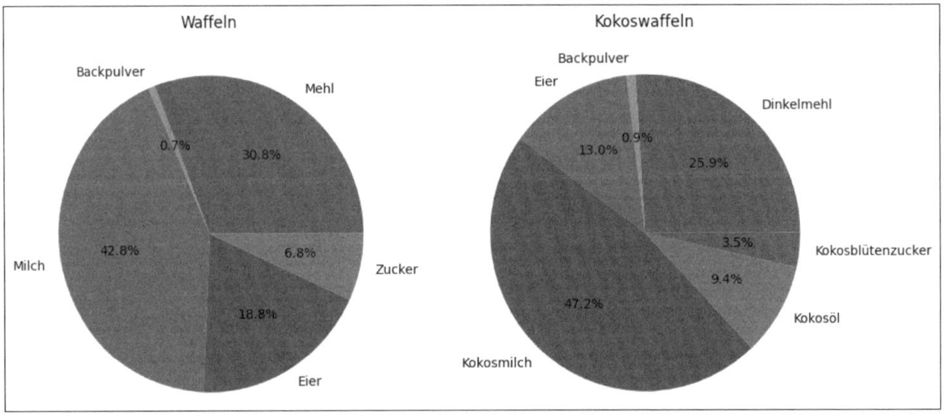

Abbildung 6.3: Zwei Subplots nebeneinander

Hier wäre es wieder sinnvoll, die Farben anzupassen, damit gleiche Zutaten in beiden Diagrammen auch die gleichen Farben bekommen.

6.4 Liniendiagramme, Balkendiagramme und mehr

Matplotlib unterstützt eine Vielzahl von Diagrammtypen. Die wichtigsten sind neben Kreisdiagrammen (`pie`) die Linienplots (`plot`), Balkendiagramme (`bar`), Streudiagramme (`scatter`), Histogramme (`hist`) und Boxplots (`boxplot`). In den nun folgenden beiden Beispielen schauen wir uns Linienplots und Balkendiagramme an.

Erstelle den Matplotlib-Programmcode für einen Linienplot, der die Funktion $f(x) = x^2$ darstellt. Die x-Achse soll von –10 bis 10 gehen.

Hier ist ein einfaches Python-Programm mit Matplotlib, das die Funktion $f(x) = x^2$ im Bereich [-10,10] darstellt:

```
import matplotlib.pyplot as plt
import numpy as np

# x-Werte von -10 bis 10
x = np.linspace(-10, 10, 400)
y = x**2

# Plot erstellen
plt.plot(x, y, label="f(x) = x²")

# Achsenbeschriftungen und Titel
plt.xlabel("x")
plt.ylabel("f(x)")
plt.title("Plot der Funktion f(x) = x²")

# Legende anzeigen
plt.legend()

# Gitter einblenden
plt.grid(True)

# Plot anzeigen
plt.show()
```

Der Funktion `plt.plot` übergibt man eine Liste der x-Werte und eine Liste der y-Werte. Alternativ zu klassischen Python-Listen darf man aber auch NumPy-Arrays und Pandas-Series übergeben. `x = np.linspace(-10, 10, 400)` erzeugt einen NumPy-Array, der aus 400 Zahlen besteht: `-10`, `-9.9487`... usw. bis `10`. Mit `y = x**2` (das steht für x^2) wird ein ebenso großer NumPy-Array erstellt, wobei jeder Wert nun quadriert ist; `y[0]` ist also 100. Diese x-y-Werte fügt `plt.plot` nun als Punkt in ein Diagramm ein und verbindet sie mit einer Linie.

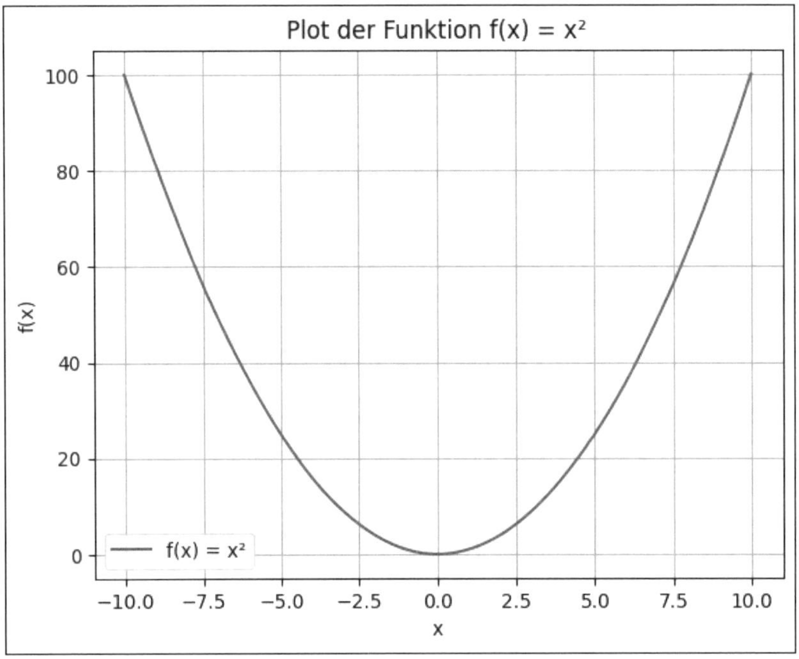

Abbildung 6.4: Die »plot«-Funktion erzeugt ein Liniendiagramm.

Erstelle den Matplotlib-Programmcode für ein Balkendiagramm, das die Ergebnisse einer Befragung darstellt: 74,45 % Android, 22,85 % iPhone und 2,7 % andere Mobiltelefone.

```
import matplotlib.pyplot as plt

# Daten
labels = ["Android", "iPhone", "andere"]
values = [74.45, 22.85, 2.7]

# Balkendiagramm erstellen
plt.bar(labels, values)

# Titel und Achsenbeschriftungen
plt.title("Ergebnisse der Befragung: Genutzte Mobiltelefone")
plt.ylabel("Prozent (%)")
```

```
# Prozentwerte über den Balken anzeigen
for i, v in enumerate(values):
    plt.text(i, v + 1, f"{v:.2f}%", ha='center')

# Diagramm anzeigen
plt.show()
```

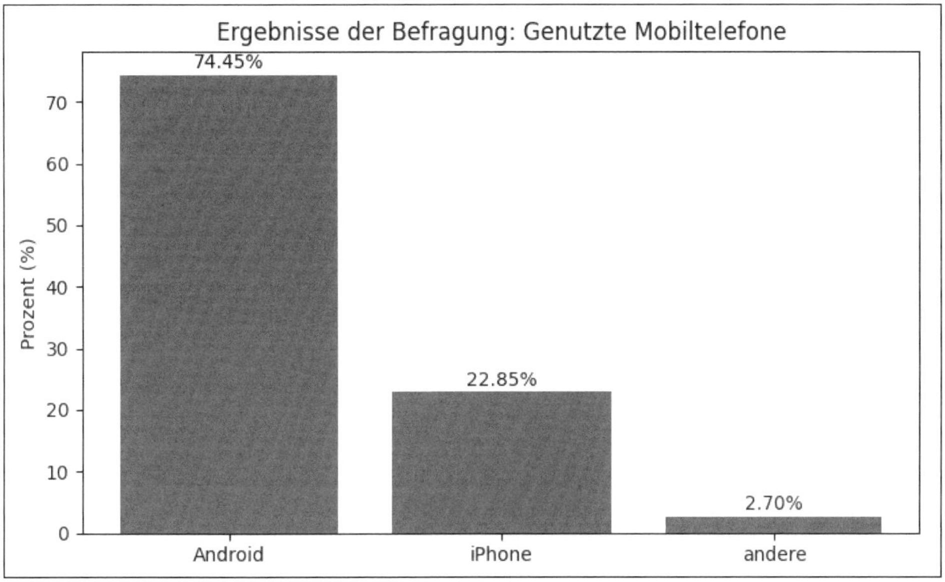

Abbildung 6.5: »plt.bar« erzeugt ein Balkendiagramm.

Auch hier übergibt man `plt.bar` wieder zwei Listen: zum einen die Labels, die im Diagramm jeweils einen Balken bilden sollen, und zum anderen jeweils die Höhen dieser einzelnen Balken.

Die Schleife, die über die `values` iteriert, sorgt dafür, dass über jedem Balken noch ein Textelement hinzugefügt wird, damit die Prozentzahlen darüberstehen. `plt.text` muss man drei Werte übergeben (`x`, `y` und `text`) sowie optional weitere Gestaltungsoptionen. Die Position auf der x-Achse `x` ist im gezeigten Beispiel 0, 1 und 2, weil `enumerate` die Elemente in der Liste so durchnummeriert. Die vertikale Position `y` wird berechnet über die jeweilige Balkenhöhe plus `1`, damit der Text etwas höher steht als der Balken selbst. Und der darzustellende Text wird zusammengebaut aus dem auf zwei Nachkommastellen gerundeten Wert und einem Prozentzeichen. Die Option `ha='center'` (*horizontal alignment*) sorgt dafür, dass der Text zentriert und nicht linksbündig über den Balken angezeigt wird.

Mache den Android-Balken grün, iPhone blau und die »andere«-Kategorie rot.

Zeige nur die zu ändernde Programmzeile.

```
plt.bar(labels, values, color=["green", "blue", "red"])
```

6.5 Diagramme aus DataFrames erzeugen

In den bisher gezeigten Diagrammen standen die darzustellenden Daten entweder direkt im Programmcode oder wurden über eine mathematische Funktion berechnet. Den Funktionen `plt.plot`, `plot.bar` usw. haben wir dazu die x- und y-Werte in Form von zwei Listen oder zwei NumPy-Arrays übergeben. Nun wirst du sehen, dass wir auch Pandas-Series, also ganze Spalten aus einem DataFrame, übergeben können. Das ist besonders praktisch, wenn du Daten visualisieren möchtest, die sich in einer Datei befinden und die du vorher bereits mit Data-Cleaning-Schritten und anderen Berechnungen vorverarbeitet hat.

Ab jetzt arbeiten wir auf dem DataFrame, den wir im vorherigen Kapitel aus den Daten vom Deutschen Wetterdienst erzeugt und in eine Datei *temperaturen.csv* geschrieben haben.

```
df = pd.read_csv("temperaturen.csv")
regensburg_df = df[df['Ort'] == 'Regensburg']
```

Die Daten aus den Spalten `Monat` *und* `Temperatur` *sollen als Liniendiagramm dargestellt werden.*

Du möchtest die Temperatur in Regensburg über die Zeit als Liniendiagramm darstellen. Hier ist ein vollständiges Beispiel, wie du das mit Pandas und Matplotlib machen kannst:

```
import pandas as pd
import matplotlib.pyplot as plt

df = pd.read_csv("temperaturen.csv")
regensburg_df = df[df['Ort'] == 'Regensburg']

# Liniendiagramm erstellen
plt.plot(regensburg_df['Monat'], regensburg_df['Temperatur'])
plt.xlabel('Monat')
plt.ylabel('Temperatur (°C)')
```

```
plt.title('Temperaturverlauf in Regensburg')
plt.xticks(regensburg_df['Monat'].unique())
plt.show()
```

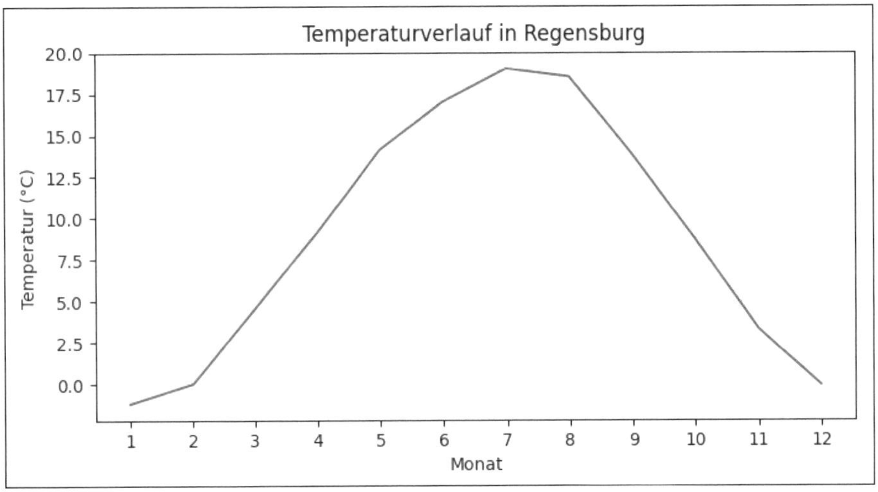

Abbildung 6.6: Die Daten aus dem DataFrame in einem Liniendiagramm

Die Werte der Spalte `Monat` sind die x-Werte, die Werte aus `Temperatur` die y-Werte. Beides kann direkt der Funktion `plt.plot` übergeben werden. `plt.xlabel` und `plt.ylabel` setzt die Achsenbeschriftungen. Der Aufruf von `plt.xticks` bestimmt, welche Werte an der x-Achse stehen sollen; in unserem Fall alle Monate von 1 bis 12.

Zeige eine zweite Linie für die Spalte **`Niederschlag`** *mit einer sekundären y-Achse. Die Temperatur soll rot sein, der Niederschlag blau. Gib mir nur die zu ändernden Codezeilen aus.*

Hier sind die Änderungen/Ergänzungen, um eine zweite Linie für den Niederschlag auf einer sekundären y-Achse hinzuzufügen:

```
fig, ax1 = plt.subplots()

# Temperatur auf der ersten y-Achse
ax1.plot(regensburg_df['Monat'], regensburg_df['Temperatur'],
         color='red')
ax1.set_xlabel('Monat')
ax1.set_ylabel('Temperatur (°C)', color='red')
ax1.tick_params(axis='y', labelcolor='red')
```

```
ax1.set_xticks(regensburg_df['Monat'].unique())

# Niederschlag auf der sekundären y-Achse
ax2 = ax1.twinx()
ax2.plot(regensburg_df['Monat'], regensburg_df['Niederschlag'],
         color='blue', linestyle="--")
ax2.set_ylabel('Niederschlag (mm)', color='blue')
ax2.tick_params(axis='y', labelcolor='blue')

plt.title('Temperatur und Niederschlag in Regensburg')
plt.show()
```

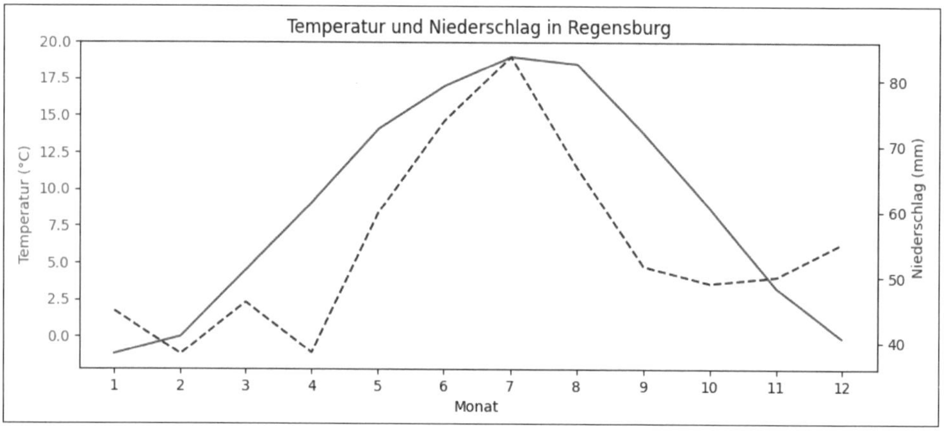

Abbildung 6.7: Niederschlagswerte auf der sekundären y-Achse

Es wurden hier Subplots erzeugt, obwohl ja eigentlich nur ein Diagramm angezeigt werden soll. Der Grund ist einfach, dass man dadurch an das Achsen-Objekt `ax1` herankommt. Dieses wird mit unseren Temperaturdaten befüllt und entsprechend konfiguriert. Die sekundäre y-Achse, die für die Niederschlagswerte gedacht ist, wird mittels `ax1.twinx()` erstellt. Das steht dafür, dass sich diese neue Achse die gleiche x-Achse mit der anderen Achse teilen soll. Wegen der Option `linestyle='--'` wird die Linie gestrichelt dargestellt. Mit `marker='o'` oder `marker='x'` ließen sich auch noch Punkte oder Kreuzchen auf der Linie einzeichnen.

Hätten wir in unserem DataFrame statt mit Monatsnummern mit Datumswerten zu tun, ist es wichtig, diese im DataFrame nicht als String-Wert zu speichern (z. B. `"2026-01-01"`), sondern sie in `datetime`-Objekte umzuwandeln. Solch eine Konvertierung haben wir im vorherigen Kapitel auch schon durchgeführt, um fehlerhafte Datumswerte zu erkennen und um Berechnungen auf Datumswerten durchzuführen. Auch bei der Visualisierung von Zeitreihendaten mit Matplotlib ist die Konvertierung in `datetime` sinnvoll. So können wir die

Daten beispielsweise korrekt nach dem Datum sortieren oder uns das Datum in einem gewünschten Format darstellen lassen.

Zeige separate Linien für die Orte Regensburg, Bamberg, Magdeburg, Freiburg und Aachen.

Hier sind die zu ändernden bzw. ergänzenden Codezeilen, um separate Linien für die fünf Orte auf der Temperatur-Achse zu zeigen:

```
orte = ['Regensburg', 'Bamberg', 'Magdeburg', 'Freiburg', 'Aachen']

fig, ax = plt.subplots()

for ort in orte:
    ort_df = df[df['Ort'] == ort]
    ax.plot(ort_df['Monat'], ort_df['Temperatur'], label=ort)

ax.set_xlabel('Monat')
ax.set_ylabel('Temperatur (°C)')
ax.set_xticks(df['Monat'].unique())
ax.set_title('Temperaturverlauf in ausgewählten Städten')
ax.legend()
plt.show()
```

Der Niederschlag wird in diesem Diagramm nicht mehr dargestellt, weil wir sonst zwei Linien pro Stadt hätten. Das Vorgehen zeigt aber einfach, dass wir `plt.plot` so oft aufrufen können, wie wir möchten. In unserem Fall wird pro Ort in unserer `orte`-Liste ein neuer DataFrame `ort_df` erzeugt, der nur die Daten dieses Ortes enthält. Jeder Aufruf von `plt.plot` erzeugt dann eine neue Linie, jeweils eine pro Ort. Hätten wir nur wenige Orte in unserem DataFrame, könnten wir mit `orte = df['Ort'].unique()` auch die Liste aller Ortsnamen ermitteln und eine Linie für jeden dieser Orte erstellen.

In einem Diagramm ist es erlaubt, mehrere verschiedene Diagrammtypen zu mischen. So könnten wir beispielsweise den Temperaturverlauf als Linie und die Niederschlagsmengen als Balken anzeigen lassen. Auch lassen sich in Diagramme Textelemente, Bilder, Linien und mehr einfügen. Es ist einfach komfortabel, alles über Python-Programmcode zu machen und sich Diagramme nicht zusammenklicken zu müssen. Auf diese Art kannst du dir ein einmal generiertes Diagramm jederzeit wieder neu erstellen lassen, wenn neue Daten vorliegen. Auch kannst du mehrere Diagramme hintereinander erzeugen, z. B. mit einer Schleife über verschiedene Excel-Dateien, und diese Diagramme als separate Bilddateien wieder in einem Ordner ablegen.

6.6 Interaktive Diagramme

Matplotlib und andere Python-Bibliotheken, die wir uns ebenfalls gleich noch anschauen werden, ermöglichen nicht nur die Erstellung von statischen, sondern auch von interaktiven Diagrammen. Das sind Diagramme, bei denen Nutzer während des Betrachtens mit dem Diagramm interagieren können. Es lässt sich beispielsweise hineinzoomen, beim Überfahren von Datenpunkten mit der Maus etwas hervorheben oder ein Tooltip anzeigen, es lassen sich Daten ein- und ausblenden oder filtern und vieles mehr.

Es war in unseren bisherigen Beispielen immer praktisch, dass Jupyter Notebooks Matplotlib-Diagramme direkt unter den Codezellen anzeigt. Intern funktioniert das so, dass beim Aufruf von `plt.show()` ein PNG-Bild erzeugt und dann unter der Zelle dargestellt wird. Und da PNG-Bilder immer statisch sind, funktioniert das, was wir jetzt mit interaktiven Diagrammen vorhaben, im Jupyter Notebook leider nicht. Wenn wir aber unseren Matplotlib-Code in eine ganz normale *.py*-Datei schreiben, z. B. *wetterdiagramm.py*, und diese dann ausführen, öffnet sich ein Fenster, in dem das Diagramm zu sehen ist. Und dort funktionieren auch die interaktiven Elemente!

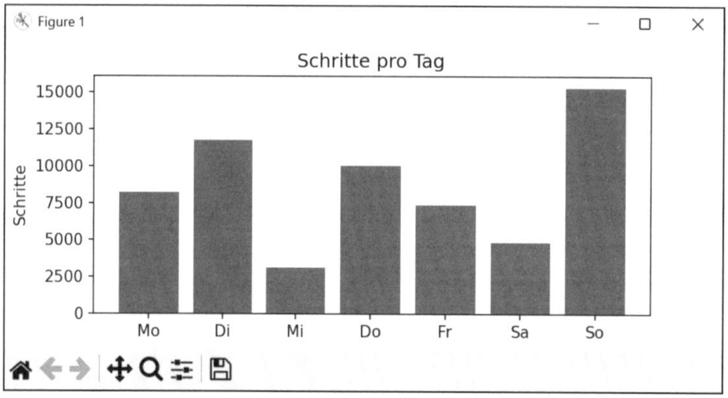

Abbildung 6.8: Das Fenster zeigt das Diagramm sowie Kontrollelemente zum Zoomen und mehr.

6.7 Zoomen und Scrollen

Das Fenster, das sich öffnet und das Matplotlib-Diagramm anzeigt, bietet standardmäßig schon einige interaktive Kontrollelemente, ohne dass wir im Python-Programmcode etwas Spezielles hinzufügen müssen. Das folgende Beispiel erzeugt ein Balkendiagramm. Über das Lupensymbol lässt sich in das Diagramm hinein- und herauszoomen. Dazu klickt man die Lupe, wählt einen Bereich mit der linken Maustaste aus, und es wird auf diesen Bereich gezoomt. Verkleinern geht mit der rechten Maustaste, aber auch mit dem Zurück-Knopf oder dem Haus-Symbol, das das Diagramm immer wieder in seine ursprüngliche Ansicht zurückbringt. Die zusätzlichen Knöpfe unter dem Diagramm öffnen einen Einstellungsdialog und ermöglichen das Speichern der aktuellen Ansicht als Bilddatei.

```
import matplotlib.pyplot as plt
tage = ["Mo", "Di", "Mi", "Do", "Fr", "Sa", "So"]
schritte = [8234, 11789, 3120, 10054, 7422, 4821, 15337]
plt.bar(tage, schritte)
plt.title("Schritte pro Tag")
plt.xlabel("Wochentag")
plt.ylabel("Schritte")
plt.show()
```

Als Nächstes können wir das Diagramm erweitern, sodass es Tooltips anzeigt:

```
bars = plt.bar(tage, schritte)
```

Was muss ich hinzufügen, damit die Anzahl der Schritte angezeigt wird, wenn ich mit der Maus über einen Balken fahre?

Ah, du möchtest interaktive Tooltips in einem Balkendiagramm mit Matplotlib. Standardmäßig zeigt `plt.bar()` keine Werte beim Überfahren mit der Maus an. Du brauchst dafür `mplcursors`, ein kleines Zusatzmodul für interaktive Cursor/Tooltips. Hier ist, was du machen kannst:

```
import matplotlib.pyplot as plt
import mplcursors

bars = plt.bar(tage, schritte)
# Cursor hinzufügen, sodass beim Überfahren die Werte angezeigt werden
cursor = mplcursors.cursor(bars, hover=True)
cursor.connect("add",
 lambda sel: sel.annotation.set_text(f"{schritte[sel.index]}
Schritte"))
plt.show()
```

Das Paket `mplcursors` muss erst mit `pip install mplcursors` installiert werden, damit es sich importieren lässt. Im Programm fällt auf, dass wir bei der Erzeugung des Balkendiagramms das Resultat von `plt.bar` in eine Variable schreiben müssen. Diese Variable `bars` wird dann verwendet, um die Cursor-Einstellungen auf dem Balkendiagramm zu setzen. Das funktioniert hier mit einer sogenannten *Lambda-Funktion*, einer Kurzschreibweise für das Notieren einer Funktion. In unserem Falle sorgt sie dafür, dass beim Überfahren eines

Balkens mit der Maus eine Annotation eingeblendet wird, in der die Anzahl an Schritten angezeigt wird.

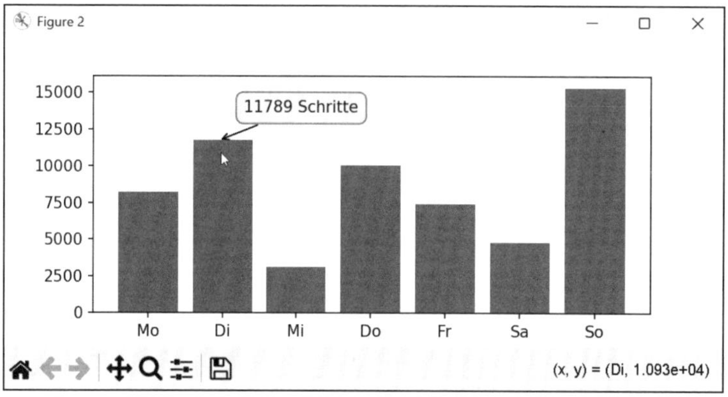

Abbildung 6.9: Tooltips wurden zum Balkendiagramm hinzugefügt.

```
plt.bar(tage, schritte)
```

Ich brauche einen Slider, mit dem ich die maximale Schrittanzahl einstellen kann. Dies soll dann der höchste Wert auf der y-Achse sein.

Alles klar! Du willst also ein interaktives Balkendiagramm mit Matplotlib, bei dem ein Slider die maximale Schrittzahl auf der y-Achse steuert. Dafür können wir `matplotlib.widgets.Slider` verwenden. Hier ist ein funktionierendes Beispiel:

```
import matplotlib.pyplot as plt
from matplotlib.widgets import Slider

tage = ["Mo", "Di", "Mi", "Do", "Fr", "Sa", "So"]
schritte = [8234, 11789, 3120, 10054, 7422, 4821, 15337]

# Figure und Axes
fig, ax = plt.subplots()
plt.subplots_adjust(bottom=0.25)  # Platz für den Slider

# Balkendiagramm
bars = ax.bar(tage, schritte)

# Slider-Achse
ax_slider = plt.axes([0.25, 0.1, 0.5, 0.03])
max_steps = max(schritte) * 1.5
```

```
slider = Slider(ax_slider, 'Max Schritte', 0, max_steps, valinit=
max(schritte))

# Update-Funktion für den Slider
def update(val):
    ax.set_ylim(0, slider.val)  # y-Achse auf Sliderwert setzen
    fig.canvas.draw_idle()

slider.on_changed(update)
plt.show()
```

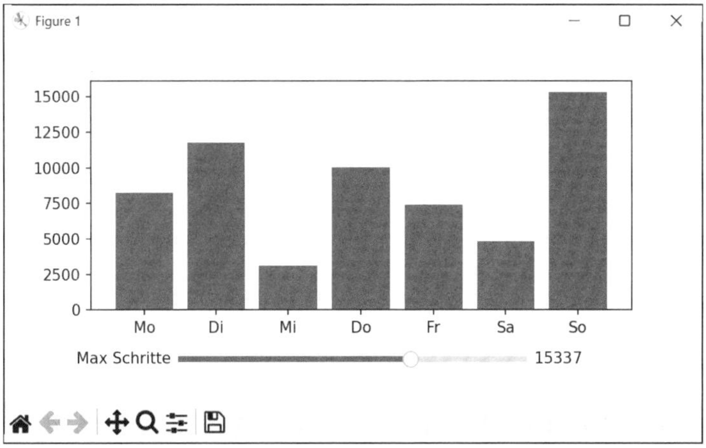

Abbildung 6.10: Über den Slider lässt sich die Höhe der Balken skalieren.

In der Variablen `ax_slider` stehen die Position und Größe, die der Slider haben soll. Er soll 25 % der Diagrammbreite vom linken Rand und 10 % der Figurhöhe vom unteren Rand entfernt dargestellt werden. Der Slider selbst wird mit `Slider` angelegt. Man übergibt dieser Konstruktorfunktion das gerade definierte `ax_slider` sowie eine Beschriftung, einen Von- und Bis-Wert und den Wert, den der Slider zu Beginn haben soll. Die Funktion `update` legen wir an, um zu bestimmen, was geschehen soll, wenn Nutzer die Position vom Slider verändern. In unserem Fall wird das obere Limit der y-Achse auf die gewählte Maximalschrittzahl angepasst.

Slider bieten dem Diagrammbenutzer praktische Interaktionsmöglichkeiten, Werte dynamisch zu verändern oder zu filtern. Wenn wir auf der x-Achse Datumswerte hätten, könnte man beispielsweise den Benutzer einen Datumsbereich mit einem Slider auswählen lassen. Auch ist es möglich, dass Nutzer eine Schrittzahl mit dem Slider einstellen und dann diejenigen Tage grün eingefärbt werden, an denen diese Mindestschrittzahl erreicht wurde.

Eine weitere Interaktionsmöglichkeit ist das Reagieren auf Klick-Events. Auch dazu müssen wir eine Funktion erstellen, die immer dann aufgerufen wird, wenn jemand in das Diagramm klickt. In dieser Funktion könnten wir das Diagramm verändern, wir könnten etwas auf der Konsole ausgeben oder beispielsweise auch Internetseiten öffnen, die etwas mit dem angeklickten Detail zu tun haben.

Weniger interaktiv, aber trotzdem interessant sind Animationen und dynamische Diagramme. Erstere erlauben es, dass sich etwas im Diagramm bewegt. Letztere visualisieren Livedaten, die sich in dem Moment gerade ändern, z. B. wenn sie gemessen werden oder weil im Internet nun aktuellere Zahlen vorliegen.

Zu Matplotlib gibt es noch einige Alternativen, mit denen sich ebenfalls interaktive Diagramme erstellen lassen, z. B. Plotly oder Bokeh. Nachdem du das entsprechende Modul installiert und importiert hast, erstellst du auch hier Diagramme mit entsprechenden Funktionen, denen du die Daten und Konfigurationen übergibst. Aber anders als Matplotlib erzeugen Plotly und Bokeh aus dem Diagramm eine Art Webseite. Diese wird dann im Browser geöffnet und stellt das Diagramm dort dar.

```
import plotly.graph_objects as go
import plotly.io as pio

# Renderer auf Browser setzen
pio.renderers.default = "browser"

# Daten
tage = ["Mo", "Di", "Mi", "Do", "Fr", "Sa", "So"]
schritte = [8234, 11789, 3120, 10054, 7422, 4821, 15337]

# Balkendiagramm erstellen
fig = go.Figure(
    data=go.Bar(x=tage, y=schritte, text=schritte,
                textposition='auto', name="Schritte"),
                layout=go.Layout(
                title="Schritte pro Wochentag",
                xaxis=dict(title="Wochentag"),
                yaxis=dict(title="Anzahl Schritte")
    )
)
# Diagramm anzeigen (öffnet im Browser)
fig.show()
```

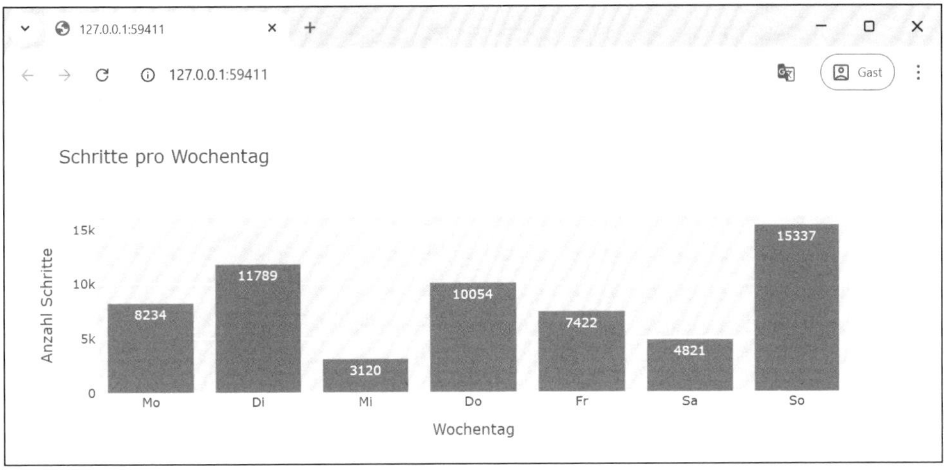

Abbildung 6.11: Diagramm mit Plotly

Genau wie bei Matplotlib lassen sich auch bei Plotly Achsen, Legenden, Farben und Interaktionsmöglichkeiten nahezu beliebig konfigurieren. Besonders für interaktive Diagramme ist Plotly sehr gut geeignet. Und wenn Diagramme ohnehin für Internetseiten oder Dashboards gedacht sind, die im Browser angezeigt werden sollen, ist dies mit Plotly leicht realisierbar. Sie lassen sich nämlich einfach einbetten oder als HTML-Datei speichern.

Kapitel 7
Machine Learning und künstliche Intelligenz

In Python lassen sich mit Hilfe des Moduls scikit-learn viele KI-Algorithmen auf eine einfache Art und Weise verwenden, um Regressionen oder Klassifikationen durchzuführen und um Vorhersagen basierend auf zuvor trainierten Modellen zu treffen.

Die künstliche Intelligenz ist ein Teilgebiet der Informatik; es gibt sie schon fast so lange, wie es Computer gibt. Doch vor wenigen Jahren erlebte KI einen gigantischen Boom, als Large Language Models (LLMs) wie ChatGPT oder Google Gemini für jedermann nutzbar wurden. Schon seit einigen Jahren begegnet uns KI auf indirekte Art und Weise, und zwar über Algorithmen, die uns Produkte, Filme oder Musik empfehlen, Spam-Mails herausfiltern oder bei Banken Betrug erkennen. Doch mit ChatGPT und Co haben wir nun plötzlich selbst Zugang zu einer KI, die uns basierend auf unserer Eingabe eine fast schon menschenähnliche Ausgabe produziert. Und das ist deutlich beeindruckender, als einfach nur zu sehen, dass eine E-Mail automatisch als Spam erkannt wurde.

KI wurde in den letzten Jahren immer besser. Das liegt erstens an der Forschung und an der Entwicklung neuer Ansätze und Algorithmen. Zweitens ist die Menge an verfügbaren Daten stark gestiegen, die als Grundlage für Machine Learning dient. Und drittens wird die zur Ausführung von KI-Algorithmen benötigte Hardware immer leistungsstärker und günstiger, insbesondere Grafikkarten und spezielle KI-Chips. All das macht das Training komplexer Modelle erst möglich.

Wenn wir mit einem digitalen Sprachassistenten wie Alexa, Siri oder Gemini reden, kommt KI zum Einsatz, um den per Mikrofon erfassten Ton in einen Text umzuwandeln, Fehler darin zu korrigieren, auf die Frage eine Antwort zu generieren und diese Antwort so auszusprechen, dass es eher nach einer menschlichen Stimme statt nach einem Computer klingt.

Andere Algorithmen arbeiten mit Bildern als Ein- und Ausgabe. Wenn wir mit unserem Handy ein Foto aufnehmen, klassifiziert ein Algorithmus das Foto, um ihm Stichwörter zuzuordnen: »Hund«, »Fahrrad«, »Person«, »Essen« usw. Das macht es später möglich, über solche Stichwörter Bilder leichter wiederzufinden. Genau solch eine Anwendung zur Bildklassifikation werden wir im nächsten Kapitel in diesem Buch auch entwickeln. In der Praxis werden aber auch Kameraaufnahmen live analysiert, um auf Ereignisse zu reagieren oder um Personen zu identifizieren. Auch hier ist die Eingabe im Wesentlichen ein Bild oder eine Reihe an Bildern. Und Algorithmen, die Bilder erzeugen, kennen wir seit einigen Jahren auch bereits. Die oben genannten Chat-KIs, aber auch Programme wie der Bing Image Creator oder Adobe Firefly sind in der Lage, Bilder basierend auf einer textuellen Beschreibung oder anderen Bildern zu erzeugen. Auch videogenierende KI gibt es bereits, und sie erzeugt verblüffende Ergebnisse.

Bevor wir uns aber Texten, Ton und Bildern widmen, die als Ein- und Ausgabe von KI-Algorithmen dienen, entwickeln wir zuerst eine KI, die mit einfachen Zahlen arbeitet. Das ist nämlich zum einen deutlich einfacher, zum anderen lässt sich damit eine Vielzahl hilfreicher Anwendungen entwickeln, und du lernst dadurch die Grundprinzipien von KI kennen. Im nächsten Kapitel übertragen wir diese dann auf komplexere Szenarien.

Beginnen wir mit drei Grundbegriffen:

Künstliche Intelligenz (KI) ist der Überbegriff, der lediglich bedeutet, dass eine Maschine etwas »intelligent« entscheidet. Dazu zählt auch schon eine simple Wenn-dann-Logik, z. B. »Wenn Fieber und Husten, dann Verdacht auf Grippe«, oder eine Schach-KI, die einfach nur alle möglichen Züge simuliert und denjenigen mit der höchsten Gewinnwahrscheinlichkeit ausführt. So in etwa machte es der von IBM entwickelte Schachcomputer Deep Blue, der 1997 den damaligen Schachweltmeister Garri Kasparow besiegte.

Machine Learning (ML) ist ein Teilbereich der KI, der wie folgt funktioniert: Das System erhält Trainingsdaten und lernt daraus Muster. Das Resultat dieser sogenannten Trainingsphase ist ein statistisches Modell, das dann genutzt werden kann, um auf neuen und unbekannten Daten Antworten zu generieren, Entscheidungen zu treffen oder um Vorhersagen zu machen. Wie genau das System zu seiner Entscheidung kommt, ist also nicht im Programmcode programmiert, sondern wurde während der Trainingsphase *gelernt*.

Deep Learning (DL) ist ein Teilbereich des Machine Learnings und nutzt neuronale Netze mit vielen Schichten. Damit ist es möglich, auch komplexere Daten zu verstehen, wie Bilder oder Sprache. Zuerst ist ein Bild nämlich nur eine Menge von farbigen Punkten. In der ersten Schicht erkennt das System in diesen Punkten, wo sich Kanten, Linien und Flächen befinden. In den danach folgenden Schichten wird es immer konkreter, um zum Beispiel Positionen von Augen und Ohren zu ermitteln. Und in noch tieferen Schichten ist die KI dann in der Lage, Emotionen zu erkennen oder den Namen der Person zu erraten, die auf dem Bild zu sehen ist. All diese Schritte funktionieren dann gut, wenn genügend Trainingsdaten in Form von Beispielbildern vorliegen.

KI ist so ein allgemeiner Begriff, dass man fast sogar schon unser Programm vom Beginn des Buches als KI bezeichnen kann, mit dem wir die Anrede »Hallo Herr ...« oder »Hallo Frau ...« erzeugt haben, basierend auf dem angegebenen Geschlecht einer Person. Daher widmen wir uns ab jetzt nur noch dem spannenden Teilbereich des Machine Learnings. Im nächsten Kapitel schauen wir aber auch ein wenig in die Algorithmen des Deep Learnings hinein, um Bilder zu klassifizieren. Wie genau die Algorithmen intern funktionieren, braucht uns im Detail nicht zu interessieren, auch nicht, wie neuronale Netze aufgebaut sind. In diesem Buch geht es darum, KI in unsere Python-Programmen einzubauen. Die genauen Algorithmen dahinter hat schon jemand anderes für uns entwickelt. Für uns reicht es, wenn wir grob verstehen, was sie machen und wie wir sie verwenden.

7.1 Zahlen vorhersagen mittels linearer Regression

Die lineare Regression ist ein Machine-Learning-Algorithmus, mit dem wir in die Zukunft schauen und fehlende Zahlenwerte berechnen können. Dazu werden wir das Modul `linear_model` einsetzen, das zu *scikit-learn* gehört. Alles, was wir mit KI in diesem Kapitel machen werden, ist in scikit-learn enthalten, einer umfangreichen Python-Bibliothek mit jeder Menge KI-Algorithmen. Das Paket muss zunächst mit `pip install scikit-learn` installiert werden, und anschließend können wir die entsprechenden Komponenten importieren und nutzen.

Im folgenden Beispiel liegt uns ein Datensatz vor, der die Quadratmetergrößen und Mietpreise von Wohnungen in einer bestimmten Stadt enthält. Diese wollen wir nutzen, um mittels KI die Mietpreise von anderen Wohnungen abzuschätzen.

```
import pandas as pd
import matplotlib.pyplot as plt
from sklearn.linear_model import LinearRegression

data = {'qm': [24, 40, 55, 60, 73, 95, 148],
        'miete': [320, 450, 950, 890, 1060, 1535, 2150]}
df = pd.DataFrame(data)
```

Es lässt sich ein Muster erkennen: Je mehr Quadratmeter die Wohnung hat, desto höher ist die Miete. Es gibt aber auch Ausnahmen, bei denen eine kleinere Wohnung teurer ist. Die lineare Regression ist ein Algorithmus, der eine Regressionsgerade durch die Datenpunkte zieht, sodass diese möglichst nah an der Geraden sind. Das erlaubt es uns zum einen, y-Werte (Preise) auf der Geraden abzulesen, für die in den Daten kein x-Wert (Quadratmeter) vorliegt, z. B. der geschätzte Preis für eine 80-qm-Wohnung. Zum anderen könnten wir, wenn unsere x-Achse statt Quadratmetergrößen Datumswerte darstellen würde, die Gerade auch weiterziehen und in die Zukunft schauen, um Werte an einem zukünftigen Tag vorherzusagen.

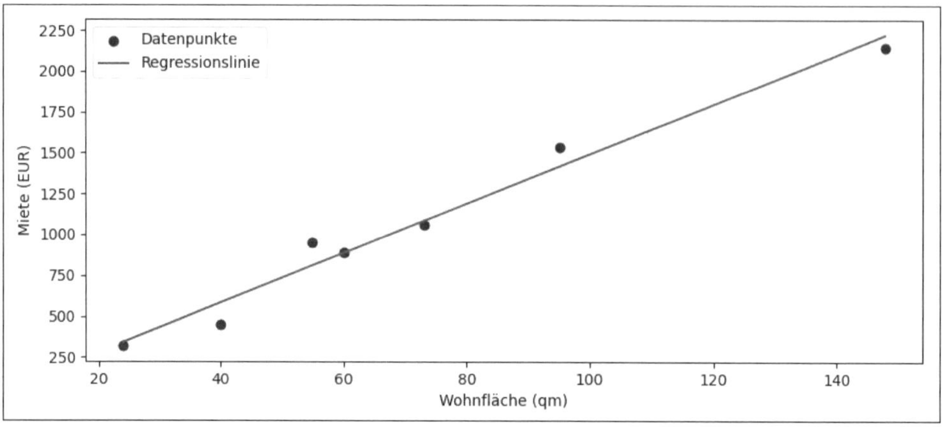

Abbildung 7.1: Die lineare Regression zieht eine Regressionsgerade durch die Datenpunkte der Trainingsdaten

Der nun folgende Codeabschnitt beschreibt ein Vorgehen, das du in diesem Kapitel noch sehr oft sehen wirst: Zuerst trainieren wir ein Modell mit unseren Trainingsdaten, und dann machen wir eine Vorhersage:

```
modell = LinearRegression()
modell.fit(df[['qm']], df['miete'])

neu = pd.DataFrame({'qm': [80]})
print("Vorhergesagter Mietpreis:", modell.predict(neu)[0], "EUR")
```

Das Trainieren des Modells geht mit der Methode `fit`. In unserem Fall wird damit gelernt, bei welcher Quadratmetergröße eine Wohnung welchen Mietpreis hat. Und mit Hilfe dieses Modells können wir nun eine Vorhersage machen. `modell.predict` nimmt einen DataFrame entgegen, der die gleichen Spalten hat wie der, mit dem das Modell trainiert wurde. Einzige Ausnahme: Die Spalte `miete` fehlt dort, weil die ja vorhergesagt werden soll. Als Ergebnis liefert die `predict`-Methode einen NumPy-Array mit Mietpreisen für unsere neuen Wohnungen. In unserem Fall gibt es nur die eine 80-qm-Wohnung; für sie wird eine Miete von 1.191,66 € vorhergesagt.

Um das oben stehende Diagramm zu erzeugen, das unsere Trainingsdaten zusammen mit der Regressionsgeraden zeigt, können wir Matplotlib verwenden:

```
plt.scatter(df['qm'], df['miete'], color="blue", label="Datenpunkte")
plt.plot(df['qm'], modell.predict(df[['qm']]), color="red",
                                  label="Regressionslinie")
plt.xlabel("Wohnfläche (qm)")
```

```
plt.ylabel("Miete (EUR)")
plt.legend()
plt.show()
```

Das Modell, das auf unseren Trainingsdaten trainiert wurde, speichert bei der linearen Regression nur die Informationen über die Regressionsgerade, nicht die genauen Werte aus den Trainingsdaten. Genau genommen besteht unser Modell nur aus zwei Zahlen, a und b, sodass man mit dem Modell mittels $y = a \cdot x + b$ den y-Wert (Mietpreis) an einer Stelle x (Quadratmeter) berechnen kann. Genau das passiert, wenn man `modell.predict` aufruft. Alle Punkte, die diese Funktion liefert, liegen immer auf der Regressionsgeraden.

Die lineare Regression ist ein sehr einfacher Algorithmus, aber er verdeutlicht ziemlich gut, wie Machine Learning funktioniert: Wir haben Trainingsdaten, aus denen der Algorithmus lernt. Heraus kommt ein Modell. Danach wird basierend auf diesem Modell eine Vorhersage gemacht. Bei der linearen Regression ist diese Vorhersage aber immer eine Zahl. Der Algorithmus kann also sinnvoll sein, wenn man Preise, Temperaturen, Verkaufszahlen, Fitnesswerte, Laufzeiten usw. schätzen oder vorhersagen möchte.

7.2 Lineare Regression mit mehreren Einflussfaktoren

Unser Beispiel, bei dem wir mittels linearer Regression Preise von Wohnungen schätzen, funktioniert auch, wenn unser DataFrame neben der Wohnfläche noch weitere Spalten hat, z. B. Anzahl der Zimmer, Baujahr und Ort. Wir brauchen auch dann wieder möglichst viele Trainingsdaten, anhand derer die KI lernen kann, welche Wohnungen wie viel kosten. Und am Ende können wir dann wieder einen DataFrame übergeben, in dem sich neue Wohnungen zusammen mit ebendiesen Eigenschaften – außer ihren Mietpreisen – befinden, und dann kann das KI-Modell wieder die Mietpreise vorhersagen. Für das nächste Beispiel fügen wir zunächst nur eine weitere numerische Größe hinzu, und zwar die Anzahl der Zimmer. Der Algorithmus wird nun die Gewichte a_1 und a_2 sowie b lernen, damit er mit der folgenden Formel den Mietpreis vorhersagen kann: $y = a_1 \cdot x_{qm} + a_2 \cdot x_{zimmer} + b$.

```
import pandas as pd
from sklearn.linear_model import LinearRegression

data = {'qm': [24, 40, 55, 60, 73, 95, 148],
        'zimmer': [1, 1, 2, 2, 3, 4, 5],
        'miete': [320, 450, 950, 890, 1060, 1535, 2150]}
df = pd.DataFrame(data)

X = df[['qm', 'zimmer']]
```

```
y = df['miete']

# Modell erstellen und trainieren
modell = LinearRegression()
modell.fit(X, y)

# Gewichte anzeigen
print("Gewichte:", modell.coef_)                # a1, a2
print("Achsenabschnitt:", modell.intercept_)  # b

# Vorhersage für neue Wohnung
neu = pd.DataFrame({'qm': [80], 'zimmer': [2]})
vorhersage = modell.predict(neu)[0]
print("Vorhergesagter Mietpreis:", round(vorhersage, 2), " EUR")
```

Die Grafik in Abbildung 7.2 zeigt, dass wir nun keine Regressionsgerade mehr haben, sondern eine Ebene. Gleich werden wir das Beispiel um noch mehr Eingabevariablen erweitern. Dann wird es allerdings immer schwieriger, uns das vorzustellen. Im dreidimensionalen Raum ist das noch einigermaßen möglich.

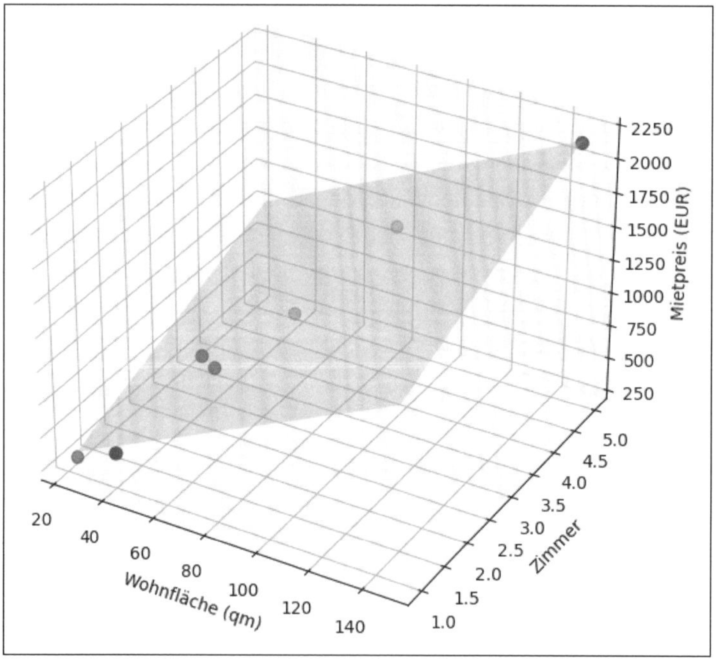

Abbildung 7.2: Lineare Regression mit zwei Einflussfaktoren. Die Regressionsebene (blau) befindet sich nah an den Datenpunkten (rot).

Bis jetzt sind alle Eingabegrößen nummerisch: Die Wohnfläche ist eine Zahl in Quadratmetern, und die andere Größe ist die Anzahl der Zimmer. Damit kann man wunderbar rechnen. Die Zahlen werden mit den gelernten Gewichten multipliziert und addiert. Somit ist auch das Ergebnis der linearen Regression wieder eine Zahl; in unserem Fall der Mietpreis in Euro. Nun wollen wir das Beispiel um zwei nicht-numerische Spalten erweitern: Um ein Datum `datum`, wann die Wohnungsanzeige inseriert wurde, und um einen String `ort`. Die lineare Regression funktioniert nämlich auch bei solchen Eingabedaten. Allerdings müssen wir die Datumswerte und Strings erst in Zahlen umwandeln. Wir beginnen im folgenden Listing erst einmal mit dem Datum:

```
data = {'qm': [24, 40, 55, 60, 73, 95, 148],
        'zimmer': [1, 1, 2, 2, 3, 4, 5],
        'datum': ['2007-05-17', '2018-02-05', '2026-01-01',
            '2026-01-01', '2026-01-02', '2026-01-04', '2026-01-04'],
        'ort': ['Berlin', 'Leipzig', 'Berlin',
                'Berlin', 'Berlin', 'Leipzig', 'Leipzig'],
        'miete': [320, 450, 950, 890, 1060, 1535, 2150]}
df = pd.DataFrame(data)
df['datum'] = pd.to_datetime(df['datum'])
```

Die Datumswerte, die in der Spalte `datum` stehen, werden mittels `pd.to_datetime` in `datetime`-Objekte umgewandelt. Damit daraus nun Zahlen werden, bietet Pandas die Funktion `pd.Timestamp.toordinal`. Sie wandelt beispielsweise den 1. Januar 2026 in die Zahl `739617` um; das ist die Anzahl der Tage seit dem 1. Januar 0001.

```
df['datum_num'] = df['datum'].map(pd.Timestamp.toordinal)
```

Um auch den Ort in eine Zahl umzuwandeln, könnte man so vorgehen: Aus Berlin wird 0, aus Leipzig wird 1 usw. Dieses Verfahren nennt man *Label-Encoding*. Bei einem späteren Beispiel werden wir das verwenden. Hier würden wir uns damit aber die Vorhersage verfälschen, weil unsere Orts-Zahlen bezüglich ihrer Größe und Reihenfolge keine besondere Bedeutung haben. Ob Wohnungen in Ort 2 teurer oder günstiger sind als in Ort 1, hängt vor allem von dem Zufall ab, welchem Ort welche Zahl zugewiesen wurde. Besser ist es, hier das sogenannte *One-Hot-Encoding* zu verwenden. Dabei gibt in unserem DataFrame für jeden Ort eine eigene Spalte, also z. B. die Spalte `ort_Leipzig`, `ort_München` usw. Und nur in genau einer dieser Spalten steht ein `True`, in allen anderen ein `False`.

```
df = pd.get_dummies(df, columns=['ort'], drop_first=True)
df
```

	qm	zimmer	datum	miete	datum_num	ort_Leipzig
0	24	1	2007-05-17	320	732813	False
1	40	1	2018-02-05	450	736730	True
...	...	...	...	...	...	...

Tabelle 7.1: DataFrame, mit einer Boolean-Spalte für jeden Ort.

Die Option `drop_first` sorgt dafür, dass der erste Ort (bei uns Berlin) weggelassen wird. Das ist sinnvoll, weil uns die Spalte `ort_Berlin` keinen Mehrwert bieten würde. Eine Wohnung ist genau dann in Berlin, wenn in allen anderen Ortsspalten `False` steht.

scikit-learn interpretiert die Boolean-Werte `True` und `False`, die in unserer Spalte `ort_Leipzig` stehen, als Zahlen, also `1` und `0`, und kann damit unser Modell trainieren. Hier ist das vollständige Beispiel inklusive der Mietpreisvorhersage:

```
import pandas as pd
from sklearn.linear_model import LinearRegression

data = {'qm': [24, 40, 55, 60, 73, 95, 148],
        'zimmer': [1, 1, 2, 2, 3, 4, 5],
        'datum': ['2007-05-17', '2018-02-05', '2026-01-01',
    '2026-01-01', '2026-01-02', '2026-01-04', '2026-01-04'],
        'ort': ['Berlin', 'Leipzig', 'Berlin',
               'Berlin', 'Berlin', 'Leipzig', 'Leipzig'],
        'miete': [320, 450, 950, 890, 1060, 1535, 2150]}
df = pd.DataFrame(data)
df['datum'] = pd.to_datetime(df['datum'])

df['datum_num'] = df['datum'].map(pd.Timestamp.toordinal)

df = pd.get_dummies(df, columns=['ort'], drop_first=True)

X = df[['qm', 'zimmer', 'datum_num', 'ort_Leipzig']]
y = df['miete']

modell = LinearRegression()
modell.fit(X, y)

neu = pd.DataFrame({'qm': [80], 'zimmer': [2],
                    'datum': pd.to_datetime('2026-02-01'),
```

```
                    'ort_Leipzig': [0]})
neu['datum_num'] = neu['datum'].map(pd.Timestamp.toordinal)
neu = neu[['qm', 'zimmer', 'datum_num', 'ort_Leipzig']]
vorhersage = modell.predict(neu)[0]
print("Vorhergesagter Mietpreis:", round(vorhersage, 2), " EUR")
```

In unseren Trainingsdaten wurden die Datumswerte in Zahlen umgewandelt, und mittels `pd.get_dummies` (One-Hot-Encoding) wurden Spalten für die einzelnen Orte hinzugefügt. Bei der neuen Wohnung, deren Preis wir vorhersagen wollen, müssen wir das Gleiche tun. Auch hier wird das Datum in eine Zahl umgewandelt, und anstatt den Ort `"Berlin"` anzugeben, setzen wir in der Spalte `ort_Leipzig` den Wert auf `0`. Kämen unsere Daten aus einer Quelle, in der der Ortsname jedoch ausgeschrieben ist, müssten wir auch sie wieder mittels `pd.get_dummies` in separate Spalten umwandeln. Außerdem müssen wir in einer Schleife weitere Spalten für diejenigen Orte hinzufügen, die zwar in unseren Trainingsdaten vorkamen, nicht aber in unserem neuen Datensatz. Die `predict`-Methode verlangt nämlich, dass der übergebene neue DataFrame genau die gleichen Spalten in der gleichen Reihenfolge hat wie der DataFrame, mit dem wir das Modell trainiert haben. In unseren Beispielen wurde letzterer `X` genannt und bestand aus allen Spalten des ursprünglichen DataFrames `df`, lediglich ohne den Mietpreis.

Die Einflussfaktoren, die dem Modell sagen, worauf es achten soll, werden auch *Features* genannt. In unserem Fall hatten wir die Features `qm`, `zimmer`, `datum_num` und `ort_leipzig`. Unsere Rohdaten dagegen hatten ein leicht anderes Format. Dort lag das Datum noch als `datetime`-Wert vor und der Ort als String. Man nennt den Prozess, aus Rohdaten nützliche Features zu extrahieren, *Feature Engineering*. Das Ziel dabei ist es, Features so zu wählen, dass die Vorhersagequalität verbessert wird. Manchmal ist es dabei auch hilfreich, ganz neue Features zu erstellen und ihre Werte aus den Rohdaten zu berechnen, z. B. `qm_pro_zimmer`. Auch eine Normalisierung der Werte, z. B. auf einen Bereich zwischen 0 und 1, kann dafür sorgen, dass die KI besser lernen kann.

7.3 Klassifikation mittels logistischer Regression

Was die lineare Regression vorhersagt, ist immer eine Zahl: So viel Euro wird die Wohnung kosten. So viele Brötchen werden voraussichtlich heute verkauft. So viele Stunden läuft die Maschine vermutlich noch, bevor sie kaputtgeht. Nun möchten wir eine Klassifikation durchführen. Dabei geht es darum, für einen neuen Datensatz eine Klasse vorherzusagen. Eine Klasse ist so etwas wie eine Kategorie oder ein Label. Wenn uns beispielsweise als Eingabedaten chemische Analysewerte von Weinen vorliegen sowie die Information, ob der Wein ein Weißwein, Rotwein oder Rosé ist, kann man eine KI darauf trainieren. Diese wird dann in der Lage sein, neue Weine in ebendiese Kategorien Weißwein, Rotwein und Rosé einzuordnen. Auch ist es mit Klassifikationsalgorithmen möglich, die Herkunft von Kaffeebohnen vorherzusagen, ebenfalls basierend auf chemischen Eigenschaften oder auf Geschmackstests. Und wenn die Eingabedaten in Form von Texten, Bildern oder Audiodateien vorliegen, kann eine Klassifikation Vorhersagen über die Stimmung im Text (positiv, neutral, negativ), die Tierart auf einem Foto (Hund, Katze, Maus) oder das Musikgenre (Rock, Pop, Jazz, Klassik) machen.

Wir fangen mit einem Beispiel an, bei dem es nur zwei Klassen gibt. Das hat man in der Praxis nämlich auch oft: Eine E-Mail ist entweder Spam oder nicht. Der Kunde bekommt den Kredit oder eben nicht. Der Patient hat Diabetes oder nicht. In unserem Beispiel haben wir einen DataFrame mit Freunden, die wir auf eine Party eingeladen haben. Wir möchten nun für jede Person, die noch nicht zugesagt hat, vorhersagen: Wird diese Person zusagen oder nicht? Mit dieser Schätzung können wir dann frühzeitig mit der Planung fürs Catering und mehr beginnen.

```
data = {
    'Name': ['Anna', 'Ben', 'Chris', 'David', 'Eva', 'Felix', 'Gabi',
             'Volker'],
    'Freundschaft_jahre': [5, 2, 10, 1, 3, 7, 4, 6],
    'vorherige_Zusagen': [3, 0, 5, 1, 2, 4, 2, 3],
    'Entfernung_km': [2, 15, 1, 20, 8, 3, 5, 7],
    'zusage': [1, 0, 1, 0, 1, 1, 0, None]  # 1=ja, 0=nein, None=Noch
                                            # keine Antwort
}

df = pd.DataFrame(data)
```

Verwende diese Daten, um für die Personen, die noch keine Antwort gegeben haben, vorherzusagen, ob sie für die Party zu- oder absagen werden.

Alles klar! Du möchtest also die `zusage` für die Person(en) mit `None` vorhersagen, basierend auf den vorhandenen Daten. Wir können dafür ein einfaches maschinelles Lernmodell wie Logistic Regression verwenden, da die Zielvariable `zusage` binär ist (`1` = ja, `0` = nein).

Hier ist ein Schritt-für-Schritt-Beispiel in Python:

```
import pandas as pd
from sklearn.linear_model import LogisticRegression
from sklearn.impute import SimpleImputer
```

```
# Daten
data = {
    'Name': ['Anna', 'Ben', 'Chris', 'David', 'Eva', 'Felix', 'Gabi',
             'Volker'],
    'Freundschaft_jahre': [5, 2, 10, 1, 3, 7, 4, 6],
    'vorherige_Zusagen': [3, 0, 5, 1, 2, 4, 2, 3],
    'Entfernung_km': [2, 15, 1, 20, 8, 3, 5, 7],
    'zusage': [1, 0, 1, 0, 1, 1, 0, None]
}

df = pd.DataFrame(data)

# Features und Zielvariable
X = df[['Freundschaft_jahre', 'vorherige_Zusagen', 'Entfernung_km']]
y = df['zusage']

# Trenne bekannte Antworten von unbekannten
X_train = X[y.notnull()]
y_train = y[y.notnull()]
X_predict = X[y.isnull()]

# Modell trainieren
model = LogisticRegression()
model.fit(X_train, y_train)

# Vorhersage
predictions = model.predict(X_predict)

# Ergebnisse anzeigen
df.loc[y.isnull(), 'zusage'] = predictions
print(df)
```

In dem DataFrame, der am Ende angezeigt wird, werden wir sehen, dass die KI vorhergesagt hat, dass Volker zusagen wird.

Das Vorgehen ähnelt den vorherigen Beispielen in diesem Kapitel: Zuerst werden die Features wieder in die Variable `X` geschrieben. Danach wird `X` in zwei Teile zerlegt: In die Trainingsdaten `X_train`, mit denen unser Modell trainiert wird, und in `X_predict`. Ersteres sind diejenigen Personen, die schon zu- oder abgesagt haben. Zweiteres ist in unserem Beispiel nur Volker – er hat noch keine Rückmeldung gegeben (`zusage` ist `None`). Für ihn möchten wir vorhersagen, ob er zusagen wird oder nicht. Das Vorgehen mit `fit` und `predict` kennst du schon aus den Beispielen mit der linearen Regression, mit dem Unterschied, dass wir nun den Algorithmus `LogisticRegression` verwenden. Dahinter steckt also eine andere Formel. Sie liefert letztendlich eine Wahrscheinlichkeit, ob ein Datensatz zu einer bestimmten Klasse gehört, also in unserem Fall Volkers Zusagewahrscheinlichkeit. Wir können uns diese Wahrscheinlichkeit sogar ausgeben lassen, indem wir statt `predict` die Methode `predict_proba` verwenden, aber für uns reicht die Aussage, ob Volker zusagt (`1`) oder nicht (`0`). Ebensolche Einsen und Nullen stehen ja auch schon für die anderen Gäste in den Eingabedaten. Die Vorhersagen werden praktischerweise in unseren ursprünglichen DataFrame zurückgeschrieben, somit liegen uns nun für alle Personen alle Daten vor, entweder weil sie im ursprünglichen DataFrame bereits vorhanden waren oder weil der Algorithmus sie vervollständigt hat. Mit `df['zusage'].sum()` könnten wir jetzt die Anzahl der Zusagen berechnen. In unserem Fall sind es fünf, weil vier Personen (Anna, Chris, Eva und Felix) schon zugesagt haben und eine Person (Volker) laut der KI vermutlich auch zusagen wird.

Die logistische Regression kann über einen Parameter `multi_class='multinomial'` auch dazu eingesetzt werden, mit mehr als zwei Klassen umzugehen. Damit könnten wir zum Beispiel vorhersagen, was Volker bei der Party gern essen möchte: Bratwurst, Grillkäse oder einen Gemüsespieß? Wenn ein Teil der Gäste bereits geantwortet hat, was sie essen möchten, kann die KI für die übrigen Gäste deren Essen vorhersagen. Das machen wir in diesem Buch aber nicht mit multinomialer logistischer Regression, sondern verwenden einen Algorithmus, der sich *Random Forest* nennt.

7.4 Entscheidungsbäume und Random Forests

Ein Entscheidungsbaum besteht aus ganz vielen Wenn-dann-Regeln. Der folgende Entscheidungsbaum dient dazu, sich für das passende Essen bei einer Party zu entscheiden:

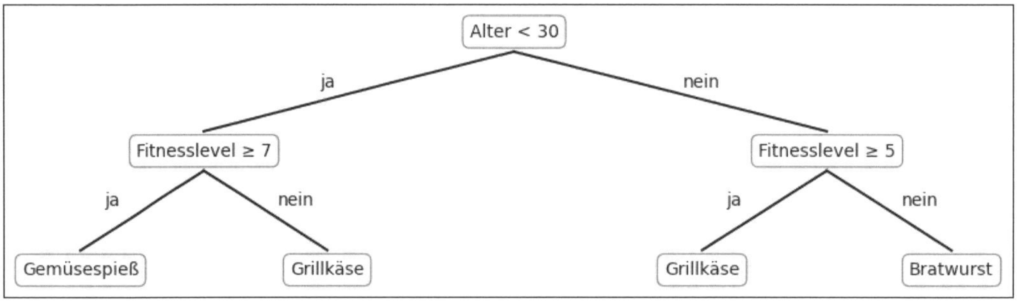

Abbildung 7.3: Entscheidungsbaum, der basierend auf dem Alter und Fitnesslevel einer Person ein Essen vorschlägt

In den inneren Knoten des Entscheidungsbaums steckt jeweils eine Überprüfung, ob ein bestimmtes Feature einen gewissen Schwellenwert überschreitet. Wenn wir ganz oben im

Baum an seiner Wurzel anfangen und uns dann bis nach unten zu den Blättern durchnavigieren, treffen wir dort auf die Kategorie, für die sich entschieden wurde. Wir müssen uns die Kriterien, nach denen Ebene für Ebene entschieden wird, wie wir im Baum abbiegen, aber nicht selbst überlegen. Das machen wir mittels Machine Learning. In Python können wir uns Entscheidungsbäume erstellen lassen, indem wir den Random-Forest-Algorithmus verwenden. Dieser Algorithmus erzeugt sehr viele Bäume auf einmal, die jeweils auf zufälligen Stichproben aus den Trainingsdaten trainiert wurden und die in jedem Entscheidungsknoten nur eine zufällige Teilmenge der Features überprüfen. Und wenn die Mehrheit der Bäume am Ende sagt, dass Volker den Grillkäse will, dann wird eben das die Vorhersage des Random-Forest-Algorithmus sein.

```
data = {
    'Name': ['Anna', 'Ben', 'Chris', 'David', 'Eva', 'Felix', 'Gabi',
             'Volker'],
    'Alter': [25, 32, 28, 45, 22, 38, 30, 40],
    'Fitnesslevel': [7, 4, 8, 5, 9, 3, 6, 8],
    'Essen': ['Gemüsespieß', 'Bratwurst', 'Gemüsespieß', 'Grillkäse',
              'Gemüsespieß', 'Bratwurst', 'Grillkäse', None]
}

df = pd.DataFrame(data)
```

Verwende Random Forest für eine Essensvorhersage für diejenigen Personen, die noch kein Essen gewählt haben.

Alles klar! Wir können den Random Forest Classifier verwenden, um vorherzusagen, welches Essen eine Person wählen könnte, basierend auf den Merkmalen Alter und Fitnesslevel. Ich erkläre Schritt für Schritt, wie das geht.

Hier ist ein Beispiel in Python:

```
import pandas as pd
from sklearn.ensemble import RandomForestClassifier
from sklearn.preprocessing import LabelEncoder

# Dein Datensatz
data = {
    'Name': ['Anna', 'Ben', 'Chris', 'David', 'Eva', 'Felix', 'Gabi',
             'Volker'],
    'Alter': [25, 32, 28, 45, 22, 38, 30, 40],
```

```
    'Fitnesslevel': [7, 4, 8, 5, 9, 3, 6, 8],
    'Essen': ['Gemüsespieß', 'Bratwurst', 'Gemüsespieß', 'Grillkäse',
              'Gemüsespieß', 'Bratwurst', 'Grillkäse', None]
}

df = pd.DataFrame(data)

# Trenne Trainings- und Vorhersagedaten
train_df = df[df['Essen'].notna()].copy()
predict_df = df[df['Essen'].isna()]

# Label-Encoding für die Zielvariable
le = LabelEncoder()
train_df['Essen_encoded'] = le.fit_transform(train_df['Essen'])

# Merkmale und Ziel
X_train = train_df[['Alter', 'Fitnesslevel']]
y_train = train_df['Essen_encoded']

# Random Forest trainieren
rf = RandomForestClassifier(n_estimators=100, random_state=42)
rf.fit(X_train, y_train)

# Vorhersage für die fehlenden Werte
X_predict = predict_df[['Alter', 'Fitnesslevel']]
pred_encoded = rf.predict(X_predict)

# Encodierte Vorhersagen zurück in Labels umwandeln
pred_labels = le.inverse_transform(pred_encoded)

# Ergebnisse in DataFrame einfügen
df.loc[df['Essen'].isna(), 'Essen'] = pred_labels

print(df)
```

Das Vorgehen kennen wir schon: Die Daten werden in Trainingsdaten `X_train` und Vorhersagedaten `X_predict` aufgeteilt. Letzteres sind die Personen, für die wir ein Essen vorhersagen wollen, also Volker. Es wird der `LabelEncoder` verwendet, um mittels `le.fit_transform` die Essensbezeichnungen in Zahlen umzuwandeln. Beispielsweise könnte aus

Gemüsespieß eine `0`, aus Bratwurst eine `1` und aus Grillkäse eine `2` werden. Mit `rf.fit` lernt der Random Forest, unter welchen Bedingungen unsere Gäste welches Essen wählen. Wenden wir dieses Modell auf die Testdaten an, sagt uns `rf.predict` voraus, was Volker essen wird. Damit wir daraus wieder eine aussagekräftige Bezeichnung bekommen und keine `0`, `1` oder `2`, wird die vorhergesagte Nummer wieder mit `le.inverse_transform` zurückgewandelt; in unserem Falle ist die Vorhersage: Gemüsespieß. In unserem Fall werden einhundert zufällige Entscheidungsbäume erzeugt. Daher kann die Vorhersage auch variieren. Vor allem bei unserer sehr kleinen Menge an Trainingsdaten ist das trainierte Modell ganz und gar nicht stabil. Das Vorhersageergebnis hängt damit stark davon ab, welche Merkmale in den Bäumen zufällig gewählt wurden. Außerdem lässt sich am Ende nur sehr schwer nachvollziehen, warum Volker der Gemüsespieß empfohlen wird.

Den Parameter `random_state=42` werden wir in späteren Beispielen noch öfter sehen. Auf welchen Wert wir ihn setzen, ist nicht so wichtig. Nur wenn wir den Parameter ganz weglassen, kämen bei jeder Ausführung andere Entscheidungsbäume heraus. Setzen wir den `random_state` aber auf eine immer gleiche Zahl, sorgt das dafür, dass bei jeder Ausführung die gleichen Zufallszahlen erzeugt werden. Das ist hilfreich, um verschiedene Algorithmen und Parametereinstellungen besser miteinander vergleichen zu können.

7.5 KNN: k-Nearest Neighbors

k-Nearest Neighbors ist ein simpler Algorithmus, der - wie der Name schon sagt - die k nächsten Nachbarn sucht. Wenn wir uns beispielsweise alle deutschen Großstädte hernehmen und $k = 3$ wählen, können wir mit KNN zu einem Punkt auf der Karte die drei nächsten Städte finden. Wenn unser Punkt beispielsweise in Esslingen am Neckar ist, liefert der Algorithmus die Städte Stuttgart, Reutlingen und Ulm zurück, weil diese jeweils 10 km, 29 km und 63 km Luftlinie von Esslingen entfernt sind und alle anderen Großstädte eine größere Entfernung haben.

Nun ist es vielleicht schwierig vorstellbar, dass wir unsere Essensvorhersage vom vorherigen Teilkapitel ebenfalls mit diesem Algorithmus ausführen können. Aber für genau solche KI-Einsatzbereiche, wo es um Empfehlungen, Klassifikationen und um Vorhersagen geht, kommt KNN häufig zum Einsatz. In unserem Beispiel möchten wir vorhersagen, für welches der drei Essen sich Volker am wahrscheinlichsten entscheiden wird: Bratwurst, Grillkäse oder den Gemüsespieß. Diese Empfehlung soll die KI wieder anhand der beiden Features Alter und Fitnesslevel sowie einer Menge von Trainingsdaten bestimmen. Die Trainingsdaten bestehen aus dem Alter, dem Fitnesslevel und den Essenswünschen der anderen Partygäste. Die Idee ist nun, dass wir die k nächsten Nachbarn finden, also bei $k = 3$ die drei Partygäste, die Volker am ähnlichsten sind. Abbildung 7.4 verdeutlicht, was nah bzw. ähnlich in diesem Fall bedeutet. Dazu wird jeder Gast - auch Volker - als Punkt auf einer zweidimensionalen Fläche eingezeichnet.

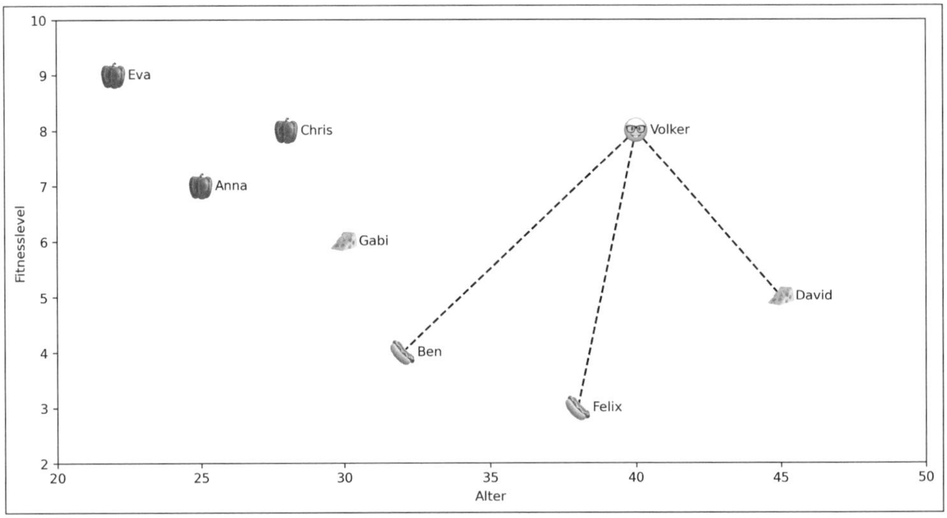

Abbildung 7.4: Der KNN-Algorithmus findet die drei Punkte, die Volker am nächsten sind.

KNN bestimmt den Abstand zwischen zwei Feature-Vektoren mit der euklidischen Distanz, also mit dem Satz des Pythagoras. Da Volker 40 Jahre alt ist und ein Fitnesslevel von 8 hat, berechnet sich die Distanz zu einem Nachbarn *x* wie folgt:

$$Distanz(Volker, x) = \sqrt{(40 - x_{alter})^2 + (8 - x_{fitnesslevel})^2}$$

In unserem Beispiel sind seine nächsten Nachbarn Felix, David und Ben. Da es bei unserem Anwendungsfall um eine Klassifikation geht, können wir uns die Klassen der nächsten Nachbarn anschauen (Bratwurst, Grillkäse, Bratwurst), und die Mehrheit der Klassen bildet dann Volkers Essensempfehlung. In unserem Fall würde Volker also die Bratwurst empfohlen. Diese Empfehlung sollten wir aber nicht einfach so hinnehmen, sondern uns fragen, ob sie sinnvoll ist. In der Formel, die wir uns gerade angeschaut haben, hätte ein Altersunterschied von 8 Jahren eine genauso große Auswirkung auf die Distanz wie ein Unterschied von 8 im Fitnesslevel. Letzteres sollte jedoch einen viel stärkeren Einfluss auf die Distanz haben, weil das Fitnesslevel ja nur von 0 bis 10 geht. Daher ist es hier sinnvoll, sowohl das Alter als auch das Fitnesslevel auf eine Skala von 0 bis zu 1 zu bringen. Der jüngste Gast hat nun das Alter 0, der älteste 1. Das Gleiche machen wir für das Fitnesslevel, siehe Abbildung 7.5.

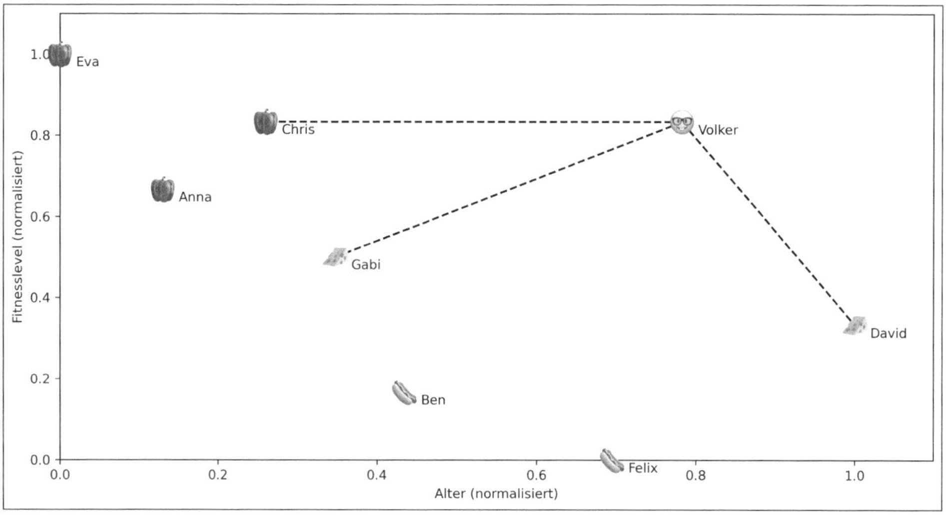

Abbildung 7.5: KNN mit normierten Werten von 0 bis 1 für die beiden Features Alter und Fitnesslevel

Nun würde Volker der Grillkäse empfohlen, weil dies die Essenswahl der Mehrheit der drei ihm ähnlichsten anderen Gäste ist. Nun lassen wir ChatGPT den Programmcode generieren, um die drei nächsten Nachbarn zu bestimmen.

```
data = {
    'Name': ['Anna', 'Ben', 'Chris', 'David', 'Eva', 'Felix', 'Gabi',
             'Volker'],
    'Alter': [25, 32, 28, 45, 22, 38, 30, 40],
    'Fitnesslevel': [7, 4, 8, 5, 9, 3, 6, 8],
    'Essen': ['Gemüsespieß', 'Bratwurst', 'Gemüsespieß', 'Grillkäse',
              'Gemüsespieß', 'Bratwurst', 'Grillkäse', None]
}
df = pd.DataFrame(data)
```

Normalisiere Alter und Fitnesslevel und berechne dann eine Essensempfehlung für alle, die `Essen=None` *haben mittels KNN. Wähle k=3.*

Alles klar! Wir können das Schritt für Schritt mit Python und `scikit-learn` machen. Ich zeig dir genau, wie du Alter und Fitnesslevel normalisierst und dann `KNeighborsClassifier` benutzt, um die fehlenden Essenswerte (`None`) zu schätzen.

```
import pandas as pd
from sklearn.preprocessing import MinMaxScaler
from sklearn.neighbors import KNeighborsClassifier

# Deine Daten
data = {
    'Name': ['Anna', 'Ben', 'Chris', 'David', 'Eva', 'Felix', 'Gabi',
             'Volker'],
    'Alter': [25, 32, 28, 45, 22, 38, 30, 40],
    'Fitnesslevel': [7, 4, 8, 5, 9, 3, 6, 8],
    'Essen': ['Gemüsespieß', 'Bratwurst', 'Gemüsespieß', 'Grillkäse',
              'Gemüsespieß', 'Bratwurst', 'Grillkäse', None]
}

df = pd.DataFrame(data)

# Normalisierung von Alter und Fitnesslevel
scaler = MinMaxScaler()
df[['Alter', 'Fitnesslevel']] = scaler.fit_transform(df[['Alter',
                                   'Fitnesslevel']])

# Trainingsdaten für KNN: nur Zeilen mit Essen != None
train_data = df[df['Essen'].notna()]
X_train = train_data[['Alter', 'Fitnesslevel']]
y_train = train_data['Essen']

# Testdaten: Zeilen mit fehlendem Essen
test_data = df[df['Essen'].isna()]
X_test = test_data[['Alter', 'Fitnesslevel']]

# KNN-Classifier
knn = KNeighborsClassifier(n_neighbors=3)
knn.fit(X_train, y_train)

# Vorhersage der Essensempfehlungen
predictions = knn.predict(X_test)
```

```
# Ergebnisse in den DataFrame einfügen
df.loc[df['Essen'].isna(), 'Essen'] = predictions

print(df)
```

Im ersten Schritt werden die Werte in den Spalten `Alter` und `Fitnesslevel` mittels `scaler.fit_transform` auf Werte von 0 bis 1 normalisiert. Danach enthält `X_train` die Features (Alter und Fitnesslevel) derjenigen Gäste, die bereits ein Essen gewählt haben. `y_train` enthält deren Essensauswahl. `X_test` ist ein DataFrame mit den Gästen, deren Essen wir vorhersagen möchten, in unserem Fall also nur Volker. Danach wird wieder so, wie wir es aus den vorherigen Machine-Learning-Beispielen kennen, `fit` zum Training und `predict` für die Vorhersage aufgerufen. Im resultierenden DataFrame können wir dann nachschauen, dass bei Volker nun das Essen Grillkäse steht.

KNN ist ein sehr simpler, aber mächtiger Algorithmus, der nach dem einfachen Prinzip arbeitet, zu einem unbekannten Datenpunkt zunächst die ähnlichsten Datenpunkte in den Trainingsdaten zu suchen und dann basierend darauf eine Entscheidung zu treffen. In unserem Fall wurde Volker Grillkäse empfohlen, weil dies die Mehrheit seiner ähnlichsten Nachbarn auch gesagt hat. KNN lässt sich aber auch zu Regressionszwecken nutzen. Darunter versteht man, dass keine Klasse vorhergesagt werden soll, sondern ein numerischer Wert, z. B. wie viele Getränke Volker vermutlich trinken wird. Hier werden wieder die *k* nächsten Nachbarn bestimmt, und dann wird der Mittelwert ihrer Getränkeanzahlen berechnet.

Ein großer und wesentlicher Unterschied von KNN zu den Algorithmen, die wir bisher betrachtet haben, ist, dass hier kein Modell trainiert wird. Bei linearer und logistischer Regression und beim Random-Forest-Algorithmus braucht man, um Vorhersagen zu treffen, nur noch das trainierte Modell. Bei KNN sind die kompletten Trainingsdaten nötig, um darin die nächsten Nachbarn zu suchen. Das ist speicherintensiv und kann bei großen Datensätzen langsam sein, weil ja der Abstand zu jedem einzelnen Datenpunkt berechnet werden muss. Auf der anderen Seite ist KNN aber leicht zu implementieren und intuitiv zu verstehen. Beim Random Forest ist es sehr schwer, zu begründen, warum Volker ein bestimmtes Essen empfohlen wurde. Bei KNN ist die Begründung einfach: Weil Chris, David und Gabi, die ihm bezüglich Alter und Fitnesslevel am ähnlichsten sind, mehrheitlich auch lieber Grillkäse essen.

7.6 Support Vector Machines (SVM)

Mit Support Vector Machines kannst du, ähnlich wie mit Random Forest und KNN, ein Modell trainieren, um eine Klassifikation auf deinen Daten auszuführen. Wenn du dir Abbildung 7.6 anschaust, verstehst du bestimmt schon die Funktionsweise:

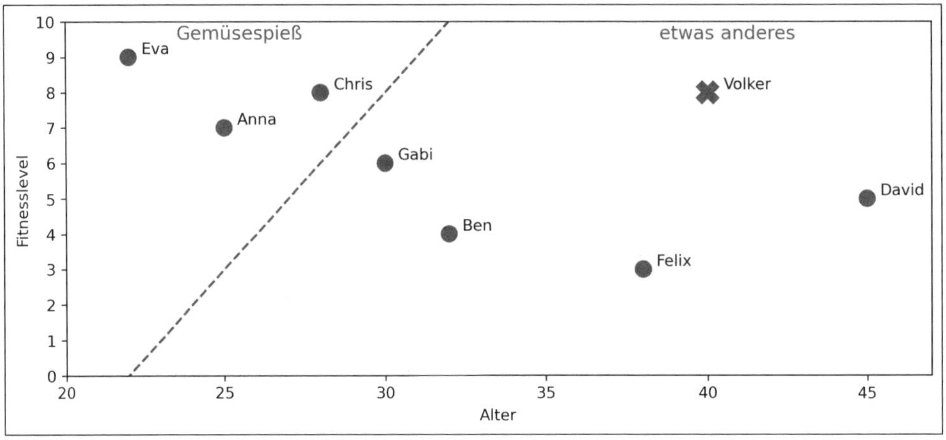

Abbildung 7.6: Die Support Vector Machine trennt die Punkte durch eine lineare Grenze in zwei Klassen.

Es gibt in unserem Beispiel zwei Klassen. Der Algorithmus macht also in diesem einfachsten Fall lediglich eine Ja-Nein-Vorhersage: Will eine Person den Gemüsespieß oder lieber etwas anderes? Dazu lernt die KI basierend auf den Features und Essenswünschen aus den Trainingsdaten und trennt die Daten an einer bestimmten Stelle. Gäbe es nur eine Dimension (Alter), erfolgt die Trennung ab einem bestimmten Punkt, z. B.: Personen, die jünger als 30 sind, empfehlen wir den Gemüsespieß. Bei uns gibt es aber zwei Dimensionen. Hier berechnet der SVM-Algorithmus eine Linie, die die Klassen möglichst gut voneinander trennt. Die Linie liegt so, dass der Abstand zu den nächstgelegenen Punkten jeder Klasse maximal ist. Allen Personen auf der einen Seite der Linie wird das eine empfohlen, allen anderen das andere. Da sich Volker vor allem aufgrund seines Alters rechts von der Linie befindet, wird ihm nicht der Gemüsespieß empfohlen. Hätten wir nicht zwei, sondern drei Features, hätten wir es nicht mit einer Linie, sondern mit einer Ebene im dreidimensionalen Raum zu tun, die die beiden Klassen voneinander trennt. Bei noch mehr Features funktioniert der Algorithmus natürlich auch, aber dann wird es schwieriger, sich das bildlich vorzustellen.

```
data = {
    'Name': ['Anna', 'Ben', 'Chris', 'David', 'Eva', 'Felix', 'Gabi',
             'Volker'],
    'Alter': [25, 32, 28, 45, 22, 38, 30, 40],
    'Fitnesslevel': [7, 4, 8, 5, 9, 3, 6, 8],
    'Essen': ['Gemüsespieß', 'Bratwurst', 'Gemüsespieß', 'Grillkäse',
              'Gemüsespieß', 'Bratwurst', 'Grillkäse', None]
}
```

Zeige den Python-Programmcode, der mit einer SVM für diejenigen, die kein Essen gewählt haben, vorhersagt, ob sie den Gemüsespieß wollen oder nicht.

Alles klar! Ich zeige dir Schritt für Schritt den Python-Code, um mit einer SVM (Support Vector Machine) vorherzusagen, ob Volker (40 Jahre, Fitnesslevel 8) den Gemüsespieß will oder nicht.

```
import pandas as pd
from sklearn.svm import SVC
from sklearn.preprocessing import LabelBinarizer

# Ausgangsdaten
data = {
    'Name': ['Anna', 'Ben', 'Chris', 'David', 'Eva', 'Felix', 'Gabi'],
    'Alter': [25, 32, 28, 45, 22, 38, 30],
    'Fitnesslevel': [7, 4, 8, 5, 9, 3, 6],
    'Essen': ['Gemüsespieß', 'Bratwurst', 'Gemüsespieß',
              'Grillkäse', 'Gemüsespieß', 'Bratwurst', 'Grillkäse']
}

df = pd.DataFrame(data)

# Zielvariable: Möchte Gemüsespieß? -> 1 = Ja, 0 = Nein
df['Gemüsespieß'] = (df['Essen'] == 'Gemüsespieß').astype(int)

# Features: Alter, Fitnesslevel
X = df[['Alter', 'Fitnesslevel']]
y = df['Gemüsespieß']

# SVM Klassifikator
clf = SVC(kernel='linear', probability=True, random_state=42)
clf.fit(X, y)

# Volker: 40 Jahre, Fitnesslevel 8
volker = pd.DataFrame([[40, 8]], columns=['Alter', 'Fitnisslevel'])

# Vorhersage
prediction = clf.predict(volker)[0]
probability = clf.predict_proba(volker)[0][1]

print("Vorhersage für Volker:")
```

```
if prediction == 1:
    print("Volker möchte wahrscheinlich einen Gemüsespieß.")
else:
    print("Volker möchte wahrscheinlich KEINEN Gemüsespieß.")
print(f"Wahrscheinlichkeit: {probability:.2f}")
```

Unserem DataFrame wurde eine neue Spalte namens `Gemüsespieß` hinzugefügt. Bei den Personen aus dem Trainingsdatensatz, die den Gemüsespieß essen möchten, steht in dieser Spalte eine `1`, bei allen anderen eine `0`. Das ist nun die Spalte mit der Zielvariablen, also das, was später vorhergesagt werden soll. Die Features sind wie gehabt Alter und Fitnesslevel. Mit `SVC` initialisieren wir unseren Support-Vector-Machine-Classifier, danach beginnt das Machine Learning auf unseren Trainingsdaten mittels `clf.fit(X, y)`. Um eine Vorhersage zu machen, wird `clf.predict` aufgerufen und der Methode eine Zeile mit zwei Spaltenwerten (`40` Jahre, Fitnesslevel `8`) übergeben. `predict` liefert einen NumPy-Array zurück, in dem für jede Zeile, für die eine Vorhersage gemacht werden soll, eine `0` oder `1` steht. Da wir nur eine Zeile (Volker) übergeben haben, besteht der Array nur aus einem Element. Auf dieses wird mit `[0]` zugegriffen und das Ergebnis in die Variable `prediction` geschrieben. In unserem Fall steht darin die Zahl `0`; Volker bekommt also keinen Gemüsespieß. Das lässt sich auch an der grafischen Visualisierung oben erkennen. Interessant ist an diesem Codebeispiel noch, dass bei unserer SVM der Parameter `probability=True` gesetzt wurde. Das erlaubt es, zusätzlich zur Vorhersage auch auf die Wahrscheinlichkeiten zuzugreifen. `clf.predict_proba` liefert einen Array, in dem für jede Zeile zwei Werte stehen: die Wahrscheinlichkeit gegen und für den Gemüsespieß. In unserem Fall liegen diese Wahrscheinlichkeiten für Volker bei 78 % bzw. 22 %.

Der Parameter `random_state=42` ist in diesem Beispiel eigentlich sinnlos, da bei der linearen Support-Vector-Machine überhaupt nichts vom Zufall abhängt. Bei Random Forest hängt es vom Zufall ab, nach welchen Kriterien Entscheidungen getroffen werden. Hier wird mit einem deterministischen Vorgehen eine Linie zwischen den Datenpunkten gezogen. Der Zufall hat darauf keinen Einfluss. Aber trotzdem schadet das Setzen des `random_state`-Parameters auch nicht.

Im Programmcode wurde die Option `kernel="linear"` gesetzt. Daran lässt sich erkennen, dass SVMs noch zu mehr in der Lage sind, als einfach nur eine gerade Linie durch die Datenpunkte zu ziehen, um sie in die beiden Klassen aufzusplitten. Viele Daten sind nämlich nicht einfach sauber linear trennbar. Für solche Fälle gibt es den sogenannten *Kernel*. Er transformiert Daten so, dass sie in einen höherdimensionalen Raum projiziert werden, in dem sie linear trennbar werden. Ein Beispiel: Junge Leute essen gerne den Gemüsespieß, Menschen mittleren Alters Bratwurst und ältere Personen wieder den Gemüsespieß. Dann kann eine Parabel, z. B. $f(x) = (x_{alter} - 30)^2$, die Daten hier besser trennen als eine Linie. In dem Fall müsste man `kernel="poly"` setzen.

Support-Vector-Machines sind bei kleinen bis mittleren Datensätzen gut geeignet, wenn sich klare Grenzen finden lassen, die die Klassen voneinander separieren, und wenn wir nicht zu viele Features haben. Wir haben die lineare SVM verwendet. Sie zieht eine Linie und macht dementsprechend eine Aufteilung der Daten in Ja und Nein: Gemüsespieß oder etwas anderes. Man könnte nun die »etwas anderes«-Datenpunkte in eine neue SVM stecken und diese darauf trainieren, ob jemand Grillkäse oder wieder etwas anderes will. Da »etwas anderes« hier nur noch Bratwurst ist, hätten wir nun einen Klassifikator, der nicht nur Ja oder Nein, sondern mehrere Klassen vorhersagen kann. Eine solche Kette von Eins-gegen-eins-Entscheidungen müssen wir aber nicht manuell programmieren. *Mehrklassen-SVMs* sind in scikit-learn schon fest eingebaut. Wir übergeben einfach der `fit`-Methode anstelle der Nullen und Einsen die ganze Spalte, in der die Essensnamen stehen:

```
# Features: Alter, Fitnesslevel
X = df[['Alter', 'Fitnesslevel']]
# Zielvariable: Essen (Mehrklassenproblem)
y = df['Essen']

clf = SVC(kernel='linear', probability=True, random_state=42)
clf.fit(X, y)
```

Die Vorhersage `clf.predict(volker)[0]` würde nun den String `"Grillkäse"` liefern.

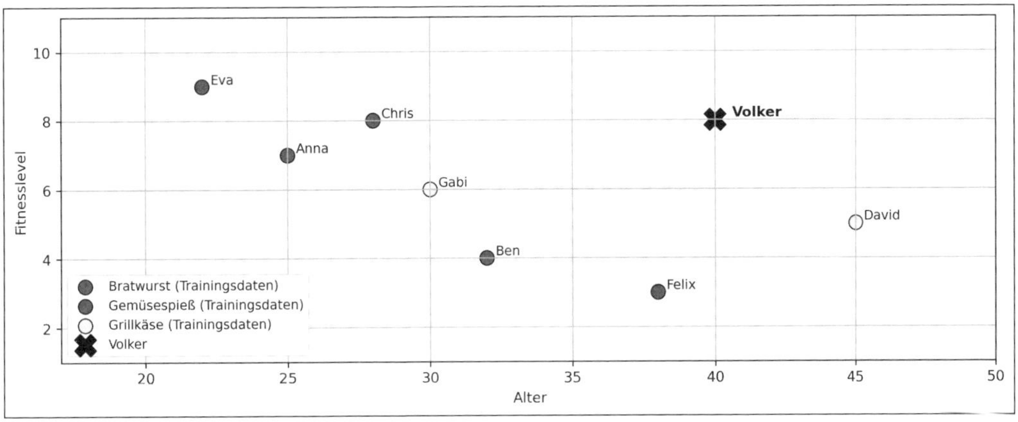

Abbildung 7.7: Die Mehrklassen-SVM unterteilt die Nicht-Gemüsespieß-Klasse mit einer Linie in zwei weitere Klassen.

Dieses und auch das vorherige Diagramm wurde mittels Matplotlib erzeugt, wobei ChatGPT den Programmcode dafür erstellt hat. Dazu wurde im Prompt der Codeausschnitt mit den

Daten und der SVM übergeben und jede Menge Wünsche an das Diagramm mitgeliefert, z. B. welche Farben die Flächen haben sollen. Es waren mehrere Iterationen und Folge-Prompts nötig, auch manuelle Anpassungen am Code mussten noch gemacht werden. Auch die Option »Länger nachdenken« kann helfen, sodass ChatGPT besseren Code produziert.

7.7 Trainings- und Testdaten und Modellbewertung

Bei unserem Random-Forest-Beispiel wurde Volker ein Gemüsespieß empfohlen. Der KNN-Algorithmus mit $k = 3$ empfahl ihm den Grillkäse. Und hätten wir $k = 1$ gewählt, käme auch hier der Gemüsespieß raus, weil nur noch die Essenswahl seines nächsten Nachbarn Chris entscheidend wäre. Welches Verfahren wir auswählen und wie wir Parameter einstellen, ist also entscheidend über die Vorhersage und damit am Ende auch auf die Qualität der Vorhersage. Wir schauen uns nun an, wie wir diese Qualität überhaupt messen können. Das ermöglicht es dann nämlich, dass wir sagen können: Dieses Verfahren ist besser als jenes, und diesen Parameter setzen wir am besten auf diesen Wert.

Um die Machine-Learning-Algorithmen, die wir uns in diesem Kapitel angeschaut haben, durchzuführen, brauchen wir eine Menge von Daten, über die schon alles bekannt ist: Wohnungen, deren Mietpreise wir kennen, und Partygäste, die schon zu- oder abgesagt und ihr Essen bereits gewählt haben. Diese Daten bildeten in unseren Beispielen immer die Trainingsdaten, aus denen die KI lernen kann und mit denen das Modell trainiert wird. Wir werden nun unseren Datensatz in zwei Teile aufteilen: in Trainingsdaten und in Testdaten. Zwar haben wir dann etwas weniger Trainingsdaten, als wenn wir das Modell mit dem kompletten Datenbestand trainieren würden, aber dafür können wir mit Hilfe der Testdaten im Anschluss überprüfen, wie gut unser Modell performt. In den Testdaten steht ja ebenfalls drin, wie teuer eine Wohnung ist und was ein Partygast tatsächlich essen möchte. Und das können wir dann einfach mit der Vorhersage vergleichen, die uns die KI geliefert hat.

Wir nehmen uns nun einen Datensatz her, der zwanzig Wohnungen enthält, und teilen ihn in 80 % Trainingsdaten und 20 % Testdaten auf. Anschließend trainieren wir ein Modell mittels linearer Regression, um damit Wohnungsmieten vorhersagen zu können. Und diese Vorhersagen berechnen wir für unsere Testdaten.

```
import numpy as np
import pandas as pd
from sklearn.linear_model import LinearRegression
from sklearn.model_selection import train_test_split

data = {
    'qm': [24, 40, 55, 60, 73, 95, 148, 85, 120, 50,
           65, 78, 35, 110, 130, 90, 45, 150, 33, 100],
```

```
    'zimmer': [1, 1, 2, 2, 3, 4, 5, 3, 4, 2,
               3, 3, 1, 4, 5, 3, 1, 5, 1, 4],
    'miete': [320, 450, 950, 890, 1060, 1535, 2150, 1300, 1800, 800,
              1150, 1250, 400, 1700, 2000, 1400, 420, 2200, 360, 1550]
}

df = pd.DataFrame(data)

X = df[['qm', 'zimmer']]
y = df['miete']

# Aufteilen in Trainings- und Testdaten (80% Training, 20% Test)
X_train, X_test, y_train, y_test = train_test_split(X, y,
                                   test_size=0.2, random_state=42)

modell = LinearRegression()
modell.fit(X_train, y_train)

y_pred = modell.predict(X_test)

print("Testdaten:\n", X_test)
print("Tatsächliche Mieten:\n", y_test)
print("Vorhergesagte Mieten:\n", y_pred)
```

Die Aufteilung in Trainings- und Testdaten erfolgt zufällig, aber wegen der Einstellung `random_state=42` bei jeder Ausführung gleich. Wir haben in `y_pred` am Ende vier vorhergesagte Mietpreise für vier Wohnungen und können sie mit deren tatsächlichen Preisen vergleichen. Beispielsweise sagt unser Modell für die 24 m^2 große Einzimmerwohnung eine Miete von 352,80 € voraus, die tatsächliche Miete ist 320 €. Das ist ein absoluter Fehler von 32,80 € oder ein relativer Fehler von ca. 10 %.

Unser Modell wurde auf den Trainingsdaten trainiert. Unsere 24 m^2 große Einzimmerwohnung ist nicht Teil dieser Trainingsdaten. Sie hatte also auf das Modell keinen Einfluss. So soll das sein, weil ansonsten die Vorhersage nicht aussagekräftig wäre. Der Fehler von 10 % sagt uns, dass unsere KI einigermaßen gut funktioniert hat. Diesen Fehler sollten wir nun aber für die kompletten Testdaten berechnen, damit wir eine Metrik haben, mit der wir etwas anfangen können und die die Güte unseres Modells bewertet. Wenn wir letztendlich nämlich etwas sehr Schlechtes herausbekommen, ist das ein Indikator für sogenanntes *Overfitting*. Das ist der Fall, wenn das Modell zwar für die Trainingsdaten gut funktioniert, nicht aber auf unbekannte Datensätze übertragbar ist. Für den realen Einsatz wäre dann das Modell nicht zu gebrauchen.

Wir können verschiedene Metriken nutzen, um unser Modell zu bewerten. Eine simple Methode ist der *Root Mean Squared Error* (*RMSE*). Man berechnet diesen Wert, indem man jeden einzelnen Fehler berechnet (z. B. wie oben: 352,80 - 320 = 32,80), diese Differenzen dann quadriert und summiert. Danach teilt man diesen Wert durch die Anzahl der Datensätze und zieht die Wurzel:

$$RMSE = \sqrt{\frac{1}{n}\sum_{i=1}^{n}(test_i - pred_i)^2}$$

Das Quadrieren sorgt zum einen dafür, dass es egal wird, ob sich nach oben oder unten verschätzt wurde. Zum anderen haben dadurch größere Abweichungen von der Vorhersage (*test*) zum tatsächlichen Wert (*pred*) einen umso höheren Einfluss auf den Fehler als viele kleine Abweichungen. Wir können den Root Mean Squared Error auf zwei Arten berechnen. Die erste funktioniert so, dass wir einfach die obige Formel in den Programmcode schreiben und in sie unsere vorhergesagten und echten Werte einsetzen:

```
rmse = np.sqrt(np.mean((y_test - y_pred)**2))
```

Hier wird NumPy verwendet, um zwei Vektoren zu subtrahieren und jeden Wert zu quadrieren. `np.mean` berechnet den Durchschnitt der Werte, indem es sie summiert und das Ergebnis durch ihre Anzahl teilt. Zum Schluss wird die Wurzel gezogen. Die zweite Art, den Root Mean Squared Error zu berechnen, ist der Aufruf der genau dafür vorgesehenen Funktion aus scikit-learn, die wir jedoch zunächst importieren müssen:

```
from sklearn.metrics import root_mean_squared_error
rmse = root_mean_squared_error(y_test, y_pred)
```

Egal, ob wir den RMSE manuell oder mit dieser Funktion berechnen, es kommt das gleiche heraus, in unserem Fall: `57.19`. Mit dieser Zahl können wir etwas anfangen. Sie sagt aus, dass die Vorhersagen im Schnitt 57,19 € vom tatsächlichen Preis abweichen. Für eine Wohnung, die tatsächlich 1.000 € Miete kostet, wird also vermutlich etwas zwischen 942,81 € und 1.057,19 € vorhergesagt. Wäre der RMSE eine größere Zahl, wäre das schlechter; wäre der RMSE `0`, gäbe es keinen Fehler, und es würde immer alles perfekt vorhergesagt – zumindest für unsere Testdaten.

Nun können wir an den Parametern, an der Wahl des KI-Algorithmus oder an den Features etwas verändern und dann schauen, welche Auswirkungen das auf den Fehler hat. Da es jedoch vom Zufall abhängt, welche 20 % unserer Daten zu Testdaten ausgewählt werden, und da dies bei unserer winzigen Datenmenge einen riesigen Einfluss auf den berechneten Fehlerwert hat, ist es wichtig, dass wir beim Aufruf der Funktion `train_test_split` die Option `random_state` setzen. Das sorgt dafür, dass die Aufteilung der Daten in Trainings- und Testdaten zwar zufällig ist, aber zumindest für alle unsere Experimente gleich.

Wenn wir nun testweise einfach die Anzahl der Zimmer aus unseren Features entfernen und das Modell nur mit den Quadratmetergrößen der Wohnungen trainieren, steigt der Fehler von 57,19 auf 85,75. Und würden wir beide Features auf eine Skala von 0 bis 1 skalieren, bliebe der Fehler unverändert bei 57,19 €. Auch mit dem KNN-Algorithmus können wir die Wohnungsmieten vorhersagen. Bei `k=3` erhalten wir einen Fehler von 153,47, bei `k=1` ein Fehler von 61,23. Unser ursprünglicher Ansatz mit der linearen Regression funktioniert also bisher am besten. Bei anderen Daten und größeren Datenmengen kann das natürlich auch ganz anders aussehen.

Der Root Mean Squared Error ist ein praktisches Fehlermaß, lässt sich einfach verstehen und berechnen, und die Zahl, die herauskommt, ist aussagekräftig. Wir hatten in unseren KI-Beispielen aber bisher nicht immer nur mit Zahlen, also mit Regression, zu tun, sondern haben auch Klassifikation verwendet, um für unsere Datensätze eine Klasse vorherzusagen. Damit wir auch bestimmen können, wie gut eine Klassifikation funktioniert, schauen wir uns nun die vier Metriken *Accuracy*, *Precision*, *Recall* und den *F1-Score* an.

	Name	**Alter**	**Fitnesslevel**	**Essen**
0	Anna	25	7	Gemüsespieß
1	Ben	32	4	Bratwurst
2	Clara	28	8	Gemüsespieß
...	...	...	...	...

Tabelle 7.2: Beispiel-DataFrame mit Partygästen und deren Essenwünsche

Wir haben unseren DataFrame mit Partygästen. Jeder Gast hat ein Alter, ein Fitnesslevel und hat bereits geantwortet, was er oder sie auf der Feier gerne essen möchte: Bratwurst, Grillkäse oder einen Gemüsespieß. Das Alter und das Fitnesslevel sind die Features, anhand derer unser Klassifizierungsalgorithmus lernen soll, unter welchen Bedingungen jemand was essen möchte. Dazu haben wir in diesem Kapitel den Random-Forest-Algorithmus verwendet und das Gleiche nochmal mit K-Nearest Neighbors (KNN) sowie mit Support Vector Machines (SVM) gemacht. Dabei haben wir schon beobachtet, dass je nach Wahl des Algorithmus und Einstellung der Parameter für Volker, der noch keine Essenswahl getroffen hat, etwas Unterschiedliches vorhergesagt wurde, entweder Grillkäse oder Gemüsespieß. Wir können uns nun also fragen, was davon die bessere Empfehlung ist. Das wissen wir natürlich leider erst, wenn uns Volker die Antwort gibt. Daher gehen wir auch jetzt wieder so vor, dass wir unsere Daten zunächst in Trainings- und Testdaten aufteilen. Wir nehmen also den

DataFrame mit unseren Partygästen, die bereits eine Essenswahl getroffen haben, und splitten sie in zwei DataFrames auf. Danach trainieren wir das Modell mit den Trainingsdaten und berechnen eine Vorsage für die Testdaten:

```
import pandas as pd
from sklearn.model_selection import train_test_split
from sklearn.ensemble import RandomForestClassifier
from sklearn.metrics import classification_report, f1_score

data = {
    'Name': [
        'Anna', 'Ben', 'Clara', 'David', 'Eva', 'Felix',
        'Gina', 'Hannah', 'Ian', 'Julia', 'Kevin', 'Laura',
        'Markus', 'Nina', 'Oliver', 'Paula', 'Quentin'
    ],
    'Alter': [25, 32, 28, 45, 22, 38, 30, 27, 34, 29, 41, 24,
              36, 31, 39, 26, 33],
    'Fitnesslevel': [7, 4, 8, 5, 9, 3, 6, 6, 5, 7, 4, 8,
                     3, 9, 4, 7, 6],
    'Essen': [
        'Gemüsespieß', 'Bratwurst', 'Gemüsespieß', 'Grillkäse',
        'Gemüsespieß', 'Bratwurst', 'Grillkäse',  'Grillkäse',
        'Bratwurst',  'Gemüsespieß', 'Grillkäse', 'Gemüsespieß',
        'Bratwurst', 'Gemüsespieß', 'Bratwurst', 'Grillkäse',
        'Gemüsespieß'
    ]
}

df = pd.DataFrame(data)

# Features und Ziel
X = df[['Alter', 'Fitnesslevel']]
y = df['Essen']

# 80:20 Split
X_train, X_test, y_train, y_test = train_test_split(X, y,
                                    test_size=0.2, random_state=42)

# Random Forest Modell
rf = RandomForestClassifier(n_estimators=100, random_state=42)
rf.fit(X_train, y_train)
```

```
# Vorhersagen
y_pred = rf.predict(X_test)

# Ergebnisse
print("Vorhersagen:", y_pred)
print("\nEchte Labels:", y_test.values)
```

Für dieses Beispiel wurde der Datensatz um ein paar mehr Personen erweitert, er ist jedoch immer noch sehr klein. Die nun 17 Personen wurden in 80 % Trainingsdaten (13 Personen) und 20 % Testdaten (4 Personen) aufgeteilt. Alle diese Personen haben bereits eine Essenswahl getroffen. Mit den Features und der Essenswahl der 13 Personen im Trainingsdatensatz wird das Modell trainiert, danach werden die Vorhersage und die tatsächliche Essenswahl der vier Personen im Testdatensatz ausgegeben:

```
Vorhersagen: ['Gemüsespieß' 'Gemüsespieß' 'Bratwurst' 'Gemüsespieß']
Echte Labels: ['Gemüsespieß' 'Bratwurst' 'Bratwurst' 'Grillkäse']
```

Wir sehen also, dass zwei von vier Vorhersagen korrekt waren:

$$Accuracy = \frac{Korrekte\ Vorhersagen}{Alle\ Vorhersagen} = \frac{2}{4} = 0.5 = 50\%$$

Für unser Beispiel ist die *Accuracy* auf den ersten Blick ein gutes Fehlermaß. Würde für alle unsere Testdaten eine korrekte Vorhersage gemacht, läge sie bei 100 %. Bei uns ist sie aber nur 50 %, das heißt, eine Vorhersage ist nur in der Hälfte der Fälle korrekt. Stelle dir aber nun mal einen anderen Anwendungsfall vor, in dem es um die Erkennung von Spam-Mails geht. Der Algorithmus bekommt einhunderttausend E-Mails und soll vorhersagen, ob es sich um eine Spam-Mail handelt oder nicht. Angenommen, 0,1 % der Mails sind tatsächlich Spam (also 100 von 100.000). Wenn der Algorithmus einfach immer »kein Spam« vorhersagt, hat er trotzdem eine Accuracy von 99,9 % – weil er bei den 99.900 normalen E-Mails richtig liegt. Die 100 wichtigen Fälle werden übersehen. Genau das ist der Nachteil des Accuracy-Scores: Er sagt nichts darüber aus, wie gut ein Modell eine kritische kleine Klasse erkennt. Dafür sind Precision, Recall und der F1-Score viel aussagekräftiger.

Die Größen *Precision* und *Recall* werden für jede einzelne Klasse berechnet, und zwar wie folgt:

- *TP* – True Positives (Klasse wurde korrekt vorhergesagt.)
- *FP* – False Positives (Klasse wurde falsch vorhergesagt.)
- *FN* – False Negatives (Klasse hätte vorhergesagt werden sollen; wurde sie aber nicht.)
- $Precision = \frac{TP}{TP + FP}$
- $Recall = \frac{TP}{TP+FN}$

Bei unserer Spam-Erkennung, bei der der Algorithmus immer »kein Spam« vorhersagt, wäre die Precision für die Klasse »Spam« extrem schlecht, und zwar 0, weil die Anzahl der True Positives 0 ist. Keine E-Mail, die tatsächlich Spam ist, wurde korrekt als solche erkannt. Auch der Recall ist 0, weil kein einziges Mal Spam erkannt wurde.

Für unsere Essensvorhersage können wir die Größen Precision und Recall für jede unserer drei Klassen Bratwurst, Grillkäse und Gemüsespieß berechnen:

```
print(classification_report(y_test, y_pred))
```

```
              precision    recall  f1-score   support

   Bratwurst       1.00      0.50      0.67         2
 Gemüsespieß       0.33      1.00      0.50         1
   Grillkäse       0.00      0.00      0.00         1

    accuracy                           0.50         4
   macro avg       0.44      0.50      0.39         4
weighted avg       0.58      0.50      0.46         4
```

Die Precision für die Klasse Bratwurst ist 100 %, weil jeder, dem Bratwurst vorhergesagt wurde, auch tatsächlich die Bratwurst gewählt hätte ($TP = 1$, $FP = 0$). Der Recall ist hier aber nur 50 %, weil man einer weiteren Person noch Bratwurst hätte vorhersagen sollen ($TP = 1$, $FN = 1$). Die Precision ist bei der Bratwurst also gut, der Recall nicht so gut. Und beim Gemüsespieß ist es genau umgekehrt. Es ist oft so, dass man eine hohe Precision mit einem niedrigen Recall bezahlt. Hätten wir einfach jeder Person den Gemüsespieß vorhergesagt, wäre die Precision sehr niedrig, weil es viele False Positives gibt, aber der Recall sehr hoch, weil es wenige False Negatives gibt. Damit man am Ende Precision und Recall auf eine aussagekräftige Zahl reduzieren kann, gibt es den *F1-Score*, der sich wie folgt berechnet:

$$F1 = 2 \cdot \frac{Precision \cdot Recall}{Precision + Recall}$$

An dieser Formel sieht man schon: Wenn eine der beiden Größen Precision oder Recall 0 wären, wäre auch der F1-Score 0. Und für eine perfekte Vorhersage, bei der die Precision und der Recall 1 sind, ist auch der F1-Score 1. Wir haben also mit dem F1-Score wieder einen Wert, der zwischen 0 und 1 liegt. Je höher er ist, desto besser ist die Vorhersage. Für unsere Klassen Bratwurst, Gemüsespieß und Grillkäse liegt er bei 0,67, 0,5 und 0, was sich auch oben im Classification-Report ablesen lässt. Der Durchschnitt dieser Zahlen ist 0,39. Dieser Score wird *Macro F1* genannt und steht im oben dargestellten Classification-Report unter `macro avg`. Beim *Weighted Avg* wird jeder einzelne F1-Score vor der Berechnung des Durchschnitts noch mit der Anzahl der Vorkommen im Testdatensatz multipliziert. Diese Anzahl wird auch *Support* genannt und wird ebenfalls im Classification-Report gezeigt. Der

Weighted F1 hat ähnliche Vor- und Nachteile wie auch die Accuracy. Bei der Spam-Vorhersage, bei der einfach immer »kein Spam« vorhergesagt wird, wäre der Weighted F1 sehr hoch, weil es für die Klasse »kein Spam« viel mehr Daten gibt und diese viel stärker gewichtet würden. Je nachdem, wie die Daten aussehen und was uns bei Vorhersagen wichtig ist, kann also mal das eine Fehlermaß, mal das andere sinnvoller sein. Sollen die großen Klassen den Score dominieren, ist der Weighted F1 sinnvoll. Sollen alle Klassen, egal wie groß, einen Einfluss haben, ist der Macro F1 besser. Und wenn es keine kritischen kleinen Klassen gibt und der Datensatz balanciert, also ungefähr gleichverteilt ist, kann die Accuracy ein sinnvolles Maß sein.

Wenn wir in unseren Python-Programmen mit Parametern und der Wahl des Algorithmus experimentieren und Verschiedenes ausprobieren, können wir die einzelnen Scores miteinander vergleichen und uns dann für das entscheiden, was am besten funktioniert. Hätten wir statt Random Forest den KNN-Algorithmus mit $k = 3$ gewählt, kämen etwas bessere Werte heraus (Macro F1: 0,56 statt 0,39). Setzen wir den Parameter $k = 1$, wäre der F1-Score sogar 1, weil alle Vorhersagen auf unseren Testdaten korrekt waren. Es ist jedoch auch wichtig, zu bedenken, dass in unseren Beispielen die Datenmenge viel zu klein ist, um wirklich brauchbare Aussagen treffen zu können.

Im Allgemeinen helfen die in diesem Abschnitt vorgestellten Metriken dabei, ein Verständnis dafür zu bekommen, wie gut eine Vorhersage vermutlich auch auf neuen unbekannten Datensätzen funktionieren würde, weil wir sie ja bereits auf Testdaten ausprobiert haben, die keinen Einfluss auf das Training des Modells hatten.

7.8 Clustering (Unsupervised Learning)

Die bisherigen Algorithmen fallen alle in die Kategorie *Supervised Learning*. Darunter versteht man, dass man zunächst Beispiele geben muss, aus denen die KI lernen kann. Wir mussten der KI zu einigen Wohnungen Preise als Beispiele liefern, danach konnte sie die Wohnungsmieten für andere Wohnungen vorhersagen. Bei dem Essensbeispiel mussten wir der KI zuerst sagen, was bestimmte Leute essen wollen. Daraus hat sie dann gelernt, wie sie neuen Personen ein Essen vorschlagen kann. Wir brauchen also Eingabedaten und richtige Antworten für diese Daten. Es gibt aber auch Algorithmen, die rein aus den Daten lernen können. Sie versuchen selbstständig, Muster oder Gruppen zu finden. Man nennt dies *Unsupervised Learning*. Ein typisches Beispiel dafür sind Clustering-Algorithmen. Eine Menge von Datensätzen ist gegeben. Diese Datensätze haben gewisse Features (z. B. Personen mit einem Alter und einem Fitnesslevel). Die KI versucht nun, die Daten automatisch in Gruppen zu clustern. Ein Cluster ist also eine Teilmenge der Datensätze, sodass die Datensätze innerhalb eines Clusters möglichst ähnlich sind und möglichst unähnlich zu den Datensätzen in anderen Clustern.

Wir können Clustering nutzen, um unsere Partygäste in zwei, drei oder mehr Gruppen aufzuteilen. Auf unserer Party können wir die einzelnen Gruppen dann an separate Tische setzen. Dann gibt es zum Beispiel einen Tisch, an dem alle älteren, aber fitten Leute sitzen. Ein berühmter Algorithmus zum Clustern von Daten ist das *K-Means-Clustering*. Die Zahl *K* steht hier für die Anzahl der Cluster, die wir haben möchten. Wie viele Datensätze letztendlich in den einzelnen Clustern sein werden, hängt von den Daten ab und ist unterschiedlich. Der nun folgende Programmcode führt K-Means-Clustering in Python aus. Dazu bestimmen wir zunächst die Features – in unserem Fall Alter und Fitnesslevel –, und dann liefert uns der K-Means-Algorithmus zu jedem Datensatz die Information, zu welchem Cluster er gehört.

```
import pandas as pd
from sklearn.cluster import KMeans

data = {
    'Name': ['Anna', 'Ben', 'Clara', 'David', 'Eva', 'Felix', 'Gina',
             'Volker'],
    'Alter': [25, 32, 28, 45, 22, 38, 30, 40],
    'Fitnesslevel': [7, 4, 8, 5, 9, 3, 6, 8]
}

df = pd.DataFrame(data)
X = df[['Alter', 'Fitnesslevel']]
kmeans = KMeans(n_clusters=3, random_state=42)
df['Cluster'] = kmeans.fit_predict(X)

df
```

	Name	Alter	Fitnesslevel	Cluster
0	Anna	25	7	2
1	Ben	32	4	0
2	Clara	28	8	0
...	...	...	...	...

Tabelle 7.3: Der Clustering-Algorithmus teilt die Datensätze in drei Cluster auf.

Im Ergebnis steht bei jeder Person entweder Cluster 0, 1, oder 2, weil wir den Parameter `n_clusters=3` angegeben haben. Wir wollen also drei Cluster haben. Beispielsweise sind Ben, Clara und Gina im gleichen Cluster, und Volker ist im gleichen Cluster wie David und Felix. Mit Matplotlib lässt sich das auch visualisieren:

```
import matplotlib.pyplot as plt

plt.figure(figsize=(10, 4))
plt.scatter(df['Alter'], df['Fitnesslevel'], c=df['Cluster'],
                                              cmap='viridis')

# Namen als Beschriftung
for i, name in enumerate(df['Name']):
    plt.text(df['Alter'][i]-0.9, df['Fitnesslevel'][i]-0.3, name)

plt.xlabel("Alter")
plt.ylabel("Fitnesslevel")
plt.show()
```

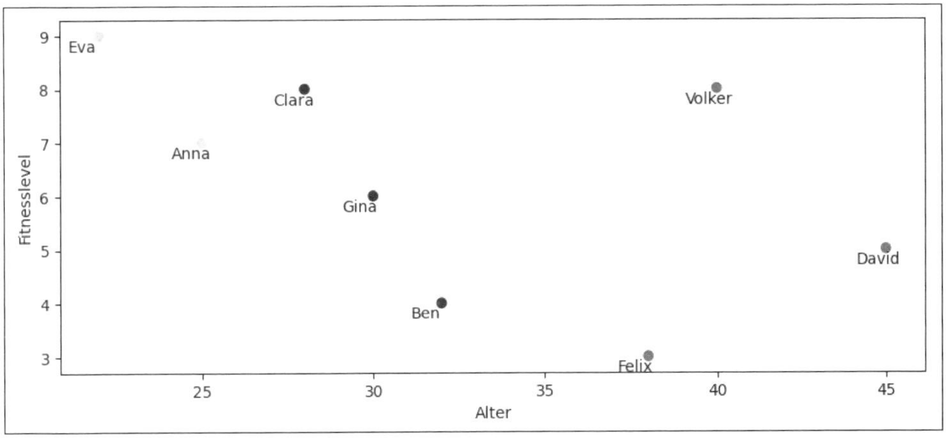

Abbildung 7.8: K-Means-Clustering gruppiert ähnliche Datenpunkte.

Die Funktionsweise von K-Means-Clustering ist so, dass zunächst einfach *K* zufällige Punkte irgendwo ins Diagramm gesetzt werden. Bei uns sind das also drei Punkte, die den Mittelpunkt der drei Cluster bilden sollen. Man nennt diese Mittelpunkte auch *Zentroide*. Danach werden die einzelnen Datensätze jeweils ihrem nächsten Zentroid zugeordnet. Im nächsten Schritt werden die einzelnen Zentroide so verschoben, dass sie sich danach jeweils wirklich genau in der Mitte zwischen ihren Cluster-Mitgliedern befinden. Danach wird das Ganze mehrmals wiederholt und jedes Mal wieder geschaut, welcher Zentroid den einzelnen Punkten am nächsten ist, und wieder die Position der Zentroide entsprechend verändert. Das geht so lange, bis sich irgendwann nichts mehr verändert. Da das Ganze vom Zufall abhängt, kann die Bildung der Cluster auch etwas anders verlaufen. Hätten wir den Zufallsgenerator auf `random_state=1` gesetzt, wäre beispielsweise Felix nicht mit David und Volker in einem Cluster, sondern mit Ben und Gina.

In unserem Beispiel ist die Bildung der Cluster nicht besonders spektakulär, weil wir nur zwei Features haben und diese auch noch einigermaßen voneinander abhängig sind: Die jungen Leute haben in unseren Beispieldaten die höchsten Fitnesslevels. Der Algorithmus teilt die Personen also letztendlich eigentlich nur gemäß ihrem Alter in Gruppen ein. Hätten die jungen Personen Eva und Clara jedoch nur ein Fitnesslevel von 1, würde dieses Feature deutlich mehr bei der Clusterbildung beachtet.

K-Means-Clustering ist ein einfacher und schneller Algorithmus, der sich auch leicht verstehen lässt. Er funktioniert jedoch nur, wenn alle Features numerisch sind. Ist das nicht der Fall, müsste man sie erst kodieren, wie wir das bei unserem Wohnungsbeispiel auch schon gemacht haben. Wohnungen in Berlin erhalten beispielsweise den Ort 0, Leipziger Wohnungen den Ort 1 usw. Auch kann eine Skalierung von numerischen Werten auf eine Skala von 0 bis 1 sinnvoll sein, bevor der Clustering-Algorithmus angewendet wird.

Das Ergebnis des Clusterings ist nicht immer perfekt und hängt davon ab, welche zufälligen Startpunkte der Algorithmus auswählt. Außerdem ist es nicht immer einfach, die richtige Anzahl der Cluster festzulegen. Aber auch hier gibt es Ansätze, die versuchen, das richtige *K* zu finden. Beispielsweise geht die sogenannte *Elbow-Methode* so vor, dass einfach erst einmal mit $K = 1$ angefangen wird. Dann sind alle Datenpunkte in ein und demselben Cluster. Danach wird *K* schrittweise immer weiter erhöht und jedes Mal geschaut, ob sich noch etwas verbessert. Falls nein, wurde die optimale Anzahl an Clustern gefunden.

In der Praxis wird Clustering verwendet, um Kunden in Segmente aufzuteilen (Stammkunden, Gelegenheitskäufer ...). So kann man beispielsweise den einzelnen Kundengruppen separate Marketing-E-Mails oder Rabattgutscheine zuschicken. Eine andere Anwendung ist es, Musik, Filme oder Produkte eines Webshops anhand ihrer Eigenschaften oder ihrer Bewertungen zu clustern. Dann können Nutzern Dinge aus derjenigen Kategorie präsentiert werden, die zu ihrem bisherigen Geschmack passen.

Kapitel 8
KI in Aktion: Text- und Bildanalysen

In diesem Kapitel schauen wir uns an, wie man KI für fortgeschrittenere Aufgaben in der Praxis nutzen kann, beispielsweise um Texte zu analysieren und um Bilder zu kategorisieren.

In den vergangenen Jahren haben wir erfahren, dass KI deutlich mehr kann, als nur Zahlen oder Kategorien für Datenpunkte vorherzusagen. KI ist in der Lage, Texte und Bilder zu analysieren und neue Texte und Bilder zu generieren. Auch bei Musik und Video funktioniert das schon richtig gut. Nun ist es auf den ersten Blick schwierig vorstellbar, wie man die Algorithmen, die du im vorherigen Kapitel kennengelernt hast, auf solch komplexe Mediendaten übertragen kann. Das Grundprinzip ist aber dennoch sehr ähnlich. Was wir in diesem Kapitel machen werden, ist nämlich immer noch Machine Learning. Wir präsentieren der KI eine große Menge Trainingsdaten, aus der sie lernen kann. Heraus kommt ein statistisches Modell, das wir danach verwenden können, um zum Beispiel ein Bild zu beschreiben oder einen Text oder ein Bild zu erzeugen. In diesem Kapitel wird es aber nicht um die Erzeugung von Texten oder Bildern gehen. Zum einen ist dies ein zu komplexer Prozess für dieses Buch, zum anderen wirst du das in der Praxis vermutlich auch gar nicht so oft brauchen, weil sich fertige Large Language Models (LLMs) wie ChatGPT über eine API auf einfache Art und Weise in eigene Python-Anwendungen integrieren lassen. Wie das geht, schauen wir uns im nächsten Kapitel an.

8.1 KI für Texte und Sprache (NLP)

NLP steht für *Natural Language Processing*. Oft verwendet man auch den Begriff *Computerlinguistik*. Dieser Teilbereich der künstlichen Intelligenz beschäftigt sich damit, menschliche Sprache zu verstehen, zu verarbeiten und zu erzeugen. Dadurch kann ein Computer Texte oder gesprochene Sprache ähnlich wie ein Mensch interpretieren. Die folgende Liste zeigt typische Aufgaben von NLP:

- *Textverstehen*: Inhalte aus Texten erkennen (z. B. Themen, Absichten)
- *Textklassifikation*: Texte in Kategorien einordnen (z. B. Spam vs. kein Spam, positiv vs. negativ)

- *Spracherkennung*: gesprochene Sprache in Text umwandeln (z. B. Sprachassistenten)
- *Textgenerierung*: automatisch Texte schreiben (z. B. Chatbots, Zusammenfassungen)
- *Informationsextraktion*: wichtige Datenpunkte aus Texten erkennen (z. B. Namen, Orte, Zahlen)
- *Maschinelle Übersetzung*: Texte von einer Sprache in eine andere übersetzen

Die Anfänge des NLP gehen bis in die 1950er-Jahre zurück. Alan Turing stellte damals schon einen Test vor, der mittlerweile *Turing-Test* genannt wird. Dabei kommuniziert ein menschlicher Prüfer über einen Text-Chat sowohl mit einem Menschen als auch mit einer Maschine. Wenn der Prüfer nicht zuverlässig feststellen kann, welches der beiden Kommunikationspartner die Maschine ist, hat die Maschine den Test bestanden. In den letzten Jahren haben einige Experimente interessante Ergebnisse gezeigt und unter sehr speziellen Bedingungen den Turing-Test bestanden; aber natürlich nur je nachdem, wie man »bestanden« definiert.

Während wir heute beim maschinellen Textverständnis und bei der Texterzeugung hauptsächlich an LLMs und Machine Learning denken, zählen zu NLP auch deutlich einfachere Methoden, und wir fangen nun mit diesen an. Seit den 1960er-Jahren gibt es nämlich schon maschinelle Übersetzungsprogramme, die regelbasiert arbeiteten, um Texte von einer Sprache in eine andere übersetzen. Da Sprache jedoch sehr komplex ist, kommen diese Programme mit bloßen Grammatikregeln, Wenn-dann-Bedingungen und Wörterbüchern aber schnell an ihre Grenzen. Erst modernere Tools wie DeepL, die Machine Learning einsetzen und auf sehr großen Textmengen trainiert wurden, liefern richtig gute Ergebnisse. Das Gleiche gilt für Chatbots, die es ebenfalls schon seit vielen Jahrzehnten gibt und die anfangs regelbasiert arbeiteten: »Wenn ein gewisses Wort im Text vorkommt, antworte dies.« Die ersten Chatbots, wie ELIZA von Joseph Weizenbaum, waren sogar schon in der Lage, die Benutzereingabe grammatikalisch zu transformieren, um z. B. aus der Aussage »Ich bin traurig« eine Frage »Warum bist du traurig?« zu erzeugen. All dies erfolgt aber auch nur nach fest programmierten Mustern und Regeln. Erst später kamen Statistiken ins Spiel, mit der beispielsweise Wahrscheinlichkeiten für Wortfolgen berechnet wurden. Und mit Machine Learning und Deep Learning war die KI dann in der Lage, immer mehr Aufgaben immer besser zu lösen.

8.2 Textanalysen und Word-Clouds

Wir möchten nun Texte analysieren. Dazu nehmen wir als Beispieltexte Kundenbewertungen für Songs und Musikalben aus einem Onlineshop oder eines Streamingdienstes. In der Praxis stammen solche Texte aus Datenbanken, aus Dateien, oder man bezieht sie über eine Webschnittstelle. Das, was wir nun machen, kann man mit Texten machen, die in den Spalten eines Pandas-DataFrames stehen oder in einfachen String-Variablen. Wir verwenden eine Liste von Strings, wobei jeder Eintrag eine separate Bewertung ist:

```
texte = [
    "Dieser Song ist großartig",
    "Ich liebe den Song, ich bin sehr beeindruckt",
    "Der Song ist okay, etwas langweilig",
    "Kein guter Song. Ich bin nicht zufrieden",
    "Sehr schlecht und einfallslos"
]
```

Auf diesen Textdaten können wir nun erste simple Analysen durchführen und Metriken berechnen:

```
text = " ".join(texte)
woerter = text.split()

print("# Texte:", len(texte))           # 5
print("# Zeichen:", len(text))          # 177
print("# Wörter:", len(woerter))        # 29
print("# Unterschiedliche Wörter:", len(set(woerter)))    # 25
print("ø Wörter pro Text:", len(woerter) / len(texte))    # 5.8
print("ø Zeichen pro Text:", len(text) / len(texte))      # 35.4
print("ø Wortlänge:", len(text) / len(woerter))           # 6.10…
```

Mit `" ".join(texte)` erzeugen wir aus unserer Liste einen String, der alle Texte hintereinander enthält, jeweils getrennt mit Leerzeichen. `len(text)` ist somit die Anzahl der Zeichen aller Texte zusammen, inklusive der von uns hinzugefügten Leerzeichen. Diesen Gesamttext splitten wir mit `text.split()` wieder in die einzelnen Wörter. Das liefert uns eine Liste mit allen Wörtern, die in unseren Texten vorkommen. Um aus dieser Liste die Duplikate zu entfernen, sodass jedes Wort nur noch einmal vorkommt, können wir sie mit `set(woerter)` in eine Menge umwandeln. Neben den oben berechneten Metriken ist eine weitere interessante Metrik die sogenannte *lexikalische Vielfalt*, die sich über die Anzahl der unterschiedlichen geteilt durch die Gesamtanzahl an Wörtern berechnet: `len(set(woerter)) / len(woerter)`. Sind in einem Text alle Wörter gleich, ist dieser Wert eine sehr kleine Zahl nahe 0. Kommt kein Wort doppelt vor, ist die lexikalische Vielfalt 1. Die Metrik beschreibt also, wie abwechslungsreich der Wortschatz in einem Text ist.

Um für jedes einzelne Wort die Häufigkeit zu zählen, könnten wir mit einer Schleife über die Liste der Wörter iterieren und ein Dictionary anlegen, in dem zu jedem Wort eine Anzahl hochzählt wird. Viel einfacher geht das aber mit der direkt von Python zur Verfügung gestellten Klasse `Counter`. Sie ermöglicht es uns sogar, direkt auf die fünf häufigsten Wörter zuzugreifen:

```
from collections import Counter
wort_anzahlen = Counter(woerter)
print(wort_anzahlen.most_common(5))
```

Die Ausgabe sieht wie folgt aus:

```
[('Song', 2), ('ist', 2), ('Ich', 2), ('bin', 2), ('Dieser', 1)]
```

Mit Matplotlib und einem Modul namens `WordCloud`, das wir zunächst über `pip install wordcloud` installieren müssen, können wir uns eine schöne Wortwolke erzeugen lassen:

```
from wordcloud import WordCloud
import matplotlib.pyplot as plt

wordcloud = WordCloud(width=800, height=400,
                      background_color="white").generate(text)

plt.imshow(wordcloud, interpolation="bilinear")
plt.axis("off")
plt.show()
```

Abbildung 8.1: Eine mit dem »wordcloud«-Modul erzeugte Wortwolke

Je häufiger ein Wort in unseren Texten vorkommt, desto größer wird es in der Wortwolke dargestellt.

8.3 Text-Vorverarbeitung (Preprocessing)

An der Ausgabe der häufigsten Wörter (»Song«, »ist«, »Ich«, »bin«, »Dieser«) und an der Wortwolke erkennen wir schon, dass ziemlich viele der dargestellten Wörter keine wirkliche Aussagekraft haben. Manche Wörter sind kleingeschrieben, andere groß, und Wörter wie »ist« liefern uns keinen Mehrwert. Daher müssen wir Texte in der Regel erst vorverarbeiten, bevor wir mit unseren Analysen oder dem Trainieren eines Machine-Learning-Modells loslegen können. Wichtige Vorverarbeitungsschritte sind:

- *Tokenisierung*: Text in Wörter zerlegen, z. B. `"Die Lieder sind super!"` in `["Die", "Lieder", "sind", "super!"]`
- *Satzzeichen und Sonderzeichen entfernen*
- *Text in Kleinbuchstaben umwandeln*, damit z. B. `"Super"` und `"super"` als etwas Gleiches behandelt werden
- *Stopwords entfernen*: Wenig aussagekräftige Wörter werden entfernt, damit man sich auf die wichtigen Wörter konzentrieren kann,. Stopwords sind beispielsweise `"der"`, `"die"`, `"ist"`, `"sind"` und `"haben"`.
- *Stemming* (auf Wortstamm reduzieren) oder *Lemmatisierung* (in Grundform bringen), z. B. wird `"Lieder"` zu `"Lied"`.
- *Entfernen von irrelevanten Tokens*, z. B. Zahlen oder URLs in Texten

Die gleichen Vorverarbeitungsschritte machen auch Suchmaschinen, wenn sie ihre Inhalte indexieren, um diese später wieder besser finden zu können. Wenn in einem Webshop ein Kunde beispielsweise im Suchfeld »roter pullover« eingibt, sollen auch Produkte gefunden werden, in deren Beschreibung die Wörter in einer anderen Reihenfolge vorkommen, »Pullover« großgeschrieben wird und »rot« statt »roter« steht.

Lasst uns eine Python-Funktion `preprocess` entwickeln, die einen Text als Eingabe nimmt und ein paar der oben genannten Vorverarbeitungsschritte durchführt. Dazu verwenden wir das Modul `nltk`. Das steht für *Natural Language Toolkit*, und dieses Modul enthält viele Funktionalitäten für die Arbeit mit menschlicher Sprache. Wir installieren es mit `pip install nltk`.

```
from nltk.corpus import stopwords
import re
import nltk

nltk.download("stopwords")

stop_words = set(stopwords.words('german'))
stemmer = nltk.SnowballStemmer('german')

def preprocess(text):
    # Satzzeichen entfernen
    text = re.sub(r"[^\w\s]", "", text)
    # alles klein
    text = text.lower()
```

```
    # Tokenisieren (einfach split)
    tokens = text.split()
    # Stopwords entfernen und Stemming anwenden
    tokens = [stemmer.stem(word) for word in tokens
              if word not in stop_words]
    return " ".join(tokens)

print(preprocess("Die Lieder sind fantastisch und ich liebe sie!"))
# Ausgabe: lied fantast lieb
```

Die Entfernung der Satzzeichen wurde mit einem *regulären Ausdruck* durchgeführt. Dazu muss das Modul `re` (*regular expressions*) importiert werden, danach ersetzt `re.sub` jedes Vorkommen eines Sonderzeichens durch den leeren String `""`. Reguläre Ausdrücke sind etwas schwierig zu verstehen. ChatGPT ist aber hervorragend darin, sie zu erzeugen. Du kannst damit beispielsweise überprüfen, ob E-Mail-Adressen ein @-Symbol enthalten und ob hinter dem letzten Punkt mindestens zwei Zeichen stehen. Wir nutzen reguläre Ausdrücke hier aber nicht, um etwas zu überprüfen, sondern um Ersetzungen in Strings vorzunehmen. `[^\w\s]` steht in unserem regulären Ausdruck für Folgendes: nicht (^), Wortzeichen (`\w`, also Buchstabe, Zahl oder Unterstrich), Space (`\s`, Leerzeichen, Tab, Zeilenumbruch ...). Dieser Ausdruck findet also alles, was kein Buchstabe, keine Zahl, kein Unterstrich und kein Leerzeichen ist, zum Beispiel Sonderzeichen wie Punkte und Kommas im Text. Ebendiese Sonderzeichen werden entfernt.

Da einige Verarbeitungsschritte in verschiedenen Sprachen unterschiedlich funktionieren, müssen wir angeben, in welcher Sprache unsere Texte vorliegen. Beispielsweise ist `"die"` im Deutschen ein Stoppwort, im Englischen jedoch nicht. Mit `nltk.download('stopwords')` müssen zunächst Dateien heruntergeladen werden, die die Stoppwörter für verschiedene Sprachen enthalten. Ist dies einmal geschehen, kann die Zeile theoretisch danach auch wegkommentiert werden. Es schadet aber auch nicht, sie drinzulassen. Mit `nltk.download ('all')` kannst du sogar noch viel mehr herunterladen, was due vielleicht später einmal brauchst, beispielsweise eine Satz- und Wort-Tokenisierung (`'punkt'`), eine Synonymdatenbank (`'wordnet'`), eine Sammlung klassischer englischer Texte (`'gutenberg'`) oder einen POS-Tagger (`'averaged_perceptron_tagger'`), der Wortarten (Nomen, Verb, Adjektiv ...) erkennt.

Unsere `preprocess`-Funktion nimmt einen Text entgegen, entfernt Satzzeichen, wandelt alles in Kleinbuchstaben, splittet den Text in eine Liste mit den einzelnen Wörtern und baut daraus eine neue Liste, die jeweils den Wortstamm der Wörter enthält, aber nur für diejenigen, die nicht in der Liste der Stopwords sind. `" ".join(tokens)` baut aus der Liste wieder einen String zusammen, bei dem die Wörter durch Leerzeichen getrennt sind. In unserem Beispiel liefert `preprocess("Die Lieder sind fantastisch und ich liebe sie!")` den String `"lied fantast lieb"`.

Mit `print(stopwords.words('german'))` kann können wir uns die Liste aller Stoppwörter ausgeben lassen, es sind über zweihundert: `['aber', 'alle', 'allem', ...]`. In unserem Programmcode haben wir diese Liste mittels `set` in eine Menge umgewandelt, weil man in einer Menge effizienter Suchen kann als in einer Liste.

Mit `stemmer = nltk.SnowballStemmer('german')` wurde der Stemmer eingerichtet, mit dem wir Wörter auf ihren Wortstamm reduzieren können. Rufen wir beispielsweise `stemmer.stem("Hunde")` auf, liefert dies den String `"hund"`. Für das Wort `"Gärten"` liefert es `"gart"`. Der Stemmer überführt also nicht wirklich ein Wort in dessen Grundform, sondern geht gemäß bestimmten Regeln vor, um meist hinten etwas abzuschneiden, damit ähnliche Wörter auf eine gemeinsame Stammform reduziert werden.

Es gibt aber auch die Möglichkeit, Wörter auf ihre Grundform, bzw. auf das sogenannte *Lemma*, zurückzuführen. Dieser Prozess wird *Lemmatisierung* genannt. Wir können es als Alternative zum Stemming verwenden. Das geht in Python mit dem spaCy-Modul: `pip install spacy`. Daraus benötigen wir noch das Modell `de_core_news_sm`, das für Natural Language Processing auf deutschen Texten geeignet ist.

```
import spacy
spacy.cli.download("de_core_news_sm")
nlp = spacy.load("de_core_news_sm")

text = "Die besten Lieder aller Zeiten!"
doc = nlp(text)
for token in doc:
    print(token.text, token.lemma_, token.pos_)
```

Ausgabe:

```
Die der DET
besten gut ADJ
Lieder Lied NOUN
aller aller DET
Zeiten Zeit NOUN
! -- PUNCT
```

Wie wir sehen, erhalten wir für jedes Token, das in unserem Text gefunden wird, das Lemma - also die Grundform des Wortes - und die Wortform. Unter einem Token versteht man ein einzelnes Element eines Textes. Das kann ein Wort, eine Zahl, ein Satzzeichen, Sonderzeichen, Emoji, eine URL usw. sein.

Nachdem wir das `de_core_news_sm`-Modell heruntergeladen haben, kann die Download-Zeile für zukünftige Ausführungen wegkommentiert werden. Die Funktion `nlp` führt auf unserem Text ein Natural Language Processing durch. Das Resultat ist ein Dokument, mit dem wir über alle darin enthaltenen Tokens iterieren können. Mit `token.text` kommen wir an das ausgeschriebene Token, so wie es in unserem Text vorkam. Da wir uns weiter oben die Liste deutscher Stoppwörter geholt haben, könnten wir nun mittels `if token.text not in stop_words` überprüfen, ob ein Wort kein Stoppwort ist. `token.token.lemma` zeigt uns die Grundform des Wortes. Beim Wort `"besten"` liefert es das Lemma `"gut"`. `token.pos` (*part of speech*) gibt uns die Wortart eines Tokens: `DET` ist ein Artikel, `ADJ` ein Adjektiv, `NOUN` ein Nomen usw.

Das folgende Beispiel erzeugt erneut eine Wortwolke, führt nun aber vorher einige Preprocessing-Schritte inklusive einer Lemmatisierung durch:

```
def preprocess(text):
    doc = nlp(text.lower())
    tokens = [
        token.lemma_
        for token in doc
        if token.text not in stop_words
        and not token.is_punct
        and not token.is_digit
    ]
    return tokens

# Alle Texte verarbeiten und zu einem String verbinden
all_tokens = [token for t in texte for token in preprocess(t)]
text_for_wordcloud = " ".join(all_tokens)

# Wortwolke erstellen
wc = WordCloud(width=800, height=400,
               background_color="white").generate(text_for_wordcloud)

# Anzeigen
plt.figure(figsize=(10,5))
plt.imshow(wc, interpolation="bilinear")
plt.axis("off")
plt.show()
```

Abbildung 8.2: Verbesserte Wortwolke, bei der Vorverarbeitungsschritte durchgeführt wurden

8.4 Sentiment-Analysen

Wir schauen uns nun an, wie wir mit Python einen Text analysieren können, um vorherzusagen, ob die Stimmung im Text eher positiv, neutral oder negativ ist. Eine solche Stimmungsanalyse, auch *Sentiment-Analyse* genannt, ist hilfreich, um beispielsweise zu ermitteln, ob Kundenbewertungen, E-Mails oder Social-Media-Beiträge etwas Gutes oder Schlechtes aussagen – und auf wie viele Bewertungen das zutrifft.

Wir beginnen mit einem simplen Verfahren, das auch gar kein Machine Learning verwendet. Dazu schreiben wir einfach in eine Menge mehrere positive Wörter und in eine zweite Menge negative Wörter. Danach zählen wir, wie viele dieser Wörter jeweils in unseren Texten vorkommen, und berechnen einen Stimmungs-Score. Jedes Vorkommen eines positiven Worts erhöht den Score um eins, jedes negative reduziert ihn um eins:

```
positive = {"großartig", "liebe", "beeindruckt", "okay"}
negative = {"kein", "nicht", "schlecht", "einfallslos",
            "langweilig", "unzufrieden"}

def sentiment_score(text):
    woerter = text.lower().replace(".", "").split()
    pos = len([w for w in woerter if w in positive])
    neg = len([w for w in woerter if w in negative])
    return pos - neg

for text in texte:
    print(f"{text} (Score {sentiment_score(text)})")
```

Ausgabe:

```
Dieser Song ist großartig (Score 1)
Ich liebe den Song, ich bin sehr beeindruckt (Score 2)
Der Song ist okay, etwas langweilig (Score -1)
Kein guter Song. Ich bin nicht zufrieden (Score -2)
Sehr schlecht und einfallslos (Score -2)
```

Hier wurden der Einfachheit halber kein Stemming und keine Lemmatisierung durchgeführt. Es wäre aber von Vorteil gewesen, weil wir ohne Stemming und Lemmatisierung die verschiedenen Formen eines Worts in unsere Mengen schreiben müssten: `"großartig"`, `"großartiges"`, `"großartige"` usw.

Unsere Funktion `sentiment_score` nimmt einen Text entgegen, entfernt Punkte und splittet ihn in die einzelnen Wörter. Danach werden aus der Liste der Wörter zwei neue Listen erzeugt, und zwar mit jeweils denjenigen Wörtern, die sich auch in der Positiv- bzw. Negativ-Liste befinden. Die Länge der Listen ist also die Anzahl der positiven und die Anzahl der negativen Wörter im Text. Subtrahieren wir diese Werte voneinander, erhalten wir einen Score. Je größer er ist, desto positiver ist die Stimmung im jeweiligen Text.

Diese primitive Stimmungsanalyse hat für unsere Texte gut funktioniert. Das Vorgehen kann aber nicht so einfach auf komplexere Textklassifikationen übertragen werden. Es ist einfach unmöglich, vollständige Mengen mit Wörtern bereitzustellen, in denen wir definieren, wann ein Text welcher Klasse zugehört. Daher machen wir das Ganze jetzt noch einmal, verwenden aber dieses Mal Machine Learning. Nun müssen wir nicht mehr definieren, was einen Text positiv oder negativ macht. Das soll die KI lernen! Damit das gut funktioniert, brauchen wir zunächst einmal Trainingsdaten. Diese bestehen aus Texten, zu denen wir selbst die Stimmung angeben müssen:

```
texte = [
    "Dieser Song ist großartig",
    "Ich liebe den Song, ich bin sehr beeindruckt",
    "Der Song ist okay, etwas langweilig",
    "Kein guter Song. Ich bin nicht zufrieden",
    "Sehr schlecht und einfallslos"
]
labels = ["positiv", "positiv", "neutral", "negativ", "negativ"]
```

Damit Algorithmen mit Texten arbeiten können, ist es meist notwendig, die Texte zuerst in Zahlen umzuwandeln. Dies nennt man auch *Vektorisierung*. Eine einfache Form der Vektorisierung ist der *Bag-of-Words*-Ansatz. Wir sammeln also in einem Beutel alle Wörter, die in einem Text vorkommen, unabhängig davon, an welcher Stelle sie stehen. Als Nächstes müssen wir uns einen Vektor vorstellen, bei dem jede Zahl für ein bestimmtes Wort steht und angibt, wie oft das Wort im Text vorkommt:

```
(0, 0, 0, 0, 1, …)
```

Die vier Nullen stehen dafür, dass `"beeindruckt"`, `"bin"`, `"den"` und `"der"` nicht im ersten Text vorkommen, die `1` ist die Anzahl des Worts `"dieser"`. Insgesamt besteht unser Vektor aus 21 Zahlen, weil wir 21 verschiedene Wörter insgesamt haben. Um eine solche Vektorisierung in Python durchzuführen, können wir den `CountVectorizer` verwenden. Dieser führt automatisch auch eine Tokenisierung, eine Umwandlung in Kleinbuchstaben und die Entfernung von Satzzeichen durch. Die anderen Vorverarbeitungsschritte, wie Stemming, lassen wir vorerst weg. Wir haben nun also einen Vektor, in dem steht, welche Wörter im Text wie oft vorkommen.

```
from sklearn.feature_extraction.text import CountVectorizer
vectorizer = CountVectorizer()
X = vectorizer.fit_transform(texte)       # Texte in Zahlen umwandeln
print(vectorizer.get_feature_names_out())
```

Ausgabe:

```
['beeindruckt' 'bin' 'den' 'der' 'dieser' 'einfallslos' 'etwas'
 'großartig' 'gut' 'ich' 'ist' 'langweilig' 'liebe' 'nicht' 'okay'
 'schlecht' 'sehr' 'song' 'und' 'zufrieden']
```

Mit dem Befehl `X.toarray()` können wir uns die Bag-of-Word-Matrix auch komplett ausgeben lassen. Sie besteht aus fünf Zeilen, weil wir fünf Texte haben, und 21 Spalten, eine für jedes Wort:

```
array([[0, 0, 0, 0, 1, 0, 0, 1, 0, 0, 1, 0, 0, 0, 0, 0, 0, 1, 0, 0],
       [1, 1, 1, 0, 0, 0, 0, 0, 0, 2, 0, 0, 1, 0, 0, 0, 1, 1, 0, 0],
       [0, 0, 0, 1, 0, 0, 1, 0, 0, 0, 1, 1, 0, 0, 1, 0, 0, 1, 0, 0],
       [0, 1, 0, 0, 0, 0, 0, 0, 1, 1, 0, 0, 0, 2, 0, 0, 0, 0, 0, 1],
       [0, 0, 0, 0, 0, 1, 0, 0, 0, 0, 0, 0, 0, 0, 0, 1, 1, 0, 1, 0]])
```

Diese numerischen Daten können wir nun dem Algorithmus »logistische Regression« übergeben. Diesen hast du im vorherigen Kapitel schon kennengelernt, als wir vorhergesagt haben, ob eine Person auf die Party kommen wird oder nicht. Nun soll unser Modell aus unseren vektorisierten Texten und den Labels (positiv, neutral, negativ) lernen, welche Wörter wie viel Einfluss darauf haben, dass ein Text eher positiv, neutral oder negativ ist.

```
from sklearn.linear_model import LogisticRegression
modell = LogisticRegression()
```

```
modell.fit(X, labels)                     # Modell trainieren

neuer_satz = ["Ich finde den Song großartig"]
X_neu = vectorizer.transform(neuer_satz)  # Neuen Satz umwandeln
vorhersage = modell.predict(X_neu)        # Vorhersage machen
print(vorhersage)
```

Es kommt heraus, dass der Satz `"Ich finde den Song großartig"` positiv ist. Dazu muss dieser Satz zunächst ebenfalls vektorisiert werden. `vectorizer.transform` wandelt den String in einen Vektor mit vier Einsen an den Stellen `"den"`, `"großartig"`, `"ich"` und `"song"` und siebzehn Nullen um, weil dies das Format ist, mit dem das Modell trainiert wurde und mit dem es Vorhersagen machen kann.

Den Text `"Ein großartiger Song"` würde unser Modell fälschlicherweise als negativ einstufen, weil das Wort `"großartiger"` in den Trainingsdaten nicht vorkam. Um dieses Problem zu beheben und die Vorhersagequalität zu verbessern, übergeben wir nun den Programmcode an ChatGPT und bitten darum, Stemming und Stopword-Elimination einzubauen. Das muss sowohl für unsere Trainingsdaten gemacht werden als auch bei dem neuen Text, für den wir die Stimmung vorhersagen möchten.

... # Programmcode wie oben

Wende Stopword-Elimination und Stemming an.

Klar! Wir können deinen Code so anpassen, dass Stopwords entfernt und die Wörter auf ihre Stämme reduziert (Stemming) werden. Im Deutschen eignet sich dazu z. B. `nltk` für Stopwords und Stemming. Ich zeige dir ein vollständiges Beispiel:

```
from sklearn.feature_extraction.text import CountVectorizer
from sklearn.linear_model import LogisticRegression
from nltk.corpus import stopwords
from nltk.stem import SnowballStemmer
import nltk

# Falls noch nicht heruntergeladen
nltk.download('stopwords')

texte = [
    "Dieser Song ist großartig",
    "Ich liebe den Song, ich bin sehr beeindruckt",
    "Der Song ist okay, etwas langweilig",
    "Kein guter Song. Ich bin nicht zufrieden",
```

```
    "Sehr schlecht und einfallslos"
]
labels = ["positiv", "positiv", "neutral", "negativ", "negativ"]

stop_words = set(stopwords.words('german'))
stemmer = nltk.SnowballStemmer('german')

# Eigene Preprocessing-Funktion für CountVectorizer
def preprocess(text):
    text = text.lower()       # alles klein
    tokens = text.split()     # Tokenisieren
    # Stopwords entfernen und Stemming anwenden
    tokens = [stemmer.stem(w) for w in tokens if w not in stop_words]
    return " ".join(tokens)

# CountVectorizer mit eigenem Preprocessing
vectorizer = CountVectorizer(preprocessor=preprocess)
X = vectorizer.fit_transform(texte)

# Modell trainieren
modell = LogisticRegression()
modell.fit(X, labels)

# Vorhersage für neuen Satz
neuer_satz = ["Ein großartiger Song"]
X_neu = vectorizer.transform(neuer_satz)
vorhersage = modell.predict(X_neu)
print(vorhersage)
```

In diesem Programm wird wieder das Natural Language Toolkit (`nltk`) verwendet, um Stopwords zu entfernen und Wörter auf ihren Wortstamm zu reduzieren.

Unsere `preprocess`-Funktion können wir dem `CountVectorizer` direkt über den Parameter `preprocessor=preprocess` übergeben. Die Funktion nimmt einen Text, wandelt ihn in Kleinbuchstaben, splittet ihn in eine Liste mit den einzelnen Wörtern und baut daraus eine neue Liste, die jeweils den Wortstamm der Wörter enthält, aber nur für diejenigen, die nicht in der Liste der Stopwords sind. `" ".join(tokens)` baut aus der Liste wieder einen String zusammen, bei dem die Wörter durch Leerzeichen getrennt sind. Der `CountVectorizer` wird diesen String dann wieder tokenisieren und damit weiterarbeiten. Die Vektoren, die nun erzeugt wurden, sollten nun wegen der Stopword-Eliminierung und wegen des Stemmings aus weniger Einträgen bestehen. Das sollte auch die Probleme unserer vorherigen Sentiment-Analyse lösen, weil `"großartig"` und `"großartiger"` nun für die KI in der Bewertung das Gleiche sind.

Für unseren Text `"Ein großartiger Song"`, mit dem wir das Ganze testen wollen, führen wir nun ebenfalls wieder eine Vektorisierung mittels `vectorizer.transform` durch. Und auch hier kommt im Hintergrund unsere `preprocessing`-Funktion zum Einsatz. Diese erzeugt `"grossart song"`, was die KI nun korrekterweise als positiv einstuft.

Ein Problem gibt es jedoch noch: Unsere Trainingsdaten enthalten Negationen, wie z. B. `"kein guter"` oder `"nicht zufrieden"`. So etwas könnte auch in dem zu bewertenden Text zu finden sein, was die Vorhersagen verfälschen könnte. Die Sätze `"Ein schlechter Song"` und `"Kein schlechter Song"` würden von unserer `preprocessing`-Funktion beide zu `"schlecht song"` vorverarbeitet. Um das Problem zu lösen, kann man dem `CountVectorizer` sagen, dass er nicht nur für jedes einzelne Wort ein Feature erstellen soll, sondern auch für Wortpaare oder sogar für längere sogenannte *n-Gramme*. Darunter versteht man benachbarte Wörter im Text, die zusammen betrachtet werden, z. B. `"ein schlechter"`. Über die folgende Einstellung werden nur 2-Gramme, auch Bigramme genannt, erstellt:

```
vectorizer = CountVectorizer(preprocessor=preprocess, ngram_range=(2,2))
```

Das Erstellen der 2-Gramme erfolgt nach der Vorverarbeitung. Unser zweiter Text, `"Ich liebe den Song, ich bin sehr beeindruckt"`, resultiert in zwei Bigrammen: `"lieb song"` und `"song beeindruckt"`. Damit Wörter wie `"kein"` und `"nicht"` nicht bei der Stopword-Eliminierung aus dem String entfernt werden, sollten wir sie vorher aus der Liste der Stopwords ausschließen:

```
stop_words = set(stopwords.words('german'))
negations = {"nicht", "kein", "keine", "keinen", "keinem", "keiner"}
stop_words = stop_words - negations
```

Für unserem kleinen Datensatz können wir mit dem n-Gramm-Ansatz keine guten Ergebnisse erzielen, weil es jedes Bigramm nur ein einziges Mal gibt. Aber wenn das Modell auf größeren Textmengen trainiert wird, liefert dieser Ansatz oftmals deutlich bessere Vorhersagen als eine reine Bag-of-Words-Darstellung, die nur einzelne Wörter betrachtet. Mit größeren Textmengen tauchen nämlich viele Bigramme mehrfach auf, sodass das Modell Zusammenhänge zwischen Wortpaaren lernen kann, die für Sentiment- oder Themenklassifikationen wichtig sind. Dadurch erfasst das Modell kontextbezogene Informationen, die andernfalls verlorengegangen wären.

Beim `CountVectorizer` ist jedes Wort (oder jedes n-Gramm) gleich wichtig. In den Vektoren steht nur, wie oft ein Wort in einem Text vorkommt. Ein Wort ist also umso wichtiger, je öfter es im Text vorkommt, unabhängig davon, ob es ein wirklich aussagekräftiges Wort wie `"gut"` oder `"langweilig"` ist oder ein nichtssagendes, wie `"Song"`. Es gibt eine Metrik, die sich *TF-IDF* nennt, was für *Term-Frequency/Inverse-Document-Frequency* steht. Bei der TF-IDF wird ein Wort zwar immer noch stärker gewichtet, wenn es öfter in einem Text vorkommt, aber je häufiger es auch in anderen Texten vorkommt, desto stärker reduziert sich wieder die Gewichtung. Das reduziert die Wichtigkeit von Wörtern, die letztendlich keine Aussagekraft haben, z. B. in unserem Fall `"Song"`.

```
vectorizer = TfidfVectorizer()
```

In unserem Mini-Beispiel sehen wir aber auch bei der Verwendung vom `TfidfVectorizer` keine Vorteile. Bei größeren Textmengen hilft TF-IDF jedoch, dass wichtige Wörter stärker gewichtet werden.

8.5 Dinge in Texten erkennen: Named-Entity Recognition (NER)

Wir beschäftigen uns nun damit, in Texten bedeutungsvolle Entitäten zu erkennen. Unter einer Entität versteht man beispielsweise eine Person, einen Ort oder eine Organisation. Die Named-Entity Recognition ist ein Teilgebiet des Natural Language Processing und damit auch ein Teilgebiet der künstlichen Intelligenz. Es hilft uns, herauszufinden, worum es in einem Text geht. Außerdem werden wir NER später nutzen, um Namen von Personen in Texten zu finden und mittels ********* (Sternchen) unkenntlich zu machen.

Du hast in diesem Kapitel bereits das Modul spaCy kennengelernt. Es enthält vortrainierte KI-Modelle, die auf großen Texten trainiert wurden, um Sprache zu verstehen. Wenn wir mittels spaCy einen Text in Tokens zerlegen, können wir beispielsweise die Wortart jedes Tokens bestimmen. Dabei kann ein und dasselbe Wort je nach Kontext unterschiedlich klassifiziert werden. Beispielsweise ist das Wort `"schneller"` im Satz `"Er läuft schneller als sein schneller Bruder"` einmal ein Adverb und einmal ein Adjektiv. Bei der Named-Entity Recognition kommt es ebenfalls vor, dass gleiche Wörter als unterschiedliche Entitätstypen erkannt werden. Im folgenden Beispiellisting ist `"Georgia"` einmal eine Person und einmal ein Ort:

```
import spacy
nlp = spacy.load("de_core_news_sm")

text = "Georgia wohnt in Georgia. Sie hat ihr iPad bei Saturn gekauft."

doc = nlp(text)
for ent in doc.ents:
    print(ent.text, ent.label_)
```

Ausgabe:

```
Georgia PER
Georgia LOC
iPad MISC
Saturn ORG
```

Auch Saturn wurde korrekterweise nicht als Ort klassifiziert, sondern als Unternehmen. Leichte Modifikationen am Satz, z. B. in `"auf dem Saturn"` oder auch `"im Saturn"`, hätten Saturn die Entitätsklasse `LOC` zugewiesen.

Nachdem wir aus Texten Entitäten extrahiert haben, können wir diese nutzen, um einen Clustering-Algorithmus auszuführen. So werden Texte, die von gleichen Personen, Orten usw. handeln, in gleiche Cluster eingruppiert.

```
import spacy
import pandas as pd
from sklearn.feature_extraction.text import CountVectorizer
from sklearn.cluster import KMeans

texte = [
    "Peter arbeitet in Stuttgart.",
    "Anna ist oft in Berlin",
    "Rüdiger hat einen Bruder namens Peter",
    "Monika wohnt in Berlin"
]

nlp = spacy.load("de_core_news_sm")
alle_entitaeten = []

# Named Entity Recognition (NER)
for text in texte:
    doc = nlp(text)
    ents = [ent.text for ent in doc.ents]  # Nur den Entitätstext
    alle_entitaeten.append(" ".join(ents))  # Zu String zusammenfassen

# Vektorisieren der Entitäten
vectorizer = CountVectorizer()
X = vectorizer.fit_transform(alle_entitaeten)

# Clustering (K-Means)
k = 2
kmeans = KMeans(n_clusters=k, random_state=42)
```

```
kmeans.fit(X)
labels = kmeans.labels_

for i in range(len(texte)):
    print(f"{texte[i]} - Cluster {labels[i]}")
```

Es wird eine Liste `alle_entitaeten` angelegt, die für jeden Text lediglich die erkannten Entitäten enthält. Für unsere vier Beispieltexte ist dies eine Liste mit diesen Elementen: `['Peter Stuttgart', 'Anna Berlin', 'Rüdiger Peter', 'Monika Berlin']`. Der `CountVectorizer` erzeugt nun für jedes unserer vier Dokumente einen Vektor mit jeweils sechs Zahlen, die dafür stehen, wie oft `"Peter"`, `"Stuttgart"`, `"Anna"`, `"Berlin"`, `"Rüdiger"` und `"Monika"` im Text vorkommen. Dies sind die sechs Features, auf denen das Clustering erfolgt. Der K-Means-Algorithmus erzeugt zwei Cluster (`k=2`) und ordnet unsere Texte diesen Clustern wie folgt zu:

```
Peter arbeitet in Stuttgart. - Cluster 1
Anna ist oft in Berlin - Cluster 0
Rüdiger hat einen Bruder namens Peter - Cluster 1
Monika wohnt in Berlin - Cluster 0
```

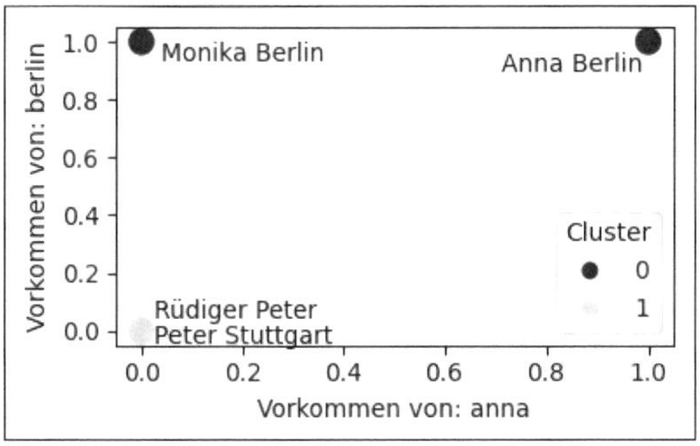

Abbildung 8.3: Clustering von Texten basierend auf den erkannten Entitäten

Beachte, dass das gerade gezeigte Diagramm nur zwei der sechs Dimensionen darstellt. Man bräuchte genau genommen auch noch eine Achse dafür, ob Stuttgart im Text vorkommt, eine für Peter, eine für Rüdiger und eine für Monika. Dennoch ist bereits in diesem vereinfachten Diagramm zu erkennen, wie das Clustering erfolgt: Unsere Texte sind Punkte in einem mehrdimensionalen Raum. Und wenn sie von gleichen Entitäten handeln, sind sie näher beieinander.

Schreibe unter der Verwendung von spaCy eine Python-Funktion, die einen Text entgegennimmt und alle Personennamen in diesem Text durch Sternchen ersetzt.

Beispiel:

```
sternchen("Rüdiger hat einen Bruder namens Peter")
******* hat einen Bruder namens *****
```

Klar! Mit spaCy geht das recht sauber, da das Framework Named Entity Recognition (NER) unterstützt. Hier ist ein funktionierendes Beispiel:

```
import spacy

# Lade das deutsche Modell
nlp = spacy.load("de_core_news_sm")

def sternchen(text):
    doc = nlp(text)
    result = text
    # Wir ersetzen die Namen rückwärts, damit die Indizes stimmen
    for ent in reversed(doc.ents):
        if ent.label_ == "PER":  # PER = Person
            result = (result[:ent.start_char] + '*' * len(ent.text) +
                      result[ent.end_char:])
    return result

# Beispiel
text = "Rüdiger hat einen Bruder namens Peter"
print(sternchen(text))
```

Die Funktion `sternchen` nimmt einen Text entgegen und führt Natural Language Processing aus, damit wir an die einzelnen Entitäten kommen, die im Text erkannt werden. Wenn dies eine Entität vom Typ `PER` ist, zerstückeln wir den Text in drei Teile: an den Stellen, wo die Entität beginnt und wo sie endet. Anschließend setzen wir dort, wo der Personenname war, so viele Sternchen ein, wie der Name lang war. In unserem Programm geschieht dies von hinten nach vorn. Es wird also erst `"Peter"` durch `"*****"` ersetzt und dann `"Rüdiger"` durch `"*******"`. Für unseren Fall würde es auch vorwärts funktionieren, aber bei anderen Ersetzungsbeispielen könnte es ansonsten passieren, dass ein Wort durch etwas Längeres oder Kürzeres ersetzt wird. Dann stimmen die Positionsangaben danach nicht mehr überein. Wenn wir rückwärts vorgehen, haben wir dieses Problem nicht.

8.6 Transfer Learning

Wenn wir Natural Language Processing mit spaCy durchführen, werden dafür vortrainierte Modelle verwendet, in unseren Beispielen das Modell `de_core_news_sm`. Das `de` steht dafür, dass das Modell auf deutschen Texten trainiert wurde; `core` bedeutet Kernmodell, also ein allgemeines Modell mit den wichtigsten Komponenten zu Tokenisierung, POS-Tagging, NER usw. `news` heißt, dass die Trainingsdaten aus Nachrichtenartikeln bestehen, aber auch Wikipedia- und andere Open-Source-Texte enthalten. `sm` steht für *small*, es gibt das Modell auch noch in *medium* (`md`) und *large* (`lg`). Das `sm`-Modell ist klein und schnell, deshalb eignet es sich für einfache Experimente und unsere Beispiele gut. Wenn du eine genauere Entity-Erkennungen brauchst, kannst du die größeren und langsameren Modelle `md` oder `lg` wählen.

Unsere Named-Entity Recognition kann Personennamen, Orte und einige wenige andere Entitätstypen erkennen. Wenn du noch weitere Klassen von Entitäten brauchst, heißt das nicht, dass du dir ein komplett eigenes Modell von Grund auf neu erstellen musst. Stattdessen kannst du ein fertig trainiertes Modell hernehmen und es einfach erweitern. Dies nennt man *Transfer-Learning*.

Im nun folgenden Beispiel erweitern wir das vortrainierte Modell `de_core_news_sm` um den Entitätstyp `FOOD`, damit wir so etwas wie Pizza und Pasta im Text erkennen. Wenn wir nämlich eine Anwendung haben, die sich nicht für Personen- und Ortsnamen interessiert, sondern für Namen von Speisen, soll unser Modell in der Lage sein, diese in unseren Texten zu erkennen.

Wir benötigen dazu wieder Trainingsdaten, aus denen die KI lernen kann. Diese bestehen aus Texten sowie der Information, an welchen Stellen sich in den Texten `FOOD`-Entities befinden. Da wir beispielsweise sagen, dass sich im Satz `"Ich esse gerne Pizza und Burger."` zwischen den Positionen 15 und 20 sowie zwischen 25 und 31 Namen von Speisen befinden, lernt das Modell zum einen typische Wörter für Speisen kennen (`"Pizza"` und `"Burger"`), zum anderen aber auch, in welchem Kontext ebensolche Wörter häufig stehen, z. B. hinter `"Ich esse gerne"`. Auch erkennt die KI gewisse Muster in Wörtern, z. B. dass Essensnamen häufig mit `"auflauf"` enden.

```
import spacy
from spacy.training.example import Example
from spacy.util import minibatch, compounding
import random

# Vortrainiertes Modell laden
nlp = spacy.load("de_core_news_sm")
```

```
if "ner" not in nlp.pipe_names:
    ner = nlp.add_pipe("ner")
else:
    ner = nlp.get_pipe("ner")

# Neue Label hinzufügen
ner.add_label("FOOD")

# Trainingsdaten
TRAIN_DATA = [
    ("Ich esse gerne Pizza und Burger.",
            {"entities": [(15, 20, "FOOD"), (25, 31, "FOOD")]}),
    ("Heute gibt es Spaghetti zum Mittag.",
            {"entities": [(14, 23, "FOOD")]}),
    ("Gnocciauflauf ist mein Lieblingsessen.",
            {"entities": [(0, 13, "FOOD")]}),
    ("Zucchiniauflauf schmeckt besser als Auberginenauflauf.",
            {"entities": [(0, 15, "FOOD"), (36, 53, "FOOD")]}),
]

# Training
optimizer = nlp.resume_training()
for i in range(20):
    random.shuffle(TRAIN_DATA)
    batches = minibatch(TRAIN_DATA, size=compounding(1.0, 4.0, 1.5))
    for batch in batches:
        for text, annotations in batch:
            doc = nlp.make_doc(text)
            example = Example.from_dict(doc, annotations)
            nlp.update([example], drop=0.3, sgd=optimizer)

# Testen
test_text = "Ich esse gerne Nudelauflauf."
doc = nlp(test_text)
print("Erkannte Entitäten:")
for ent in doc.ents:
    print(ent.text, ent.label_)
```

Zuerst wird `ner` (Named-Entity Recognition) zur Verarbeitungs-Pipeline des Natural Language Processings hinzugefügt, falls es noch nicht darin vorhanden ist. Danach können wir mit `ner.add_label("FOOD")` den neuen Entitätstyp hinzufügen. Das eigentliche Training initialisieren wir mittels `nlp.resume_training()`. Das Modell wurde ja bereits vortrainiert, nun wird das Training mit neuen Trainingsdaten und unserem neuen `FOOD`-Label fortgesetzt. Dazu werden in diesem Beispiel einige Tricks angewandt, zum Beispiel, dass in 20 Epochen jedes Mal unsere Trainingsdaten in zufälliger Reihenfolge hergenommen werden. `minibatch` erzeugt dabei in jeder Epoche immer größer werdende Mini-Batches. Ein Batch besteht aus einem oder mehreren Texte aus unseren Trainingsdaten, zusammen mit unseren Annotationen, wo darin die `FOOD`-Entitäten sind. Danach erfolgt der eigentliche Trainingsschritt mittels `nlp.update`. Dieser Funktion muss ein `Example`-Objekt übergeben werden, das wir uns in der Zeile darüber erzeugen.

Die Details dieses Programms sind zwar etwas schwierig zu verstehen, aber die Grundidee ist wie bei jedem Machine-Learning-Algorithmus immer dieselbe: Wir übergeben Trainingsdaten und die dazugehörigen Labels. In unserem Fall sind das Texte mit der Information, wo sich Namen von Essensgerichten befinden. Daraus lernt das Modell. Und am Ende können wir wie gewohnt mittels `nlp` ein Natural Language Processing durchführen und über die erkannten Entitäten iterieren. In unserem Satz `"Ich esse gerne Nudelauflauf"` erkennt das Modell nun erfolgreich die Entität Nudelauflauf, obwohl sie in keinen Trainingsdaten vorhanden war. Ohne unser Transfer-Learning hätte das Originalmodell in diesem Satz keine einzige Entität erkannt.

In jeder Epoche und jeder `nlp.update`-Ausführung werden im Modell Gewichte so angepasst, dass es in unseren Trainingsdaten die korrekten `FOOD`-Entitäten erkennt. Und wie unser Test zeigt, wurde auch in einem neuen Text der Nudelauflauf korrekt erkannt. Aber Achtung: Das Modell hat teilweise auch alte NER-Gewichte überschrieben und kann nun möglichweise alte Labels nicht mehr so gut erkennen. In unserem Beispiel würden nun im Satz `"Peter wohnt in München"` sowohl Peter als auch München als `FOOD` erkannt. Um das zu vermeiden, können wir vorsichtig feintunen, indem wir nur die neuen Labels trainieren und die Lernrate niedrig halten, sodass die ursprünglichen Gewichte für `PER`, `LOC` usw. größtenteils erhalten bleiben. Außerdem hilft es, wenn wir deutlich mehr Trainingsdaten bereitstellen, nicht nur für neue Labels, sondern auch nochmal für alte, sodass das Modell lernt, sie korrekt zu unterscheiden. In spaCy ist es sogar möglich, einzelne Pipeline-Komponenten auszuschließen oder bestimmte Gewichte »einzufrieren«, um die alten Entitäten zu schützen. So bleibt die Erkennung klassischer Entitäten zuverlässig, während neue Labels wie `FOOD` hinzugefügt werden.

Transfer Learning lässt sich auch in anderen Bereichen des Machine Learnings verwenden, beispielsweise wenn es darum geht, Objekte in Bildern oder Videos zu erkennen. Auch dafür verwenden wir vortrainierte Modelle, die bereits einige Objekte erkennen können, und können diese Modelle um weitere Objekttypen erweitern.

8.7 KI für Bilder

In Abschnitt 4.6, »Bilddateien«, haben wir uns angeschaut, wie wir eine Bilddatei mit Python öffnen, sodass wir die Metadaten (Aufnahmedatum, Bildgröße ...) auslesen können, und wie wir mit Hilfe des Moduls `PIL` (Pillow) die Bildgröße verändern und das modifizierte Bild als neues Bild speichern können. Dem Python-Skript ist dabei völlig egal, was auf dem Bild zu sehen ist. Es führt einfach nur feste Verarbeitungsschritte durch.

Jetzt wird es darum gehen, wirklich zu erkennen, was ein Bild genau darstellt: eine Banane oder einen Apfel? Zuerst müssen wir uns aber noch anschauen, wie wir Bilder vorverarbeiten, damit wir besser damit arbeiten können. Außerdem werden wir mittels Python aus Bildern Features extrahieren. Ein Feature könnte zum Beispiel ein Helligkeitswert sein oder eine Information über die Farben und sogar Formen im Bild. Wenn wir es schaffen, aus einem Bild gute Feature-Werte zu extrahieren, können wir eine KI darauf trainieren. Die KI lernt dann also gar nicht wirklich aus den Pixeln im Bild, sondern aus den Features, die aus diesen Pixeln abgeleitet wurden. Wir schauen uns aber auch KI-Algorithmen an, die das komplette Bild als Eingabe erhalten und selbstständig Muster erkennen. Hier müssen wir uns vorher keine Gedanken machen, worauf genau in dem Bild geachtet werden soll. Das soll die KI selbstständig lernen.

Mit den Verfahren, die du nun kennenlernst, kannst du später eine Bildklassifikation durchführen. Darunter verstehen wir einen Algorithmus, der als Eingabe ein Bild entgegennimmt und diesem Bild im einfachsten Fall ein Label zuordnet, also eine Kategorie, z. B. Hund, Katze, Banane. Solche Objekterkennungen kommen in vielerlei Anwendungen zum Einsatz. Wenn wir ein Foto mit unserem Smartphone aufnehmen und es in der Cloud von Apple oder Google gespeichert wird, weist ein Klassifizierungsalgorithmus dem Bild automatisch mehrere Tags zu. Das ermöglicht es uns später, über die Suchfunktion auf unserem Handy Fotos wiederzufinden, indem wir einfach ein Schlagwort, z. B. »Hund«, eingeben. Andere Anwendungsfelder gibt es in der Industrie oder der Medizin. Dort kann eine KI auf einem Foto die Qualität eines Bauteils erkennen oder ob auf einem Röntgenbild etwas Verdächtiges zu sehen ist. Und bei selbstfahrenden Autos werden in Echtzeit Kameraaufnahmen analysiert, um Linien auf Straßen, aber auch Menschen, Schilder und vieles mehr zu erkennen. All das hilft dem selbstfahrenden Auto bei der Entscheidung, wie das Auto in bestimmten Situationen reagieren soll.

Für den Computer ist ein Bild eine Reihe von Pixeln, also Bildpunkten. Jeder Pixel hat eine bestimmte Farbe, die man oft über drei Kanäle im *RGB*-Farbraum angibt; R steht für Red, G für Green und B für Blue. Innerhalb von Python-Programmcode gibt man diesen Farbcode oft als Tupel oder Liste mit drei Werten, jeweils zwischen 0 und 255, an. In der *OpenCV*-Bibliothek, die wir gleich verwenden werden, muss man die Werte jedoch in der umgekehrten Reihenfolge (BGR) angeben, also beispielsweise für die Farbe Rot: `(0, 0, 255)` – Blau und Grün fehlen hier komplett, und der Wert für Rot ist maximal. Oft werden Farben aber auch im *HSV*-Farbraum angegeben, ebenfalls über drei Zahlen: den Farbton (Hue), die Sättigung, also Intensität (Saturation) und die Helligkeit (Value). Ein knalliges Grün wäre im HSV-Farbraum: `[60, 255, 255]`.

Wenn wir mit einem Smartphone ein Foto in einer hohen Auflösung aufnehmen, besteht dieses beispielsweise aus 48 Megapixeln, also 48 Millionen Bildpunkten, und ist 8.000 Pixel breit und 6.000 Pixel hoch. In den nun kommenden Codebeispielen werden wir ein Bild von einer Banane verwenden, das lediglich 640 × 427 Pixel groß ist. Dennoch sind das über 400.000 Bildpunkte! Läge uns dieses das Bild als BMP-Datei (Bitmap) vor, wäre diese Datei 800 Kilobyte groß, weil jeder Bildpunkt 3 Byte belegt, jeweils 1 Byte für die Rot-, Grün- und Blau-Werte. Das von der 48-MP-Handykamera aufgenommene Foto wäre im BMP-Format stolze 137 MB groß. Da dies extrem groß ist, werden Fotos in der Regel direkt im JPEG-Format gespeichert. Das ist ein komprimiertes Format, in dem zwar nicht alles exakt gespeichert wird, aber das menschliche Auge merkt kaum einen Unterschied. Das Bild der Banane ist im JPEG-Format nur 20 KB groß, also 40-mal kleiner, ein hochauflösendes Handyfoto vielleicht 13 MB groß und damit 10-mal kleiner als im BMP-Format. Die genaue Kompressionsrate hängt von den Einstellungen beim Komprimieren ab, aber auch vom Motiv selbst. Da unser Bananenfoto wenig Details und Texturen sowie einen weißen Hintergrund hat, kann das Bild sehr effizient gespeichert werden.

8.8 Vorverarbeitung von Bildern: Graustufen-Konvertierung etc.

Wir werden nun die kostenlose Computer-Vision-Bibliothek *OpenCV* verwenden, um in Python Bildverarbeitungen durchzuführen. Du kannst das Modul mittels `pip install opencv-python` installieren und es dann über `import cv2` in deine Python-Skripte importieren. In einem Jupyter Notebook können wir uns Bilder auch mit Matplotlib direkt unter den Codezellen darstellen lassen. Das macht es einfach, Schritt für Schritt zu beobachten, welche Auswirkungen einzelne Verarbeitungsschritte auf die Bilder haben. Wir fangen mit einem simplen Verarbeitungsschritt an und wandeln ein Bild, das wir aus einer Datei *banane.jpg* laden, in Graustufen um:

```
import cv2
import matplotlib.pyplot as plt

bild = cv2.imread("bilder/banane.jpg")
grau = cv2.cvtColor(bild, cv2.COLOR_BGR2GRAY)

plt.figure(figsize=(10,5))
plt.subplot(1,2,1)
plt.title("Originalbild")
```

```
#plt.axis("off")
plt.imshow(cv2.cvtColor(bild, cv2.COLOR_BGR2RGB))
plt.subplot(1,2,2)
plt.title("Graustufenbild")
#plt.axis("off")
plt.imshow(grau, cmap='gray')
plt.show()
```

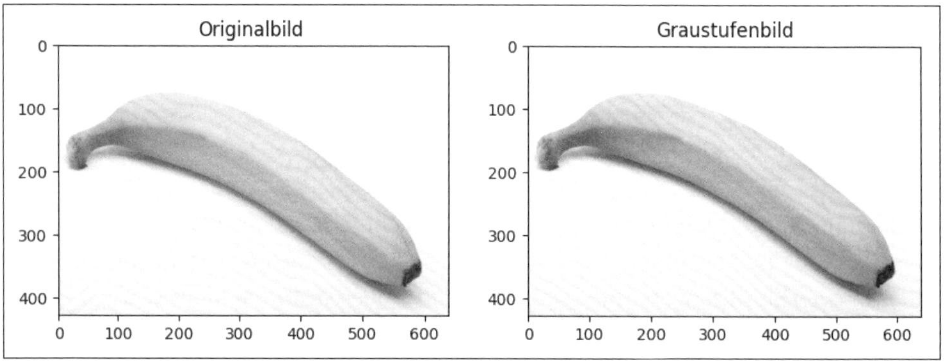

Abbildung 8.4: Matplotlib zeigt das Bild vor und nach der Umwandlung in ein Graustufenbild an.

Nach dem Laden der Bilddatei mittels `cv2.imread` liegt unser Bild in der Variablen `bild`, sodass wir auf dieser Variablen nun mit dem Bild arbeiten und es auch ausgeben können. Der Datentyp von `bild` ist übrigens ein NumPy-Array. In unserem Falle ein dreidimensionaler Array mit 427 × 640 × 3 Integer-Zahlen: Für jeden Bildpunkt (Höhe × Breite) drei Werte für Blau, Grün und Rot. Die `imread`-Funktion unterstützt viele Bildformate, nicht nur JPEG, sondern auch PNG, BMP und einige andere. Die Umwandlung unseres Bildes in Graustufen erfolgt mit der Funktion `cvtColor`, was für *convert color* steht. Sie nimmt das Originalbild entgegen und die Information, in was das Bild umgewandt werden soll, in unserem Fall in ein Graustufenbild. Man könnte es auch in den HSV-Farbraum oder etwas anderes umwandeln. Da wir das Bild in Graustufen konvertieren, liefert die Funktion das neue Bild nun als zweidimensionalen NumPy-Array mit den Ausmaßen 427 × 640. Je Bildpunkt gibt es jetzt nur noch einen Helligkeitswert. Der Wert 0 wäre ein schwarzer Bildpunkt und 255 ein weißer.

Die Umwandlung eines Bildes in Graustufen ist ein gängiger Vorverarbeitungsschritt hat für viele Arten von Bildanalysen einige Vorteile. Zum einen haben wir es nach der Umwandlung mit kleineren Datenmengen zu tun, weil jeder Pixel nur noch eine einzige Zahl ist statt drei. Zum anderen werden Farben für viele Vorgänge gar nicht benötigt, beispielsweise wenn es darum geht, Formen, Muster oder Kanten zu erkennen. In dem Fall stören Farben manchmal sogar bei der Analyse, weil Bildrauschen ein größeres Thema ist und Graustufenbilder für viele Algorithmen einfach robuster sind. Wenn für eine Analyse die Farben jedoch entscheidend sind, dann sollte man natürlich mit dem Farbbild weiterarbeiten. Wenn die Farbe eine Analyse aber nicht wesentlich unterstützt, kann die Umwandlung in ein Graustufenbild sinnvoll sein.

Wie wir im gerade gezeigten Codebeispiel gesehen haben, können wir uns Bilder mit der Matplotlib-Funktion `plt.imshow` in einem Jupyter Notebook anzeigen lassen. Vor allem die Verwendung von Subplots ist dabei sinnvoll, um mehrere Bilder nebeneinander oder untereinander darzustellen. Vor der Verwendung von `plt.show()` lassen sich die x- und y-Achsen mittels `plt.axis("off")` auch ausblenden. Diese bieten bei Bildern oft nicht so viele Vorteile wie bei Diagrammen.

Andere typische Vorverarbeitungsschritte sind das Normalisieren der Pixelwerte auf eine Skala von 0 bis 1 statt von 0 bis 255, weil viele Algorithmen damit besser arbeiten können, oder die Anpassung von Helligkeit und Kontrast. Manchmal kann es auch sinnvoll sein, das Bild in komplett Schwarz-Weiß umzuwandeln statt in Graustufen. Ziel der Vorverarbeitung ist es, dass danach alle vorliegenden Bilder zum einen einheitlich sind und zum anderen optimal nutzbar für die Verwendung der gewählten Algorithmen.

Enthält ein Bild nur in einem bestimmten Bereich relevante Bildinformationen, können wir das Bild auf diesen Bereich zuschneiden. Manchmal wissen wir schon, wo genau sich dieser Bereich befindet, z. B. wenn das Bild von einer fest installierten Kamera stammt; manchmal muss er aber auch vorher erst durch weitere Analysen erkannt werden. Da unsere Bilder in Python klassische NumPy-Arrays sind, ist ein Zuschneiden sehr einfach. Wir müssen lediglich die Positionen in der Pixelmatrix angeben, wo sich der auszuschneidende Bereich im Bild befindet, z. B. von Zeile 50 bis 200 und von Spalte 100 bis 300:

```
bild_zugeschnitten = bild[50:200, 100:300]
plt.imshow(cv2.cvtColor(bild_zugeschnitten, cv2.COLOR_BGR2RGB))
plt.show()
```

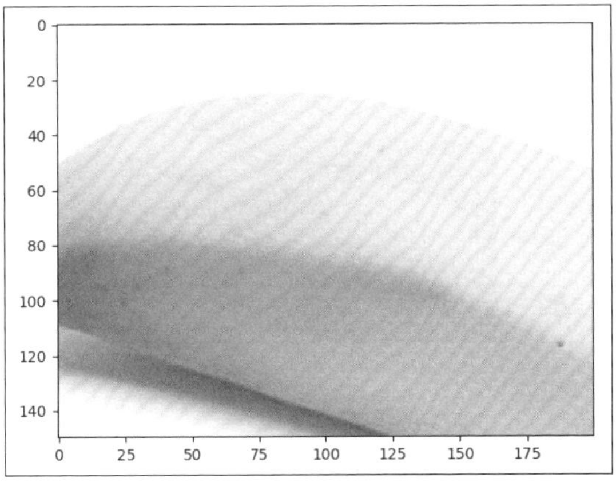

Abbildung 8.5: Das Bild ist nach dem Zuschneiden nur noch 150 Pixel hoch und 200 Pixel breit.

8.9 Kanten und Konturen in Bildern erkennen

Eine Kante ist ein plötzlicher Übergang von hellen zu dunklen Bildpunkten. Sie sind oft dort, wo der Übergang eines Objekts (z. B. die Banane) zum Hintergrund ist. Kanten zeigen somit Formen und Grenzen von Objekten an. Für viele Algorithmen ist es sinnvoll, dass Kanten im Bild erkannt werden. OpenCV stellt uns dazu den *Canny*-Algorithmus bereit. Wir übergeben ihm ein Bild sowie eine untere und obere Schwelle von Helligkeitsunterschieden. Heraus kommt ein NumPy-Array, an dem bei jedem Pixel unseres Bildes, an dem ein Rand erkannt wurde, eine `255` steht und an allen anderen Stellen eine `0`. Diese Matrix können wir uns dann wieder als Bild anzeigen lassen:

```
kanten = cv2.Canny(grau, 100, 200)

plt.figure(figsize=(10,5))
plt.subplot(1,2,1)
plt.title("Canny(..., 100, 200)")
plt.imshow(kanten, cmap='gray')
plt.axis("off")

kanten = cv2.Canny(grau, 40, 250)

plt.subplot(1,2,2)
plt.title("Canny(..., 40, 250)")
plt.imshow(kanten, cmap='gray')
plt.axis("off")

plt.show()
```

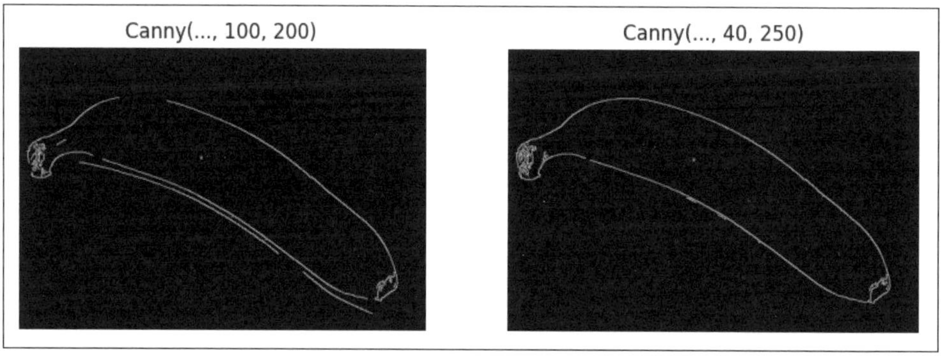

Abbildung 8.6: Canny-Algorithmus zur Kantenerkennung mit zwei verschiedenen Schwellenwert-Einstellungen

Der hintere Schwellenwert (`200`) ist die Helligkeitsdifferenz zwischen zwei Bildpunkten, die überschritten werden muss, damit dort eine Kante erkannt wird. Sind zum Beispiel ein ganz weißer Bildpunkt (Helligkeit 255) und ein schwarzer Bildpunkt (Helligkeit 0) direkt nebeneinander, ist die Differenz dort größer als 200, somit hätten wir dort eine Kante gefunden. Damit nicht auch zufällige Schwankungen und Bildrauschen fälschlicherweise als Kanten erkannt werden, macht Canny zu Beginn einige Vorverarbeitungsschritte und glättet das Bild etwas, damit nur noch die stärksten Übergänge übrig bleiben. Der andere Schwellenwert, den wir mit `100` angegeben haben, ist der Helligkeitsunterschied, unter dem etwas definitiv keine Kante ist. Und alles, was sich in unserem Fall zwischen 100 und 200 Helligkeitseinheiten vom benachbarten Pixel unterscheidet, wird nur dann als Kante akzeptiert, wenn es an eine bereits als sicher erkannte Kante anschließt. In unserem Beispielbild wurde mit der Einstellung `100, 200` an der obersten Stelle der Banane keine Kante erkannt, weil das Objekt dort sehr hell ist. Mit einer Anpassung des ersten Schwellenwerts auf 40 können wir dieses Problem lösen. Außerdem wurde der Schatten der Banane fälschlicherweise als Kante erkannt, was wir mit der Erhöhung des oberen Schwellenwerts auf `250` ändern können. Je nach Anwendungsfall ist es aber manchmal gar nicht so einfach, die richtigen Schwellenwerte zu finden. Niedrigere Schwellenwerte finden zwar mehr Kanten, jedoch möglicherweise auch welche, die gar keine sind. Außerdem befindet sich unser Objekt vor einem nahezu perfekt einfarbigen weißen Hintergrund. Befänden sich im Hintergrund jedoch Texturen oder weitere Objekte, könnte Canny dort ebenfalls Kanten erkennen. Hier kann es helfen, weitere Vorverarbeitungsschritte wie das Glätten des Bildes und eine Anpassung des Kontrastes vorzunehmen.

Die Informationen, wo im Bild Kanten sind, können verwendet werden, um ein Machine-Learning-Modell zu trainieren, damit es Objekte klassifizieren kann. Außerdem kann man Rechtecke, Kreise oder Dreiecke erkennen, oder aber Risse in Bauteilen. Später schauen wir uns ein Beispiel an, wie man mit Hilfe der erkannten Konturen die Anzahl der Objekte auf einem Bild bestimmen kann.

Als Alternative zur Kantenerkennung mittels Canny können wir auch eine sogenannte *Maske* auf das farbige Bild anwenden, um bestimmte Objekte oder Regionen im Bild zu erkennen. Unter einer Maske versteht man ein Bild, das angibt, welche Pixel im Originalbild relevant sind. Wir können beispielsweise eine Maske erstellen, die alle Bildpixel markiert, die in einen bestimmten Farbbereich fallen, z. B. verschiedene Gelbtöne. Diese Maske können wir dann zur Konturenerkennung verwenden und eine *Bounding Box* um das erkannte Objekt zeichnen:

```
import cv2
import matplotlib.pyplot as plt
import numpy as np
```

```
bild = cv2.imread("bilder/banane.jpg")
hsv = cv2.cvtColor(bild, cv2.COLOR_BGR2HSV)

# Grobe Farbmaske für gelbe Banane
lower = np.array([15, 80, 80])
upper = np.array([35, 255, 255])
maske = cv2.inRange(hsv, lower, upper)

# Konturen finden
konturen, _ = cv2.findContours(maske,
                               cv2.RETR_EXTERNAL, cv2.CHAIN_APPROX_SIMPLE)

# Größte Kontur als Banane auswählen
kontur_groesste = max(konturen, key=cv2.contourArea)

# Bounding Box
x,y,w,h = cv2.boundingRect(kontur_groesste)
bild_box = bild.copy()
cv2.rectangle(bild_box, (x,y), (x+w, y+h), (0,255,0), 3)

# Anzeige
plt.figure(figsize=(10,5))
plt.subplot(1,3,1)
plt.title("Farbmaske")
plt.imshow(maske, cmap='gray')
plt.axis("off")

plt.subplot(1,3,2)
plt.title("Konturen: "+str(len(konturen)))
bild_konturen = bild.copy()
cv2.drawContours(bild_konturen, [kontur_groesste], -0, (0,255,0), 3)
plt.imshow(cv2.cvtColor(bild_konturen, cv2.COLOR_BGR2RGB))
plt.axis("off")

plt.subplot(1,3,3)
plt.title("Bounding Box")
plt.imshow(cv2.cvtColor(bild_box, cv2.COLOR_BGR2RGB))
plt.axis("off")
plt.show()
```

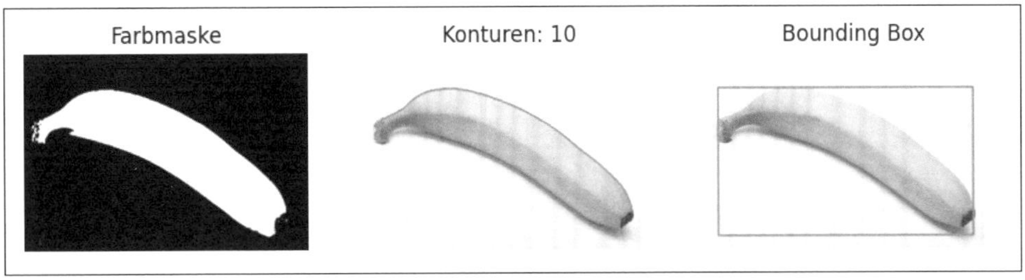

Abbildung 8.7: Die Farbmaske markiert alle gelben Bildpunkte. Damit können Konturen erkannt und eine Bounding Box um das Objekt gezeichnet werden.

Die Farbwerte für die Maske werden hier im HSV-Farbraum angegeben. Der Bereich von Gelb liegt bei OpenCV zwischen 15 und 35. Alles unter 15 ist eher orange und schließlich rot, alles über 35 wird grün und bei noch größeren Werten blau. Alle Pixel, die in unserem Bild also einen Farbwert im Bereich zwischen `lower` und `upper` haben, werden durch die Maske ausgewählt. `cv2.findContours` sucht basierend auf diesen markierten Pixeln die Konturen im Bild, was in unserem Fall eine Liste mit 10 Konturen liefert. Mit der Funktion `cv2.contourArea` kommen wir an den Flächeninhalt in Pixel^2 dran. Wir wählen nur die größte Kontur aus und schreiben sie in die Variable `kontur_groesste`, sodass wir für diese Kontur eine Bounding Box berechnen können. Das ist ein Rechteck, das das erkannte Objekt umrahmt. In den Variablen `x`, `y`, `w` und `h` steht die Position, wo das Rechteck im Bild beginnt, sowie seine Breite und Höhe. Über das Verhältnis `w/h` könnten wir nun abschätzen, ob ein Objekt eher eine Banane oder ein Apfel ist. Bei Äpfeln sollte die Bounding Box mehr oder weniger ein Quadrat sein, also `w/h` wäre ungefähr 1. Je nachdem, ob die Banane quer oder hoch liegt, ist das Verhältnis etwas größer oder etwas kleiner als 1. Liegt sie diagonal, wäre auch hier die Bounding Box ein Quadrat, und man könnte sie nicht zuverlässig einstufen. Für solche Anwendungen ist es also hilfreich, wenn die Objekte immer gleich gedreht sind.

Über `len(konturen)` kommen wir an die Anzahl der im Bild erkannten Konturen. Das liefert uns in unserem Fall die Zahl 10, weil vor allem am Stiel noch kleine Bereiche erkannt wurden, die im Bild gelb und von braunen Stellen umgeben sind. Diese haben jedoch nur einen kleinen Flächeninhalt. Wir möchten nun die Objekte im Bild zählen. Dazu können wir diese zu kleinen Konturen einfach herausfiltern:

```
min_flaeche = 2000
konturen = [k for k in konturen
            if cv2.contourArea(k) >= min_flaeche]
print("Anzahl der erkannten Objekte:", len(konturen))
```

Ausgabe:

```
Anzahl der erkannten Objekte: 1
```

Den Schwellenwert `min_flaeche = 2000` können wir herausfinden, indem wir uns zunächst mit der Funktion `cv2.contourArea` die Flächeninhalte aller erkannten Konturen ausgeben lassen. Außerdem müssen wir beachten, dass dieser Wert von den Abmessungen unserer Bilddatei abhängt. Würden wir ein größeres Bild übergeben, hätte unser Schwellenwert eine andere Bedeutung und wäre vermutlich zu klein. Wir könnten uns den Schwellenwert dann entweder abhängig von der Bildgröße berechnen lassen, oder wir achten darauf, dass wir dem Programm immer nur Bilder einer bestimmten einheitlichen Größe übergeben. Alternativ könnten wir auch zu Beginn des Programms das Bild mittels `cv2.resize` in die gewünschte Größe konvertieren.

Abbildung 8.8 zeigt, dass auch bei einem Foto mit drei Bananen die Anzahl korrekt erkannt wurde. Wichtig ist aber, dass diese sich nicht berühren dürfen und dass ansonsten auch keine zu ähnlichen Objekte auf dem Bild zu sehen sein dürfen.

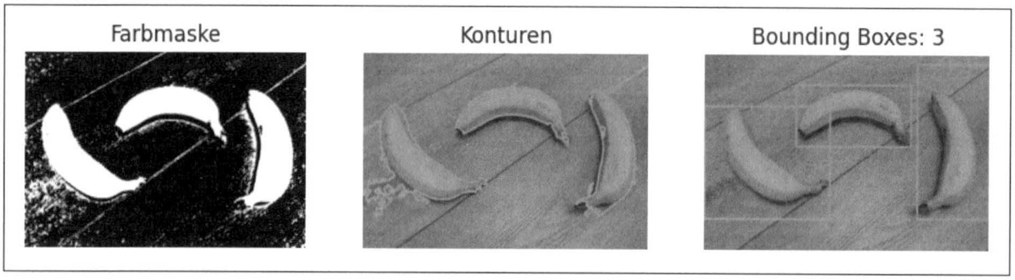

Abbildung 8.8: Objekte zählen, indem Konturen gesucht werden, die eine bestimmte Mindestgröße haben

Bei den Verfahren, die bis jetzt in diesem Kapitel zum Einsatz kamen, handelt es sich nicht um Machine Learning, sondern ausschließlich um klassische Bildverarbeitung. Die Erkennung der Kanten und Konturen sowie das Zählen der erkannten Objekte erfolgte nur basierend auf festen Regeln und Farbmasken, deren Farbbereiche wir in den Programmcode geschrieben haben. Durch die Durchführung von Vorverarbeitungsschritten, das Setzen von Parametern, viel Ausprobieren und etwas Glück haben wir erreicht, dass unsere Software zufriedenstellende Ergebnisse liefert. Damit ist aber nicht garantiert, dass das bei anderen Bildern ebenfalls so gut funktioniert. Unsere Bananenfotos hatten einen simplen Hintergrund ohne störende Texturen und andere Objekte. In der Praxis sind häufig zusätzliche Bildverarbeitungsschritte nötig. Beispielsweise kann man den Hintergrund entfernen, mittels Farbfiltern Objekte gezielt hervorheben oder Formmerkmale (rund, länglich ...) einbeziehen. Bei Anwendungen, wo die Rahmenbedingungen aber stimmen, und wenn wir wissen, dass Bilder immer gewisse Kriterien erfüllen, können die gezeigten Verfahren geeignet sein. Für komplexere Anwendungen können sie dennoch als Unterstützung dienen und beispielsweise in Kombination mit Machine Learning eingesetzt werden.

8.10 Klassische Methoden des maschinellen Lernens für Bilder

Bevor wir neuronale Netze und Deep Learning zu Bildanalysezwecken einsetzen, wenden wir zunächst die Verfahren aus den vorherigen Kapiteln auf unsere Bilder an. Weiter oben hast du nämlich gelernt, wie du Features aus Bildern extrahierst, also z. B. wo sich in Bildern Kanten befinden oder in welchem Bereich im Bild ein Objekt einer bestimmten Farbe gefunden wurde. Gleich werden wir weitere Features aus Bildern extrahieren, um Genaueres über die im Bild vorkommenden Farben zu erfahren. Wenn wir all diese Features aus unseren Bildern extrahieren, von denen wir glauben, dass sie zielführend für unser Vorhaben sind, können wir danach unser Bild vorerst beiseitelegen. Dann nehmen wir nur noch diese Features, die ja in der Regel irgendwelche Zahlen sind, und trainieren damit ein Machine-Learning-Modell. Wenn wir später ein neues unbekanntes Bild erhalten, extrahieren wir auch daraus wieder auf die gleiche Art die Features, und das Modell liefert uns basierend darauf eine Vorhersage.

Bei diesem Ansatz müssen wir also manuell entscheiden, welche Merkmale für unser Machine Learning relevant sind. Auf diesen Merkmalen, die wir der KI in Form sogenannter *Feature-Vektoren* übergeben, lernt die KI dann und macht Vorhersagen. Die Pixel-Rohdaten aus unseren Bildern bekommt die KI gar nicht zu sehen, nur das, was wir zuvor daraus extrahiert haben.

In den nun folgenden Beispielen geht es darum, dass eine KI lernen soll, ob auf einem Bild eine Banane oder ein Apfel zu sehen ist. Als Trainingsdaten werden wir die Bilder aus Abbildung 8.9 verwenden.

Abbildung 8.9: Die Trainingsdaten: zehn Bilder von Bananen und Äpfeln. Das Label (»apfel«, »banane«) steckt im Dateinamen.

Wir halten das Beispiel sehr simpel und extrahieren aus unseren zehn Bildern lediglich die Durchschnittsfarbe. Das liefert uns drei Zahlen: Den Rot-Wert, den Grün-Wert und den Blau-Wert dieser Farbe, also beispielsweise den Vektor `[240, 228, 207]` für ein Foto einer

Banane und `[235, 205, 195]` für ein Foto eines Apfels. Diese durchschnittliche Farbe hängt natürlich stark von der allgemeinen Helligkeit des Bildes und vor allem auch vom Hintergrund ab. Daher gehen wir davon aus, dass die Fotos unter gleichen Bedingungen vor einem gleichen Hintergrund fotografiert wurden. Ansonsten passiert uns etwas Ähnliches, was 2016 Wissenschaftlern der University of Washington passierte: Ihr Machine-Learning-Modell konnte erkennen, ob ein Foto einen Husky oder einen Wolf zeigte. Es stellte sich jedoch heraus, dass nur der Hintergrund entscheidend für die Vorhersage war: Bei den Trainingsbildern von Wölfen war nämlich immer Schnee im Hintergrund, was bei den Husky-Fotos nie der Fall war. Da in unseren Experimenten unser Obst jedoch immer vor einem ähnlichen Hintergrund ist, sollte der Farbwert einigermaßen gute Ergebnisse liefern.

Wir laden zunächst die Bilder aus einem Ordner, extrahieren ihre Farbwerte und erzeugen einen DataFrame, in dem die drei Werte für Rot, Grün, Blau stehen sowie das Label, also die Information, ob das Foto eine Banane oder einen Apfel zeigt. Dieses Label steht im Dateinamen, z. B. *banane1.jpg*:

```
import os
import cv2
import numpy as np
import pandas as pd

def avg_color(image_path):
    bild = cv2.imread(image_path)
    bild_rgb = cv2.cvtColor(bild, cv2.COLOR_BGR2RGB)
    avg_color_per_row = np.average(bild_rgb, axis=0)
    avg_color = np.average(avg_color_per_row, axis=0)
    return avg_color

X = []
labels = []
dateinamen = []

for datei in os.listdir("obst"):
    label = datei.split(".")[0].rstrip("0123456789")
    farbe = avg_color(os.path.join("obst", datei))
    X.append(farbe)
    labels.append(label)
    dateinamen.append(datei)

df = pd.DataFrame(X, columns=["R", "G", "B"])
df["label"] = labels
```

```
df["dateiname"] = dateinamen

df
```

	R	G	B	label	dateiname
0	240.528055	228.394427	207.150424	banane	*banane1.jpg*
1	235.528140	205.413918	195.993140	apfel	*apfel1.jpg*
2	220.399681	204.446756	169.847534	banane	*banane3.jpg*
...	...	...	...	...	...

Mit der `for`-Schleife iterieren wir über alle Dateien, die sich im Ordner *obst* befinden. Ist dort beispielsweise die Datei *banane1.jpg*, nehmen wir den Teil vor dem Punkt und entfernen mit `rstrip("0123456789")` alle Zahlen am Ende, sodass wir das Label (`"banane"`) erhalten. Unsere Funktion `avg_color` nimmt einen Dateinamen entgegen und verwendet `cv2`, um die Farben aller Bildpixel zu erhalten. Da dies ein dreidimensionaler NumPy-Array ist, berechnen wir zuerst den Durchschnitt je Farbe pro Bildzeile und dann den Durchschnitt je Farbe über alle Bildzeilen hinweg. Heraus kommen drei Werte: je einer für Rot, Grün und Blau. Diese Werte sammeln wir für alle Bilder in der Matrix, die wir `X` nennen. Das sind unsere Features. Außerdem sammeln wir alle Labels und die ursprünglichen Dateinamen und erzeugen schließlich aus allem zusammen einen Pandas-DataFrame.

Würden wir nun basierend auf diesen durchschnittlichen Farbwerten ein Modell trainieren, z. B. mittels KNN, würden wir feststellen, dass uns dieses Modell keine guten Ergebnisse liefern wird. Man könnte zwar vermuten, dass die KI erkennen könnte, dass Äpfel hohe Rot-Werte haben, aber tatsächlich haben viele unserer Bananenbilder im Trainings-Datensatz sogar noch höhere Rot-Werte, als es bei Apfelbildern der Fall ist. Das liegt zum einen daran, dass die sich die Farbe Gelb aus Rot und Grün zusammensetzt, zum anderen ist der Hintergrund unserer Bilder weiß. Und Weiß setzt sich aus allen Farben zusammen. Je mehr weißer Hintergrund auf einem Bild zu sehen ist, desto höher ist auch der durchschnittliche Rot-Wert. Unsere Features R, G und B eignen sich also überhaupt nicht gut, um ein Modell zu trainieren. Um das Problem einigermaßen zu lösen, erweitern wir unser Programm: Im ersten Schritt entfernen wir den weißen Hintergrund mit Hilfe einer Maske:

```
def avg_color(image_path):
    bild = cv2.imread(image_path)
    bild_rgb = cv2.cvtColor(bild, cv2.COLOR_BGR2RGB)
    hsv = cv2.cvtColor(bild, cv2.COLOR_BGR2HSV)
```

```
    lower = np.array([0, 30, 0])       # minimale Sättigung
    upper = np.array([180, 255, 220]) # helle Bereiche ausblenden
    maske = cv2.inRange(hsv, lower, upper)

    farben = bild_rgb[maske > 0]

    avg_color = np.average(farben, axis=0)
    return avg_color
```

Diese Maske sorgt dafür, dass weiße Pixel entfernt werden und nicht mit in die Berechnung der Durchschnittsfarbwerte eingehen. Diese berechnet sich also im Wesentlichen nur noch aus den Farben des Objekts.

Als zweite Optimierung nehmen wir als Features nun nicht mehr die einzelnen Farbwerte, sondern die Verhältnisse der Farben zueinander. Das soll dafür sorgen, dass das Modell unempfindlicher gegenüber unterschiedlichen Lichtverhältnissen und Helligkeiten wird, da sich die relativen Farbanteile einer Frucht weniger stark verändern als ihre absoluten RGB-Werte.

```
df["R/G"] = df["R"] / (df["G"] + 1e-6)
df["R/B"] = df["R"] / (df["B"] + 1e-6)
df["G/B"] = df["G"] / (df["B"] + 1e-6)

df
```

	R	G	B	label	dateiname	R/G	R/B	G/B
0	186.2	155.8	77.2	banane	*banane1.jpg*	1.20	2.41	2.02
1	188.8	94.6	66.2	apfel	*apfel1.jpg*	2.00	2.85	1.43
2	180.9	142.8	65.6	banane	*banane3.jpg*	1.27	2.76	2.18
...	...	...	...	...	...	...	...	...

Wie wir sehen, haben die Äpfel in der Regel ein höheres Rot-Grün-Verhältnis als die Bananen. Zwar ist auch dies immer noch nicht optimal für Machine-Learning-Zwecke geeignet, und eigentlich müssten wir noch weitere Bild-Vorverarbeitungsschritte vornehmen, aber für unser simples Beispiel soll das ausreichen. Wir trainieren nun mit Hilfe der drei Features `R/G`, `R/B` und `G/B` einen K-Nearest-Neighbors-Klassifikator:

```
from sklearn.neighbors import KNeighborsClassifier
knn = KNeighborsClassifier(n_neighbors=3)
knn.fit(df[["R/G", "R/B", "G/B"]], df["label"])
```

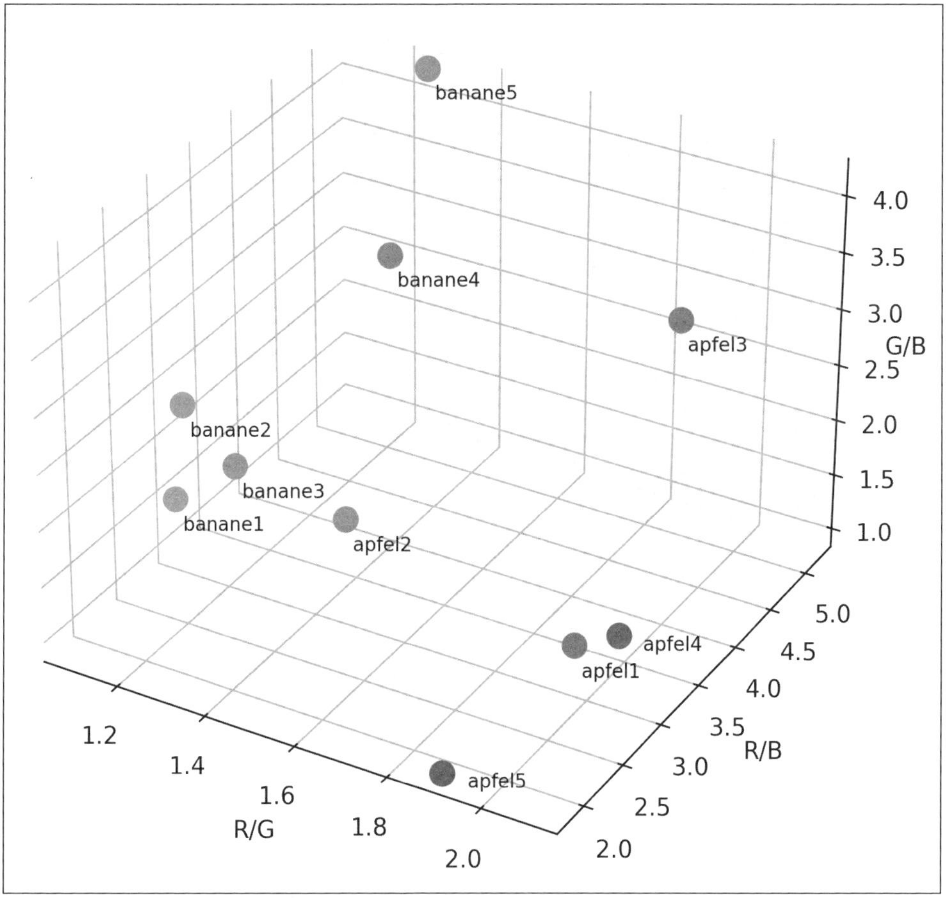

Abbildung 8.10: Die Verhältnisse der einzelnen Durchschnittsfarbwerte zueinander je Bild

Dieses Modell können wir nun verwenden, um für ein neues unbekanntes Bild vorherzusagen, ob darauf ein Apfel oder eine Banane zu sehen ist. Dazu müssen wir für dieses neue Bild ebenfalls wieder die Farben extrahieren und die Farbverhältnisse berechnen:

```
test_farbe = avg_color("bilder/obst.jpg")
test_df = pd.DataFrame([test_farbe], columns=["R", "G", "B"])
test_df["R/G"] = test_df["R"] / (test_df["G"] + 1e-6)
test_df["R/B"] = test_df["R"] / (test_df["B"] + 1e-6)
```

```
test_df["G/B"] = test_df["G"] / (test_df["B"] + 1e-6)
test_df["label"] = knn.predict(test_df[["R/G", "R/B", "G/B"]])
test_df
```

	R	G	B	R/G	R/B	G/B	label
0	202.2	169.9	67.2	1.19	3.01	2.53	banane

Wie wir sehen, wurde für das Bild *obst.jpg*, das eine tatsächlich eine Banane zeigt, das richtige Label vorhergesagt.

Abbildung 8.11: Das Bild »obst.jpg«, für das die KI vorhersagen soll, was darauf zu sehen ist.

Das gerade gezeigte Vorgehen zeigt, wie wir mittels Feature-Extraktion und Anwendung eines Machine-Learning-Algorithmus Bilder klassifizieren. Die Qualität dieser Klassifikation hängt vom Anwendungsfall, von den extrahierten Features, den angewendeten Vorverarbeitungsschritten sowie unseren Trainingsdaten ab. Zwar kann dieses Verfahren niemals so gut Objekte auf Bildern erkennen wie mittels Deep Learning, aber dafür behalten wir die komplette Kontrolle und können selbst nachvollziehen, wie der Algorithmus arbeitet. Außerdem reicht uns bei diesem simplen Ansatz eine kleine Menge an Daten, aus denen die KI lernen kann. Im nächsten Abschnitt schauen wir uns Deep-Learning-Verfahren an. Diese benötigen in der Regel Tausende bis Millionen von Trainingsbildern, damit das Modell sinnvolle Muster erkennen kann. Zudem erfordern solche Modelle eine deutlich höhere Rechenleistung und sind oft schwer zu interpretieren, da die Entscheidungsprozesse innerhalb der neuronalen Netze für Menschen kaum nachvollziehbar sind.

Wir haben uns in unserem Beispiel für Farb-Features entschieden und dazu simple Durchschnittsfarbwerte für das ganze Bild berechnet. Alternativ könnten wir auch die Farben in einzelnen Bildregionen betrachten oder mit Histogrammen arbeiten. Letztere zeigen, wie oft welche Farbe im Bild vorkommt. Auch eignen sich im Bild erkannte Kanten und Konturen als Features, da sie uns einiges über die Formen und Strukturen der Objekte verraten. Nachdem wir uns für geeignete Features entscheiden haben, können wir einen Algorithmus auswählen, beispielsweise KNN, Random Forest oder Support Vector Machines. Auch ein Clustering von Bildern mittels K-Means ist möglich.

8.11 Bildklassifikation mit Deep Learning

Klassische Machine-Learning-Methoden stoßen in der Praxis schnell an ihre Grenzen, wenn es darum geht, Bilder zuverlässig zu klassifizieren. Zum einen müssen wir händisch bestimmen, welche Features aus den Bildern extrahiert werden sollen, z. B. Farben, Kanten oder Formen. Zum anderen ist es schwierig zu erreichen, dass diese Methoden auch bei verschiedenen Hintergründen, Beleuchtungen und Perspektiven immer noch gut funktionieren. Wenn wir nun Deep Learning verwenden, müssen wir gar keine Features mehr händisch extrahieren, das passiert automatisch! Außerdem sind Deep-Learning-Modelle deutlich robuster bezüglich Variationen im Bild.

Die Grundlage für das Deep-Learning zur Bildklassifikation sind *neuronale Netze*. Diese bestehen aus sogenannten Neuronen. Ein *Neuron* ist so etwas wie eine Funktion, z. B. `f(a, b, c)`. Das Neuron erhält als Eingabe also mehrere Zahlen. Diese stammen entweder aus den Eingabedaten – bei Bildern sind das die Pixel des Bildes – oder von anderen Neuronen. Unsere Funktion `f(a, b, c)` multipliziert die Zahl `a` mit einem bestimmten Gewicht, `b` und `c` ebenfalls, und addiert diese Produkte. Je nachdem, ob dieser Wert einen bestimmten Schwellenwert überschreitet oder nicht, bestimmt dies den Ergebniswert, den unsere Funktion `f`, also das Neuron, als Ausgabe liefert. Natürlich nimmt in echten neuronalen Netzen ein Neuron deutlich mehr als drei Werte entgegen, und die Anzahl der Neuronen, aus denen das Netz besteht, kann in der Praxis gigantisch sein. Aber das Prinzip ist dennoch einfach: Die ersten Neuronen erhalten als Eingabe die Bilddaten und berechnen einen Wert. Diese Werte dienen als Eingabe für die nächsten Neuronen und so weiter. Ganz am Ende stehen Neuronen, deren Ergebnis schließlich das Endergebnis darstellen. Das könnte zum Beispiel die Wahrscheinlichkeit sein, dass auf dem Bild, das gerade analysiert wird, ein Apfel zu sehen ist. Ein anderes Neuron liefert die Wahrscheinlichkeit, dass es eine Banane ist, und so weiter. Die Gewichte und Schwellenwerte, mit denen die einzelnen Neuronen arbeiten, sind zu Beginn rein zufällig. Das bedeutet, dass das neuronale Netz ein Bild entgegennimmt und erst einmal eine völlig falsche Vorhersage trifft. Wenn das Netz jedoch nach und nach mit einer großen Menge an Trainingsdaten trainiert wird, kann es nach jedem analysierten Bild seine Gewichte so anpassen, dass es immer besser wird. Liegt uns beispielsweise ein Bild eines Apfels vor, der vom neuronalen Netz jedoch als Banane klassifiziert wird, erfolgt eine sogenannte *Backpropagation*. Vom Ende zurück zum Anfang des Netzes werden die Gewichte so verändert, dass ein solches Bild beim nächsten Mal doch etwas eher als Banane eingestuft wird. Wenn das mit ganz vielen Trainingsdaten sehr oft passiert, haben wir ein neuronales Netz, das auch für unbekannte neue Bilder gute Klassifikationen vornehmen kann. Dazu müssen wir uns überhaupt nicht um die Extraktion relevanter Features kümmern; das Netz lernt selbst, worauf es achten muss. Außerdem lernt es, mit verschiedenen Variationen der Bilder zurechtzukommen. Haben wir in den Trainingsdaten nicht nur rote Äpfel unter perfekten Helligkeitsverhältnissen vor immer gleichem Hintergrund, lernt die KI viel besser das, was wirklich relevant ist, um einen Apfel zu erkennen.

In dem nun folgenden Codebeispiel verwenden wir *Tensorflow*. Das ist ein Open-Source-Framework von Google für numerische Berechnungen und maschinelles Lernen. Wir können es mittels `pip install tensorflow` installieren und dann die darin enthaltenen Funktionalitäten und Anwendungen in unseren Python-Skripte importieren. Für erfahrene Anwender bietet Tensorflow einige Datentypen und Operationen, um beispielsweise neuronale Netze zu trainieren. Wir werden jedoch das sogenannte *Keras*-Modul von Tensorflow verwenden, das die Arbeit mit Deep-Learning-Werkzeugen sehr einfach macht. Um unsere Bilder zu klassifizieren, können wir beispielsweise einfach das vortrainierte Modell *MobileNet* verwenden. Dieses wurde auf *ImageNet*, einer riesigen Datenbank mit Millionen von Bildern, trainiert und umfasst eintausend Klassen, u. a. die Klasse `"banana"`. Leider gibt es aber keine Klasse `"apple"`. Das macht aber nichts. Der Einfachheit halber werden wir einfach alle Bilder, die keine Banane sind, als Apfel klassifizieren.

Das folgende Programm lädt das ImageNet-Modell und führt eine Bildklassifizierung für jedes Foto durch, das sich im Ordner *obst* befindet:

```
import os
import numpy as np
from tensorflow.keras.preprocessing import image
from tensorflow.keras.applications.mobilenet_v2 import (MobileNetV2,
                                preprocess_input, decode_predictions)

model = MobileNetV2(weights='imagenet')  # vortrainiertes Modell

ordner = "obst"
for datei in os.listdir(ordner):
```

```
    if datei.lower().endswith((".jpg", ".jpeg", ".png")):
        pfad = os.path.join(ordner, datei)

        # Bild laden und auf 224 x 224 skalieren (MobileNetV2 Input)
        img = image.load_img(pfad, target_size=(224, 224))
        x = image.img_to_array(img)
        x = np.expand_dims(x, axis=0)
        x = preprocess_input(x)

        preds = model.predict(x)
        label = decode_predictions(preds, top=1)[0][0][1]
          # Name der Klasse
        score = decode_predictions(preds, top=1)[0][0][2]  # Wahrsch.

        print(f"{datei}: {label} ({score*100:.2f}%)")
```

Ausgabe:

```
banane1.jpg: banana (98.37%)
apfel1.jpg: orange (72.71%)
banane3.jpg: banana (84.46%)
banane5.jpg: banana (73.50%)
apfel2.jpg: pomegranate (81.02%)
apfel3.jpg: Granny_Smith (8.93%)
apfel4.jpg: pomegranate (57.93%)
banane2.jpg: banana (95.77%)
banane4.jpg: banana (79.15%)
apfel5.jpg: Granny_Smith (27.60%)
```

Das MobileNetV2 wurde auf Bildern der Größe 224 × 224 Pixeln trainiert, deshalb müssen auch unsere Bilder auf diese Größe skaliert werden. Zwar sind unsere Bilder nicht quadratisch und werden daher etwas gestaucht, aber das ignorieren wir in unserem Falle einfach. Alternativ könnten wir etwas an den Bildern abschneiden oder weiße oder schwarze Ränder hinzufügen. `image.load_img` lädt das Bild aus unserem Ordner und skaliert es. `img_to_array` macht daraus einen NumPy-Array. Eigentlich braucht MobileNetV2, um eine Klassifizierung durchzuführen, einen sogenannten *Batch* von mehreren Bildern, also mehrere Beispiele. Aber es funktioniert auch mit einem Batch, der nur aus einem einzigen Bild besteht. `np.expand_dims` wird verwendet, um eine Dimension vorn hinzuzufügen, sodass wir nun einen Array mit diesem einen Bild haben. `preprocess_input` führt noch ein Paar Vorverarbeitungsschritte durch, die notwendig sind, um zuverlässige Vorhersagen machen zu können. Beispielsweise werden die Farbwerte auf eine Skala von –1 bis 1 skaliert.

Wie wir an der Ausgabe erkennen, wurden alle unsere fünf Bananenbilder mit einer hohen Wahrscheinlichkeit korrekt als Banane klassifiziert. Da es keine Klasse `"apple"` gibt, sehen wir für die Apfelbilder verschiedene Klassen wie `"Granny_Smith"` (eine Apfelsorte mit grüner Schale), `"pomegranate"` (Granatapfel) oder `"orange"`. Ginge es in unserer Anwendung aber nur darum, zu erkennen, ob ein Foto eine Banane oder etwas anderes zeigt, hätte das mit dem gezeigten Programm auf unseren zehn Beispielbildern perfekt funktioniert.

Wir haben gesehen, dass das auf ImageNet vortrainierte Modell unsere Bilder gut klassifizieren kann, vorausgesetzt, das korrekte Label ist in den 1.000 Klassen von MobileNetV2 enthalten. Bilder von Bananen wurden korrekt mit dem Label `"banana"` versehen, aber die Klasse `"apple"` gibt es im Modell leider nicht. Damit das Modell noch weitere Klassen unterstützt, können wir Transfer Learning verwenden. Dazu benötigen wir weitere Trainingsdaten, in unserem Fall also Bilder von Äpfeln. Wenn wir ein neuronales Netz von Grund auf neu trainieren würden, bräuchten wir Tausende Bilder von Äpfeln. Beim Transfer Learning reicht es jedoch, wenn uns deutlich weniger Bilder von Äpfeln vorliegen, weil das Modell bereits von anderen Bildern allgemeine Bildfeatures wie Kanten, Formen, Farben und Texturen gelernt hat.

Da die die genaue Umsetzung von Transfer Learning und das Erweitern eines vortrainierten Modells um neue Klassen sehr komplex ist, werde ich das in diesem Buch nicht behandeln.

Kapitel 9

APIs verwenden

Über APIs können Python-Anwendungen externe Dienste nutzen. Wir schauen uns beispielsweise an, wie wir über APIs das aktuelle Wetter und Wechselkurse von Währungen abrufen können und wie wir ChatGPT in Python-Anwendungen einbinden.

Das Internet funktioniert grob gesagt so: Du gibst im Webbrowser eine URL ein, also eine Adresse, und drückst [↵]. Daraufhin schickt dein Computer eine Anfrage (Englisch: *request*) an den Webserver, der hinter dieser Adresse steckt, und dieser schickt dir eine Antwort (*response*) in Form einer HTML-Seite zurück, die dein Browser darstellen kann. Mehr über die Sprache HTML lernst du im nächsten Kapitel. Damit lassen sich Webseiten gestalten und Inhalte darstellen. Das Ganze ist dafür gedacht, dass wir Menschen uns Inhalte anschauen können und uns von Seite zu Seite klicken können.

APIs funktionieren auf eine ähnliche Art und Weise, allerdings sind sie nicht für Menschen gemacht, sondern für Maschinen. API steht für *Application Programming Interface*, es ist also eine Programmierschnittstelle. APIs haben ebenfalls eine URL, sie liefern jedoch in der Regel keine HTML-Seite zurück, sondern beispielsweise ein JSON-Dokument, das alle Daten enthält, die wir benötigen.

Viele Anfragen, die unsere Geräte ins Internet stellen, sind API-Abfragen. Das liegt zum einen daran, dass Apps, die auf unseren Mobiltelefonen laufen, über eine API mit einem Webserver kommunizieren, um sich die Daten zu holen, die in der App dargestellt werden sollen. Zum anderen sind viele Webseiten auch so programmiert, dass die darzustellenden Daten oft gar nicht Teil der HTML-Seite sind, sondern erst dynamisch vom Server über eine API nachgeladen werden. In diesen beiden Fällen entwickelt also die Webseitenbetreiberin oder der -betreiber sowohl die bereitgestellte API als auch die App bzw. Webseite, die diese API nutzt. Das heißt aber auch, dass solche APIs nicht öffentlich sind, sondern nur zur Kommunikation zwischen Frontend (App oder Webseite) und Backend (Webserver) dienen.

Es gibt jedoch auch viele öffentliche APIs, die wir teilweise sogar kostenlos nutzen können. Und genau das machen wir in diesem Kapitel. Solche öffentlichen APIs ermöglichen es uns, auf Daten zuzugreifen, die erst irgendwo abgerufen werden müssen, beispielsweise auf Wetterdaten. Wir verwenden für unsere ersten Beispiele die API von Bright Sky, die auf die Daten des Deutschen Wetterdienstes zugreift. Für einige APIs ist es nötig, sich vorher zu registrieren, um einen sogenannten *API-Key* zu erhalten, den man in den Anfragen mit angeben muss. Einige APIs kosten je nach Abfragekontingent auch eine bestimmte Gebühr. Und andere APIs erlauben in der kostenlosen Variante nur eine gewisse Anzahl von Abfragen pro Stunde oder Tag. Die API von Bright Sky dagegen ist vollständig kostenlos und ohne Beschränkung nutzbar. Auf der Webseite *https://brightsky.dev/docs* ist die API auch sehr gut dokumentiert, was die Benutzung sehr einfach macht.

Rufen wir die folgende URL auf, erhalten wir eine Antwort in Form eines JSON-Dokuments, das hier gekürzt dargestellt ist:

https://api.brightsky.dev/current_weather?lat=49.015&lon=12.1


```
{
  "weather": {
    "source_id": 11702,
    "cloud_cover": 100,
    "condition": "dry",
    "temperature": 13.5,
    ...
  },
  "sources": [
    {
      "dwd_station_id": "04104",
      "lat": 49.0425,
      "lon": 12.1019,
      "height": 365.4,
      "station_name": "Regensburg",
      ...
    }
  ]
}
```


Wir können die URL einfach testweise im Browser eingeben und uns das Dokument anschauen. Die Werte, die in der URL hinter dem Fragezeichen stehen, sind die sogenannten *URL-Parameter*. In unserem Fall haben wir die beiden Parameter `lat` und `lon` übergeben, also den Breitengrad und Längengrad des Orts, für den wir das aktuelle Wetter abrufen wollen. URL-Parameter stehen immer hinter einem `?` und werden mit `&` voneinander getrennt. Um an die Geokoordinaten eines Ortes zu kommen, können wir beispielsweise auf Wikipedia nachschauen – dort stehen sie bei Orten immer oben rechts – oder auf *gps-coordinates.net*. Alternativ können wir der Bright Sky API aber auch über den Parameter `dwd_station_id` eine Stations-ID übergeben, die wir auf der Webseite des Deutschen Wetterdienstes finden.

Im JSON-Dokument, das die API zurückliefert, finden wir die aktuelle Temperatur: 13,5 °C. Dass diese in Grad Celsius ist, ist in der API-Dokumentation nachzulesen. Hätten wir den Parameter `units=si` übergeben, läge die Temperatur in Kelvin vor.

9.1 API-Abfragen mit »requests«

Um API-Anfragen in Python durchzuführen, verwendet man oft das `requests`-Paket, das wir mit `pip install requests` installieren.

```
import requests

url = "https://api.brightsky.dev/current_weather?lat=49.015&lon=12.1"

response = requests.get(url)

if response.status_code == 200:
    data = response.json()
else:
    print("Fehler beim Abruf:", response.status_code)

data
```

Wenn wir den gerade gezeigten Code in eine Zelle in einem Jupyter Notebook schreiben, können wir uns die Antwort, die nun in der Variable `data` steht, anschauen, und wir können in den danach folgenden Codezellen damit weiterarbeiten. Der Aufruf `requests.get(url)` hat unsere eigentliche API-Abfrage durchgeführt. `GET` nennt man die HTTPS-Methode, die Daten abruft oder über eine API Aktionen durchführt. Alternativ dazu gibt auch die Methode `POST`. Diese wird beispielsweise verwendet, wenn man ein Formular mit Eingabefeldern auf einer Webseite abschickt, z. B. wenn man sich registriert oder einloggt. Aber auch bei APIs kommt `POST` zum Einsatz, zum Beispiel wenn wir eine Wetterstation wären und der API die gemessenen Temperaturen übermitteln wollen. Unser `GET`-Request ruft jedoch einfach nur Daten ab. Diese stehen uns danach in der Variablen `response` zur Verfügung. Außerdem sehen wir im `status_code`, ob die Abfrage funktioniert hat. Der Statuscode 200 steht für OK, andere Statuscodes größer als oder gleich 400 stehen für Fehler. Beispielsweise bedeutet der Code 404, dass die Ressource nicht gefunden wurde.

Über `response.text` bekämen wir die komplette Antwort, die uns die API zurückliefert, als String. Da das in unserem Fall ein String mit JSON-Daten wäre, können wir auch direkt `response.json()` aufrufen, das uns die Daten in ein Python-Dictionary umwandelt, das genau so aufgebaut ist wie das JSON-Objekt. Dieses speichern wir in die Variablen `data`, und es hat die beiden Attribute `"weather"` und `"sources"`. Im JSON-Dokument, das wir uns vorher testweise ausgegeben lassen haben, sehen wir auch die Unterattribute und ihre Datentypen. Mit diesem Wissen können wir uns zum Beispiel die aktuelle Temperatur ausgeben lassen:

```
temperatur = data["weather"]["temperature"]
ort = data["sources"][0]["station_name"]
print(f"Außentemperatur in {ort}: {temperatur}°C")
```

Ausgabe:

```
Außentemperatur in Regensburg: 13.2°C
```

Als Nächstes möchten wir eine API nutzen, die uns den aktuellen Wechselkurs zwischen zwei Währungen verrät. Anders als bei Wetter-APIs ist es bei APIs, die uns Wechselkurse liefern, meist nicht möglich, sie ohne eine vorherige Account-Registrierung zu nutzen. Der Grund dafür ist, dass die Anbieter dadurch die Nutzung eingrenzen können und jedem Account nur eine bestimmte Anzahl an Abfragen erlauben. Das verhindert Missbrauch und Überlastung. Außerdem verdienen die API-Anbieter Geld, indem sie Nutzern, denen das kostenlose Kontingent nicht ausreicht, Bezahlpläne anbieten. Wir werden nun den Dienst *https://www.exchangerate-api.com* verwenden und erstellen uns daher zunächst auf der Webseite einen Account. In dem kostenlosen Tarif erhalten wir einen API-Key, mit dem wir 1.500 Anfragen pro Monat stellen können.

Die API https://v6.exchangerate-api.com/v6/{API_KEY}/latest/EUR liefert Folgendes zurück. Erstelle eine Python-Funktion `eur_to_usd(eur)`*, die einen Geldbetrag von Euro in US-Dollar umrechnet.*

```
{
 "result":"success",
 "documentation":"https://www.exchangerate-api.com/docs",
 "terms_of_use":"https://www.exchangerate-api.com/terms",
 "time_last_update_unix":1761177602,
 "time_last_update_utc":"Thu, 23 Oct 2025 00:00:02 +0000",
 "time_next_update_unix":1761264002,
 "time_next_update_utc":"Fri, 24 Oct 2025 00:00:02 +0000",
 "base_code":"EUR",
 "conversion_rates":{
  "EUR":1,
  "AED":4.2626,
  ...
 }
}
```

Klar! Hier ist eine einfache Python-Funktion, die den aktuellen EUR→USD-Kurs aus der API holt und damit einen Euro-Betrag in US-Dollar umrechnet:

```
import requests

def eur_to_usd(eur: float) -> float:
    """
    Wandelt einen Betrag in Euro in US-Dollar um,
    basierend auf dem aktuellen Wechselkurs der ExchangeRate API.
    """
    API_KEY = "DEIN_API_KEY_HIER"
    url = f"https://v6.exchangerate-api.com/v6/{API_KEY}/latest/EUR"

    response = requests.get(url)
    data = response.json()

    if data.get("result") != "success":
        raise Exception("Fehler beim Abrufen des Wechselkurses!")

    usd_rate = data["conversion_rates"]["USD"]
    usd_value = eur * usd_rate
    return round(usd_value, 2)

# Beispiel:
print(eur_to_usd(100))  # Gibt z. B. 116.23 aus
```

In der von ChatGPT erstellten Funktion `eur_to_usd` tauchen in der Zeile, die mit `def` beginnt, sogenannte *Type-Hints* auf: Über `eur: float` wird angegeben, dass man die Funktion mit einer Float-Zahl aufrufen soll, und das `-> float` am Ende steht dafür, dass die Funktion selbst auch wieder eine Float-Zahl ausgibt. Es ist also eine kleine Dokumentation unserer Funktion, was den Programmcode besser lesbar macht. Python ignoriert aber solche Type-Hints und passt nicht auf, dass man sich beim Aufruf der Funktion auch wirklich daran hält. Die Zeilen zwischen `"""` und `"""` sind ein mehrzeiliger Kommentar, der die Funktionalität der Funktion beschreibt. Ansonsten ist eventuell noch neu für uns, dass im Falle eines Fehlers, den die API liefern könnte, ein `raise Exception` ausgeführt wird. Mit `raise` kann man in Python eigene Fehlermeldungen ausgeben lassen. Jemand, der die Funktion später aufruft, könnte diesen Fehler dann sogar abfangen und definieren, was passieren soll, wenn er auftritt. In unserem Falle würde bei einem Fehler das Programm beendet.

In die Variablen `API_KEY` müssen wir den API-Key eintragen, den wir nach der Registrierung auf *exchangerate-api.com* erhalten haben. Es ist zu empfehlen, dass der API-Key gar nicht im Python-Programm steht, sondern in einer sogenannten Umgebungsvariablen - das machen wir später - oder in einer separaten Konfigurationsdatei, z. B. *config.ini*:

```
[exchangerate-api]
api_key = DEIN_API_KEY_HIER
```

In unserem Python-Programm wird diese Konfiguration dann geladen und der API-Key ausgelesen:

```
import configparser

config = configparser.ConfigParser()
config.read("config.ini")
API_KEY = config["exchangerate-api"]["api_key"]
```

Da man aus Config-Dateien nicht nur lesen kann, sondern man auch Werte in sie hineinschreiben kann, können wir die Datei auch als Cache verwenden. Wenn in unserer Funktion `eur_to_usd` der Umrechnungskurs geladen wurde, soll er zusammen mit dem heutigen Datum in die Datei geschrieben werden. Und bei jedem Funktionsaufruf wird zunächst einmal geprüft, ob bereits ein Umrechnungsfaktor für das heutige Datum vorliegt. Falls ja, wird dieser verwendet, und wir sparen uns den erneuten API-Aufruf. Die Konfigurationsdatei *config.ini* sieht also wie folgt aus:

```
[exchangerate-api]
api_key = DEIN_API_KEY_HIER
usd_rate = 0
last_updated =
```

Hier ist eine neue Version unserer Funktion, die nur noch einmal am Tag einen API-Aufruf durchführt und in allen anderen Fällen einfach den zwischengespeicherten Wert ausgibt:

```
import requests
import configparser
from datetime import date

config = configparser.ConfigParser()
config.read("config.ini")

def eur_to_usd(eur):
    API_KEY = config["exchangerate-api"]["api_key"]
    usd_rate = float(config["exchangerate-api"]["usd_rate"])
    last_updated = config["exchangerate-api"]["last_updated"]
    today = str(date.today())
```

```
    if last_updated != today:
        url = f"https://v6.exchangerate-api.com/v6/{API_KEY}/latest/EUR"
        response = requests.get(url)
        data = response.json()

        if data.get("result") != "success":
            raise Exception("Fehler beim Abrufen des Wechselkurses!")

        usd_rate = data["conversion_rates"]["USD"]

        # Config aktualisieren (neuer Kurs + heutiges Datum)
        config["exchangerate-api"]["usd_rate"] = str(usd_rate)
        config["exchangerate-api"]["last_updated"] = today
        with open("config.ini", "w") as configfile:
            config.write(configfile)

    usd_value = eur * usd_rate
    return round(usd_value, 2)

print(eur_to_usd(100))
```

Da in der Konfigurationsdatei alles ein String ist, muss der in der Datei stehende Umrechnungskurs mittels `float(...)` in eine Fließkommazahl umgewandelt werden. Das Datum speichern wir der Einfachheit halber einfach direkt als String. `str(date.today())` wandelt das heutige Datum in folgendes Format um: `"2026-12-24"`. Da wir das Datum ohnehin nur auf Gleichheit überprüfen wollen, brauchen wir hier keine `datetime`-Objekte oder Ähnliches. Wird beim Funktionsaufruf festgestellt, dass `last_updated == today` ist, wird der komplette API-Aufruf-Teil übersprungen, und uns liegt der Umrechnungsfaktor bereits in der Variablen `usd_rate` vor. Er wurde der Datei entnommen. Ist jedoch `last_updated != today`, wird der Wechselkurs über die API geladen und sowohl in die Variable `usd_rate` als auch zurück in die Datei geschrieben.

Vor allem bei teuren API-Aufrufen, die wiederholt aufgerufen werden und bei jedem Aufruf ohnehin mehr oder weniger das Gleiche liefern, lohnt sich dieser Caching-Ansatz. Da API-Aufrufe oft auch etwas langsam sein können, beschleunigen wir uns damit sogar die Programmausführung. Die im Beispiel verwendete Exchange-Rate-API aktualisiert die Wechselkurse für Nutzer des kostenlosen Tarifs ohnehin nur einmal täglich. Hätten wir eine andere API verwendet, die zu unterschiedlichen Zeiten am gleichen Tag verschiedene Kurse zurückliefert, würde unser Caching-basierter Ansatz teilweise veraltete Daten liefern, weil wir die Kurse nur einmal täglich aktualisieren würden.

Wir haben den Umrechnungsfaktor, den uns die API liefert, zusammen mit dem aktuellen Datum in eine Konfigurationsdatei geschrieben. Das sind nur zwei kleine Werte, die sich selten ändern. Würden wir stattdessen jedoch Wetterdaten, die aus vielen Zahlen und anderen Werten bestehen, für viele verschiedene Städte zwischenspeichern wollen, wäre es sinnvoller, die API-Antworten in separate Dateien oder in eine Datenbank zu speichern. Dann hätten wir beispielsweise eine Datei *Berlin.json*, eine Datei *Muenchen.json* usw. Da in den Metadaten der Datei das Änderungsdatum gespeichert ist, können wir damit feststellen, ob heute bereits für den gewünschten Ort das Wetter abgerufen wurde. Falls ja, laden wir aus der Datei die abgespeicherte API-Antwort, falls nein, machen wir nun die API-Abfrage und speichern sie in die Datei. Mit Datenbanken geht das Ganze noch eleganter: Darin können wir auch die Wetterhistorie oder die Vorhersage für die nächsten Tage speichern und Analysen durchführen. Wie das geht, schauen wir uns in Kapitel 11, »Datenbanken«, an.

9.2 API-Zugriffe mit speziellen SDKs

Viele APIs liefern JSON-Daten zurück. Das heißt, wir können mit dem im vorherigen Unterkapitel vorgestellten Vorgehen Daten von unterschiedlichen Quellen abrufen: Zuerst importieren wir das `requests`-Modul, dann stellen wir mit `requests.get` eine Anfrage an die API-URL, geben dabei alle benötigten Parameter in der URL an und eventuell auch einen API-Key. Daraufhin liefert uns die API eine Antwort zurück, die wir mit `response.json()` auslesen und in ein Python-Dictionary oder eine Python-Liste umwandeln, sodass wir darauf zugreifen können. Es gibt auch APIs, die uns statt im JSON-Format die Daten im CSV-, XML- oder in einem ganz anderen Format zurückliefern. Auch in diesen Fällen können wir das `requests`-Modul verwenden. Dann holen uns aber mittels `response.text` die Antwort als String und arbeiten damit weiter. Wie das für die einzelnen Formate funktioniert, haben Sie schon in Kapitel , »Mit Dateien arbeiten«, kennengelernt.

Für viele APIs haben Entwickler mittlerweile eigene SDKs entwickelt. Ein SDK ist ein *Software-Development-Kit*. Es gibt SDKs für verschiedene Programmiersprachen. Sie bieten eine Alternative zur universellen Art, mittels `requests` auf APIs zuzugreifen, und sind meist speziell für eine bestimmte API gemacht. Wenn es für eine API ein solches SDK gibt, können wir das entsprechende Modul meist mittels `pip` installieren und danach einfach Funktionen aufrufen, ohne dass wir selbst die API-URL im Programmcode eintragen und uns um GET-Requests etc. kümmern müssen. Die weiter oben verwendete Bright Sky API, mit der wir Wetterdaten abgerufen haben, bietet zwar kein SDK, dafür aber der Dienst OpenWeatherMap. Dazu müssen wir das entsprechende Python-Paket mittels `pip install pyowm` installieren und uns zudem einen Account auf *https://openweathermap.org* erstellen, um einen API-Key zu erhalten.

```
from pyowm import OWM

owm = OWM('API-Key hier eingeben')
mgr = owm.weather_manager()
observation = mgr.weather_at_place('Regensburg,DE')

weather = observation.weather
temperature = weather.temperature('celsius')["temp"]

print(f"Temperatur: {temperature}°C.")
```

Um das pyowm-Paket nutzen zu können, müssen wir es mit `pip install pyowm` installieren. Danach können wir unseren API-Key übergeben und mittels `weather_at_place` die Wetterdaten für einen bestimmten Ort abrufen. Vor allem, wenn man verschiedene Anfragen an eine API stellt, die unter unterschiedlichen URLs bereitgestellt werden, kann die Verwendung eines SDKs komfortabler sein als mittels `requests`. SDKs sind speziell für eine API gemacht, oft vom API-Betreiber selbst, manchmal aber auch von anderen Personen. Im Hintergrund passiert aber in einem SDK genau das Gleiche, wie wir es auch oben gemacht haben. Wenn wir die Funktion `weather_at_place` aufrufen, ruft das irgendwo intern `requests.get` auf und verarbeitet das JSON, das dort zurückgegeben wird. Für uns Anwender ist es aber eine Erleichterung, weil technische Details abstrahiert werden und wir uns auf das Wesentliche konzentrieren können.

9.3 Visualisieren und Analysieren von API-Daten

Wenn wir über eine API Daten abrufen, liegen uns diese Daten danach meist in Form eines Python-Dictionarys oder einer Liste vor. Auf die Werte, die uns darin interessieren, können wir dann direkt zugreifen, z. B. wie weiter oben auf die aktuelle Temperatur oder auf den Wechselkurs von Euro zu US-Dollar. Wenn uns Ergebnisse in Form einer Liste vorliegen, können wir über diese iterieren, uns die einzelnen Elemente ausgeben lassen oder damit weiterarbeiten.

Wir schauen uns nun zwei Beispiele an, in denen wir eine API nutzen und die Daten, die diese zurückliefert, mittels Matplotlib visualisieren. Diese Daten müssen wir dazu in ein Format überführen, sodass Matplotlib damit etwas anfangen kann. Für Liniendiagramm brauchen wir beispielsweise zwei Listen, eine mit x-Werten und eine mit y-Werten. Wir möchten für einen bestimmten Tag den Temperaturverlauf als Liniendiagramm darstellen. Dazu holen wir uns von der Bright Sky API die Wetterdaten an dem gewünschten Datum – das funktioniert für Tage aus der Vergangenheit, aber auch für Vorhersagen – und verwenden die Stunde der Messung als Werte für die x-Achse und die Temperaturen als y-Werte.

https://api.brightsky.dev/weather?dwd_station_id=04104&date=2025-01-01

liefert Folgendes:

{"weather":[{"timestamp":"2025-11-01T00:00:00+00:00","source_id":5552,"precipitation":0.0,"pressure_msl":1010.2,"sunshine":0.0,"temperature":7.3, ...

Erstelle Python-Code, der mit Matplotlib ein Liniendiagramm erstellt, das für jede Stunde des Tages die Temperatur anzeigt. Die letzte Stunde, die in der API-Ausgabe steht, soll weggelassen werden, weil sie 0:00 Uhr des Folgetages ist.

```
import requests
import matplotlib.pyplot as plt

url = ( "https://api.brightsky.dev/weather" +
        "?dwd_station_id=04104&date=2025-01-01" )
response = requests.get(url)
data = response.json()
weather = data["weather"]

# Letzten Eintrag (0:00 Uhr des Folgetages) entfernen
weather = weather[:-1]

hours = [entry["timestamp"][11:13] for entry in weather]
temps = [entry["temperature"] for entry in weather]

plt.figure(figsize=(10, 3))
plt.plot(hours, temps, marker="o")

plt.title("Temperaturverlauf am 01.01.2025")
plt.xlabel("Stunde")
plt.ylabel("Temperatur (°C)")
plt.grid(True)
plt.tight_layout()

plt.show()
```

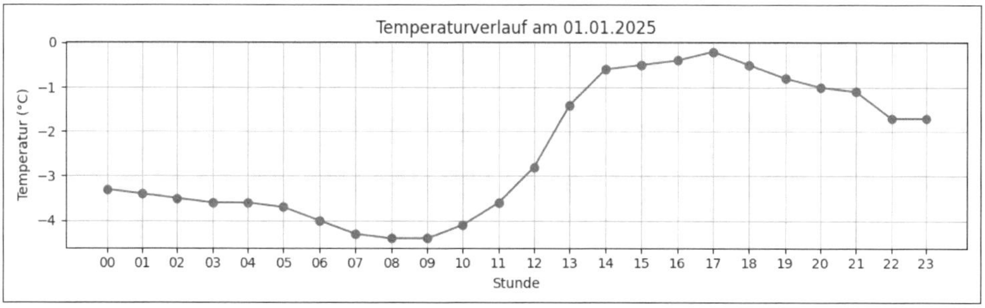

Abbildung 9.1: Matplotlib visualisiert die von der API zurückgelieferten Daten.

Nachdem wir den API-Request mit `requests.get()` abgeschickt haben, können wir uns zum Testen auch einfach mal den Inhalt der Variablen `data` ausgeben lassen, um zu schauen, welche Attribute es gibt und wie wir an die Daten kommen, die wir darstellen wollen. Alternativ können wir auch einfach die URL im Browser eingeben und uns dort das JSON-Dokument anschauen. Wenn wir, wie gerade gezeigt, den Code von ChatGPT erzeugen lassen, hilft es, Auszüge aus diesem JSON-Dokument im Prompt mit zu übergeben. Andernfalls halluziniert ChatGPT oft und rät die Attributnamen; meistens nicht korrekt. Die beiden Listen `hours` und `temps`, die mit den Uhrzeiten und Temperaturdaten aus der API-Antwort gefüllt werden, übergeben wir schließlich an Matplotlib, um das Liniendiagramm zu erzeugen. In der JSON-Antwort sind die Zeitstempel (`entry["timestamp"]`) in einem solchen Format: `2025-11-01T00:00:00+00:00`. An der String-Position 11 und 12 steht also die Stunde, sodass wir diese mit `[11:13]` entnehmen können.

Im nächsten Beispiel verwenden wir die API von *openFOODfacts.org*, einer Datenbank mit über vier Millionen Lebensmittel-Produkten. Der Dienst bietet ein Python SDK, das sich mit `pip install openfoodfacts` installieren lässt. Danach können wir das Modul importieren und die darin enthaltenen Funktionen aufrufen, um Details zu Produkten zu erhalten. Im folgenden Programmcode steht in der Variablen `code` der EAN-Barcode von Knoppers. Die API liefert uns die Liste der Zutaten, die wir uns in Form eines Kuchendiagramms darstellen lassen können:

```
import matplotlib.pyplot as plt
import openfoodfacts

api = openfoodfacts.API(user_agent="MyAwesomeApp/1.0")

code = "4014400928891"
product = api.product.get(code,
                          fields=["code", "product_name", "ingredients"])

labels = []     # Zutatennamen
```

```
sizes = []       # Prozentwerte

others = 0.0     # Für Zutaten < 2%

for ingredient in product["ingredients"]:
    if "percent_estimate" in ingredient:
        if ingredient["percent_estimate"] > 2:
            labels.append(ingredient.get("id", "unknown"))
            sizes.append(ingredient["percent_estimate"])
        else:
            others += ingredient["percent_estimate"]
if others > 0:
    labels.append("andere")
    sizes.append(others)

# Piechart erstellen
plt.figure(figsize=(8, 8))
plt.pie(sizes, labels=labels, autopct='%1.1f%%', startangle=90)
plt.title(product["product_name"])
plt.show()
```

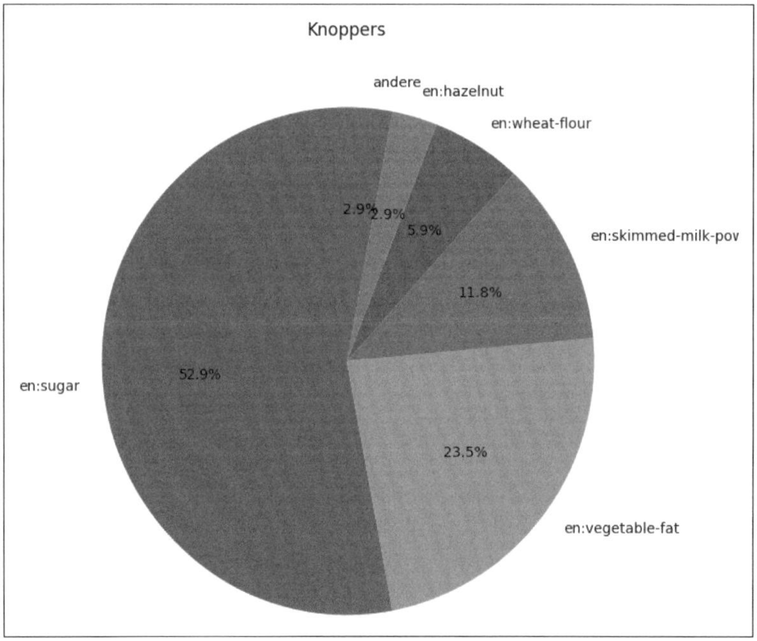

Abbildung 9.2: Die API von Open Food Facts liefert die Zutaten eines Produkts, die wir uns von Matplotlib in Form eines Kuchendiagramms präsentieren lassen.

Da auch hier Matplotlib wieder zwei Listen benötigt, um das Diagramm zu erstellen, legen wir die beiden Variablen `labels = []` und `sizes = []` an, die zu Beginn leer sind und innerhalb der Schleife, die über die einzelnen Zutaten iteriert, befüllt werden. `labels` sind die Zutaten, für die es im Kreisdiagramm einen Bereich geben soll, und `sizes` jeweils deren Größenanteile. Damit das Diagramm nicht unleserlich wird, weil es viele Zutaten mit geringen Mengen gibt, überspringen wir diese einfach, zählen ihre Prozentwerte aber zu einem Bereich `"andere"` zusammen.

In den bisherigen Beispielen haben wir mit den Ausgaben, die uns eine API liefert, entweder direkt weitergearbeitet, z. B. um Währungen umzurechnen oder uns die aktuelle Temperatur auszugeben. Oder wir sind über die zurückgelieferten Datensätze iteriert und haben uns Listen zusammengestellt, mit denen Matplotlib ein Diagramm erzeugen kann. Es kann jedoch auch sinnvoll sein, die Ergebnisse, die uns eine API zurückliefert, in einen Pandas-DataFrame umzuwandeln. Dann können wir damit machen, was du in den anderen Kapiteln dieses Buches schon gelernt hast: Wir können Datenanalysen ausführen, Diagramme erstellen, die Daten als Trainingsdaten für Machine Learning verwenden, KI-Algorithmen anwenden oder die Inhalte des DataFrames in eine Datei oder Datenbank speichern. Zwar geht es oft auch ohne den Umweg über DataFrames, aber man kann sich die Arbeit damit einfacher machen. Beispielsweise können wir uns in einem Jupyter Notebook den Pandas-DataFrame ausgeben lassen, direkt nachdem dieser mit Daten gefüllt wurde:

```
import openfoodfacts
import pandas as pd

api = openfoodfacts.API(user_agent="MyAwesomeApp/1.0")
products = api.product.text_search("Pizza Funghi")["products"]

df = pd.DataFrame(products)
df
```

	_id	**_keywords**	**added_countries_tags**	**...**
0	4001724038931	[der, dr, eu, fertiggerichte, funghi, gefroren...	[]	...
...	...	...	...	...

Jupyter Notebooks schneidet große DataFrames ab, wenn sie zu viele Zeilen oder Spalten haben. Unser DataFrame hat nur 20 Zeilen, jedoch über dreihundert Spalten. Wir können uns die Spaltennamen mittels `print(df.columns.tolist())` zwar ausgeben lassen, allerdings ist das auch nicht gerade übersichtlich. Zum Testen können wir Pandas aber auch sagen, dass wir wirklich alle Spalten sehen möchten:

```
pd.set_option("display.max_columns", None)
```

Danach können wir entscheiden, welche Spalten wir haben möchten, und den DataFrame auf diese Spalten beschränken:

```
cols = ["product_name", "brands", "quantity", "nutriscore_grade"]
df = df[cols]
df
```

	product_name	brands	quantity	nutriscore_grade
0	Ristorante Pizza Funghi	Dr. Oetker	365 g	c
1	la Numero Uno Prosciutto & Funghi	ITALPIZZA	440 g	c
2	Pizza Prosciutto e Funghi	Gustavo Gusto	460 g	d
...	...	...	...	...

Um mit dem DataFrame adäquat arbeiten zu können, sind Data-Cleaning-Schritte notwendig. Beispielsweise stört das `"g"` (Gramm) in der Spalte `quantity`. Manchmal steht auch noch ein Leerzeichen davor, manchmal nicht. Es ist sinnvoll, das Gewicht von einem String in eine Zahl umzuwandeln, damit z. B. aus `440 g` die Zahl `440` wird. Dazu entwickeln wir die folgende Funktion, die zunächst mittels `if isinstance(qty, str):` prüft, ob überhaupt ein String vorliegt. Falls nein oder falls der String nach dem Entfernen von Leerzeichen und einem `"g"` am Ende nicht in eine Zahl umgewandelt werden kann, liefert die Funktion den Wert `None` zurück.

```
def parse_quantity(qty):
    if isinstance(qty, str):
        qty = qty.lower().replace(" ", "")
        if qty.endswith("g"):
            try:
                return int(qty[:-1])
            except ValueError:
                return None
    return None

df["quantity_grams"] = df["quantity"].apply(parse_quantity)
df
```

Die Funktion ersetzt Werte wie `"440 g"` und `"460 g"` durch die entsprechenden Zahlen. Wollten wir auch Kommazahlen unterstützen oder andere Einheiten, wie z. B. `"kg"`, müssten wir die Funktion noch entsprechend anpassen. Aktuell würde sie in solchen Fällen `None` zurückliefern.

Nachdem die Vorverarbeitungsschritte abgeschlossen sind, können wir mit dem DataFrame weiterarbeiten. Ein paar Beispiele:

- Berechne das Durchschnittsgewicht der Produkte:

```
average_weight = df['quantity_grams'].mean()
```

- Zähle, wie viele Produkte es von jeder Marke gibt:

```
brand_counts = df['brands'].value_counts()
```

- Wende K-Means-Clustering an, um die Produkte nach Gewicht und Nutri-Store zu clustern:

```
df['cluster'] = ( KMeans(n_clusters=3, random_state=42)
    .fit_predict(df[['quantity_grams', 'nutri_score']]) )
```

- Speichere die Daten aus dem DataFrame in eine CSV-Datei:

```
df.to_csv("produkte.csv", index=False)
```

- Erstelle ein Balkendiagramm über die Häufigkeit der Nutri-Score-Grades mit Matplotlib:

```
import matplotlib.pyplot as plt
grade_counts = df['nutriscore_grade'].value_counts().sort_index()
grade_counts.plot(kind='bar', color='skyblue')
plt.xticks(rotation=0)
plt.xlabel('Nutri-Score Grade')
plt.ylabel('Anzahl der Produkte')
plt.title('Verteilung des Nutri-Scores bei Pizza Funghi Produkten')
plt.show()
```

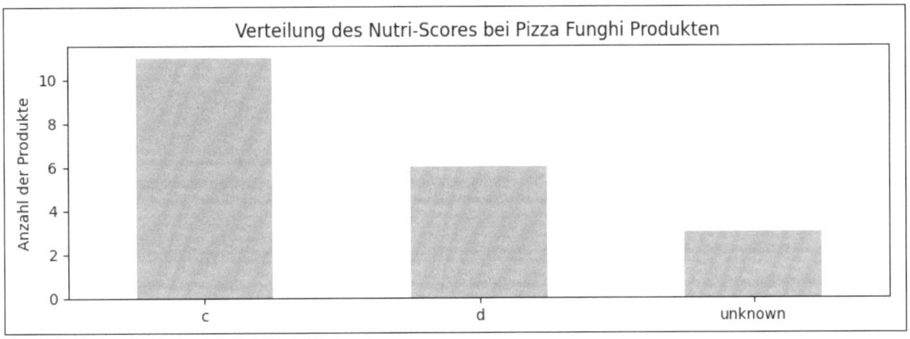

Abbildung 9.3: Die API-Ausgabe wurde in einen Pandas-DataFrame geladen, Data-Cleaning durchgeführt und ein Balkendiagramm erstellt.

9.4 ChatGPT-API

Wir können ChatGPT und andere Large Language Models nicht nur per Browser und App nutzen, sondern auch über eine API in unsere Python-Anwendungen einbinden. Vor allem, wenn uns Text- oder Bilddaten vorliegen, kann ein LLM Aufgaben lösen, die wir mit einfachen Python-Mitteln nicht hinbekommen. Beispielsweise könnte man ChatGPT zur Datenbereinigung oder Kategorisierung nutzen, zum Zusammenfassen langer Texte oder für Übersetzungen.

In den folgenden Beispielen werden wir die kostenpflichtige API von OpenAI einsetzen. Um sie nutzen zu können, muss man ein Paar Dollar auf seinen Account einzahlen. Normale API-Anfragen sind zwar sehr günstig und kosten nur einen Bruchteil eines Cents, vor allem wenn wir ein schwaches Modell wählen. Aber wenn man im Laufe der Zeit sehr viele Anfragen stellt, kann das Guthaben schnell aufgebraucht sein.

Nachdem wir uns auf *https://platform.openai.com* eingeloggt und unser Guthaben aufgeladen haben, können wir uns einen API-Key erstellen lassen, den wir in unser Python-Programm eintragen können. Das `openai`-Paket installieren wir mittels `pip install openai`.

```
import os
import dotenv
from openai import OpenAI

dotenv.load_dotenv()

client = OpenAI(
    api_key=os.environ.get("OPENAI_API_KEY"),
)

def zusammenfassen(text):
    response = client.responses.create(
        model="gpt-5-nano",
        instructions="Du bist eine Komponente meines Python-Programms,
die Texte knapp, aber verständlich zusammenfasst. Es soll nur ein kurzer
Satz herauskommen. Liefere als Atwort nur den zusammengefassten Text ohne
weitere Erklärungen.",
        input="Hier ist der Text, den du zusammenfassen sollst: " + text
    )
    return response.output_text
print(zusammenfassen("Irgendein Text"))
```

Damit wir den API-Key nicht im Klartext in unserem Python-Programm stehen haben, wird hier auf eine sogenannte *Umgebungsvariable* zugegriffen. Über das Modul `dotenv`, was wir mittels `pip install dotenv` installieren, ist es möglich, den API-Key wie folgt in eine Datei namens *.env* zu schreiben, die sich im Verzeichnis befindet, in dem auch unser Python-Programm ist: `OPENAI_API_KEY=...`. Danach kann er im Programm mittels `os.environ.get ("OPENAI_API_KEY")` ausgelesen werden. Unsere Funktion `zusammenfassen` nimmt einen Text entgegen und übermittelt ihn zusammen mit einem sogenannten *System-Prompt* (`instructions`), der allgemeine Anweisungen enthält, und einem User-Prompt (`input`) an die ChatGPT-API. Der beim Testaufruf übergebene Text `"Irgendein Text"` wird zusammengefasst zu `"Es handelt sich um irgendeinen Text."`. Wir können aber auch einen längeren Text übergeben, den wir beispielsweise über die Tagesschau-API abrufen. Das machen wir mit dem Modul `feedparser`, das wir mittels `pip install feedparser` installieren.

```
import feedparser

RSS_URL = "https://www.tagesschau.de/xml/rss2"

feed = feedparser.parse(RSS_URL)

print("Titel:", feed.entries[0].title)
print("Link:", feed.entries[0].link)
print("Beschreibung:", feed.entries[0].summary)
print("Zusammenfassung:", zusammenfassen(feed.entries[0].summary))
```

Der `feedparser` ermöglicht es, Nachrichten von der Tagesschau und aus anderen RSS-Feeds zu laden. Nachdem wir den Titel, den Link und die lange Beschreibung ausgegeben haben, wird im Programm auch die von ChatGPT erstellte Zusammenfassung ausgegeben.

Die Abrechnung der ChatGPT-API erfolgt anhand sogenannter *Input-Tokens* und *Output-Tokens*. Je nach gewähltem Modell betragen die Kosten für eine Million Tokens zwischen wenigen Cents und ein Paar Dollar. Die Anzahl der Input-Tokens hängt von der Länge unseres Prompts ab (inklusive System-Prompt) und die Anzahl der Output-Tokens von der Länge der Antwort. Wir können uns die verbrauchte Tokenanzahl auch ausgeben lassen:

```
import os
import dotenv
from openai import OpenAI

dotenv.load_dotenv()

client = OpenAI(
    api_key=os.environ.get("OPENAI_API_KEY"),
)
```

```
response = client.responses.create(
    model="gpt-5-nano",
    instructions="Sag einfach nur ok",
    input="Ich teste nur die API"
)
print(response.output_text)
print("Input Tokens:", response.usage.input_tokens)
print("Output Tokens:", response.usage.output_tokens)
```

In der Ausgabe sehen wir neben der API-Antwort `"ok"`, dass 19 Input-Tokens und 199 Output-Tokens verwendet wurden. Ein Token ist oftmals eine Zeichenkette aus 3–4 Zeichen. Das erklärt in etwa auch die Zahl 19. Dass die Antwort ganze 199 Output-Tokens lang ist, liegt daran, dass die ChatGPT-API neben der eigentlichen Antwort noch einige Metadaten mitschickt. Das Modell, das wir verwenden, heißt `"gpt-5-nano"`. Bei einem Preis von 0,05 US$ für eine Million Input-Tokens und 0,40 US$ für eine Million Output-Tokens beträgt der Gesamtpreis für unsere Anfrage also weniger als ein Hundertstel Dollar-Cent. Wäre unsere Anfrage aber zehnmal komplexer und würden zehn Nutzer zehn solche Anfragen am Tag stellen, entstünden nach zehn Tagen Kosten von knapp einem US-Dollar.

Mit der ChatGPT-API und APIs zu anderen LLMs ist es nicht nur möglich, reinen Text als Eingabe zu übergeben, sondern auch Bilder, Dokumente und andere Dateien mitzuschicken. Auch sind diese APIs in der Lage, Bilder, Videos und andere Dateiformate als Ausgabe zu generieren. Im folgenden Codebeispiel übermitteln wir dem LLM eine 85 KB große Bilddatei und fragen das LLM, was auf dem Bild zu sehen ist.

```
import os
import base64
import dotenv
from openai import OpenAI

dotenv.load_dotenv()

client = OpenAI(api_key=os.environ.get("OPENAI_API_KEY"))

# Bild einlesen und Base64-kodieren
image_path = "bilder/obst.jpg"
with open(image_path, "rb") as f:
    image_bytes = f.read()
image_base64 = base64.b64encode(image_bytes).decode("utf-8")

# Anfrage an ein multimodales Modell
response = client.responses.create(
```

```
    model="gpt-5-nano",
    input=[
        {
            "role": "user",
            "content": [
                {"type": "input_text",
                 "text": "Was ist auf diesem Bild zu sehen?"},
                {"type": "input_image",
                 "image_url": f"data:image/jpeg;base64,{image_base64}"},
            ],
        }
    ],
)

print(response.output_text)
print("Input Tokens:", response.usage.input_tokens)
print("Output Tokens:", response.usage.output_tokens)
```

Ausgabe:

```
Eine Banane, teils geschält. Die gelbe Schale ist zurückgezogen, der
weiße Fruchtfleischteil sichtbar, vor hellem Hintergrund.
Input Tokens: 1634
Output Tokens: 295
```

Obwohl das Modell eine scheinbar deutlich komplexere Aufgabe übernommen hat, sind die Kosten letztendlich nur circa zweieinhalbmal so hoch wie bei unserer simplen Testanfrage. Manchmal kann man noch etwas optimieren, indem man das Bild vor der Übermittlung verkleinert. Um der API die Daten des Bildes zu übergeben, muss man die Datei lesen und in ein Base64-Format umwandeln. `decode("utf-8")` erzeugt daraus einen langen String, der in etwa so aussieht: `'/9j/4AAQSkZJRg...'` (über 100.000 Zeichen lang). In diesem String sind die kompletten Bilddaten kodiert, und wir können ihn der API übergeben.

Ein Base64-String ist oftmals auch das, was APIs an unser Programm zurückliefern, wenn sie Bilder oder andere Dateien erzeugen. Diese Daten können wir dann beispielsweise wieder in eine Datei auf unserem Computer speichern: `f.write(base64.b64decode(image_base64))`. Manche APIs schicken das erzeugte Bild aber gar nicht in der Antwort mit, sondern lediglich eine URL, unter der wir das Bild innerhalb einer gewissen Zeit abrufen können. Den Download des Bildes können wir mit `requests.get` anstoßen:

```
import os
import dotenv
import requests
```

```
from openai import OpenAI

dotenv.load_dotenv()
client = OpenAI(api_key=os.environ.get("OPENAI_API_KEY"))

prompt = "Ein Zeichentrick-Kamel, das Kopfhörer trägt und Müsli isst."
result = client.images.generate(
    model="dall-e-3",
    prompt=prompt,
    size="1024x1024",
)

image_url = result.data[0].url
print("Bild-URL:", image_url)
print("Revised Prompt:", result.data[0].revised_prompt)

# Bild herunterladen und speichern
response = requests.get(image_url)
output_file = "bilder/kamel.png"

with open(output_file, "wb") as f:
    f.write(response.content)

print("Bild gespeichert als", output_file)
```

Abbildung 9.4: Das Bild, das die ChatGPT-API basierend auf dem übermittelten Prompt erzeugt hat.

In `result.data[0].revised_prompt` finden wir den Prompt, mit dem letztendlich unser Bild erzeugt wird. Dieser wird von einem Sprachmodell erzeugt und basiert auf dem Prompt, den wir übermittelt haben (`"Ein Zeichentrick-Kamel …"`). Er ist eine englische und eventuell um weitere Details erweiterte Fassung unseres Prompts, was die Bilderzeugung besser machen soll: `"A cartoon camel wearing headphones and eating a bowl of muesli. The camel has a cheerful expression and there are music notes floating around its head, indicating it's listening to music. The bowl is filled with colorful muesli, from which the camel takes a bite. The scene looks fun and whimsical."`

Wenn du Python-Code mittels ChatGPT erzeugen lassen möchtest, solltest du API-Keys natürlich nicht im Programmcode stehen haben. Daher ist es sinnvoll, wie in unseren Beispielen den API-Key in eine Datei namens *.env* zu speichern (Inhalt: `API_KEY=…`) und diese Datei zu Beginn des Programms mit `dotenv.load_dotenv()` einzulesen. Darüber hinaus machen ChatGPT und Co. bei der Programmcode-Erzeugung oftmals auch sehr viele Fehler, weil sie nicht wissen, wie die Antwort einer API aussieht, und auch weil Namen von Funktionen und Parametern einfach geraten werden, oder weil eine veraltete Version der API verwendet wird. Hier hilft es, im Prompt Informationen über die Verwendung der API, die man beispielsweise in der API-Dokumentation findet, zu übergeben. Bei APIs, mit denen wir uns mit `requests` verbinden und die JSON zurückliefern, hilft es, die relevanten Auszüge aus dem JSON mit in den Prompt zu packen. Außerdem ist es immer hilfreich, erst einmal ein funktionsfähiges Minimalprogramm selbst zu programmieren und diesen Code an ChatGPT zu übergeben, mit der Bitte, ihn um gewisse Features zu erweitern. Solche Minimalprogramme findest du oft auch auf den offiziellen Seiten, in der API-Dokumentation, in Blogs oder Webforen. Hier ist eine Kombination aus Selbstprogrammieren, Googeln und der Nutzung von ChatGPT zielführend. Auch hilft es, Fehlermeldungen, die bei der Ausführung erscheinen, an ChatGPT zu übergeben, damit das LLM den Programmcode entsprechend anpassen kann.

Kapitel 10

Python im Web einsetzen

In diesem Kapitel geht es darum, klassischen HTML-Webseiten Daten zu entnehmen. Außerdem schauen wir uns an, wie man Webseiten und APIs bereitstellen und E-Mails mit Python verschicken kann.

Im vorherigen Kapitel haben wir gesehen, dass es für viele Anwendungszwecke fertige APIs gibt, die es uns erlauben, in unseren Python-Programmen Wetterdaten, Umrechnungskurse und vieles mehr aus dem Internet abzurufen. Wenn es jedoch um speziellere Inhalte geht, die uns interessieren, kann es schnell passieren, dass es dafür keine API gibt: Was gibt es in der Firmenkantine diese Woche zu essen? Wie komme ich an alle Telefonnummern von Mitarbeitern? Welche Messetermine finden in den nächsten Monaten statt? In vielen Fällen sind solche Informationen lediglich auf einer Internetseite zu finden und oft nicht per API zugänglich.

Wir werden uns in diesem Kapitel als Beispiel anschauen, wie man einer Internetseite die Jahre und Austragungsorte entnimmt, an denen die Olympischen Sommerspiele stattgefunden haben und stattfinden werden. Zwar gibt es für genau diese Daten tatsächlich auch eine API, sodass wir uns die Arbeit eigentlich sparen könnten, aber es geht ja nur darum, zu lernen, wie man allgemein vorgeht. Mit diesem Wissen lassen sich Produktpreise aus Onlineshops nehmen, Veranstaltungs- und Messetermine, Nachrichten, Speisepläne, Kontaktdaten, Immobilien und Stellenanzeigen, Statistiken, Tabellen und vieles mehr. Wir programmieren nun also in Python einen Bot, der für uns das Internet nach Inhalten durchsucht und uns die Daten bereitstellt, sodass wir diese speichern, analysieren, visualisieren, per Mail versenden oder anders weiterverarbeiten können.

An dieser Stelle ist zu erwähnen, dass die meisten Webseiten nicht dafür gemacht sind, automatisiert ausgelesen zu werden. Oft untersagen die Nutzungsbedingungen die Verwendung von Bots. Ein Verstoß kann zu einer Sperre oder zu rechtlichen Konsequenzen führen. Daher ist es wichtig, vorher zu prüfen, ob es eine offizielle API gibt und was erlaubt und was verboten ist. Einige Webseiten erkennen Bots und sperren die Zugriffe daraufhin. Ein Indikator, dass gerade ein Bot auf eine Webseite zugreift, ist beispielsweise eine ungewöhnlich hohe Anzahl an Zugriffen innerhalb kurzer Zeit. Außerdem setzen Webseiten oftmals auch Captchas ein, um Bot-Zugriffe zu verhindern. Das sind diese kleinen Aufgaben zur Überprüfung, ob man ein Mensch ist. Zeigt ein Captcha beispielsweise ein Bild mit einem verschwommenen Text, ist es mit einfachen Programmiermethoden nicht möglich, diesen zuverlässig zu extrahieren. Zwar sind Captchas mittlerweile oft für Computer leichter lösbar als für Menschen, dennoch stellen sie eine kleine Hürde dar, die einfache Skriptentwickler davon abhält, Webseiten Inhalte zu entnehmen.

Zusätzlich werden wir auf die Herausforderung stoßen, dass Webseiten oftmals keiner festen Struktur folgen und dass sie sich oft ändern. Wenn wir heute ein Skript schreiben, das zuverlässig Daten aus einer Internetseite extrahiert, kann es sein, dass es in einem Monat oder in einem Jahr nicht mehr funktioniert, weil sich der Aufbau, die Überschriften oder andere Details ändern, die wir beim Schreiben des Scripts nicht berücksichtigt haben. Internetseiten sind nun einmal hauptsächlich für Menschen gemacht. Und meist sind die Inhalte auch von Menschen mehr oder weniger manuell erstellt worden. Und wenn eine Mitarbeiterin oder ein Mitarbeiter heute `"Messetermine"` ohne Bindestrich und morgen `"Messe-Termine"` mit Bindestrich als Überschrift schreibt, kann es sein, dass genau deshalb unser Programm nicht mehr funktioniert; es sei denn, wir haben genau so etwas bereits beachtet. Aber es ist vermutlich unmöglich, stets an alle Sonderfälle zu denken.

Bevor wir uns mit der Extraktion von Inhalten aus Webseiten beschäftigen, schauen wir uns Grundlagen der Sprache HTML an. Das ist nämlich die Sprache, in der Internetseiten implementiert sind. Wenn wir in unserem Browser eine URL eingeben und [↵] drücken oder wenn wir einen Link anklicken, schickt der Browser eine HTTPS-Anfrage an einen Webserver. Dieser antwortet in der Regel mit einer HTML-Seite, die der Browser daraufhin darstellt.

10.1 Die Sprache HTML

Die Hypertext Markup Language HTML ist die Standardsprache, in der Webseiten gestaltet werden. Eine Webseite, die ein Browser darstellt, wird in Form eines HTML-Dokuments ausgeliefert und dann so dargestellt, wie es im HTML-Quelltext beschrieben ist. Das folgende Beispiel zeigt den grundlegenden Aufbau eines HTML-Dokuments:

```
<!doctype html>
<html lang="de">
<head>
  <meta charset="utf-8">
  <title>Der Titel der Seite</title>
</head>
<body>
  <h1>Das ist eine Überschrift</h1>
  <p>Hier geht es <a href="./test">weiter</a>.</p>
</body>
</html>
```

Abbildung 10.1: Darstellung der HTML-Webseite im Browser

Die Elemente, aus denen HTML-Dokumente bestehen, ähneln XML-Elementen. Ein sogenanntes *Element-Tag* öffnet sich immer `<so>` und wird `</so>` wieder geschlossen. Die Elemente und der Text, der zwischen dem öffnenden und schließenden Tag steht, ist der Inhalt. Um Elemente genauer zu beschreiben, werden Attribute verwendet, z. B. `href="./test"`. Dieses Attribut gibt an, wohin ein Link führt, wenn man auf das Wort »weiter« klickt. Textinhalte bestimmen also, *was* angezeigt werden soll, und Attribute spezifizieren zusätzliche Informationen oder das Verhalten des Elements.

Ein HTML-Dokument beginnt immer mit einem `<html>`-Element. Davor stehen lediglich Metadaten, wie hier der Dokumententyp. Das `<html>`-Element hat zwei Kindelemente: Im `<head>` stehen allgemeine Informationen über die Webseite, die nicht angezeigt werden, im `<body>` steht der eigentliche Inhalt. Das ist das, was man am Ende sieht.

Typische Elemente im `<head>`:

- `<meta charset="utf-8">` – der verwendete Zeichensatz der Seite
- `<meta name="viewport" ...>` – Anpassung für Smartphones, z. B. die Standardskalierung oder ob Zoomen erlaubt sein soll
- `<title>` – Seitentitel, der im Browser-Tab erscheint
- `<link>` – Verweise auf Dateien, um CSS-Stile oder ein Icon einzubinden
- `<style>` – CSS-Stilbeschreibungen
- `<script>` – JavaScript-Code, der aus einer *.js*-Datei geladen wird oder direkt in diesem Element steht

Cascading Style Sheets (CSS) und auch JavaScript werden wir in diesem Buch nicht behandeln. Mit CSS lässt sich das Aussehen der Seite gestalten, und mit der Programmiersprache JavaScript lassen sich Skripte programmieren, die direkt im Webbrowser ausgeführt werden, um Webseiten um interaktive Elemente zu erweitern.

Typische Elemente im `<body>`:

- `<h1>`, `<h2>`, `<h3>` ... – Überschriften, `<h1>` ist die größte Überschrift.
- `<p>` – Absätze

- `<br>` – Zeilenumbruch
- `<img src="bild.png">` – Bilder
- `<a href="https://www.example.com">` – Links zu anderen Seiten
- `<ul>`, `<ol>` – unnummerierte und nummerierte Aufzählungslisten
- `<li>` – Aufzählungspunkte innerhalb dieser Listen
- `<b>`, `<em>` / `<i>`, `<u>` – fett, kursiv, unterstrichen
- `<div>`, `<span>` – Bereiche für Abschnitte und Textteile
- `<table>` – Tabellen mit Zeilen `<tr>` und Spalten `<td>` / `<th>`

Alle diese Elemente (bis auf `<br>`) beginnen stets mit einem öffnenden Tag und schließen sich danach irgendwann wieder:

```
In <b>diesem</b> Satz ist das Wort <a href="test.html">diesem</a>
einmal fett geschrieben und einmal ein Link auf eine andere Seite.
```

Wenn du selbst HTML ausprobieren willst, kannst du einfach HTML-Code in eine Datei speichern, ihr die Endung *.html* geben, z. B. *test.html*, und diese Datei einfach doppelklicken, sodass sie im Browser geöffnet und dargestellt wird. Um dir den Quelltext von Webseiten anzuschauen, kannst du im Browser irgendwo auf der Internetseite rechtsklicken und **Seitenquelltext anzeigen** anklicken oder [Strg] + [U] bzw. auf dem Mac [⌘] + [⌥] + [U] drücken. Alternativ kannst du auch die sogenannten Entwickleroptionen mit der Taste [F12] öffnen oder einen Rechtsklick auf ein Element setzen, dann auf **Untersuchen** klicken. Dort ist ebenfalls der Quelltext der Seite zu sehen.

10.2 Flask – ein Python-Webserver

In diesem Buch soll es nicht darum gehen, eigene Webseiten zu entwickeln. Dennoch schauen wir uns kurz die Grundlagen davon an, um ein besseres Verständnis dafür zu bekommen, wie das Internet funktioniert. Außerdem lernst du so die Sprache HTML besser kennen.

Ein Webserver ist ein Computer, dem wir eine HTTPS-Anfrage (Request) schicken können und der daraufhin mit einer Response antwortet, z. B. in Form eines HTML-Dokuments, das unser Browser darstellen kann. Wir können mit dem Python-Paket Flask einen solchen Webserver starten. Flask installieren wir mittels `pip install flask`.

```
from flask import Flask, request, render_template
app = Flask(__name__)

@app.route("/")
```

```
def home():
    return "Hallo!"

if __name__ == "__main__":
    app.run(debug=True)
```

Dieses Skript führen wir am besten nicht in einem Jupyter Notebook aus, sondern als ganz normales *.py*-Programm, z. B. *webserver.py*. Das Programm läuft daraufhin dauerhaft, bis wir es mit [Strg] + [C] bzw. [⌘] + [C] (Mac) beenden. Die Konsolenausgabe des Programms zeigt Folgendes:

```
 * Running on http://127.0.0.1:5000
Press CTRL+C to quit
```

Die IP-Adresse `127.0.0.1` steht für *localhost*. Das ist der Computer, auf dem wir gerade arbeiten. `5000` ist der sogenannte *Port*, auf dem der Webserver läuft. Geben wir die angezeigte Adresse, also *http://127.0.0.1:5000*, im Webbrowser ein, sehen wir dort die Ausgabe: **Hallo!**.

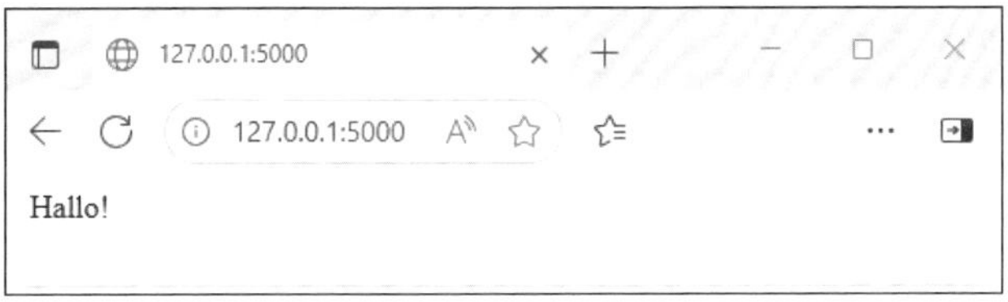

Abbildung 10.2: Zugriff auf die Flask-Seite mit dem Browser

Über die Annotation `@app.route("/")`, die in der Zeile über der Funktion `home()` steht, geben wir an, dass genau diese Funktion ausgeführt wird, wenn jemand die Seite `"/"` aufruft. Mit `"/"` ist immer die Startseite gemeint. Wir können auch noch eine zweite Funktion erstellen, die ausgeführt wird, wenn jemand *http://127.0.0.1:5000/test* aufruft:

```
@app.route("/test")
def test():
    return "Test-Seite"
```

Wir programmieren hier also kein Programm mehr, das einfach von oben nach unten abgearbeitet wird, sondern eher eine Wenn-dann-Logik: Wenn jemand auf die Startseite geht, dann führe die Funktion `home()` aus. Was diese Funktion zurückliefert, ist die Antwort von unserem Webserver an den Client. Und wenn jemand die Seite */test* aufruft, führe `test()` aus. Das Programm läuft die ganze Zeit im Hintergrund, nimmt Anfragen entgegen und beantwortet diese.

Rufen wir nun noch einmal die Startseite auf, dieses Mal aber mit einem *URL-Parameter*: *http://127.0.0.1:5000/?name=Ute*. Im folgenden Listing haben wir dann über ein Dictionary `request.args` Zugriff auf ebendiese Parameter:

```
@app.route("/")
def home():
    if "name" in request.args:
        return f"Hallo {request.args["name"]}!"
    else:
        return "Hallo!"
```

Mit diesem Wissen könnten wir nun komplette Webseiten und auch eigene APIs programmieren und diese mit einer Suchfunktion, Sprachauswahl und vielem mehr ausstatten.

Damit unsere Anwendung nicht nur einen simplen Text, sondern eine komplette HTML-Seite ausgibt, empfiehlt es sich, sogenannte *Templates* zu verwenden. Das sind HTML-Dateien, in denen wir Platzhalter verwenden können, z. B. `{{ name }}`. Am besten legen wir einen Ordner namens `templates` an, in den wir unsere HTML-Template-Dateien speichern, z. B. die Datei */templates/home.html*:

```
<!doctype html>
<html lang="de">
<head>
  <meta charset="utf-8">
  <title>Hallo</title>
</head>
<body>
  <h1>Hallo {{ name }}!</h1>
</body>
</html>
```

In unserem Programmcode können wir ein solches Template nun laden und die darin vorkommenden Platzhalter mit Werten belegen. Diese Werte werden dann an den entsprechenden Stellen eingesetzt.

```
@app.route("/")
def home():
    name = request.args.get("name", "du")
    return render_template("home.html", name=name)
```

Unsere Webseite zeigt nun in großer Schrift **Hallo du!** bzw. den Namen, sofern über den URL-Parameter ein Name übergeben wurde.

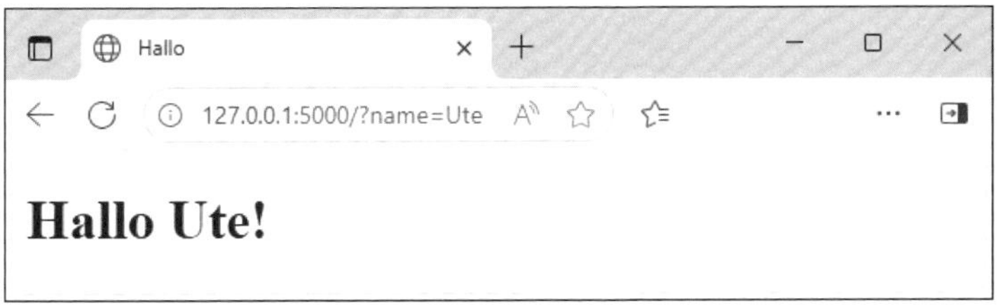

Abbildung 10.3: Verwendung von URL-Parametern

10.3 Interaktive Webtools mit Streamlit

Als Alternative zu Flask, zu Jupyter Notebooks und zu einfachen Konsolenanwendungen, in denen du den Benutzer mittels `input(…)` bittest, etwas einzugeben, gibt es für Python praktische Tools, die es erlauben, mittels weniger Zeilen Code interaktive Webanwendungen zu entwickeln. Streamlit ist ein solches Tool, und wir können es mittels **`pip install streamlit`** installieren. Damit kannst du dir eine App bauen, die du über den Browser bedienen kannst.

Das folgende Beispiel erzeugt ein mehrzeiliges Eingabefeld, in das man Text eingeben kann, sowie einen Button. Wenn der Button geklickt wird, werden die Wörter im eingegebenen Text gezählt, und diese Anzahl wird ausgegeben:

```
import streamlit as st

st.title("Wörter zählen")

text = st.text_area("Dein Text:")
if st.button("Wörter zählen!"):
  woerter = text.split()
  st.write(f"Anzahl Wörter: {len(woerter)}")
```

Wichtig ist, dass man Streamlit-Anwendungen nicht einfach mittels `python woerterzaehlen.py` ausführen kann und damit auch nicht einfach über den **Ausführen**-Knopf in Visual Studio Code. Stattdessen startet man das Programm über die Konsole (z. B. das Terminal, das in Visual Studio Code unten angezeigt wird) mit dem Befehl `streamlit run woerterzaehlen.py`. Falls dein Computer das Programm Streamlit nicht finden kann, funktioniert auch `python -m streamlit run woerterzaehlen.py`.

Genau wie bei Flask-Anwendungen steht auch nun auf der Konsole wieder eine URL, die man im Browser öffnen kann: *http://localhost:8501*.

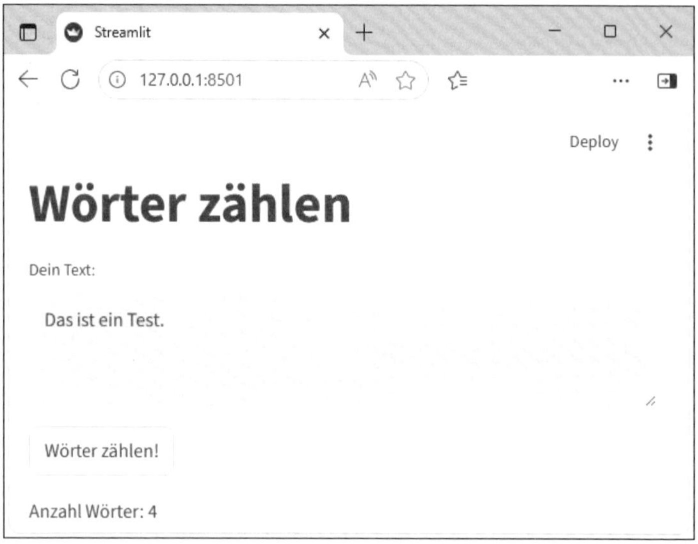

Abbildung 10.4: Streamlit-Anwendung im Webbrowser

Die Arbeit mit Streamlit ist sehr simpel und ähnlich der Programmierung mittels `print` und `input` in Konsolenanwendungen. `st.title` und `st.write` sorgen dafür, dass Text ausgegeben wird; einmal als große Überschrift, einmal also normale Textausgabe. `st.text_area` stellt in der Webanwendung ein mehrzeiliges Textfeld dar. Der Text, der dort eingegeben wird, steht in unserem Programm in der Variablen `text`. `st.button` blendet einen klassischen Button ein. Sobald dieser geklickt wird, wird der Programmcode ausgeführt, der im Codeblock hinter der Zeile `if st.button` steht.

Streamlit bietet noch viele weitere Eingabe-, Auswahl- und Ausgabeelemente. Hier die wichtigsten im Überblick:

- `st.text_input()` – einzeilige Texteingabe
- `st.text_area()` – mehrzeiliges großes Textfeld
- `st.number_input()` – Textfeld für Zahlen
- `st.slider()` – Schieberegler
- `st.selectbox()` – Dropdown-Menü
- `st.multiselect()`– Mehrfachauswahl
- `st.radio()` – Einzelauswahl-Buttons
- `st.checkbox()` – Häkchen setzen
- `st.date_input()` / `st.time_input()` – Datum/Uhrzeit wählen
- `st.file_uploader()` – Dateien hochladen
- `st.button()` – klassischer Button

- `st.download_button()` – Datei zum Download bereitstellen
- `st.write()` – Textausgabe
- `st.table()` / `st.dataframe()` – Tabellen anzeigen
- `st.image()` – Bilder zeigen
- `st.audio()` / `st.video()` – Medien ausgeben
- `st.progress()` – Fortschrittsbalken
- `st.spinner()` – Ladeanzeige / Warteanimation
- `st.toast()` – kleine Popup-Hinweise

Aus den Skripten, die wir in diesem Buch bereits programmiert haben, z. B. KI-Anwendungen und Textanalysen, kannst du dir mit Hilfe von Streamlit mit wenig Aufwand eine ansprechende Anwendung bauen, die dir ein interaktives Anwenden erlaubt. Beispielsweise kannst du mittels `st.file_uploader()` das Hochladen eines Fotos ermöglichen, dieses Foto mit KI-Algorithmen analysieren, klassifizieren oder modifizieren und ein neues Bild und weitere Ausgaben direkt im Browser anzeigen lassen.

10.4 Webseiten-Inhalte mit Beautiful Soup auslesen

Um Daten aus dem Internet abzurufen, haben wir im vorherigen Kapitel das Modul `requests` verwendet. Wir haben damit API-Aufrufe gemacht, indem wir `response = requests.get(...)` aufgerufen und dabei die URL zur gewünschten Seite übergeben haben. Je nachdem, ob die Antwort im JSON- oder einem anderen Format vorliegt, können wir mit `response.json` oder `response.text` auf den zurückgelieferten Inhalt zugreifen. Wenn wir keine API, sondern eine für Menschen gemachte klassische Webseite abrufen, bekommen wir bei `response.text` den kompletten HTML-Quelltext der Seite. Das ist oftmals ein sehr langer Text mit vielen HTML-Elementen, Style-Angaben, Steuerelementen, Menüs und vielem mehr. Vieles davon ist für unsere Analyse gar nicht relevant, gewisse Teile davon jedoch schon. Um komfortabel auf die Inhalte einer HTML-Seite zuzugreifen, die für uns von Interesse sind, gibt es ein praktisches Framework namens *Beautiful Soup*. Wir übergeben diesem Tool einfach den kompletten Quelltext, und es nimmt ihn so auseinander, dass wir danach nach bestimmten Elementen suchen können. Beautiful Soup installieren wir mittels `pip install bs4`, danach können wir es importieren und nutzen:

```
import requests
from bs4 import BeautifulSoup

url = "https://de.wikipedia.org/wiki/Olympische_Sommerspiele"
headers = { "User-Agent": "MeinPythonSkript" }
```

```
response = requests.get(url, headers=headers)
soup = BeautifulSoup(response.text, "html.parser")

print(soup.title.string)
```

Wikipedia erlaubt es, per Skript auf deren Seiten zuzugreifen, sofern man sich an gewisse Spielregeln hält. Beispielsweise darf man nicht zu viele Anfragen in kurzer Zeit abschicken, und man soll beim Abruf einen User-Agent setzen. Damit ist der Name des Browsers (Firefox, Chrome ...) oder der Anwendung gemeint, die die Anfrage stellt. In unserem Beispiel liefert `requests.get` den kompletten Quelltext zurück, den wir uns danach mit `response.text` auch ausgeben lassen könnten. Anders als bei `response.json`, das wir in vorherigen Beispielen verwendet haben, erhalten wir hier den kompletten Text als String; uns liegt ja kein JSON vor, sondern ein HTML-Quelltext. Nun füttern wir Beautiful Soup mit ebendiesem Quelltext und wollen auf den Webseiten-Titel zugreifen. Über die Variable `soup` haben wir Zugriff auf alles, was auf der Seite vorhanden ist, `soup.title` repräsentiert das `<title>`-Element im HTML-Quelltext, und `soup.title.string` ist der Inhalt dieses Elements, in unserem Falle: `"Olympische Sommerspiele – Wikipedia"`.

Wir möchten nun der in Abbildung 10.5 gezeigten Tabelle, die sich auf der Wikipedia-Seite befindet, die Jahre und Austragungsorte entnehmen, an denen die Olympischen Sommerspiele stattgefunden haben:

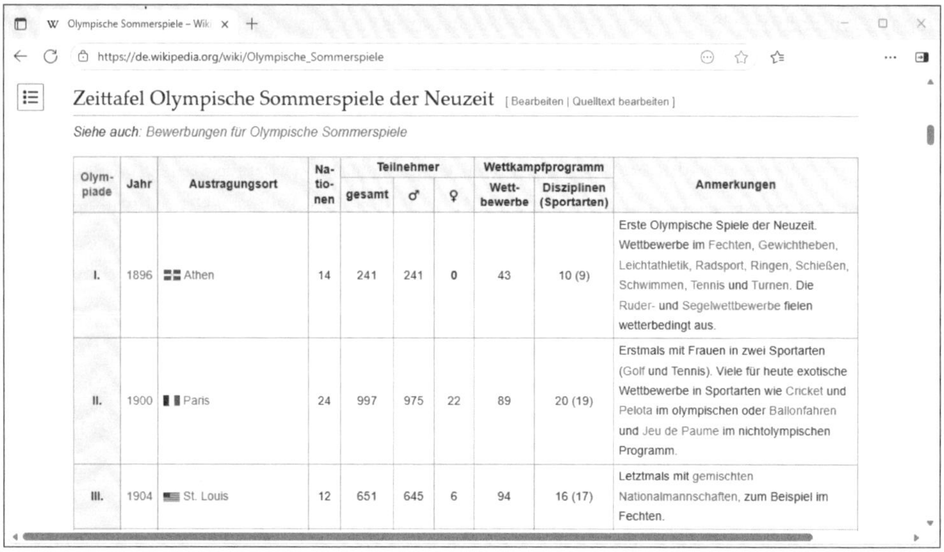

Abbildung 10.5: Wikipedia-Artikel, dem wir Informationen entnehmen wollen

Als Erstes müssen wir unserem Programm zeigen, wo überhaupt die Tabelle beginnt, die uns interessiert. Dazu können wir nach allen Überschriften (`<h2>` und `<h3>`) suchen, und zwar so lange, bis wir die Überschrift gefunden haben, in der der Text "`Zeittafel Olympische Sommerspiele`" vorkommt:

```
heading = None
for tag in soup.find_all(["h2", "h3"]):
    if "Zeittafel Olympische Sommerspiele" in tag.get_text():
        heading = tag
        break
```

In der Variablen `heading` steht nun entweder `None` – wenn keine passende Überschrift gefunden wurde – oder das `<h2>`- oder `<h3>`-Element mit der Überschrift. Wenn du dich fragst, woher wir überhaupt wissen, dass die Überschrift in einem `<h2>`- oder `<h3>`-Element steht: Das müssen wir im HTML-Quelltext der Seite nachschauen. Am einfachsten geht das, indem du die Seite im Browser öffnest, auf die Überschrift rechtsklickst und auf **Untersuchen** klickst. Dort findest du: `<h2 id="...">Zeittafel Olympische Sommerspiele der Neuzeit</h2>`.

Dadurch, dass wir nicht nur nach `<h2>` suchen, sondern auch nach `<h3>`, würden wir die Stelle in Zukunft auch dann noch finden, wenn sich die Überschriftengröße einmal ändern sollte. Andere Änderungen, beispielsweise am Text (z. B. »Zeittafel *der* Olympischen Sommerspiele«), würden wir nicht mitbekommen. Unsere Anwendung würde in solchen Fällen nicht mehr funktionieren.

Als Nächstes suchen wir die erste Tabelle, die nach der gefundenen Überschrift folgt, und lesen ihre Inhalte aus:

```
table = heading.find_next("table")

for tr in table.find_all("tr")[1:]:
    tds = tr.find_all("td")
    if len(tds) < 2:
        continue

    jahr = tds[0].get_text(strip=True)
    ort = tds[1].get_text(strip=True)

    if not jahr.isdigit():
        continue

    print(jahr, "-", ort)
```

In Tabellen (`<table>`) steht jedes `<tr>`-Element für eine Zeile (Row) und in einer Zeile jedes `<td>`-Element für die Daten in den einzelnen Spalten. Mit dem Operator `[1:]` in der `for`-

Zeile überspringen wir die erste Zeile, in der die Überschrift steht. Außerdem interessieren uns in einer Zeile nur die `<td>`-Elemente. Die im Screenshot zu sehende erste Spalte, in der römische Zahlen stehen, ist ein `<th>`-Element (Heading) und wird daher in unserem Programm ignoriert. Aus allen Zeilen, in denen es mindestens zwei `<td>`-Spalten gibt, nehmen wir aus der ersten Spalte `tds[0]` das Jahr und aus der zweiten Spalte `tds[1]` den Ort. Um herauszufinden, wo all dies zu finden ist, ist es notwendig, immer wieder den Quelltext der Seite zu betrachten. Alternativ können wir uns auch direkt in Python den HTML-Code bestimmter Elemente ausgeben lassen, z. B. mittels `print(tr)` den kompletten Inhalt einer Tabellenzeile.

Das Zerstückeln des HTML-Quelltexts kann manchmal etwas mühselig sein und funktioniert möglicherweise irgendwann auch nicht mehr richtig, wenn sich in Zukunft etwas auf der Webseite ändert, das wir nicht eingeplant haben. Außerdem fällt auf, dass unser Programm gar nicht die richtige Ausgabe liefert – vor jedem Ortsnamen steht der Name des Landes:

```
1896 - Königreich GriechenlandAthen
1900 - Dritte Französische RepublikParis
1904 - Vereinigte Staaten 45St. Louis
...
```

Der Grund dafür ist, dass vor dem Stadtnamen in der `<td>`-Zelle noch ein Bild einer Flagge sowie Folgendes steht: `<span style="display:none;"> Vereinigte Staaten 45</span>`. Die Option `display:none;` wird benutzt, um Elemente unsichtbar zu machen. In unserer Tabellenspalte steht also der Name eines Landes, er wird jedoch nicht dargestellt. Wir dürfen also nicht den kompletten Textinhalt aus dem `<td>`-Element nehmen, sondern müssen schauen, in welchem Unterelement nur der Ortsname steht. Im Quelltext erkennen wir es: im letzten `<a>`-Element, das sich in der Tabellenzelle befindet; das ist nämlich der Link zur Wikipedia-Seite der entsprechenden Stadt:

```
ort = tds[1].find_all("a")[-1].get_text(strip=True)
```

Nun ist die Ausgabe in Ordnung:

```
1896 - Athen
1900 - Paris
1904 - St. Louis
...
```

Dieser Abschnitt sollte zeigen, wie man vorgeht, um mit Beautiful Soup Inhalte aus Webseiten zu extrahieren. Dazu müssen wir uns genau den HTML-Quelltext anschauen und uns überlegen, wie wir robust vorgehen, damit das auch in Zukunft noch funktioniert, wenn sich die Seite einmal ändert. Wir schauen uns an, wo im Quelltext die Daten stehen, die wir benötigen. Häufig sind sie in einer Tabelle, in einer Liste oder in bestimmten HTML-Elementen wie `<p>`, `<div>` oder `<span>`. Wenn die Struktur klar ist, versuchen wir, einen möglichst stabilen Ankerpunkt zu finden, der sich auch bei kleineren Layoutänderungen nicht so schnell verändert. Das kann eine Überschrift sein, ein Tabellenkopf, ein bestimmtes Attribut oder ein charakteristisches Element. Von dort aus hangeln wir uns zum eigentlichen Inhalt vor.

Was wir hier gemacht haben, nennt sich übrigens *Web-Scraping*. Wir »kratzen« (to scrape) die Informationen von einer Webseite, die uns interessieren. Das kann, wie wir gesehen haben, leider auch mal aufwendig und fehleranfällig sein, aber genau das ist ja der Grund, warum es APIs gibt. Webseiten sind für Menschen gemacht, APIs für Maschinen. Wenn es also eine API gibt, solltest du sie auch nutzen. Und nur wenn es keine gibt, lohnt es sich, über das Auslesen des HTML-Quelltexts nachzudenken.

10.5 Den Browser fernsteuern mit Selenium

Stell dir vor, du hast ein Python-Programm, dem du zuschauen kannst, wie es deinen Webbrowser bedient, sich von Seite zu Seite klickt, Eingabefelder ausfüllt und Formulare abschickt. Genau so etwas geht mit *Selenium*. Während bei Beautiful Soup alles im Hintergrund passiert (Seite aufrufen und Quelltext in eine Variable laden, dann damit arbeiten), bietet dir Selenium die Möglichkeit, dass es eine Webseite in einem echten Browser bedient. Manchmal sind Webseiten nämlich so komplex, dass es mit Beautiful Soup fast unmöglich ist, auf die gewünschten Inhalte zuzugreifen. Bei einigen Seiten stehen die Inhalte nämlich erst einmal gar nicht im Quelltext, sondern werden erst mit einem JavaScript dynamisch nachgeladen. Den entsprechenden JavaScript-Code führt dein Webbrowser aus, wenn du die Seite besuchst. Beautiful Soup macht das jedoch nicht. Der Ansatz von Selenium ist daher ein ganz anderer: Es öffnet ein Browserfenster und klickt sich so durch, wie ein Mensch es auch täte. Was genau gemacht, geklickt, eingegeben und welche Inhalte den Seiten entnommen werden sollen, programmierst du mit Python. Du kannst Selenium mit `pip install selenium` installieren und danach verwenden.

Das folgende Beispiel macht das Gleiche, was wir im vorherigen Unterkapitel mit Beautiful Soup gemacht haben. Es entnimmt die Jahre und Austragungsorte der Olympischen Sommerspiele der entsprechenden Wikipedia-Seite:

```
from selenium import webdriver
from selenium.webdriver.common.by import By
from selenium.webdriver.chrome.service import Service

url = "https://de.wikipedia.org/wiki/Olympische_Sommerspiele"

# Browser starten
driver = webdriver.Chrome(service=Service())
```

```
driver.get(url)

# Überschrift suchen
heading = None
for h in driver.find_elements(By.XPATH, "//h2 | //h3"):
    if "Zeittafel Olympische Sommerspiele" in h.text:
        heading = h
        break

# Tabelle nach der Überschrift finden
table = heading.find_element(By.XPATH, "following::table[1]")
rows = table.find_elements(By.TAG_NAME, "tr")

for row in rows[1:]:
    cells = row.find_elements(By.TAG_NAME, "td")
    if len(cells) < 3:
        continue

    jahr = cells[0].text.strip()

    # Den sichtbaren Ortsnamen holen (zweiter Link in der Zelle)
    ort_links = cells[1].find_elements(By.TAG_NAME, "a")
    ort = ort_links[-1].text.strip()

    # Nur gültige Jahreszahlen
    if not jahr.isdigit():
        continue

    print(jahr, "-", ort)

driver.quit()
```

Wenn du das Programm ausführst, siehst du kurz, wie sich ein Chrome-Webbrowser-Fenster öffnet und die Wikipedia-Seite anzeigt. Dieses Fenster beendet sich aber schnell wieder. In der Zwischenzeit hat das Programm alle Daten entnommen und auf der Konsole ausgegeben. Für unser Wikipedia-Beispiel bietet Selenium keinen Vorteil gegenüber Beautiful Soup. Es ist langsamer und hat einen höheren Ressourcenverbrauch, weil sich ja wirklich ein Browser öffnen muss. Aber wenn es sich um eine Webseite handelt, deren Inhalte erst nach dem eigentlichen Laden der Seite nachgeladen werden, oder wenn man zuvor einen Login oder Ähnliches durchführen muss, ist Selenium besser geeignet als Beautiful Soup. Es bedient Webseiten genau wie ein Mensch: Es kann klicken, tippen, scrollen, Tasten auf der Tastatur drücken und vieles mehr. Oft wird Selenium auch zum Testen von Webanwendungen eingesetzt: Wenn beispielsweise ein neues Feature in eine Social-Media-Seite oder einen Webshop eingebaut wird, klickt sich Selenium durch die Seite, loggt sich ein, fügt Produkte zum Warenkorb hinzu usw. Wenn dabei ein Fehler auftritt, ist das ein Zeichen dafür, dass irgendetwas nicht richtig funktioniert. Dieser Fehler wäre ohne den Test vielleicht nicht aufgefallen.

Als kleine Demoanwendung entwickeln wir nun Folgendes: Selenium soll die Startseite der deutschen Wikipedia öffnen und oben im Eingabefeld die vier Buchstaben »pyth« eingeben. Die Entwickler der Wikipedia-Seite haben an dieser Stelle ein JavaScript eingebaut, das eine Autovervollständigung durchführt. Es öffnet sich unter dem Eingabefeld eine Liste mit Vorschlägen von Seiten, die mit dem eingegebenen Such-String beginnen:

Abbildung 10.6: Selenium soll etwas im Wikipedia-Suchfeld eingeben.

Nachdem unser Programm die Eingabe im Suchfeld gemacht hat, soll es alle vorgeschlagenen Titel auf der Konsole ausgeben, den ersten Treffer anklicken und dann auf dieser Seite bleiben, damit wir von dort aus weitersurfen können.

```
from selenium import webdriver
from selenium.webdriver.common.by import By
from selenium.webdriver.common.keys import Keys
from selenium.webdriver.support.ui import WebDriverWait
from selenium.webdriver.support import expected_conditions as EC
from selenium.webdriver.chrome.service import Service
from selenium.webdriver.chrome.options import Options

options = Options()
options.add_experimental_option("detach", True) # Browser offen lassen

driver = webdriver.Chrome(service=Service(), options=options)
driver.maximize_window()
driver.get("https://de.wikipedia.org/")
```

```
# Suchfeld finden
suchfeld = driver.find_element(By.ID, "searchInput")

# "pyth" eingeben
suchfeld.send_keys("pyth")

# Warten, bis die Vorschläge erscheinen
liste = WebDriverWait(driver, 10).until(
    EC.visibility_of_element_located((By.CSS_SELECTOR,
                                      "ul.cdx-menu__listbox"))
)

# Alle <li>-Einträge holen und Vorschläge ausgeben
items = liste.find_elements(By.CSS_SELECTOR, "li.cdx-menu-item")
for item in items:
    print(item.text)

# Auf das erste Element klicken
items[0].click()
```

Wenn man sich solchen Programmcode von ChatGPT erzeugen lässt, passiert es oft, dass das LLM rät, wie Elemente im HTML-Quellcode heißen könnten, oder es erstellt den Code basierend auf einer veralteten Version der Webseite. In dem Fall hilft es, im Prompt Auszüge aus dem Quellcode zu übergeben, z. B. von der Liste der Vorschläge, die nach der Texteingabe erscheint.

Im gezeigten Programm wurde die Browseroption `"detach"` auf `True` gesetzt. Das sorgt dafür, dass der Browser, der sich zu Beginn öffnet, nicht wieder schließt, sobald das Python-Programm fertig ausgeführt wurde. Mit `driver.maximize_window()` wird das Browserfenster auf die volle Bildschirmgröße maximiert. Andernfalls kann es passieren, dass das Bild zu schmal ist und Wikipedia gar kein Suchfeld einblendet. Nachdem das Suchfeld über seine ID `"searchInput"` gefunden wurde, erfolgt die Texteingabe mittels `suchfeld.send_keys("pyth")`. Danach wird gewartet, bis das Element `<ul class="ul.cdx-menu__listbox">` erscheint. Das ist nämlich die Liste mit den Vorschlägen. Über die darin enthaltenen `<li>`-Elemente können wir iterieren und ihren Inhalt ausgeben. `items[0].click()` führt die Klick-Aktion aus.

Dadurch, dass alles im Browser abläuft, muss man sich über viele Dinge nicht kümmern: Cookies, Sessions, JavaScript, Popups usw. Alles passiert genauso wie beim manuellen Besuch von Internetseiten. Auf welche Stellen Selenium klicken soll und wo es etwas eingeben soll, regelt man üblicherweise über die IDs der entsprechenden Elemente. In unserem Beispiel ist `<input id="searchInput" ...>` das Suchfeld. Das hat den Vorteil, dass die Automation auch dann noch funktioniert, wenn das Suchfeld in Zukunft an einer anderen Stelle sein sollte oder wenn wir eine anderssprachige Variante der Wikipedia öffnen.

Auf die gleiche Art wie in unserem Beispiel lassen sich auch Login-Formulare mit Benutzername und Passwort ausfüllen und abschicken. Damit können unsere Programme auf Seiten zugreifen, für die man sich zuvor erst einloggen muss. Selenium ist auch in der Lage, Screenshots von Webseiten aufzunehmen und abzuspeichern. `driver.save_screenshot("wiki.png")` fotografiert die komplette Seite, `liste.screenshot("vorschlaege.png")` ein einzelnes Element.

10.6 E-Mails und Messenger-Nachrichten verschicken

Egal, ob du dir eine tägliche Zusammenfassung aus deinem Python-Skript schicken lassen möchtest oder ob dich dein Programm bei Fehlern und anderen Meldungen benachrichtigen soll. Es kann sehr nützlich sein, wenn deine Python-Programme E-Mails oder Messenger-Nachrichten an dich oder andere verschicken.

E-Mails gibt es schon seit den 1970er-Jahren, genau genommen sind sie sogar älter als das Internet. In den 80er-Jahren wurde das Simple-Mail-Transfer-Protocol *SMTP* standardisiert. Es funktioniert ungefähr so: Wenn du eine E-Mail verschicken willst, verbindet sich dein E-Mail-Programm mit einem SMTP-Server. Das E-Mail-Programm kann beispielsweise Outlook, Thunderbird, ein Webmail-Dienst oder eben deine selbst entwickelte Python-Anwendung sein. Beim Verbinden mit dem SMTP-Server musst du dich in der Regel mit einen Benutzernamen und einem Passwort authentifizieren. Diese Daten erhältst du von deinem E-Mail-Dienst, z. B. web.de, Gmail, deiner Hochschule oder Arbeit. Wenn deine E-Mail-Adresse von web.de ist, lautet der SMTP-Server `smtp.web.de`, und dein Benutzername ist die vollständige E-Mail-Adresse `...@web.de`. Nachdem die Verbindung zum SMTP-Server aufgebaut wurde, kann deine Anwendung die E-Mail übermitteln. Sie besteht aus einem Betreff, einem Empfänger, Absender, Text und eventuell weiteren Header-Daten oder Anhängen. Der SMTP-Server nimmt die Mail entgegen, prüft sie und leitet sie daraufhin an die zuständigen Empfänger-Server weiter. Der Empfänger kann die E-Mail schließlich über ein anderes Protokoll, z. B. IMAP (Internet Messaging Access Protocol), abholen und sie sich anschauen.

Im folgenden Beispiel verbinden wir uns über das Python-Paket `smtplib` mit einem SMTP-Server und verschicken eine E-Mail. `smtplib` gehört zur Python-Standardbibliothek, es muss also nicht separat installiert werden.

```
import smtplib
import dotenv
from email.mime.text import MIMEText
```

```
dotenv.load_dotenv()

SMTP_SERVER = dotenv.get_key(".env", "SMTP_SERVER")
SMTP_USER = dotenv.get_key(".env", "SMTP_USER")
SMTP_PASSWORD = dotenv.get_key(".env", "SMTP_PASSWORD")

msg = MIMEText("Hallo, dies ist eine Test-Mail aus Python!")
msg["Subject"] = "Test"
msg["From"] = "test@example.com"
msg["To"] = "test@example.com"

with smtplib.SMTP_SSL(SMTP_SERVER, 465) as server:
    server.login(SMTP_USER, SMTP_PASSWORD)
    server.send_message(msg)
```

Damit die SMTP-Server-Daten und vor allem das Passwort nicht im Klartext im Programmcode stehen, verwenden wir hier `dotenv`. Das Modul lädt drei Werte aus einer Datei namens *.env*. Wir speichern sie im gleichen Verzeichnis wie unser Python-Skript. Der Inhalt der *.env*-Datei sieht so aus:

```
SMTP_SERVER=smtp.example.com
SMTP_USER=test@example.com
SMTP_PASSWORD=...
```

In unserem Python-Programm erzeugen wir ein Objekt `msg`, das die zu verschickende E-Mail-Nachricht repräsentiert. Wir übergeben den Text und setzen Betreff, Absender und Empfänger. Statt `MIMEText` kannst du auch `MIMEMultipart` verwenden. Das ermöglicht es, E-Mails im HTML-Format zu verschicken, sodass sie nicht nur Text, sondern auch Formatierungen, Farben, Links, Bilder und mehr enthalten können. Außerdem lassen sich bei `MIMEMultipart` Anhänge zur E-Mail hinzufügen.

Der SMTP-Server, mit dem wir uns hier verbinden, verwendet eine SSL-Verschlüsselung und den Port 465. Das ist neben STARTTLS (Port 587) eine der beiden gängigen Methoden, E-Mails sicher zu übertragen. Unmittelbar nach der Verbindung loggen wir uns mit `server.login` mit dem Benutzernamen und Passwort ein und senden mittels `server.send_message` die E-Mail.

Als Alternative zu SMTP gibt es auch spezielle E-Mail-Dienste, die ihre eigenen APIs für den E-Mail-Versand anbieten. Ein paar Beispiele für solche Anbieter sind Brevo, Mailjet oder SendGrid. Wenn man nur wenige E-Mails verschickt, sind diese Dienste auch kostenlos nutzbar. Der Anbieter Mailjet stellt ein eigenes Python-Modul zur Verfügung, das wir mittels `pip install mailjet-rest` installieren können. Nach dem Erstellen eines Accounts auf der

Webseite von Mailjet erhältst du einen API-Schlüssel und ein API-Secret, mit dem wir E-Mails aus Python zu versenden können:

```
from mailjet_rest import Client

API_KEY = "…"
API_SECRET = "…"

mailjet = Client(auth=(API_KEY, API_SECRET), version='v3.1')

body = {
    "Messages": [
        {
            "From": { "Email": "…", "Name": "…" },
            "To": [ { "Email": "…", "Name": "…" } ],
            "Subject": "Hallo!",
            "TextPart": "Text (wenn kein HTML unterstützt wird)",
            "HTMLPart": "<h1>Hi!</h1><p>Ich teste.</p>"
        }
    ]
}

response = mailjet.send.create(data=body)
print(response.status_code)
print(response.json())
```

Auf die gleiche Art lassen sich aus Python auch SMS und Instant-Messenger-Nachrichten versenden. Wir wählen einen Anbieter, erstellen einen Account, erhalten einen API-Key und verwenden dann entweder ein spezielles Python-Modul oder einen klassischen `requests`-Aufruf, um die Nachricht zu verschicken. Für das Versenden von SMS gibt es viele Anbieter, z. B. Sipgate, Brevo, Twillo oder Vonage. Hier ist jedoch zu beachten, dass jede SMS ein paar Cent kostet und man ein Guthaben aufladen muss. Das Senden von WhatsApp-Nachrichten über eine API ist ebenfalls nicht kostenlos. Erst mit einem WhatsApp-Business-Account erhält man den API-Zugriff. Die Abrechnung erfolgt auch hier pro versendeter Nachricht.

Eine einfache und kostenlose Art, Messenger-Nachrichten – zumindest an dich selbst – zu schicken, bietet der Messenger *Telegram*. Hier gibt es nämlich eine offizielle API, die du über einem klassischen `requests`-Aufruf verwenden kannst.

Um die Telegram-API zu nutzen, musst du zunächst auf deinem Handy einen Bot anlegen. Dazu suchst du in der Telegram-App nach »BotFather« und schreibst ihm die Nachricht `/newbot`. Daraufhin wirst du gebeten, dem Bot einen Namen zu geben, und siehst im Anschluss ein Telegram-Token und einen Link zum Bot. Nach einem Klick auf den Link und auf

Starten ist der Bot startbereit. Um eine Nachricht an den Bot zu schicken, benötigst du allerdings noch eine sogenannte Chat-ID. Diese kannst du über einen API-Aufruf aus einem Python-Skript herausfinden:

```
import requests
TOKEN = "..."
url = f"https://api.telegram.org/bot{TOKEN}/getUpdates"
response = requests.get(url).json()
print(response)
```

Die Antwort sieht in etwa so aus: `{'ok': True, 'result': [..., 'chat': {'id': 1234567890, ...}]}`. Dort findest du die Chat-ID, die du zusammen mit dem Token der Telegram-API übergibst, um eine Nachricht auf dein Handy zu verschicken.

Ich habe ein Telegram-Token und eine Chat-ID. Schreibe ein Python-Programm, das die Nachricht »Hallo« verschickt.

Klar, hier ein kurzes, funktionierendes Beispiel mit `requests`:

```
import requests

TOKEN = "DEIN_TELEGRAM_TOKEN"
CHAT_ID = "DEINE_CHAT_ID"
TEXT = "Hallo"

url = f"https://api.telegram.org/bot{TOKEN}/sendMessage"
payload = {"chat_id": CHAT_ID, "text": TEXT}

r = requests.post(url, json=payload)

print("Status:", r.status_code)
print("Antwort:", r.json())
```

Abbildung 10.7: Eine über die Telegram-API verschickte Push-Nachricht

Kapitel 11
Datenbanken

Eine Datenbank wird eingesetzt, um Daten zu speichern und wieder abzurufen. In diesem Kapitel lernst du die Grundlagen der Sprache SQL, und ich zeige dir, wie du aus Python-Programmen mit einer SQLite-Datenbank interagierst.

Wie der Titel dieses Buches es schon aussagt, spielen für uns Daten eine große Rolle. Du hast gelernt, wie du Daten aus Dateien lädst und in Dateien schreibst, wie du Daten in Pandas-DataFrames transformierst, verarbeitest und analysierst und wie du sie mit Matplotlib visualisierst. Auch für KI-Anwendungen sind Daten zentral: Sie werden zum Training von Modellen verwendet, und wir brauchen sie, um Vorhersagen zu treffen. Und in den letzten beiden Kapiteln haben wir uns angeschaut, wie wir Daten aus dem Internet abrufen können, sei es über eine API oder mittels Web-Scraping. Jetzt schauen wir uns an, wie wir diese Daten auf eine elegante Art ablegen können, um effizient und komfortabel darauf zuzugreifen. Natürlich könnten wir stets alles in Dateien schreiben und von dort aus auch wieder auslesen, das ist aber meist nur dann empfehlenswert, wenn wir mit der ganzen Datei auf einmal hantieren wollen. Oft müssen wir aber nur gezielt einzelne Datensätze abrufen oder verändern. Und genau das und vieles mehr ist bei Datenbanken viel komfortabler und performanter: Sie legen Daten so ab, dass wir schnell und einfach vielerlei Zugriffsmöglichkeiten darauf haben, egal, ob es ums Lesen, Einfügen, Ändern oder um komplexe analytische Abfragen geht.

Um eine Datenbank (DB) zu verwenden, müssen wir uns für ein sogenanntes *Datenbankmanagementsystem* (DBMS) entscheiden. Die bekanntesten sind Oracle, MySQL, Microsoft SQL Server und PostgreSQL. Mit diesen Produkten lässt sich eine relationale Datenbank verwalten. Eine Relation ist in dem Zusammenhang nichts anderes als eine Tabelle, die Spalten und Zeilen hat, also so etwas Ähnliches wie ein Pandas-DataFrame oder eine Excel-Tabelle. Mit relationalen Datenbankmanagementsystemen spricht man in der Abfragesprache *SQL*, die du gleich kennenlernst. Es gibt aber auch andersartige Datenbankmanagementsysteme aus der Kategorie NoSQL, zum Beispiel MongoDB oder Redis. MongoDB speichert so etwas Ähnliches wie JSON-Dokumente, Redis Schlüssel-Wert-Paare, also so etwas wie Python-Dictionarys. Beide bringen ihre eigene Abfragesprache mit.

Wir werden nun SQLite verwenden. Das ist ebenfalls ein sehr bekanntes relationales Datenbankmanagementsystem und nutzt ebenfalls die Sprache SQL. Aber anders als bei Oracle, MySQL und Co. ist die Verwendung von SQLite viel einfacher. Wir müssen muss keinen Datenbank-Serverprozess installieren und starten, mit dem wir uns dann aus einer Python-Anwendung verbinden, sondern wir können mit einer SQLite-Datenbank so arbeiten wie mit einer Datei. SQLite schreibt nämlich tatsächlich einfach alle Daten in eine Datei, die sich beispielsweise im aktuellen Ordner befindet:

```
import sqlite3
with sqlite3.connect("wetter.db") as conn:
    # ... (hier können wir mit der DB arbeiten)
```

Wenn wir dieses Programm ausführen, wird geschaut, ob es die Datei *wetter.db* im aktuellen Ordner schon gibt. Falls nein, wird sie angelegt. Die Variable `conn` repräsentiert die Verbindung zu unserer Datenbank. Nachdem diese aufgebaut ist, können wir `INSERT`-, `UPDATE`-, `DELETE`-, `SELECT`- und weitere SQL-Abfragen an die Datenbank schicken. Da wir beim Verbindungsaufbau die `with`-Schreibweise verwenden, kümmert sich Python nach dem Ende des Codeblocks automatisch darum, die Verbindung wieder zu schließen.

Bei SQLite ist es wichtig zu erwähnen, dass zur gleichen Zeit immer nur ein Prozess schreibend auf die Datenbank zugreifen kann. Wir werden uns gleich über die SQLite-Konsole mit der Datenbank verbinden. Auf der SQLite-Konsole können wir einfach SQL-Befehle eingeben und [↵] drücken, dann werden sie direkt ausgeführt. Läuft aber gleichzeitig unser Python-Programm, das mit der gleichen SQLite-Datenbank arbeitet, können zwar beide daraus Daten lesen, aber nur einer darf schreiben. Der Prozess, der zuerst schreibt, holt sich eine exklusive Schreibsperre. Befindet sich eine solche Schreibsperre auf der Datenbank und möchte jemand anderes ebenfalls etwas einfügen, ändern oder löschen, ist das nicht möglich. Falls du also auf den Fehler `"database is locked"` stößt, weißt du jetzt, warum. Du kannst das Problem beheben, indem du die Anwendung, die die Datenbank blockiert, beendest, also entweder die SQL-Konsole oder das Python-Programm. Das zeigt auch, wie wichtig es ist, dass die Datenbankverbindung am Ende wieder geschlossen und dadurch eventuelle Schreibsperren wieder freigegeben werden. Das könntest du mit `conn.close()` erledigen oder wie in unserem Codebeispiel mit der Verwendung eines `with`-Blocks.

In unseren Beispielen in diesem Kapitel werden wir auf der Datenbankdatei *wetter.db* arbeiten. SQLite erlaubt es aber auch, sich mit einer flüchtigen Datenbank im Arbeitsspeicher zu verbinden:

```
with sqlite3.connect(":memory:") as conn:
```

Auf dieser In-Memory-Datenbank können wir genauso arbeiten wie auf einer Datenbankdatei, die auf die Festplatte gespeichert wird: Wir können Tabellen anlegen, Daten einfügen und Abfragen stellen. Wenn allerdings das Python-Programm beendet wird, ist die Datenbank wieder komplett weg. Dieses Feature kann praktisch sein, um Tests und Experimente durchzuführen oder wenn die Datenbank nur als Zwischenablage für temporäre Daten dienen soll.

11.1 Die Sprache SQL und die SQLite-Konsole

Die Sprache SQL ist eine standardisierte Abfragesprache für relationale Datenbanken. Du wirst nun die wichtigsten Kommandos kennenlernen. Oracle, PostgreSQL, MySQL, MariaDB, SQLite und viele mehr verstehen alle diese Kommandos. Zwar unterscheiden sich die SQL-Dialekte dieser Systeme in den Details etwas, aber das, was wir in diesem Buch mit SQL machen, funktioniert im Wesentlichen überall gleich. Die wichtigsten Kommandos sind die folgenden:

- `CREATE TABLE` – Anlegen einer Tabelle. Dabei geben wir an, welche Spalten die Tabelle haben soll und welche Datentypen sie haben.
- `DROP TABLE` – danach ist die Tabelle wieder weg.
- `ALTER TABLE` – Tabellen nachträglich verändern, z. B. Spalten hinzufügen
- `INSERT` – Einfügen von Zeilen in eine Tabelle
- `UPDATE` – Ändern von Zeilen
- `DELETE` – Löschen von Zeilen
- `SELECT` – Abfrage von Zeilen

Um diese Kommandos auszuprobieren, führen wir sie zunächst nicht in unserem Python-Programm aus, sondern direkt auf der SQLite-Konsole. Mit diesem Programm können wir auf eine interaktive Art Befehle eingeben, und wenn wir [↵] drücken, werden sie direkt ausgeführt. Dann sehen wir sofort auf der Konsole, ob es funktioniert hat und welche Ergebnisse beispielsweise ein `SELECT`-Befehl zurückliefert. Die Konsole ist auch praktisch, um einfach etwas schnell in der Datenbank nachzuschauen.

Um die SQL-Konsole nutzen zu können, musst du, wenn du Windows einsetzt, erst von der Webseite *sqlite.org* die SQLite Tools herunterladen. Du findest sie unter dem Menüpunkt **Download** als Datei: *sqlite-tools-win-x64-xxxxx.zip*. Nach dem Entpacken der Zip-Datei kannst du die darin befindliche *sqlite3.exe* auf der Eingabeaufforderung, der PowerShell oder in dem Terminal starten, das in Visual Studio Code integriert ist. Mac-User haben es einfacher, unter MacOS ist die SQLite-Konsole nämlich bereits vorinstalliert.

Das folgende Kommando startet die SQLite-Konsole und öffnet die Datenbankdatei *wetter.db*. Wenn diese Datei nicht existiert, wird sie angelegt:

```
C:\pfad\zur\Datei\sqlite3.exe wetter.db
```

Bzw. auf dem Mac einfach:

```
sqlite3 wetter.db
```

Abbildung 11.1: SQLite-Konsole im Terminal von Visual Studio Code

11.2 Tabellen erstellen mit CREATE TABLE

Wenn wir Daten in die Datenbank einfügen wollen, müssen wir vorher eine oder mehrere Tabellen erstellen. Jede Tabelle hat eine feste Struktur. Die Spalten und ihre Datentypen müssen wir beim Anlegen spezifizieren:

```
CREATE TABLE wetterstationen (dwd_station_id CHAR(5) PRIMARY KEY,
                              ort VARCHAR(500));

CREATE TABLE wetter (dwd_station_id CHAR(5)
                     REFERENCES wetterstationen(dwd_station_id),
                     zeitpunkt TIMESTAMP,
                     luftfeuchtigkeit INT, temperatur DECIMAL(5,1),
                     PRIMARY KEY(dwd_station_id, zeitpunkt));
```

Auf der SQLite3-Konsole müssen wir am Ende jedes SQL-Kommandos immer ein Semikolon schreiben, ansonsten denkt die Konsole, das Kommando geht noch weiter.

Wenn wir später Daten in den Tabellen haben, könnten die Tabellen wie folgt aussehen:

dwd_station_id	ort
04104	Regensburg

Tabelle 11.1: Wetterstationen

dwd_station_id	zeitpunkt	luftfeuchtigkeit	temperatur
04104	2026-02-28 17:30	100	5.5
04104	2026-02-28 18:00	92	6.5

Tabelle 11.2: Wetter

Jede Tabelle hat einen Namen (hier: `wetterstationen` und `wetter`). Im `CREATE TABLE`-Kommando schreiben wir in die Klammern hinter dem Tabellennamen, welche Spalten die Tabelle haben soll. Und zu jeder Spalte geben wir ihren Datentypen an. Dieser bestimmt, welche Art von Werten wir später in der Spalte speichern können. Die in dem Beispiel verwendeten Datentypen sind zugleich auch die wichtigsten, die du kennen musst:

- `CHAR(n)` – eine Zeichenkette mit immer gleicher Länge `n`. Speichert man darin kürzere Strings, wird mit Leerzeichen aufgefüllt, z. B. `'Hi '`.
- `VARCHAR(n)` – eine Zeichenkette variabler Länge mit maximal *n* Zeichen; steht genau wie `CHAR` immer in einfachen Anführungszeichen z. B. `'Hi'`.
- `TIMESTAMP` – ein Zeitstempel, der aus Jahr, Monat, Tag und einer Uhrzeit besteht, z. B. `'2026-02-28 17:30:00'`
- `INT` – eine ganze Zahl, positiv oder negativ, z. B. `5000`
- `DECIMAL(n,p)` – eine Kommazahl mit insgesamt *n* Stellen, davon *p* hinter dem Dezimalpunkt, z. B. `999.99` (Das wäre auch das Größte, was in `DECIMAL(5,2)` passt.)

Ebenfalls wichtig sind die Datentypen `DATE` (ein Datum, z. B. `'2026-02-28'`) und `DOUBLE`. Letzteres ist eine Fließkommazahl ohne eine feste Anzahl von Nachkommastellen. `DOUBLE` sollte man jedoch mit Vorsicht verwenden. Da dieser Datentyp Fließkommazahlen intern binär abspeichert, lassen sich viele Dezimalzahlen nicht exakt darstellen. Das kann zu Rundungsfehlern führen, sodass z. B. `0.1 + 0.2` vielleicht nicht genau `0.3` ergibt. Für Geldbeträge oder andere präzise Werte ist `DOUBLE` daher ungeeignet, dafür solltest du `DECIMAL` verwenden.

Außerdem wurden in unseren beiden `CREATE TABLE`-Kommandos Primärschlüssel und Fremdschlüssel gesetzt. Ein *Primärschlüssel* besteht aus einer oder mehreren Spalten, die eindeutig eine Zeile identifizieren sollen. In unserer `wetterstationen`-Tabelle ist der Primärschlüssel die Spalte `dwd_station_id`. Darin steht die ID der Wetterstation, die vom Deutschen Wetterdienst vergeben wird. Dass diese Spalte der Primärschlüssel ist, hat zur Konsequenz, dass in zwei Zeilen niemals die gleiche `dwd_station_id` stehen darf. Diese ID identifiziert eine Wetterstation eindeutig. Oft verwendet man für Primärschlüssel den Datentyp `INT`, vor allem wenn es sich laufende Nummern handelt. Die `dwd_station_ids` ist zwar eine Zahl, sie kann jedoch auch mit einer 0 beginnen, daher verwenden wir `CHAR(5)`. Bei der `wetter`-Tabelle ist der Primärschlüssel zusammengesetzt aus `dwd_station_id` und `zeitpunkt`. Hier darf also in zwei Zeilen die gleiche `dwd_station_id` stehen, vorausgesetzt, der `zeitpunkt` ist ein anderer.

In der Tabelle `wetter` haben wir einen *Fremdschlüssel* definiert. Damit referenziert man Zeilen, typischerweise aus einer anderen Tabelle. Der Ausdruck `dwd_station_id CHAR(5) REFERENCES wetterstationen (dwd_station_id)` gibt an, dass in der Spalte `dwd_station_id` nur Werte stehen dürfen, die es in der Tabelle `wetterstationen` in der Primärschlüsselspalte `dwd_station_id` auch gibt. Die meisten relationalen Datenbanksysteme passen auf, dass man sich auch wirklich daran hält. SQLite würde aber eine Zeile in der `wetter`-Tabelle auch dann akzeptieren, wenn es die darin angegebene `dwd_station_id` gar nicht in der Tabelle der Wetterstationen gibt.

Neben den von uns verwendeten Spaltenoptionen kann man noch weitere Optionen hinter die Datentypen schreiben, z. B. `NOT NULL`. Das macht Spalten zu Pflichtfeldern. In alle anderen Spalten – mit Ausnahme von Primärschlüsselspalten – darf man nämlich auch den Wert `NULL` speichern. Das entspricht dem `None`-Wert, den wir aus Python kennen, und es steht für einen nicht vorhandenen Wert.

In späteren Codebeispielen werden wir noch die ergänzende Option `CREATE TABLE IF NOT EXISTS` sehen. Das macht das Gleiche wie ein normaler `CREATE TABLE`-Befehl, es liefert uns jedoch keine Fehlermeldung, falls die Tabelle bereits existieren sollte.

11.3 Abfragen, Einfügen, Ändern und Löschen mit SELECT, INSERT, UPDATE und DELETE

Nachdem wir unsere Tabellen angelegt haben, können wir Abfragen an sie stellen.

```
SELECT * FROM wetterstationen;
SELECT * FROM wetterstationen WHERE dwd_station_id = '04104';

INSERT INTO wetterstationen (dwd_station_id, ort)
                     VALUES ('04104', 'Regensburg');

INSERT INTO wetter (dwd_station_id, zeitpunkt, luftfeuchtigkeit,
temperatur) VALUES ('04104', '2026-02-28 17:30', 100, 5.5);

UPDATE wetter SET temperatur = 6.1
WHERE dwd_station_id = '04104' AND zeitpunkt = '2026-02-28 17:30';

DELETE FROM wetter
WHERE dwd_station_id = '04104' AND zeitpunkt = '2026-02-28 17:30';
```

In SQL ist die Groß-/Kleinschreibung bei Kommandos wie `SELECT` und auch bei Tabellen- und Spaltennamen egal. Lediglich bei String-Werten, die in einfachen Anführungszeichen stehen, ist sie relevant, z. B. bei `'Regensburg'`.

Die beiden `SELECT`-Kommandos liefern zu Beginn natürlich ein leeres Ergebnis, weil die Tabellen noch leer sind. Nach der Ausführung des `INSERT`-Befehls zeigt die `SELECT`-Abfrage jedoch, dass diese Zeile nun in der Tabelle ist. Die drei hinteren Kommandos fügen eine neue Zeile in die `wetter`-Tabelle ein, ändern bei ebendieser Zeile den Temperaturwert von 5,5 °C in 6,1 °C und löschen diese Zeile schließlich wieder. Das soll lediglich einen Überblick über die wichtigsten Kommandos geben. Beim `INSERT`-Kommando kann man bei SQLite auch die Option `INSERT OR IGNORE INTO` ... verwenden, damit kein Fehler erscheint, wenn es in der Tabelle bereits eine Zeile mit den entsprechenden Werten in den Primärschlüsselspalten gibt.

Beim `SELECT`-Kommando können wir, genau wie bei `UPDATE` und `DELETE`, ein `WHERE`-Prädikat verwenden, um nur diejenigen Zeilen abzurufen, die dieses Prädikat erfüllen. Beim Vergleich auf einen bestimmten Wert verwendet man bei SQL jedoch anders als in Python kein ==, sondern ein einfaches =. Außerdem darf man statt des Sterns bei `SELECT *` auch eine kommagetrennte Liste von Spalten angeben, wenn man nicht alle Spalten benötigt:

```
SELECT * FROM wetterstationen WHERE ort = 'Regensburg';
SELECT dwd_station_id FROM wetterstationen WHERE ort = 'Regensburg';
SELECT dwd_station_id, zeitpunkt, temperatur FROM wetter;
SELECT W.zeitpunkt, W.temperatur FROM wetter W JOIN wetterstationen S
ON W.dwd_station_id = S.dwd_station_id WHERE S.ort = 'Regensburg';
```

Die letzte Abfrage führt einen sogenannten *Join* durch. Damit werden zwei Tabellen miteinander verbunden. Wir können uns das so vorstellen, dass wir zunächst in die eine Tabelle (`wetter`) schauen. Die Zeilen dieser Tabelle nennen wir nun `W`. Das, was in einer solchen `W`-Zeile in der Spalte `dwd_station_id` steht (z. B. `'04101'`), suchen wir in der anderen Tabelle (`wetterstationen`) in der Spalte `dwd_station_id`. Das findet in unserem Fall genau eine Zeile `S`, und zwar die Zeile, in der auch der Ort der entsprechenden Wetterstation steht, wo die Messung gemacht wurde. Da wir über `S.Ort` auch filtern, findet die untere Abfrage also alle Zeitpunkte und Temperaturen an denjenigen Wetterstationen, die sich in Regensburg befinden.

Es ist zu beachten, dass einige Sprachkonstrukte, wie z. B. `CREATE TABLE IF EXISTS` oder `INSERT OR IGNORE`, nur bei SQLite funktionieren. Andere Datenbankmanagementsysteme verwenden etwas andere Dialekte, sodass die Befehle dort etwas anderes heißen. Im Großen und Ganzen funktionieren die Abfragen aus diesem Kapitel aber weitestgehend unverändert auch in MySQL, PostgreSQL und Co.

Mit SQL kann man noch sehr viel komplexere Abfragen machen, um zum Beispiel auch Datenanalysen durchzuführen. Ein wichtiger Operator ist das `GROUP BY`. Er sorgt dafür, dass Gruppen gebildet werden, die jeweils diejenigen Zeilen enthalten, die in den `GROUP BY`-Spalten denselben Wert haben. Und auf den Spalten dieser Zeilen lassen sich dann analytische Berechnungen mittels *Aggregatfunktionen* ausführen: `SUM`, `AVG`, `MIN`, `MAX`, `COUNT` sind Aggregatfunktionen, die die Summe, den Durchschnitt, den kleinsten und größten Wert einer Spalte sowie die Anzahl der Werte zu berechnen.

```
SELECT dwd_station_id, COUNT(*), AVG(temperatur), MAX(temperatur)
FROM wetter
GROUP BY dwd_station_id;
```

Das Ergebnis der Abfrage enthält die Anzahl der Messwerte pro Station sowie die dortige Durchschnitts- und Höchsttemperatur:

dwd_station_id	COUNT(*)	AVG(temperatur)	MAX(temperatur)
01766	1	9.5	9.5
04104	2	4.4	2.9

Bevor wir gleich mittels Python auf unsere SQLite-Datenbank zugreifen, schauen wir uns noch ein wichtiges Thema an, und zwar *Indexe*. Damit können wir die Performance von SQL-Abfragen enorm beschleunigen. Betrachten wir zunächst die `SELECT`-Abfrage im folgenden Listing:

```
SELECT * FROM wetter
WHERE zeitpunkt BETWEEN '2026-01-01' AND '2026-12-31';
```

Der `BETWEEN`-Operator ist eine Kurzschreibweise, in unserem Fall für `WHERE zeitpunkt >= '2026-01-01' AND zeitpunkt <= '2026-12-31'`. Wir finden also alle Wetterdaten, die innerhalb des angegebenen Zeitraums liegen. Wenn wir die Abfrage nun ausführen, würde die SQLite-Datenbank sich jede einzelne Zeile der Tabelle anschauen und überprüfen, ob das Prädikat erfüllt ist oder nicht. Das dauert bei großen Datenmengen möglicherweise sehr lange, selbst dann, wenn nur wenige Zeilen gefunden werden. Ein Index ist eine Datenstruktur, die es der Datenbank erlaubt, schnell auf gewisse Zeilen zuzugreifen, ähnlich wie über den alphabetisch sortierten Index am Ende dieses Buches. Anstatt jede Zeile zu prüfen, kann die Datenbank den Index nutzen, um direkt zu den relevanten Zeilen zu springen.

In SQLite legt man einen Index wie folgt an:

```
CREATE INDEX idx_zeitpunkt ON wetter(zeitpunkt);
```

Es empfiehlt sich, Indexe auf Spalten anzulegen, nach denen man oft filtert oder sortiert. Auf Primärschlüsselspalten legen SQLite und andere relationale Datenbankmanagementsysteme automatisch einen Index an, um schnell die Eindeutigkeit von Primärschlüsselwerten überprüfen zu können, aber auch weil Primärschlüsselspalten oft in `WHERE`-Prädikaten auftauchen und weil ein solcher Index den Join zwischen zwei Tabellen beschleunigt.

11.4 Zugriff auf eine SQLite-Datenbank mit Python

Die SQL-Konsole ist hervorragend geeignet, um schnell in Datenbank-Tabellen zu schauen, um etwas manuell zu ändern oder zu löschen und um Kommandos erst auszuprobieren, bevor wir sie in unsere Python-Programme schreiben. Wenn uns die oben stehenden Kommandos gefallen, können wir ein Python-Programm erstellen, das sich mit der Datenbank verbindet und sie ausführt:

```
import sqlite3

with sqlite3.connect("wetter.db") as conn:
    cur = conn.cursor()

    cur.execute("""CREATE TABLE IF NOT EXISTS wetterstationen (
     dwd_station_id CHAR(5) PRIMARY KEY, ort VARCHAR(500))""")

    cur.execute("""CREATE TABLE IF NOT EXISTS wetter (
     dwd_station_id CHAR(5) REFERENCES wetterstationen(dwd_station_id),
     zeitpunkt TIMESTAMP, luftfeuchtigkeit INT, temperatur DECIMAL(5,1),
     PRIMARY KEY (dwd_station_id, zeitpunkt))""")

    cur.execute("""INSERT OR IGNORE INTO wetterstationen
     (dwd_station_id, ort) VALUES ('04104', 'Regensburg')""")

    conn.commit()
```

Da die SQL-Kommandos, die hier in Form von Strings an die `execute`-Methode übergeben werden, sehr lang sind, verwenden wir `"""` statt einfacher Anführungszeichen. Diese Syntax erlaubt nämlich Zeilenumbrüche innerhalb von Strings. Die Semikolons am Ende von SQL-Abfragen, die in unserem Python-Code stehen, können wir uns sparen, weil im `execute` immer nur ein Kommando übergeben wird. Wir führen `execute` übrigens auf einem sogenannten Cursor-Objekt `cur` auf. Dieses dient zur Kommunikation von SQL-Kommandos mit der Datenbank.

Nach der Ausführung des Programms können wir in der SQLite-Konsole nachschauen. Dort existieren nun die beiden Tabellen. `SELECT * FROM wetterstationen;` findet die soeben hinzugefügte Zeile.

Das Kommando `conn.commit()` sorgt dafür, dass die Änderungen *committet* werden; das bedeutet, sie werden nun endgültig in die Datenbank geschrieben. Bei Programmen, in denen du nur `SELECT`-Abfragen machst, ist das `commit` nicht nötig, bei allen schreibenden Kommandos, wie z. B. bei `INSERT`, `UPDATE`, `DELETE` und `CREATE TABLE`, jedoch schon. Da wir in unseren Programmen jedoch den Verbindungsaufbau in einem `with`-Statement machen, wäre ein Vergessen von `conn.commit()` nicht so schlimm, weil es nach Verlassen des `with`-Blocks automatisch ausgeführt wird. Aber solange du in deiner Anwendung noch nicht committet hast, kannst du jederzeit mittels `conn.rollback()` alle Änderungen seit dem letzten `commit` rückgängig machen.

Ich habe folgende SQLite3-Tabellen:

```
wetterstationen(dwd_station_id, ort)
wetter(dwd_station_id, zeitpunkt, luftfeuchtigkeit, temperatur)
```

Erstelle ein Python-Programm, das mir alle Station-IDs und Orte ausgibt.

> Hier ein kurzes Beispiel, das alle Station-IDs und Orte aus `wetterstationen` ausgibt:
>
> ```
> import sqlite3
>
> with sqlite3.connect("wetter.db") as conn:
>     cur = conn.cursor()
>     cur.execute("SELECT dwd_station_id, ort FROM wetterstationen")
>     for station_id, ort in cur:
>         print(f"{station_id}: {ort}")
> ```

Um die `SELECT`-Abfrage auszuführen, wird hier ebenfalls wieder `cur.execute` verwendet. Das Ergebnis der Abfrage holen wir mit `for … in cur:` ab, sodass wir in einer Schleife über die Ergebniszeilen iterieren können. Die Ausgabe des Programms zeigt Folgendes:

```
04104: Regensburg
```

Lass uns nun ein `WHERE`-Prädikat hinzufügen, um nur die Station-IDs derjenigen Wetterstationen zu finden, die sich in einem bestimmten Ort befinden. Der Benutzer der Anwendung soll einen Ort auf der Konsole eingeben:

```
import sqlite3

with sqlite3.connect("wetter.db") as conn:
    cur = conn.cursor()

    ort = input("Ort eingeben: ")
    cur.execute("""SELECT dwd_station_id, ort FROM wetterstationen
                   WHERE ort = ?""", (ort, ))
```

```
    for station_id, ort in cur:
        print(station_id, ort)
```

Immer wenn Teile einer SQL-Abfrage erst zur Laufzeit des Programms feststehen – wie hier der Ort –, ist es empfehlenswert, ?-Platzhalter innerhalb der Abfrage zu verwenden. An diesen Stellen werden dann bei der Ausführung des Programms die entsprechenden Werte eingesetzt, die du in Form eines Python-Tupels als zweiten Parameter der `execute`-Methode übergibst. In unserem Fall besteht das Tupel aus nur einem Eintrag: `(ort, )`. Man muss diese verrückte Syntax mit `, )` verwenden, da Python sonst nicht versteht, dass es sich um ein Tupel handelt. `(ort)` hätte ja auch einfach ein geklammerter Ausdruck (wie in `(5+3)*7`) sein können. Es ist wichtig, dass du vor allem immer dann, wenn Benutzereingaben in SQL-Abfragen eingefügt werden, diese parametrisierten Abfragen verwendest, also Abfragen, in denen ?-Platzhalter vorkommen. Ansonsten können einerseits bei Eingaben mit Sonderzeichen (z. B. Hochkommas) Fehler auftreten, andererseits können sich bösartige Benutzer mit sogenannten *SQL-Injections* möglicherweise Zugriff zu Datenbank-Daten verschaffen, indem sie SQL-Code einschleusen und damit Abfragen manipulieren.

11.5 Pandas-DataFrames aus Datenbanken auslesen und schreiben

Wir haben in diesem Buch schon häufig die Vorteile von Pandas-DataFrames gesehen. Wir können DataFrames mit Daten aus Dateien, JSON-Dokumenten und Datenbanken befüllen – Letzteres machen wir nun – und sie zur Weiterverarbeitung, Analyse und Visualisierung von Daten einsetzen.

Wenn wir einen DataFrame `df` vorliegen haben, können wir die darin befindlichen Daten mittels `df.to_sql` in eine Datenbank schreiben:

```
import sqlite3
import pandas as pd
with sqlite3.connect("wetter.db") as conn:
    df = pd.DataFrame({
        "dwd_station_id": ["04104", "12345"],
        "ort": ["Regensburg", "Berlin"]
    })
    df.to_sql("wetterstationen", conn, if_exists="append", index=False)
```

Wir übergeben der `to_sql`-Methode den Namen der Tabelle, das `conn`-Objekt, das die Verbindung zur Datenbank repräsentiert, und zwei Optionen. Die hintere Option, `index=False`, sorgt dafür, dass der Index des DataFrames – das ist in der Regel die Zeilennummerierung (0, 1, 2, 3, 4 ...) – nicht in eine separate Spalte gespeichert wird. Die `if_exists`-Option ist sehr wichtig. Standardmäßig würde `to_sql` nämlich einen Fehler liefern, wenn die

Tabelle bereits existiert. Lassen wir `if_exists="append"` weg, wird die Tabelle erstellt und mit Daten aus dem DataFrame befüllt. Außer es gibt die Tabelle schon, dann schlägt das Kommando komplett fehl. Wir möchten aber, dass die Tabelle angelegt und befüllt wird, wenn es sie noch nicht gibt, und lediglich die Daten eingefügt werden, wenn die Tabelle bereits existiert. Genau das macht `if_exists="append"`. Es gibt auch noch die dritte Option, `if_exists="replace"`. Das würde die Tabelle komplett entfernen (`DROP TABLE wetterstationen;`), falls es sie schon gibt, und danach in jedem Falle neu anlegen und befüllen.

Um Daten mittels einer `SELECT`-Abfrage aus einer Datenbank auszulesen, sodass sie uns direkt in einem Pandas-DataFrame zur Verfügung stehen, bringt Pandas die Funktion `pd.read_sql_query` mit:

```
import sqlite3
import pandas as pd

with sqlite3.connect("wetter.db") as conn:
    df = pd.read_sql_query("SELECT * FROM wetterstationen", conn)
    print(df)
```

Die Spalten im DataFrame `df` haben die gleichen Spaltennamen, wie sie beim Anlegen der SQLite-Tabelle angegeben wurden, also in unserem Fall `dwd_station_id` und `ort`:

	dwd_station_id	ort
0	04104	Regensburg

Du hast nun gelernt, wie du mit `CREATE TABLE` eine Tabelle anlegst und wie du Daten mit `INSERT`, `UPDATE` und `DELETE` einfügen, ändern und löschen kannst. Wenn du lediglich Daten aus einem DataFrame in eine Datenbank speichern möchtest, brauchst du diese vier Kommandos genau genommen überhaupt nicht. Pandas übernimmt sowohl das Anlegen der Tabelle als auch das Einfügen der Zeilen für dich, wenn du `df.to_sql` aufrufst. Dennoch sind die Kenntnisse über SQL hilfreich, um zu verstehen, was im Hintergrund passiert und um beispielsweise auf der SQLite-Konsole manuelle Änderungen vornehmen zu können.

Das `SELECT`-Kommando brauchst du jedoch in jedem Falle. Du übergibst ein solches nämlich der Funktion `pd.read_sql_query`. Das kann übrigens auch eine parametrisierte Anfrage sein wie folgt:

```
df = pd.read_sql_query("""
    SELECT W.dwd_station_id, W.zeitpunkt, W.temperatur, S.ort
    FROM wetter W JOIN wetterstationen S
        ON W.dwd_station_id = S.dwd_station_id
```

```
    WHERE W.zeitpunkt BETWEEN ? AND ? AND S.ort = ?""",
    conn, params=("2026-01-01", "2026-12-31", "Regensburg")
)
```

Das findet alle Zeilen aus der `wetter`-Tabelle von Wetterstationen aus Regensburg aus dem Jahr 2026. Diese Daten könntest du dir dann beispielsweise mit Matplotlib in Form eines Liniendiagramms visualisieren lassen.

In unserer Beispieldatenbank haben wir zwar in die Tabelle `wetterstationen` mit einem `INSERT`-Kommando eine Station eingefügt, die Tabelle `wetter` ist aktuell leer. Daher käme beim letzten Beispiel ein leerer DataFrame heraus. Im nun folgenden Kapitel greifen wir dieses Beispiel jedoch wieder auf und erstellen eine Automatisierung, die die Tabelle mit Daten aus einer Wetter-API befüllt.

Kapitel 12
Routineaufgaben automatisieren

Viele regelmäßige Aufgaben folgen immer denselben Arbeitsschritten. Wir schauen uns an, wie sich solche Routineaufgaben mit Python elegant automatisieren lassen.

In diesem abschließenden Kapitel entwickeln wir einige Beispiele, in denen wir jeweils mehrere im Buch vorgestellte Konzepte und Techniken in Kombination einsetzen, um Routineaufgaben zu automatisieren. Sie sollen dir als Inspiration dienen, damit du eigene Aufgaben, die du regelmäßig durchführst, ab sofort schneller und ohne Stress und Fehler mit Hilfe von Python ausführen lassen kannst.

Die Skripte, die du gleich sehen wirst, sind im Grunde genommen ganz normale Python-Anwendungen. Du kannst den Code aber auch in ein Jupyter Notebook schreiben. Wenn du diese Anwendung bzw. das vollständige Jupyter Notebook von oben nach unten ausführen lässt, werden die darin beschriebenen Schritte durchgeführt. Das heißt jedoch, dass du selbst aktiv auf **Ausführen** klicken musst, um den Prozess erst einmal anzustoßen. Später in diesem Kapitel schauen wir uns an, wie du die Aufgabenplanung von Windows verwenden kannst, um solche Aufgaben beispielsweise jeden Tag oder einmal pro Woche automatisch durchzuführen. Für andere Betriebssysteme gibt es ähnliche Tools. Und mit Programmen wie n8n ist es sogar möglich, dass dein Python-Code immer dann ausgeführt wird, wenn ein bestimmtes Ereignis auftritt, z. B. immer dann, wenn es einen neuen Eintrag in deinem Google Kalender gibt. Das schauen wir uns in diesem Buch aber nicht an.

12.1 Daten per API abrufen und in einer Datenbank speichern

In , »APIs verwenden«, haben wir Wetterdaten per API abgerufen und in , »Datenbanken«, haben wir bereits zwei Tabellen in einer SQLite-Datenbank angelegt, um Wetterdaten zusammen mit Wetterstationsdaten speichern zu können:

```
CREATE TABLE wetterstationen (dwd_station_id CHAR(5) PRIMARY KEY, ort
VARCHAR(500));
CREATE TABLE wetter (dwd_station_id CHAR(5) REFERENCES
wetterstationen(dwd_station_id), zeitpunkt TIMESTAMP, luftfeuchtigkeit
INT, temperatur DECIMAL(5,1), PRIMARY KEY(dwd_station_id, zeitpunkt));
```

Die erste Tabelle mit Wetterstationen befüllen wir einfach manuell, z. B. über die SQLite-Konsole:

```
INSERT INTO wetterstationen (dwd_station_id, ort) VALUES
('04104', 'Regensburg'), ('01766', 'Münster');
```

Unser Python-Programm soll nun wie folgt arbeiten:

1. Für jede Wetterstation: Rufe die aktuellen Wetterdaten ab (Temperatur und Luftfeuchtigkeit).
2. Füge die von der API empfangenen Wetterdaten in die `wetter`-Tabelle ein.

Das Programm ist mit Absicht sehr simpel gehalten. Es führt nur diese beiden Schritte aus: Die API-Zugriffe und das Einfügen in die Datenbank. Wir können es aber natürlich um weitere Schritte erweitern, z. B. die Ausgabe der empfangenen Daten auf der Konsole, den Versand einer E-Mail oder die Erzeugung eines Liniendiagramms mittels Matplotlib. Da das Resultat des Skripts jedoch in die Datenbank geschrieben wird, können wir uns aber auch ein zweites separates Programm schreiben, das unabhängig von unserem arbeitet und die Daten aus der Datenbank liest und dann entsprechend damit weiterarbeitet, z. B. Diagramme erstellt.

Auch ist es erwähnenswert, dass uns viele APIs Zugriff auf historische Wetterdaten bieten, also auf Temperaturen und mehr aus der Vergangenheit. Bei der von uns verwendeten API von Bright Sky ist das ebenfalls möglich. Trotzdem rufen wir einfach nur die aktuellen Daten ab und speichern sie. Wir verwalten also unsere eigene Historie in unserer lokalen SQLite-Datenbank. Andere APIs bieten gar keinen Zugriff auf alte Daten, da muss man es genauso machen.

Schreibe ein Python-Skript, das diese API nutzt:

https://api.brightsky.dev/current_weather?dwd_station_id=04104

Relevante Felder: `weather.timestamp`, `weather.relative_humidity` *und* `weather.temperature`

SQLite-Tabellen in der wetter.db:

```
wetterstationen (dwd_station_id CHAR(5) PRIMARY KEY, ort
VARCHAR(500));
wetter (dwd_station_id CHAR(5) REFERENCES wetterstationen(dwd_
station_id), zeitpunkt TIMESTAMP, luftfeuchtigkeit INT, temperatur
DECIMAL(5,1), PRIMARY KEY(dwd_station_id, zeitpunkt));
```

** Für jede Wetterstation: Rufe aktuelle Wetterdaten ab (Luftfeuchtigkeit und Temperatur).*

** Füge die von der API empfangenen Wetterdaten in die* **`wetter`***-Tabelle ein.*

Hier ein kurzes, sauberes Python-Skript, das alle Wetterstationen aus der SQLite-DB lädt, die Bright Sky API abruft und die Daten speichert:

```
import sqlite3
import requests

DB = "wetter.db"
API = "https://api.brightsky.dev/current_weather?dwd_station_id={}"

def get_current_weather(station_id):
    r = requests.get(API.format(station_id))
    r.raise_for_status()
    data = r.json()["weather"]
    return (data["timestamp"],
            data["relative_humidity"],
            data["temperature"])

def main():
    with sqlite3.connect(DB) as con:
        cur = con.cursor()
        cur.execute("SELECT dwd_station_id FROM wetterstationen")
        for (sid,) in cur:
            ts, hum, temp = get_current_weather(sid)
            cur.execute(
                """INSERT OR IGNORE INTO wetter
                (dwd_station_id, zeitpunkt, luftfeuchtigkeit,
                 temperatur) VALUES (?, ?, ?, ?)""",
                (sid, ts, hum, temp)
            )

        con.commit()

if __name__ == "__main__":
    main()
```

Es ist wichtig, wenn wir solchen Programmcode mit ChatGPT generieren lassen wollen, dass wir alle relevanten Informationen mit in den Prompt packen. Dazu zählt nicht nur, was das Programm tun soll, sondern auch, wie die API aufgerufen wird und wie eine API-Antwort aussieht (hier könntest du auch einen Auszug dem JSON-Dokument in den Prompt kopieren). Außerdem müssen wir dem Programm sagen, wie unsere Datenbank heißt (*wetter.db*) und welche Tabellen mit welchen Spalten es darin gibt. Bleiben einige dieser Informationen im Prompt unerwähnt, rät ChatGPT Spaltennamen etc., und wir müssten den Programmcode im Nachhinein noch entsprechend anpassen.

Die Funktion `get_current_weather` nimmt eine Wetterstations-ID entgegen und macht einen API-Aufruf. Als Ausgabe liefert sie ein Tupel mit drei Werten zurück: den Zeitstempel der Messung, die Luftfeuchtigkeit und die Temperatur. Wir können diese Funktion auch testen wie folgt:

```
print(get_current_weather('04104'))
```

Ausgabe:

```
('2026-01-01T14:30:00+00:00', 95, 0.3)
```

Die Funktion `main()` beschreibt den Hauptteil des Programms. Sie wird in der letzten Codezeile aufgerufen. In der Funktion wird die Verbindung zur SQLite-Datenbank aufgebaut und die Wetterstationen mit `SELECT` abgefragt. Die `for`-Schleife kümmert sich in jeder Iteration um eine Wetterstation. Darin holen wir uns die Wetterdaten über die `get_current_weather`-Funktion und speichern sie mit einem `INSERT`-Befehl in die Datenbank.

Das Programm liefert keine Ausgabe, da nirgends ein `print` auftaucht. Wir können aber das folgende `print`-Kommando in die `for`-Schleife einfügen, nachdem das `INSERT`-Kommando an die Datenbank geschickt wird. Das erzeugt uns für jede Wetterstation eine schöne Ausgabe, mit der wir nachvollziehen können, was in die Datenbank eingefügt wurde.

```
print(f"{sid} - {ts}, Temperatur: {temp}°C, Luftf.: {hum}%")
```

Ausgabe:

```
01766 - 2025-11-26T14:30:00+00:00, Temperatur: 4.6°C, Luftf.: 86%
04104 - 2025-11-26T14:30:00+00:00, Temperatur: 0.3°C, Luftf.: 95%
```

Da das `INSERT`-Kommando mit der Option `OR IGNORE` aufgerufen wird, führt ein erneutes Ausführen des Programms nicht zu einem erneuten Einfügen derselben Wetterdaten, wenn es bei einer Station für den gerade abgerufenen Zeitpunkt bereits eine Zeile in der `wetter`-Tabelle gibt. Die Bright Sky API aktualisiert die Wetterdaten nämlich nur einmal pro halbe Stunde.

12.2 Diagramme aus Datenbankdaten erstellen und als Bilddateien abspeichern

Wenn du einen Bericht, eine Präsentation, eine Abschlussarbeit oder ein Buch erstellen möchtest und darin Diagramme benötigst, kannst du diese entweder händisch mit Excel oder anderen Tools erstellen, oder du verwendest Python. Matplotlib und Co. sind nämlich nicht nur in der Lage, Liniendiagramme, Balkendiagramme und mehr direkt in Jupyter Notebooks anzuzeigen, sie können auch die erzeugten Diagramme direkt auf die Festplatte speichern, sodass wir sie in Word-Dokumente, LaTeX-Dokumente, PowerPoint-Präsentationen und Co. einfügen können. Das hat auch den Vorteil, dass man nur einen Knopf drücken muss, um die Diagrammerstellung noch einmal erneut zu starten. Liegen beispielsweise neue Messdaten vor, haben wir einen Fehler gefunden oder müssen das Diagramm anpassen, erledigen wir das schnell, und unser Python-Programm erzeugt uns die aktualisierten Diagramme voll automatisch.

```
SQLite wetter.db:
wetterstationen (dwd_station_id, ort)
wetter (dwd_station_id, zeitpunkt, luftfeuchtigkeit, temperatur);
```

Erstelle ein Python-Programm, das eine Datei wetter.png mit einem Balkendiagramm in den aktuellen Ordner speichert. Ein Balken pro Ort mit der Durchschnittstemperatur in dem Ort.

```
import sqlite3
import matplotlib.pyplot as plt

# Verbindung zur SQLite-Datenbank
conn = sqlite3.connect("wetter.db")
cursor = conn.cursor()

# Abfrage: Durchschnittstemperatur pro Ort
query = """
SELECT wst.ort, AVG(w.temperatur) as avg_temp
FROM wetter w
JOIN wetterstationen wst ON w.dwd_station_id = wst.dwd_station_id
GROUP BY wst.ort
ORDER BY avg_temp DESC;
"""
cursor.execute(query)
data = cursor.fetchall()
conn.close()
```

```
# Daten für das Diagramm vorbereiten
orte = [row[0] for row in data]
durchschnitt = [row[1] for row in data]

# Balkendiagramm erstellen
plt.figure(figsize=(10, 6))
plt.bar(orte, durchschnitt, color="skyblue")
plt.xlabel("Ort")
plt.ylabel("Durchschnittstemperatur (°C)")
plt.title("Durchschnittstemperatur pro Ort")
plt.xticks(rotation=45, ha="right")
plt.tight_layout()

# Bild speichern
plt.savefig("wetter.png")
plt.close()
print("wetter.png wurde erstellt.")
```

Das vom Python-Programm erzeugte Diagramm siehst du in Abbildung 12.1. Die `SELECT`-Abfrage, die hier an die Datenbank geschickt wird, führt einen Join aus, weil wir aus zwei Tabellen Daten brauchen: Aus der Tabelle `wetterstation` die Orte der Stationen und aus der `wetter`-Tabelle die Temperaturen. Außerdem berechnet die Abfrage die Durchschnittstemperatur und sortiert die Ergebnisse absteigend nach der Durchschnittstemperatur. Das sorgt dafür, dass die Balken in unserem Diagramm von links nach rechts immer kleiner werdende Werte darstellen. Es ist empfehlenswert, möglichst viel in SQL zu erledigen, damit wir das Gruppieren, Berechnen von Durchschnittswerten und Sortieren nicht mit Python machen müssen. `plt.savefig("wetter.png")` speichert das von Matplotlib erzeugte Diagramm in eine Datei. Rufen wir nach diesem Kommando, aber vor `plt.close()` noch das Kommando `plt.show()` auf, können wir uns das Diagramm zusätzlich direkt in Jupyter Notebooks bzw. in einem Fenster anzeigen lassen, das sich bei der Ausführung unseres Python-Programms öffnet.

In unserem Programm wurde nur eine einzige Datei erzeugt: *wetter.png*. Es ist aber auch möglich, dass wir uns in einer Schleife mehrere Diagrammdateien erzeugen lassen und diesen dann individuelle Namen geben, z. B. *Regensburg_2026-01-01.png*. Dann haben wir nach der Ausführung des Programms einen Ordner mit vielen Bildern, aus denen wir uns bedienen können.

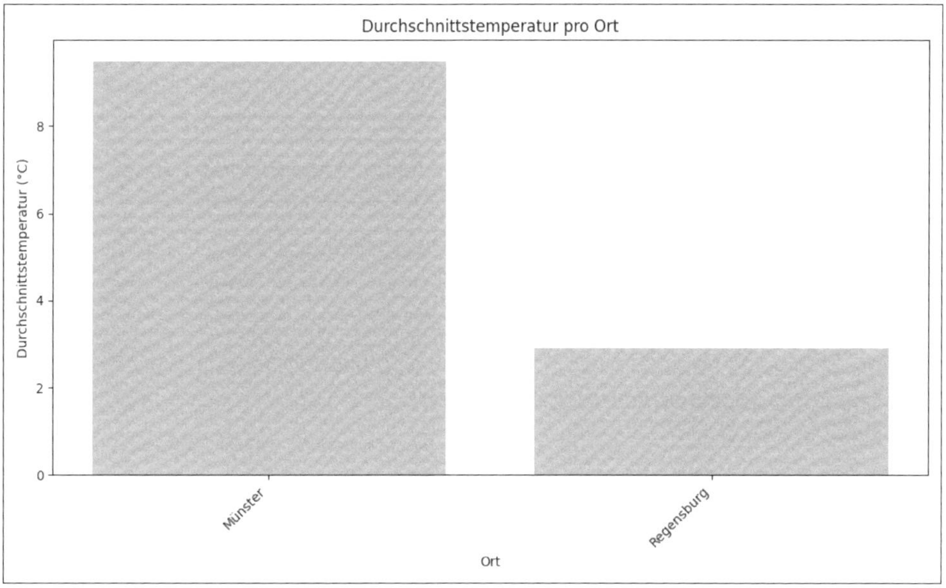

Abbildung 12.1: Die vom Python-Skript erzeugte »wetter.png«-Datei

12.3 Eine E-Mail schicken, wenn es etwas Neues gibt

In Abschnitt 10.4, »Webseiten-Inhalte mit Beautiful Soup auslesen«, haben wir ein Programm erstellt, das den Wikipedia-Artikel über die Olympischen Sommerspiele öffnet und uns die Liste der Austragungsorte zusammen mit den Jahreszahlen ausgibt. Nun möchten wir genau das Beispiel erweitern, sodass es uns eine E-Mail schickt, sobald in dieser Liste ein neuer Eintrag dazukommt. Bei unseren Olympia-Daten wird das natürlich nur alle paar Jahre einmal passieren, aber es soll wieder nur als Beispiel dienen. In der Praxis kannst du auf die gleiche Art nämlich auch Seiten überwachen, die sich mehrmals täglich ändern, und dich dann jedes Mal entsprechend per E-Mail informieren lassen.

Bevor wir uns dem Programmcode widmen, müssen wir noch ein paar wichtige Fragen klären: *Wann* und *wie oft* soll unser Programm prüfen, ob es etwas Neues gibt? Und woran merken wir überhaupt, *dass* es etwas Neues gibt?

Bei der ersten Frage machen wir es uns fürs Erste wieder einfach: Wir führen das Programm einfach vorerst nur manuell aus. Ist seit der letzten Ausführung etwas Neues dazugekommen, wird eine E-Mail verschickt, ansonsten eben nicht. Später in diesem Kapitel in Abschnitt 12.9, »Python-Skripte zeitgesteuert ausführen«, schauen wir uns an, wie wir das Skript beispielsweise einmal täglich automatisiert ausführen können.

Die zweite Frage ist etwas schwieriger zu beantworten. Unser Python-Programm braucht ja so etwas wie ein Gedächtnis. Wir müssen uns merken, welche Orte und Jahreszahlen wir bereits gesehen haben, um feststellen zu können, dass etwas seit der letzten Skriptausführung dazugekommen ist. Hier ein paar Ideen, wie wir dabei vorgehen könnten:

1. Wir speichern den HTML-Quelltext der Seite ab und vergleichen die darin befindlichen Inhalte mit den abgespeicherten Inhalten aus der vorherigen Ausführung.
2. Wir speichern lediglich einen Hash-Wert – gleich mehr dazu – aus dem HTML-Quelltext. Ist der aktuelle Hash-Wert anders als der zuletzt gespeicherte Wert, bedeutet das, dass sich etwas geändert hat.
3. Wir speichern die Daten in einer SQLite-Tabelle; in unserem Falle alle Austragungsorte und Jahreszahlen der Olympischen Sommerspiele.
4. Wir speichern nur die höchste Jahreszahl. Ist die Jahreszahl auf der aktuellen Webseite höher als die gespeicherte, heißt das, dass eine neue Zeile dazugekommen ist.

Jeder dieser Ansätze hat seine Vor- und Nachteile, und je nach Anwendungsfall ist der eine oder andere Ansatz besser geeignet als der andere. Wir werden gleich den vierten Ansatz implementieren, weil er simpel ist und wir nicht viel speichern müssen. Für unser Vorhaben ist er trotzdem zweckerfüllend: Wir schicken uns eine E-Mail, wenn eine Zeile in der Tabelle auftaucht mit einer Jahreszahl, die größer ist als die größte, die wir beim letzten Aufruf gesehen haben.

Wenn es um Daten geht, die einen Zeitstempel, ein Datum oder eine aufsteigende Nummerierung enthalten, ist dieser vierte Ansatz meist ausreichend. Wir müssen uns nur den aktuell höchsten Zeitstempel merken. Neue Datensätze, die in Zukunft dazukommen, werden ja immer einen noch höheren Wert erhalten. Das funktioniert mit Aktienkursen, Sensordaten, News-Beiträgen, Mensaplänen und vielem mehr.

Der dritte Ansatz, bei dem wir alle Daten in einer Datenbank speichern, kann aber auch sinnvoll sein. Er ermöglicht uns, die Daten noch zu weiteren Zwecken wiederzuverwenden. Beispielsweise können wir Analysen durchführen oder uns Diagramme erzeugen lassen.

Die ersten beiden Ansätze, die direkt mit dem HTML-Quelltext arbeiten, sind möglicherweise nicht so robust. Da kann es passieren, dass sie eine Änderung an der Seite erkennen, obwohl es gar nichts Neues gibt, beispielsweise wenn irgendwo einfach nur ein Tippfehler berichtigt wurde oder weil eine andere Werbegrafik als beim letzten Mal angezeigt wird. Du solltest dich in solchen Fällen dann gezielt auf die Bereiche beschränken, die tatsächlich überwacht werden sollen, also beispielsweise nur den HTML-Quelltext der Tabelle, in der die Austragungsorte der Olympischen Spiele stehen.

Noch eine Erklärung zum Hash-Wert aus dem zweiten Ansatz: Ein Hash-Wert lässt sich mit einer mathematischen Formel berechnen, z. B. aus einem langen String, in dem sich ein HTML-Quelltext befindet. Das folgende Beispiel soll dies verdeutlichen:

```
import hashlib
text = 'Das ist ein Text, der seeeeehr lang sein kann'.encode('utf-8')
print(hashlib.sha256(text).hexdigest())
```

Ausgabe:

```
64cf7e88f51dd84004f3c1d89123deeb3b039ec9d1dd5444f76344e9bc5c7cc8
```

Egal, wie lang unser Text ist, sein Hash ist stets eine 64 Zeichen lange Hexadezimalzahl. Und wenn wir am Text auch nur minimal etwas verändern, ist der Hash-Wert ein komplett anderer. Der Fall, dass zwei verschiedene Texte den gleichen Hash-Wert liefern, kann zwar eintreten, das ist jedoch nahezu unmöglich. Viele andere Programme verlassen sich darauf, dass das praktisch nie passiert.

Speichern wir also den Hash-Wert eines HTML-Quelltextes in eine Datei oder eine Datenbank und vergleichen ihn bei der nächsten Skriptausführung mit dem Hash-Wert, den wir dann haben, können wir damit feststellen, ob sich etwas geändert hat oder nicht. Und wenn sich etwas geändert hat, schicken wir uns eine E-Mail.

Nun implementieren wir jedoch den vierten der genannten Ansätze, indem wir einfach nur die aktuell höchste Jahreszahl in ein Datei speichern und schauen, ob sich diese Zahl seit dem letzten Mal verändert hat:

```
import requests
import os
from bs4 import BeautifulSoup
import smtplib
import dotenv
from email.mime.text import MIMEText

dotenv.load_dotenv()

SMTP_SERVER = dotenv.get_key(".env", "SMTP_SERVER")
SMTP_USER = dotenv.get_key(".env", "SMTP_USER")
SMTP_PASSWORD = dotenv.get_key(".env", "SMTP_PASSWORD")

url = "https://de.wikipedia.org/wiki/Olympische_Sommerspiele"
headers = {"User-Agent": "MeinPythonScript"}

soup = BeautifulSoup(requests.get(url, headers=headers).text,
                     "html.parser")

table = next(tag.find_next("table") for tag in soup.find_all(["h2","h3"])
```

```
            if "Zeittafel Olympische Sommerspiele" in tag.get_text())

for tr in reversed(table.find_all("tr")[1:]):
    tds = tr.find_all("td")
    if len(tds) >= 3 and tds[0].get_text(strip=True).isdigit():
        jahr = int(tds[0].get_text(strip=True))
        ort = tds[1].find_all("a")[-1].get_text(strip=True)
        break

datei = "olympia.txt"
max_jahr = 0
if os.path.exists(datei):
    with open(datei, "r") as f:
        try:
            max_jahr = int(f.read().strip())
        except ValueError:
            max_jahr = 0

if jahr > max_jahr:
    print(f"Es hat sich etwas geändert! Jahr: {jahr}")
    msg =
 MIMEText(f"Die Olympischen Spiele finden {jahr} in {ort} statt.")
    msg["Subject"] = "Es gibt etwas Neues zu den Olympischen Spielen!"
    msg["From"] = "test@example.com"
    msg["To"] = "test@example.com"

    with smtplib.SMTP_SSL(SMTP_SERVER, 465) as server:
        server.login(SMTP_USER, SMTP_PASSWORD)
        server.send_message(msg)

    # Neues Jahr in die Datei schreiben
    with open(datei, "w") as f:
        f.write(str(jahr))
else:
    print("Es hat sich nichts geändert.")
```

Die Daten zu dem SMTP-Server, über den wir die E-Mail verschicken, schreiben wir in die Datei *.env*. Mehr Details dazu und zum E-Mail-Versand im Allgemeinen befinden sich in Abschnitt 10.6, »E-Mails und Messenger-Nachrichten verschicken«. Details zu Beautiful Soup findest du in Abschnitt 10.4, »Webseiten-Inhalte mit Beautiful Soup auslesen«.

Unser Programm öffnet die Wikipedia-Seite der Olympischen Sommerspiele und sucht anhand der Überschrift »Zeittafel Olympische Sommerspiele« die Tabelle, in der die Austragungsorte zu finden sind. Aus dieser Tabelle interessiert uns nur die letzte Zeile. Wir iterieren also über die Zeilen der Tabelle (`<tr>`) in umgekehrter Reihenfolge und brechen sofort ab, sobald wir eine Zeile mit einer gültigen Jahreszahl gefunden haben. Das funktioniert natürlich nur, wenn die Tabellendaten auf der Webseite auch wirklich nach Jahr sortiert sind. Wäre das nicht so, müssten wir die höchste Jahreszahl mit einer Schleife über alle Jahreszahlen herausfinden.

Nachdem wir die höchste Jahreszahl in der Tabelle auf der Webseite gefunden haben, öffnen wir die Datei *olympia.txt* und schauen, ob unsere Zahl größer ist als die Jahreszahl, die in der Datei steht. Falls ja, hat sich etwas an der Tabelle geändert, und wir verschicken die E-Mail. Außerdem schreiben wir die neue höchste Jahreszahl in die Datei.

Die E-Mail, die wir senden, hat beispielsweise den folgenden Text: »Die Olympischen Sommerspiele finden 2032 in Brisbane statt.« Die Absender- und Empfänger-E-Mail-Adresse sollten wir natürlich im Programmcode noch an den Stellen `msg["From"]` und `msg["To"]` anpassen. In der Datei *olympia.txt* steht nun nach der Ausführung: `2032`. Sollten zwischen zwei Skriptausführungen mehrere Zeilen zur Tabelle hinzugekommen sein, steht in unserer E-Mail nur die eine höchste Jahreszahl mit dem Ort. Möchten wir alle hinzugefügten Zeilen im E-Mail-Text erwähnen, bräuchten wir eine komplexere Logik und müssten die entsprechenden neuen Zeilen erst herausfinden. Außerdem ist es sinnvoll, in der E-Mail einen Link zum entsprechenden Wikipedia-Artikel beizufügen, der einen direkt zu mehr Details führt.

12.4 Screenshots von Webseiten per Messenger verschicken

Das Programm aus dem vorherigen Beispiel besucht eine Webseite und extrahiert daraus Daten. Das kann sinnvoll sein, um Preise von Produkten oder Bahntickets zu beobachten oder sich bei neuen Nachrichten oder Immobilienanzeigen benachrichtigen zu lassen. Bevor du solche Skripte entwickelst, solltest du sich informieren, ob die Plattform vielleicht selbst eine Benachrichtigungsfunktion besitzt, und falls nein, ob es eine API gibt. Ist das alles nicht möglich und erlauben es die Bedingungen, kann ein Python-Skript die Lösung sein. Oftmals sind Webseiten aber komplex aufgebaut, erfordern einen Login, oder die Information steht nicht immer an der gleichen Stelle. Hier kann eine Browserautomation mit Selenium die Lösung sein, wie wir sie uns schon in Abschnitt 10.5, »Den Browser fernsteuern mit Selenium«, entwickelt haben. Nun möchten wir Selenium verwenden, um uns einen Screenshot von einer Webseite zu erstellen, damit wir uns diesen automatisch per Messenger zuschicken lassen können. Später in Abschnitt 12.9, »Python-Skripte zeitgesteuert ausführen«, lernst du, wie du solche Skripte zeitgesteuert ausführen kannst. Du kannst dich beispielsweise einmal täglich informieren lassen, wie eine Webseite aktuell aussieht. Das erspart einen manuellen Aufruf, und du kannst schnell entscheiden, ob die Informationen auf dem Screenshot relevant sind oder nicht. Eine denkbare Anwendung wäre beispielsweise die Zusendung des Speiseplans einer Kantine jeden Tag um 11 Uhr. Wir verwenden genau wie in Abschnitt 10.6, »E-Mails und Messenger-Nachrichten verschicken«, die API des Messengers Telegram.

Schreibe ein Python-Skript, das mit Selenium einen Screenshot von https://www.example.com macht und ihn per Telegram API verschickt.

Hier ein kompaktes Beispiel, wie du mit Selenium einen Screenshot erzeugst und anschließend per Telegram Bot API verschickst.

```
from selenium import webdriver
from selenium.webdriver.firefox.options import Options
import requests
import time

# --- Selenium Screenshot ---
options = Options()
options.add_argument("--headless")
driver = webdriver.Firefox(options=options)

url = "https://www.example.com"
driver.get(url)
time.sleep(2)  # kurze Ladepause

screenshot_path = "screenshot.png"
driver.save_screenshot(screenshot_path)
driver.quit()

# --- Telegram Upload ---
TOKEN = "DEIN_TELEGRAM_BOT_TOKEN"
CHAT_ID = "DEINE_CHAT_ID"

with open(screenshot_path, "rb") as img:
    requests.post(
        f"https://api.telegram.org/bot{TOKEN}/sendPhoto",
```

```
            data={"chat_id": CHAT_ID},
            files={"photo": img}
        )

print("Screenshot verschickt!")
```

Selenium startet hier den Firefox-Browser mit der Option `--headless`, was dafür sorgt, dass wir selbst nicht zusehen können, wie sich der Browser öffnet, die Seite besucht und sich wieder schließt. Wir öffnen die Seite *example.com*, anschließend wird zwei Sekunden gewartet, damit alle Elemente der Seite auch wirklich geladen und sichtbar gemacht wurden, und schließlich wird der Screenshot geschossen. Das Bild wird als *screenshot.png* in den aktuellen Ordner gespeichert und anschließend per Telegram API verschickt.

Mit `os.remove(screenshot_path)` könnte man die Datei nach dem Versenden auch direkt wieder löschen, aber vielleicht wollen wir die Datei ja behalten. Bei der nächsten Ausführung wird sie ohnehin mit dem neuen Screenshot überschrieben.

Eine sinnvolle Erweiterung wäre es noch, dass in der versendeten Nachricht neben dem Bild auch die URL der Webseite enthalten ist, damit man aus der Nachricht heraus direkt über diesen Link auf die Seite gelangen kann. Wir können dies einfach als Bildbeschreibung mitschicken:

```
data={"chat_id": CHAT_ID, "caption": url}
```

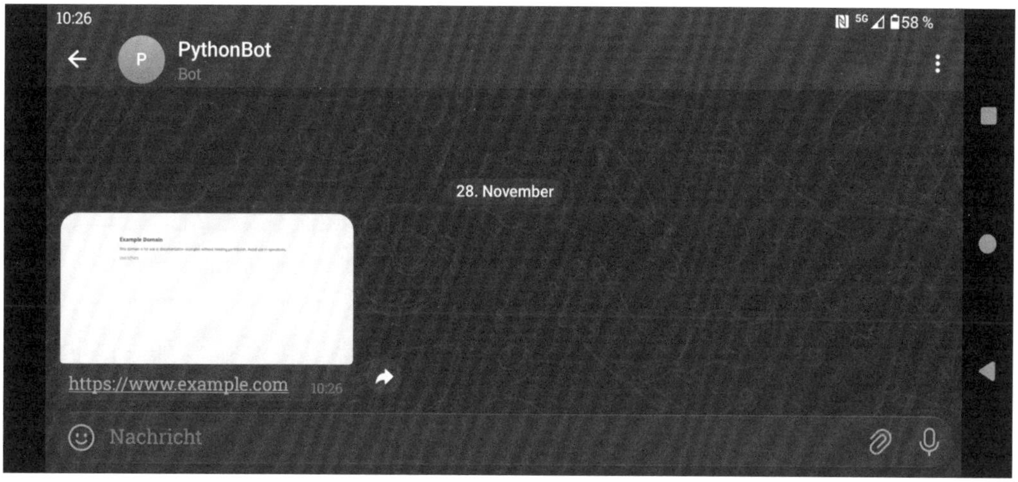

Abbildung 12.2: Der Screenshot der Webseite wurde per Telegram API verschickt.

12.5 Bilddateien verkleinern, Ort der Aufnahme herausfinden und aufräumen

Häufig kommt es vor, dass wir einen Ordner auf unserem Computer haben mit Dateien, die falsch heißen, ein falsches Format haben oder einfach nur woanders gespeichert werden sollen. Python ist hervorragend dafür geeignet, hier Ordnung zu schaffen. Wir haben einen Ordner mit Bildern im JPG-Format. Diese sollen so verkleinert werden, dass sie nur noch 800 Pixel breit sind. Zusätzlich bewegen wir sie in separate Ordner je nach dem Ort, an dem sie aufgenommen wurden. Bilder aus Berlin kommen in den Ordner *Berlin*, Bilder aus Wien in den Ordner *Wien* usw. Das ist möglich, weil in den Bildern oftmals Geokoordinaten gespeichert sind. Und mit diesen können wir über die OpenStreetMap-API den Ort herausfinden:

```
import requests

def lat_lon_to_city(lat, lon):
    url = "https://nominatim.openstreetmap.org/reverse"
    params = { "lat": lat, "lon": lon,
               "format": "json", "addressdetails": 1 }
    response = requests.get(url, params=params,
                            headers={"User-Agent": "mein-skript"})
    data = response.json()
    address = data.get("address", {})
    return ( address.get("city") or address.get("town") or
             address.get("village") )

print(lat_lon_to_city(48.208333, 16.373056))
```

Mit dem Ausdruck `address.get("city") or ...` überprüft Python nacheinander, ob `city`, `town` oder `village` im Feld `address` in dem Datensatz vorhanden ist, der von der OpenStreetMap-API zurückgeliefert wurde. Gibt es beispielsweise das Feld `city` nicht, liefert `address.get("city")` den Wert `None`, was dafür sorgt, dass Python den nächsten Ausdruck hinter dem `or` auswertet. Der Testaufruf dieser Funktion zeigt, dass der übergebene Ort in Wien ist.

Als Nächstes schauen wir uns an, wie wir überhaupt an die Geokoordinaten kommen, die im Bild gespeichert sind. Das erledigt die folgende Funktion:

```
from PIL import Image, ExifTags

def get_lat_lon_from_img(imgpath):
    """
    Liest GPS-Koordinaten aus Exif und gibt sie als Dezimalgrad zurück.
```

```
    Rückgabe: (lat, lon) oder (None, None), falls keine GPS-Daten
              vorhanden sind.
    """
    def frac_to_float(f):
        return f[0] / f[1] if isinstance(f, tuple) else float(f)

    with Image.open(imgpath) as img:
        exif = img._getexif()
        if not exif:
            return None, None
        exif_tags = {ExifTags.TAGS.get(k): v for k, v in exif.items()}
        gps = exif_tags.get("GPSInfo")
        if not gps:
            return None, None

        lat = (frac_to_float(gps[2][0]) + frac_to_float(gps[2][1])/60 +
                                         frac_to_float(gps[2][2])/3600)
        lon = (frac_to_float(gps[4][0]) + frac_to_float(gps[4][1])/60 +
                                         frac_to_float(gps[4][2])/3600)

        if gps[1] == 'S': lat = -lat
        if gps[3] == 'W': lon = -lon
        return lat, lon

# Test
lat, lon = get_lat_lon_from_img("test.jpg")
print(lat, lon)
```

Es ist zu beachten, dass nicht in allen Bilddateien Geokoordinaten gespeichert sind. Beispielsweise entfernt WhatsApp beim Versenden von Bildern Exif-Daten, darunter auch die GPS-Koordinaten. Fotos, die du aber mit deinem Smartphone aufgenommen hast und direkt von dort auf deinen PC überträgst, enthalten allerdings bei eingeschaltetem GPS und aktivierten Ortungsdiensten die Geokoordinaten. Moderne Spiegelreflexkameras, Actioncams und Drohnen speichern ebenfalls häufig die Längen- und Breitengrade der Aufnahme in der Bilddatei.

Jetzt können wir die beiden gerade entwickelten Funktionen in Kombination aufrufen:

```
print(lat_lon_to_city(*get_lat_lon_from_img("test.jpg")))
```

Die innere Funktion `get_lat_lon_from_img` liefert ein Tupel zurück, das man mit dem Python-Operator * entpacken kann. Das sorgt dafür, dass danach die Funktion `lat_lon_to_city` mit den beiden im Tupel enthaltenen Zahlen aufgerufen wird, was uns schließlich den Namen des Ortes zurückgeliefert.

Nun erstellen wir die eigentliche Anwendung, die über die Bilder in unserem Ordner iteriert, die Bilder verkleinert und diese verkleinerten Bilder je nach Ort in separate Unterordner speichert:

```
import os
from PIL import Image

input_folder = "img"
output_folder = "img_neu"

if not os.path.exists(output_folder):
    os.makedirs(output_folder)

for filename in os.listdir(input_folder):
    if not filename.lower().endswith(".jpg"):
        continue                    # Wir wollen nur .jpg-Dateien

    input_path = os.path.join(input_folder, filename)

    # GPS aus Bild extrahieren
    lat, lon = get_lat_lon_from_img(input_path)
    city = lat_lon_to_city(lat, lon) if lat and lon else None
    city = city or "Unbekannt"

    # Zielordner erstellen, falls Ort noch nicht vorhanden
    city_folder = os.path.join(output_folder, city)
    if not os.path.exists(city_folder):
        os.makedirs(city_folder)

    # Bild skalieren und speichern
    with Image.open(input_path) as img:
        w_percent = 800 / float(img.width)
        h_size = int((float(img.height) * w_percent))
        img_resized = img.resize((800, h_size), Image.LANCZOS)

        output_file = os.path.join(city_folder, filename)
```

```
        img_resized.save(output_file)

    print(f"{filename} -> {output_file}")
```

Nach der Ausführung des Programms liegen im Ordner *img_neu* ganz viele Unterordner, einer für jeden Ort. Und darin befinden sich die verkleinerten Bilder. Die Originalfotos sind weiterhin im Ordner *img* zu finden.

Statt separate Ordner für jeden Ort zu erstellen, könnten wir auch mittels KI eine Bildklassifizierung vornehmen, wie wir sie uns in Abschnitt 8.11, »Bildklassifikation mit Deep Learning«, angeschaut haben. Dann gäbe es einen Ordner pro erkannte Klasse, z. B. *banana*.

Der gezeigte Ansatz mit den beiden Funktionen `get_lat_lon_from_img` und `lat_lon_to_city` ist elegant, weil man diese beiden Funktionen separat voneinander entwickeln kann und auch separat vom eigentlichen Programm. Wir können sie auch unabhängig vom Rest testen und erst miteinander in Kombination einsetzen, wenn diese Tests erfolgreich waren. Vielleicht brauchen wir in Zukunft genau die gleiche Funktion noch einmal. Dann können wir sie einfach in neuen Skripten wiederverwenden. ChatGPT und Co. sind zudem auch besser darin, kleinere Funktionen zu entwickeln als große komplexere Anwendungen. Hier hilft es, im Prompt nicht nur genau zu beschreiben, was die Funktion machen soll, sondern auch ein Beispiel anzugeben, wie wir die Funktion später gerne aufzurufen möchten und was sie in dem Fall zurückliefern soll.

Das, was wir in diesem Beispiel mit Bildern gemacht haben, geht auf eine ähnliche Art auch mit Musikdateien, Videos und Dokumenten. Diese bestehen nämlich ebenfalls aus Daten und Metadaten. In den Metadaten von MP3-Dateien befinden sich unter anderem die sogenannten ID3-Tags. Darin stehen Titel, Interpret, Album und weitere Informationen zu Musikstücken.

12.6 PDF-Dateien auseinandernehmen, zusammenführen und zusammenfassen

PDF (Portable Document Format) ist eines der populärsten Datenformate für Dokumente. Es wurde zu dem Zweck entwickelt, Dokumente plattformunabhängig darzustellen. PDF-Dateien sehen überall gleich aus, egal, ob man sie auf einem Windows-PC, einem Mac oder einem Smartphone öffnet.

Das folgende Beispiel zeigt, wie sich in Python PDF-Dateien aufteilen und zusammenfügen lassen. Wir verwenden dazu das Paket pypdf, das wir mittels `pip install pypdf` installieren können.

Schreibe ein Python-Programm, das eine PDF erzeugt, die aus der ersten Seite der Datei a.pdf besteht und danach aus allen Seiten der Datei b.pdf.

Hier ein kompaktes Python-Beispiel mit pypdf, das eine neue PDF baut: zuerst Seite 1 aus *a.pdf*, danach alle Seiten aus *b.pdf*.

```
from pypdf import PdfReader, PdfWriter

# Eingabedateien
pdf_a = PdfReader("a.pdf")
pdf_b = PdfReader("b.pdf")

# Writer für die Ausgabe
writer = PdfWriter()

# 1) Erste Seite aus a.pdf
writer.add_page(pdf_a.pages[0])

# 2) Alle Seiten aus b.pdf
for page in pdf_b.pages:
    writer.add_page(page)

# Ergebnis speichern
with open("output.pdf", "wb") as f:
    writer.write(f)

print("Fertig: output.pdf")
```

Über `pdf_a.pages` kommen wir an die Liste der einzelnen PDF-Seiten. Der `PdfWriter` ermöglicht es, eine neue PDF-Datei zu erzeugen, indem wir mit `writer.add_page` die einzelnen Seiten hinzufügen und sie am Ende mittels `writer.write` in eine Datei schreiben.

Mit pypdf ist es auch möglich, den Text, der sich in der PDF-Datei befindet, zu extrahieren. Wir können den Text entnehmen und an die ChatGPT-API übergeben, damit uns ChatGPT davon eine Zusammenfassung erstellt:

```
import pypdf

with open("a.pdf", "rb") as f:
    reader = pypdf.PdfReader(f)
    pdf_text = ""
```

```
    for page in reader.pages:
        pdf_text += page.extract_text()

print(pdf_text)
```

Wenn der Text korrekt entnommen wurde, können wir den API-Aufruf durchführen:

```
import os
import dotenv
from openai import OpenAI

dotenv.load_dotenv()

client = OpenAI(
    api_key=os.environ.get("OPENAI_API_KEY"),
)

response = client.responses.create(
    model="gpt-5-nano",
    instructions="""Erstelle eine kurze Zusammenfassung über folgenden
                    Inhalt, der dem Dokument entnommen wurde.""",
    input=pdf_text
)
print(response.output_text)
```

Mehr Details über die ChatGPT-API findest du in Abschnitt 9.4, »ChatGPT-API«.

Natürlich hätten wir statt des extrahierten Textes auch die komplette PDF-Datei an die ChatGPT-API schicken können. Das verbraucht jedoch in der Regel eine größere Anzahl von Tokens, der API-Aufruf würde somit also mehr kosten.

12.7 Text auf Visitenkarten-Bildern mit OCR erkennen und im Handy-Adressbuch speichern

Im vorherigen Beispiel haben wir den Text, der in einer PDF-Datei steht, mit `page.extract_text()` der Datei entnommen. Das funktioniert aber nur, wenn er auch wirklich in Textform im Dokument gespeichert ist. Bei einem Scan oder einem Foto funktioniert dieser Ansatz nicht. Dann ist es nötig, OCR zu verwenden, das steht für *Optical Character Recognition*. Wir können dazu das Open-Source-Programm *Tesseract* verwenden. Für Windows gibt es das Programm beispielsweise hier: *https://github.com/UB-Mannheim/tesseract/wiki*. Damit wir es in unseren Python-Programmen verwenden können, müssen wir zum einen

Tesseract selbst installieren und zum anderen das Python-Modul mittels `pip install pytesseract`.

```
from PIL import Image
import pytesseract

TESSERACT_PATH = r"C:\Program Files\Tesseract-OCR\tesseract.exe"
pytesseract.pytesseract.tesseract_cmd = TESSERACT_PATH
image = Image.open("visitenkarte.jpg")
text = pytesseract.image_to_string(image, lang="deu+eng")

print(text)
```

Die Codezeile, mit der wir angeben, wo Tesseract installiert wurde, ist je nach verwendetem Installationsprogramm nicht unbedingt nötig. Oft setzen Installationsprogramme eine sogenannte `PATH`-Variable, sodass `pytesseract` es finden kann.

Abbildung 12.3: Beispielfoto »visitenkarte.jpg«, das als Eingabe für die Texterkennung dient

Ausgabe:

```
Ute Mustermann

+49 170 1234567
UTE@EXAMPLECOM
TESTSTR.1

12345 TESTSTADT
```

Es wurde zwar nicht alles korrekt erkannt, beim Namen und der Telefonnummer sieht aber alles gut aus. Um diese Daten dem Text zu entnehmen, müssten wir wissen, an welcher

Stelle im erkannten Text sich diese Informationen befinden, ob davor immer ein bestimmtes Wort steht oder welches Format die Informationen haben. Beim Namen gehen wir der Einfachheit halber davon aus, dass er auf der Visitenkarte in der ersten erkannten Textzeile steht, in der sich zwei oder mehr Wörter befinden. Bei uns ist das bei der obersten Zeile der Fall. Da Telefonnummern ein bestimmtes Format haben, verwenden wir im folgenden Listing einen regulären Ausdruck, um die erste Telefonnummer im Text zu finden, die unser gewünschtes Format hat:

```
import re

name = None
lines = text.splitlines()
for line in lines:
    parts = line.strip().split()
    if len(parts) >= 2 and all(p[0].isupper() for p in parts if p):
        name = line.strip()
        break

phone_pattern = r"(\+?\d[\d\s\/\-\(\)]{5,}\d)"
match = re.search(phone_pattern, text)
phone = match.group(1) if match else None

print("Name:", name)
print("Telefonnummer:", phone)
```

Der reguläre Ausdruck `r"(\+?\d[\d\s\/\-\(\)]{5,}\d)"` sieht vielleicht sehr kryptisch aus, steht aber dafür, dass bei der Telefonnummer vorn ein + stehen darf und dann mindestens fünf Zahlen (`\d`), Leerzeichen (`\s`), Schrägstriche, Bindestriche oder Klammern folgen. Am Ende muss erneut eine Zahl stehen. Der Ausdruck findet in unserem Beispieltext die Telefonnummer `+49 170 1234567`.

Um diese Daten nun automatisch unserem Handy-Adressbuch hinzuzufügen, brauchen wir eine entsprechende Python-Bibliothek. Wenn du ein Android-Handy hast, das die Kontakte im Google-Adressbuch speichert, kannst du die Google People API verwenden. Google bietet sogar eigene Python-Pakete an, die mit dieser API kommunizieren. Allerdings muss man, um die API zu verwenden, erst ein Projekt in der Google Cloud anlegen und OAuth2-Zugangsdaten generieren. Das machen wir in diesem Buch nicht. Stattdessen verwenden wir einen viel einfacheren Ansatz: Unser Python-Programm trägt die aus der Visitenkarte extrahierten Kontaktdaten gar nicht direkt ins Adressbuch ein, sondern erzeugt uns eine sogenannte *vCard*. Dies ist eine Datei, die wir anschließend manuell ins Adressbuch importieren können:

```
vorname, nachname = name.split(" ", 1)

vcard = f"""BEGIN:VCARD
VERSION:3.0
N:{nachname};{vorname};;;
FN: {name}
TEL;TYPE=CELL: {phone}
END:VCARD
"""

with open("kontakt.vcf", "w", encoding="utf-8") as f:
    f.write(vcard)
```

Die Datei hat in unserem Falle den folgenden Inhalt:

```
BEGIN:VCARD
VERSION:3.0
N:Mustermann;Ute;;;
FN: Ute Mustermann
TEL;TYPE=CELL: +49 170 1234567
END:VCARD
```

Im Browser können wir nun über *https://contacts.google.com/*, wenn wir eingeloggt sind, links auf **Importieren** klicken und die Datei hochladen. Im Anschluss ist der Kontakt in unserem Adressbuch auf dem Android-Handy. Für Apple-Nutzer funktioniert das ganz ähnlich: Auf der Webseite *https://www.icloud.com/contacts/* erscheint oben rechts beim Klick auf den Plus-Button die Option **Kontakt importieren**.

In einer VCF-Datei dürfen beliebig viele Kontakte stehen. Nach dem `END:VCARD` kann direkt wieder ein neuer Eintrag mit `BEGIN:VCARD` anfangen.

In unserem Beispiel haben wir die VCard einfach als String erzeugt. Das kann jedoch bei komplexen Adressbucheinträgen mit mehreren Feldern mühsam und fehleranfällig sein. Dann ist es hilfreich, auf spezielle Python-Pakete auszuweichen, z. B. auf `vobject`.

12.8 Rechnungen, Serienbriefe und andere Dokumente erzeugen

Der klassische Weg, ein Dokument zu erzeugen, ist folgender: Wir öffnen ein Programm, z. B. Microsoft Word, legen eine neue Datei an, schreiben den Inhalt und speichern. Genau das automatisieren wir nun mit Python. Das hat zum einen den Vorteil, dass wir die Inhalte, die im Dokument stehen sollen, aus beliebigen Quellen beziehen können, z. B. aus einer Datenbank oder einer Excel-Tabelle, zum anderen lassen sich auf diese Art ganz viele Dokumente auf einmal erzeugen.

Wir starten mit einem Pandas-DataFrame, der gewisse Daten enthält. In unserem Beispiel sind das Namen, Adressen etc. von Personen und wie viele Kilometer sie mit dem Privat-Pkw angereist sind. Daraus möchten wir Fahrtkostenabrechnungen in Form von Word-Dokumenten erzeugen. Bei uns stehen die Daten der Einfachheit halber direkt im Programmcode. In der Praxis wäre es sinnvoller, die Daten beispielsweise einer Excel-Tabelle zu entnehmen. Sofern in dieser Excel-Tabelle die Spaltennamen richtig heißen, geht dies einfach mittels `df = pd.read_excel('personen.xlsx')`. Wir befüllen den DataFrame zum Testen einfach mit einer einzigen Person:

```
import pandas as pd

data = {
        "Name": ["Max Mustermann"],
        "Adresse": ["Musterstraße 1, 12345 Musterstadt"],
        "Startpunkt": ["Musterstadt"],
        "Kilometer": [42],
    }
df = pd.DataFrame(data)
```

Word-Dokumente verwenden oft die Dateiendung `docx`. Eine passende Python-Bibliothek für diese Dokumente können wir mittels `pip install python-docx` installieren.

Nun erzeugen wir aus jeder Zeile in unserem DataFrame ein separates Word-Dokument und speichern es in den aktuellen Ordner:

```
from docx import Document

for idx, row in df.iterrows():
    doc = Document()

    doc.add_heading("Beleg für Fahrtkosten", level=1)

    doc.add_paragraph(f"Name: {row['Name']}")
    doc.add_paragraph(f"Adresse: {row['Adresse']}")
    doc.add_paragraph(f"Startpunkt: {row['Startpunkt']}")
    doc.add_paragraph(f"Gefahrene Kilometer: {row['Kilometer']} km")

    pauschale = 0.30
    betrag = row["Kilometer"] * pauschale
    doc.add_paragraph(f"Kilometerpauschale: {pauschale:.2f} €/km")
```

```
    doc.add_paragraph(f"Gesamtbetrag: {betrag:.2f} €")

    doc.add_paragraph("\nUnterschrift: ________________________")

    filename = f"Fahrtkosten_{idx+1}.docx"
    doc.save(filename)
    print(f"Dokument erstellt: {filename}")
```

Die erzeugten Dateien heißen *Fahrtkosten_1.docx*, *Fahrtkosten_2.docx* usw. Da unser Beispiel-DataFrame nur aus einer Zeile besteht, wird auch nur ein Dokument erstellt. Dieses sieht aus wie in Abbildung 12.4:

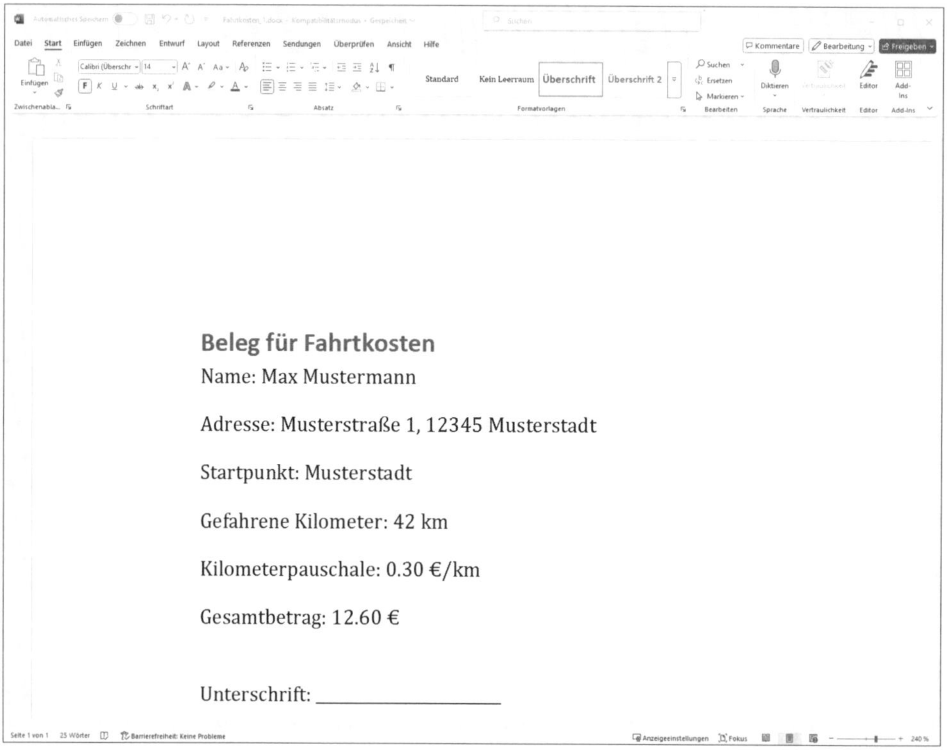

Abbildung 12.4: Das vom Python-Programm erzeugte Word-Dokument

Um das Dokument mit weiteren Inhalten zu befüllen und optisch aufzubessern, können neben `doc.add_heading` und `doc.add_paragraph` auch Formatierungen (fett, kursiv, unterstrichen, Schriftgrößen, Farben) vorgenommen und weitere Elemente wie Tabellen, Seitenumbrüche und Bilder eingefügt werden. Die entsprechenden Kommandos sind in der offiziellen Dokumentation von `python-docx` zu finden; ChatGPT ist aber ebenfalls eine gute Hilfe, um das Dokument wie gewünscht zu formatieren.

```
doc.add_paragraph(f"Gesamtbetrag: {betrag:.2f} €")
```

Ich verwende python-docx. Mach den Betrag fett.

Du kannst einfach einen Run innerhalb des Paragraphen erstellen und diesen fett formatieren:

```
p = doc.add_paragraph("Gesamtbetrag: ")
run = p.add_run(f"{betrag:.2f} €")
run.bold = True
```

Unter einem *Run* versteht man ein Textstück innerhalb eines Absatzes, das dieselbe Formatierung hat, in unserem Fall fett. Im gerade gezeigten Beispielcode besteht der Absatz `p` aus zwei Runs: einem normal formatierten Text `"Gesamtbetrag: "` und dem danach folgenden fett gedruckten Eurobetrag.

Ein alternativer Ansatz zur Erzeugung von Word-Dokumenten ist es, die Dokumente gar nicht von null auf mit Python zu generieren, sondern selbst ein Beispieldokument mit Word zu erstellen: ein Template, in dem Platzhalter vorkommen. Python soll dieses Template öffnen und die einzelnen Platzhalter durch entsprechende Werte ersetzen, z. B. `{{Name}}` durch den Namen aus dem DataFrame. Das Dokument kannst du genau so formatieren, wie du es später haben willst. Das Dokument mit den Platzhaltern nennen wir *Fahrtkosten_Template.docx*.

Mit `python-docx` ist es ist zwar möglich, die einzelnen Ersetzungen vorzunehmen, indem man über jeden Absatz und jeden Run iteriert. Viel praktischer ist das jedoch mit dem Paket `docxtpl`, weil das für genau solche Zwecke gemacht ist. Du installierst es mit `pip install docxtpl` und verwendest es, indem du der Methode `doc.render` ein Dictionary übergibst, das beschreibt, welcher Platzhalter durch welchen Wert ersetzt werden soll:

```
from docxtpl import DocxTemplate

df["pauschale"] = 0.30
df["betrag"] = df["Kilometer"] * df["pauschale"]

for idx, row in df.iterrows():
    doc = DocxTemplate("Fahrtkosten_Template.docx")
    context = {col: row[col] for col in df.columns}
    context["betrag"] = row["Kilometer"] * 0.30
    doc.render(context)
```

```
    output_path = f"Fahrtkosten_{idx+1}.docx"
    doc.save(output_path)
    print(f"Dokument erstellt: {output_path}")
```

12.9 Python-Skripte zeitgesteuert ausführen

Wir haben unsere Python-Skripte bisher immer von Hand ausgeführt, indem wir den **Play**-Button in Visual Studio Code oder `Strg` + `↵` bzw. `Control` + `↵` in einem Jupyter Notebook gedrückt haben. Zu Beginn des Buches hast du gelernt, dass du Python-Programme mit dem Kommando **`python beispiel.py`** ausführen kannst. Genau das passiert ja auch, wenn wir das Programm in Visual Studio Code starten.

Um ein Programm automatisch starten zu lassen, müssen wir dafür sorgen, dass ebendieses Kommando irgendwann ausgelöst wird, ohne dass wir etwas machen. Das ist am Ende gar nicht so einfach, wie es sich anhört. Nehmen wir irgendein beliebiges Python-Skript *beispiel.py*. Nun wollen wir, dass es jeden Morgen um 7 Uhr ausgeführt wird. Auf welchem Computer wird es überhaupt ausgeführt? Was ist, wenn dieser Computer gar nicht eingeschaltet ist? Was passiert mit Konsolenausgaben, die das Programm mit `print` erzeugt? Läuft das Programm unsichtbar im Hintergrund, oder sehen wir während der Ausführung etwas? Und was passiert bei Fehlern? Um genau solche Fragen kümmern wir uns nun.

Der Computer, auf dem das Skript läuft, kann unser ganz normaler PC sein, auf dem wir auch sonst unsere Python-Skripte ausführen. Wir können aber auch einen Server einsetzen, der die Automatisierungsaufgabe erledigt. Wenn du dir beispielsweise einen VServer mietest, der typischerweise ein Linux-Rechner in der Cloud ist, oder wenn du einen Server im Keller hast, der ununterbrochen läuft, musst du dir um die Frage, was passiert, wenn der PC nicht läuft, weniger Gedanken machen. Es wird einfach nicht passieren. Und falls der Server doch ausgeschaltet sein sollte, dann tolerieren wir es, dass eben in dem Fall kein Python-Skript ausgeführt wird.

Unter Linux und Mac kann man zur zeitgesteuerten Automatisierung `cron` verwenden. Man konfiguriert sogenannte *Cronjobs* über eine Textdatei, die sich mit `crontab -e` auf der Konsole öffnen lässt und wie folgt aussieht:

```
0 7 * * * /usr/bin/python3 /home/username/beispiel.py
```

Die `0` am Anfang ist die Minute, die 7 ist die Stunde. Das Python-Skript *beispiel.py* wird also um 7 Uhr ausgeführt, und zwar an jedem Tag des Monats, in allen Monaten und an allen Wochentagen. Genau das bedeuten die drei Sternchen `* * *`.

Unter MacOS lässt sich als Alternative auch das Tool `launchd` verwenden, und bei Servern in der Cloud gibt es je nach Cloud-Provider entsprechende Tools, in denen man Automatisierungen einrichten kann, z. B. AWS Lambda oder den Google Cloud Scheduler.

Wenn du einfach auf deinem Windows-Computer Python-Skripte zeitgesteuert ausführen möchtest, kannst du die *Aufgabenplanung* von Windows nutzen. Du findest das Programm im Start-Menü, indem du dort »Aufgabenplanung« eingibst. In diesem Programm siehst du alle angelegten Automationen und kannst eine neue Aufgabe erstellen. Dazu gibst du ihr einen Namen, legst den Zeitpunkt fest, wann dein Skript immer ausgeführt werden soll, z. B. einmalig oder jeden Morgen um 7 Uhr, und dann wählst du **Programm starten** aus. Das zu startende Programm ist *python.exe*, dessen Pfad du natürlich erst einmal herausfinden musst, z. B. *C:\Python313\python.exe*. Visual Studio Code zeigt dir den Pfad zur *python.exe* an, wenn du ein Skript geöffnet hast und mit der Maus unten rechts über die Python-Versionsnummer fährst. Ins Eingabefeld **Argumente hinzufügen** kommt der Pfad zu deinem Python-Skript:

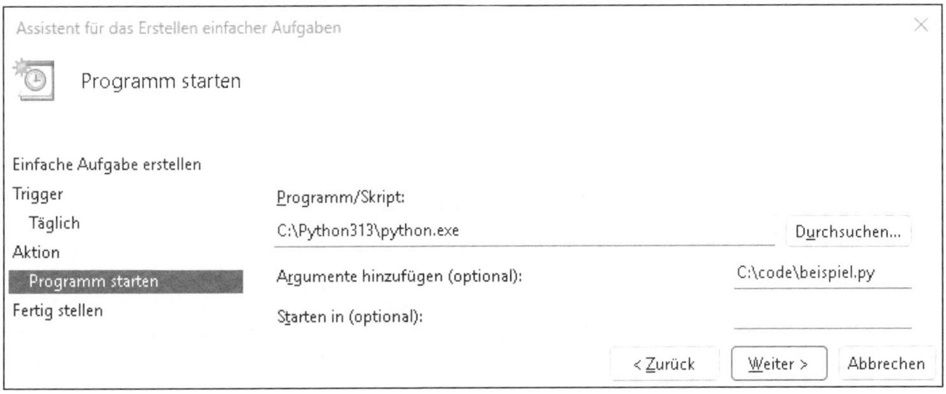

Abbildung 12.5: Neue Automatisierung in der Windows Aufgabenplanung

Wenn dein Computer zu dem Zeitpunkt der Automatisierung ausgeschaltet oder im Energiesparmodus sein sollte, wird dein Python-Skript nicht ausgeführt. Das ist das Standardverhalten, du kannst es aber auch anders konfigurieren. Die Windows Aufgabenplanung bietet dir in den **Eigenschaften** einer Aufgabe die Option **Aufgabe so schnell wie möglich nach einem verpassten Start ausführen**. Solltest du also erst um 7:15 Uhr deinen PC einschalten, wird nach dem Start direkt die Aufgabe nachgeholt, die für 7 Uhr geplant war.

Wenn sich zum angegebenen Zeitpunkt dein Programm öffnet, siehst du, dass kurz ein Konsolenfenster erscheint, in dem das Python-Programm ausgeführt wird. Nach Fertigstellung schließt sich das Konsolenfenster wieder. Es gibt aber auch die Möglichkeit, dass Python-Skript unsichtbar im Hintergrund auszuführen, sodass du von der automatischen Ausführung nichts siehst, keine Konsolenausgabe und auch keine Fehler. Du bekommst genau genommen gar nicht mit, dass das Skript gerade ausgeführt wird. Für viele Skripte ist das ja auch der gewünschte Effekt, sie sollen dich ja nicht bei anderen Tätigkeiten stören. Um deine Programme unsichtbar im Hintergrund auszuführen, wählst du nicht die *python.exe* aus, sondern die *pythonw.exe*, die sich ebenfalls im Installationsordner befindet. Das *w* im Dateinamen steht für »windowless«; es öffnet sich kein Fenster.

Willst du aber, dass sich ein Fenster öffnet, das dir die Konsolenausgabe des Python-Skripts zeigt, und dass sich dieses Fenster nach Beendigung des Skripts nicht direkt wieder schließt, musst du einen kleinen Trick anwenden. Dazu legst du eine Datei an, nennst sie beispielsweise *beispiel.bat* und wählst das in der Aufgabenplanung als auszuführende Anwendung aus. Eine *.bat*-Datei kann unter Windows andere Programme und Befehle ausführen, in unserem Fall unser Python-Skript und den `pause`-Befehl, damit das Fenster offen bleibt:

```
@echo off
C:\Python313\python.exe "C:\code\beispiel.py"
pause
```

Das `@echo off` sorgt dafür, dass in der Konsole nur die Python-Ausgabe zu sehen ist und nicht die Befehle selbst, die in der *.bat*-Datei stehen.

Lässt du deine Python-Programme aber automatisiert so starten, dass sie im Hintergrund laufen und du nichts direkt davon mitbekommst – z. B. mit `pythonw.exe` –, gehen Konsolenausgaben, die du mit `print` machst, und auch Fehlermeldungen verloren. Im gleich folgenden Abschnitt geht es darum, wie du dir nach der Skriptausführung anschauen kannst, dass das Skript gelaufen ist, was es gemacht hat und ob alles so funktioniert hat, wie es sollte.

Wenn dir die Automatisierungsmöglichkeiten über die Windows Aufgabenplanung oder entsprechende andere Tools, mit denen du Python-Skripte zu regelmäßigen Zeiten ausführen kannst, nicht ausreichen, kannst du dir das Programm *n8n* anschauen. Es läuft auf allen Betriebssystemen, jedoch ist es am sinnvollsten, n8n auf einem Server zu installieren, der rund um die Uhr läuft. Die Automatisierungen, die du mit n8n erstellst, können einen beliebigen Auslöser haben. Dann kannst du diverse Verarbeitungsschritte definieren und letztendlich eine oder mehrere Aktionen ausführen. n8n bietet Anbindungen zu nahezu allen denkbaren Diensten, sei es E-Mail, Google Docs, Slack, verschiedene Kalenderdienste und vieles mehr. Für viele Automationen brauchst du auch gar kein Python. Du kannst zum Beispiel sagen, dass immer dann, wenn du eine E-Mail erhältst, automatisch eine Zeile in ein Google Spreadsheet eingefügt wird, in der der Absender, das Datum und der Betreff stehen. Werden die Automatisierungen jedoch komplexer, kannst du in n8n einen Python-Block anlegen, in den du beliebigen Programmcode schreibst. Damit kannst du beispielsweise eine Sentiment-Analyse durchführen, ähnlich wie die, die wir in Abschnitt 8.4, »Sentiment-Analysen«, implementiert haben: Immer wenn du eine E-Mail erhältst, in deren Betreff das Wort »Grillparty« vorkommt, analysiere den Nachrichtentext und berechne damit einen Score. Wörter wie »Zusage«, »gerne«, »dabei« usw. erhöhen den Score, Wörter wie »leider« oder »verhindert« vermindern ihn. Daraufhin sollen alle solche Zu- und Absagen zusammen mit dem Score im Google Spreadsheet eingefügt werden.

12.10 Fehlerbehandlung und Logging in Automationen

Wenn du ein Python-Programm in Visual Studio Code, einem Jupyter Notebook oder über die Konsole ausführst, siehst du alle Ausgaben, die du mit `print` erzeugt hast, und auch alle Fehler, die bei der Ausführung auftreten. Läuft dein Skript jedoch zu einer bestimmten Uhrzeit automatisch, vielleicht sogar im Hintergrund und möglicherweise sogar auf einem Server, der sich entfernt von dir befindet, bekommst du ja gar nichts von der Ausführung mit.

Nehmen wir das folgende Programm, das das aktuelle Wetter abruft und in eine SQLite-Tabelle einfügt. Es ist eine vereinfachte Version des Programms aus Abschnitt 12.1, »Daten per API abrufen und in einer Datenbank speichern«.

```
import sqlite3
import requests

con = sqlite3.connect("wetter.db")
cur = con.cursor()

station_id = "04104"
r = requests.get(
  f"https://api.brightsky.dev/current_weather?dwd_station_id={station_
id}")
r.raise_for_status()
data = r.json()["weather"]

cur.execute(
    """INSERT OR IGNORE INTO wetter
        (dwd_station_id, zeitpunkt, luftfeuchtigkeit, temperatur)
        VALUES (?, ?, ?, ?)""",
    (station_id, data["timestamp"], data["relative_humidity"],
     data["temperature"])
)

con.commit()
con.close()
```

Wenn wir das Skript ausführen und kein Fehler erscheint, können wir davon ausgehen, dass alles geklappt hat. Schauen wir im Anschluss in die SQLite-Datenbank, indem wir beispielsweise die SQLite3-Konsole über `sqlite3 wetter.db` öffnen und `SELECT * FROM wetter;` ausführen, sehen wir, dass eine neue Zeile mit den aktuellen Wetterdaten hinzugefügt wurde. Hätten wir mit `print` im Skript Ausgaben erzeugt, sähen wir zwar etwas, aber nun soll es ja darum gehen, dass das Skript auch dann sein Tun protokolliert, wenn wir ihm gerade nicht zuschauen.

Eine Möglichkeit, etwas vom Skript mitzubekommen, wäre es, dass es uns im Erfolgs- und Fehlerfall eine E-Mail schickt. Alternativ können wir auch einen Text in eine Datei schreiben, und genau das geht die Richtung des Ansatzes, der sich *Logging* nennt.

Unter Logging versteht man, dass ein Skript mitschreibt, was es tut. Das können Informationen sein, Warnungen, Fehler oder vielleicht auch nur Debug-Nachrichten, also irgendwelche Ausgaben, die dir helfen zu verstehen, was gerade in Variablen steht und was das Programm gerade macht, z. B. um leichter einen Fehler im Programm zu finden.

Das Python-Paket `logging` ist sehr einfach zu benutzen und sehr praktisch. Beim Einrichten des Loggings gibst du an, in welche Datei deine Log-Nachrichten geschrieben werden sollen und in welchem Format. Außerdem hat jede Log-Nachricht ein sogenanntes *Log-Level*: `DEBUG`, `INFO`, `WARNING`, `ERROR` oder `CRITICAL`. Du kannst einstellen, ob alles in der Log-Datei protokolliert werden soll oder nur Nachrichten ab einem bestimmten Mindestlevel:

```
import logging

logging.basicConfig(
    level=logging.INFO,
    format="%(asctime)s [%(levelname)s] %(message)s",
    filename="wetter.log",
    filemode="a"
)

logging.info("Skript gestartet")
```

Öffnest du nach der Ausführung des Skriptes die Datei *wetter.log*, sieht eine Zeile darin in etwa wie folgt aus:

```
2026-01-01 12:57:00,000 [INFO] Skript gestartet
```

Der `filemode="a"` steht für *append*. Neue Log-Nachrichten werden also ans Ende der Datei angehängt. Jede Zeile besteht aus dem Datum und der Uhrzeit, dem Log-Level und der entsprechenden Nachricht.

Neben `logging.info` kannst du auch `logging.debug`, `logging.error` usw. aufrufen, je nach gewünschtem Log-Level. Und je nach konfiguriertem Mindest-Log-Level landen diese Nachrichten in der Log-Datei oder eben nicht.

Gibst du beim Initialisieren des Loggings keine Datei an, siehst du die Meldungen direkt in der Konsolenausgabe:

```
logging.basicConfig(
    level=logging.INFO,
    format="%(asctime)s [%(levelname)s] %(message)s"
)
```

Baue Logging in das folgende Programm ein:

... (Programmcode wie oben)

Hier ist eine Version deines Programms mit einfachem Logging, das sowohl Fehler als auch erfolgreiche Schritte protokolliert:

```
import sqlite3
import requests
import logging

# Logging konfigurieren
logging.basicConfig(
    filename="wetter.log",
    level=logging.INFO,
    format="%(asctime)s [%(levelname)s] %(message)s"
)

try:
    logging.info("Starte Wetterdaten-Abruf")

    con = sqlite3.connect("wetter.db")
    cur = con.cursor()
    logging.info("Datenbankverbindung hergestellt")

    station_id = "04104"
    logging.info(f"Rufe Wetterdaten für Station {station_id} ab")

    url = f"https://api.brightsky.dev/current_weather"
    params = {"dwd_station_id": station_id}
    response = requests.get(url, params=params)
    response.raise_for_status()
```

```
        weather_data = response.json()["weather"]
        cur.execute(
            """INSERT OR IGNORE INTO wetter
                (dwd_station_id, zeitpunkt, luftfeuchtigkeit, temperatur)
                VALUES (?, ?, ?, ?)""",
            (station_id, data["timestamp"], data["relative_humidity"],
             data["temperature"])
        )
        con.commit()
        logging.info("Daten erfolgreich in die Datenbank eingefügt")

    except requests.RequestException as e:
        logging.error(f"Fehler beim Abrufen der Wetterdaten: {e}")
    except sqlite3.Error as e:
        logging.error(f"Datenbankfehler: {e}")
    except Exception as e:
        logging.error(f"Unerwarteter Fehler: {e}")
    finally:
        if con:
            con.close()
            logging.info("Datenbankverbindung geschlossen")
```

Diejenigen Kommandos, die bei der Ausführung fehlschlagen können, wurden in einen `try`-Block gepackt. Das sorgt dafür, dass das Programm nach einem Fehler nicht einfach abstürzt. Stattdessen wird das gemacht, was in den entsprechenden `except`-Blöcken steht: Eine Error-Nachricht wird in die Log-Datei geschrieben.

Nun kannst du dir dieses Programm beispielsweise jeden Tag einmal täglich im Hintergrund automatisiert ausführen lassen. Hin und wieder schaust du dann die Log-Datei, die dir zeigt, wann und wie das Programm gearbeitet hat.

Index

:= 59
.env 237, 260
.ipynb 28
.py 26
.txt 64
.xls 75
.xml 64
% 55
+= 46
== 37, 38

A

Accuracy 175
Achsenbeschriftung 133, 134
Adressbuch 295
Aggregatfunktion 269
Aggregation 112
API 221, 277
  Key 221
app.route 247
append 44
apply 95
Array 90
  filtern 91
Artificial General Intelligence (AGI) 16
Aufgabenplanung 303
Ausreißer 104
Automatisierung 277, 302

B

Backpropagation 218
Bag-of-Words 190
Balkendiagramm 134, 235, 281
Batch 219
Beautiful Soup 251, 285
Bibliothek 15
Bigramm 194
Bild 78, 202, 238, 292
  Aufnahmedatum 79
  Größe ändern 78, 210, 290
  KI 202
  Klassifikation 217
  Vorverarbeitung 203
  zuschneiden 205
Binärdatei 78
bool 35
Boolean 35, 58
Bot 261
Bounding Box 207
break 41
Bright Sky 222, 229
Browser 244
  fernsteuern 255

C

Cache 226, 227
Canny 206
capitalize 105
ChatGPT 18, 236
Classifier 159, 168
close 66
Clustering 177, 196, 235
Codeeinrückung 34
commit 271
Computerlinguistik 181
Computer-Vision 203
configparser 87
connect 264
CREATE INDEX 270
CREATE TABLE 266, 277
CREATE-Framework 20
Cronjob 302
CSV 67, 97, 235
  schreiben 69, 70
Cursor 271

D

Data-Cleaning 89, 99
DataFrame 92, 233, 273, 299
  aus Datei 96
  beschreiben 98
  Diagramm erzeugen 136
  Fehlende Werte 100
  filtern 93, 99, 105

DataFrame (Forts.)
- *in Datei schreiben* 99
- *Spalte entfernen* 107, 121
- *Spalte hinzufügen* 94

Datei 63
- *anlegen* 70
- *auflisten* 72
- *lesen* 65
- *löschen* 71, 289
- *Modi* 67
- *öffnen* 65
- *Pfad* 63
- *schreiben* 67
- *verschieben* 72
- *verwalten* 70

Dateiformat 64
Datenanalyse 89, 110, 229
Datenbank 263, 277, 281
- *In-Memory* 264

Datenbankmanagementsystem (DBMS) 263
Datentransformation 106, 121
Datentyp 34, 267
- *komplexer* 43

datetime 106, 113, 138
Datum 106, 107, 113, 139
Dauerschleife 41
Debug 306
Deduplikation 102
Deep Learning 148, 217
def 51, 225
Dekodieren 108
DELETE 268
Deserialisieren 83
Diagramm 127, 281
- *in Datei speichern* 129
- *interaktives* 140
- *Titel* 129

Dictionary 43
- *Iterieren über Einträge* 46, 57
- *Standardwert* 58

Differenz 111
Distanz 162
docx 299
docxtpl 301
Dokument 298
dotenv 236, 260
Duplikat 101
Durchschnitt 98, 112, 235, 269

E

Eingabefeld 249
Elbow-Methode 180
ElementTree 85
elif 37
else 37, 38
E-Mail 259, 283
Encoder 160
Encoding 65, 153
Entpacken 292
Entscheidungsbaum 158
enumerate 46
Excel 75, 98, 299
except 77, 307
Exception 77, 225
Exif 290

F

F1-Score 176
False 35
False Negative 17, 175
False Positive 17, 175
Farbe 130, 136, 202
- *Verhältnisse* 214

Farbraum 202
Feature 155, 211
- *Engineering* 155

Feature-Vektoren 211
feedparser 237
Fehler 307
Fehlerbehandlung 305
Fehlermaß 173
Flask 246
Fließkommazahlen 35
float 35, 39
for 41, 45, 54, 57
Formatierter String 42
Fremdschlüssel 267
Funktion 36, 50, 225
- *als Liniendiagramm darstellen* 133
- *Parameter* 34

G

Geokoordinaten 290
GET 223
get (Dictionary) 50

get_dummies 153
gleich 39
glob 72
Graustufen 204
größer als 39
groupby 114
Gruppieren 113, 269

H

Handy-Adressbuch 295
Hash 284
hashlib 285
head 121
Header 67, 97
Hintergrund 213
Histogramm 217
Hochzählen 46
HSV 203
HTML 244
  parsen 251, 258
  Template 248
HTTPS 223, 244, 246

I

IDE 26
if 37, 58
ImageNet 218
import 59
in 56
Index 115, 270
INI-Datei 87
In-Memory-Datenbank 264
input 36
INSERT 268, 278, 305
Installation von Python 23
int 35, 39
Integer 39
Interaktiver Modus 25
Internet 221, 243
isinstance 234
Iterable 57

J

join 44, 47, 269
JSON 64, 81, 223
Jupyter Notebooks 27

K

Kanten 206
Keras 218
Kernel 30, 168
KI 15, 147, 148
  datengetriebene 16
  schwache 16
  starke 16
  symbolische 16
  -Tools 18
Klassifikation 155, 161, 165, 214, 217
kleiner als 39
k-Means 235
k-Means Clustering 178
k-Nearest Neighbors 161, 214
Kodierung 108
Kommentar 35
Komplexer Datentyp 43
Konfigurationsdatei 86, 226
Kontakt 297
Konturen 206
Kuchendiagramm 128, 231

L

Label 129
Label-Encoding 153
Lambda-Funktion 51, 141
Large Language Model (LLM) 236
Lemmatisierung 187
len 36, 46, 47
Lexikalische Vielfalt 183
linear_model 149
Lineare Regression 149, 151, 170
Liniendiagramm 133, 136
linspace 133
List-Comprehension 53, 54
listdir 72
Liste 43
  append 44
  filtern 53–55
  Suche 56
  zerlegen 75
Locale 107
localhost 247
Logging 305
Logistische Regression 155

Log-Level ... 306
lower ... 48

M

Machine Learning ... 17, 148, 211
Macro F1 ... 176
Mailjet ... 260
main ... 280
map ... 108
Markdown ... 29
Maske ... 207, 213
math ... 59
Matplotlib ... 127, 229, 235, 281
Matrix ... 90
max ... 50
mean ... 235
Mehrklassen-SVM ... 169
melt ... 120, 122
Menge ... 43
leere ... 44
sortieren ... 69
merge ... 123
Messenger ... 261, 287
Metadaten ... 80
MIMEText ... 260
Mini-Batch ... 201
MobileNet ... 218
Modellbewertung ... 170
Modul ... 59
Modulo ... 55

N

Named Parameter ... 52
Named-Entity Recognition (NER) ... 195
NaN ... 98, 100, 106
Natural Language Processing (NLP) ... 181
Natural Language Toolkit ... 185
Neuron ... 217
Neuronales Netz ... 217
n-Gramm ... 194
nltk ... 185, 192
None ... 35
Normalisieren ... 109
NumPy ... 90, 172
Array ... 90

O

OCR ... 295
One-Hot-Encoding ... 153
open ... 65
openai ... 236
OpenCV ... 202, 203
openfoodfacts ... 231
openpyxl ... 75
OpenStreetMap ... 290
OpenWeatherMap ... 228
Optionale Parameter ... 53
Ordner erstellen ... 292
Ort ... 290
os ... 71, 72
Overfitting ... 171

P

Paket ... 15, 59
Paketmanager ... 60
Pandas ... 92, 233, 273, 299
DataFrame ... 92
Series ... 92
Parameter ... 34, 51
Parametrisierte Anfrage ... 274
Parametrisierte SQL-Abfrage ... 273
Parsing ... 83, 251
PATH ... 24
pathlib ... 71
PDF ... 64, 293
PdfReader ... 294
PdfWriter ... 294
Pfad ... 63
Pillow ... 78
pip ... 59, 62
Pixel ... 203
Platzhalter ... 301
Plotly ... 144
Port ... 247
POST ... 223
Precision ... 175
Preprocessing ... 184, 188
Primärschlüssel ... 267
print ... 36, 42
Programmiersprachen ... 15
Prompt ... 237

Prompt Engineering 20
Push-Nachricht 262
pyowm 228
pypdf 294
PyPI 60
pytesseract 296
Python
  Installation 23
  Interaktiver Modus 25
  Interpreter 23
  Namensherkunft 19
  -Skripte 26
python.exe 23
python-docx 299
Pythonischer Code 54
pythonw.exe 303

Q

Quelltext 244

R

raise 225
Random Forest 158, 174
random_state 161
Rang 115
range 41, 46
Raw-String 71
re 186, 297
read 66
read_sql_query 274
Recall 175
Regression
  lineare 150, 151, 170
  logistische 155, 191
Regulärer Ausdruck 186, 297
Request 246
requests 223
Response 246
RGB 202
rollback 272
Root Mean Squared Error (RMSE) 172
Routineaufgabe 277
RSS-Feed 85, 237
Run 301

S

Schleife 40, 41, 45
  verlassen 41
  Zähler 57
scikit-learn 149
Screenshot 259, 287
Segmentierung 180
Sekundäre y-Achse 137
SELECT 268, 274, 279, 281
Selenium 255, 287
Sentiment-Analyse 189
Sequenz 41
Serialisierung 83
Serienbrief 298
Series 92
set 44
sha256 285
Slicing 75
Slider 142
SMS 261
SMTP 259, 286
Software Development Kit (SDK) 228
Sortieren 69, 115
spaCy 187, 195, 199
split 47
Sprache 181
SQL 263, 265
  Datentyp 267
SQL-Injection 273
SQLite 263, 271, 278
  Konsole 265
Stemming 185, 187, 192
Stimmung 189
Stoppwort 48, 185, 192
str 35
Streamlit 249
String 34
  aneinanderhängen 42, 56
  formatierter 42
  mit Zahl multiplizieren 76
  raw 71
  zerlegen 47
strip 106
Subplots 131
Summe 112, 269
  kummulativ 113

Super-Prompt-Hack ... 21
Supervised Learning ... 177
Support ... 176
Support Vector Machine (SVM) ... 165
  Mehrklassen ... 169
System-Prompt ... 237

T

Tabelle
  entfernen ... 265
  erstellen ... 266, 273
Telegram ... 261, 288
Template ... 248, 301
Tensorflow ... 218
Terminal ... 27
Tesseract ... 295
Testdaten ... 170
Text ... 181
  Analyse ... 73, 182
  Vorverarbeitung ... 184
Textdatei ... 64
TF-IDF ... 195
to_sql ... 273
Token ... 187, 195, 237
Tokenisierung ... 185
Tooltip ... 141
train_test_split ... 170
Trainingsdaten ... 170
Transfer Learning ... 199
Transformation ... 107
True ... 35
try ... 77, 307
TSV ... 97
Tupel ... 43
  mit keinem oder einem Element ... 45
  zerlegen ... 56, 58
Turing-Test ... 182
Type-Hint ... 225

U

Umgebungsvariable ... 236
ungleich ... 39
Unsupervised Learning ... 177
UPDATE ... 268
upper ... 47
User-Prompt ... 237
UTF-8 ... 65

V

Variable ... 33, 34
  Werte tauschen ... 57
vCard ... 297
VCF ... 298
Vektor ... 90
Vektorisierung ... 190, 194
venv ... 61
Vereinigung ... 116
Vergleichsoperator ... 37, 38
Virtuelle Umgebung ... 61
Visual Studio Code ... 26
Visualisierung ... 127, 229
Vorhersage ... 149, 156, 161, 170, 215
Vorlage ... 301

W

Wahrscheinlichkeit ... 158
Walrus-Operator ... 59
Web ... 243
Web-Scraping ... 255
Webseite ... 243
  auslesen ... 251
Webserver ... 246
Wechselkurs ... 224
Weighted Avg ... 176
Wetterdaten ... 222, 229
while ... 40
with ... 65, 264
Wochentag ... 107
Word ... 298
Word-Cloud ... 182
Wortpaare ... 194
Wortstamm ... 187
write ... 66

X

XML ... 64, 84
XPath ... 86

Z

Zahl ... 35, 39
Bereich ... 41
quadrieren ... 134
runden ... 60, 79, 107
Tausenderschreibweise ... 95
umwandeln ... 39
vorhersagen ... 149
Zeichenkette ... 34
Zeilenumbruch ... 42
Zeitgesteuert ... 302
Zentroid ... 179